ビジネス・エコノミクス　第2版

Business Economics

はじめに

この本は、２００４年に出版された『ビジネス・エコノミクス』の全面的な改訂版である。初版の特徴をできるだけ維持しながら、その後に出てきたビジネスと経済学の両方での新たな展開を取り込んで抜本的に改訂した。

初版は多くの人に読んでもらった。ビジネスの世界での現象を経済学のツールを利用して解き明かすという意図が多くの読者に受け入れられたからだろう。研究者として、私は早い段階からビジネスの現場の話に触れる機会を多くもつことができた。日本を代表する経営学者の方々と自動車産業の研究書をまとめる機会があった。流通業界について何冊か書籍を出したが、これは多くの現場の方々からお聞きした話が基礎になっている。

経営学者や現場の経営者の話は本当に興味深いし刺激的でもある。ただ、私自身が経済学の世界で育ったため、少し違った角度からビジネスの世界の現象についての見方を提供できるのではないかと考えるようになった。結局のところ、ビジネスの世界で行われていることは、人間の営みである。心理学や社会学などあらゆる学問が役に立つはずだ。ただ、ビジネスは何よりも経済活動という面が強い。だから、経済学的な視点からビジネスの世界の現象について分析するという視点が重要であると思う。

経済学の強みのひとつは、ひとつの理論がさまざまな現象の分析に関する共通の土台となるということだ。金融の世界で観察されるビジネス慣行も、宣伝広告の社会的な意義も、不完全情報の理論というひとつの体系の中で説明できる。人々の（必ずしも合理的ではない）癖（クセ）を分析した行動経済学は、マーケティングの微妙なテクニックから株式市場におけるバブルの生成にまで考察を広げることができる。

ゲームの理論が多くの問題の分析ツールとして使われているということは読者もご存じだろう。ビジネスの世界にはじつに多くの現象が見られるが、特定のフレームワークを使うことで理解を深めることができる。これが経済学を学ぶ魅力でもあるはずだ。

経済学を学ぶという目的であっても、ビジネスの世界で起きているさまざまな現象は貴重な素材である。この本で利用する経済学は主にミクロ経済学である。通常のミクロ経済学の教科書では需要や供給などを抽象的に学ぶだけである。そうした抽象的な思考は必要ではあるが、多くの人は退屈な学問と感じているようだ。この本では、ビジネスの世界での事例をミクロ経済学の素材として提供することで、より血の通った経済学を学ぶことになるのではないかと思う。レシピを載せた料理本は、実際に料理をしてみないとその良さを楽しむことはできない。経済学という料理本を利用して、ビジネスの世界のさまざまな現象について考察を深めてもらいたいものだ。

この本の初版が出る前後から今日まで、ビジネスの現場を垣間見る機会をさらに多くもつことができた。社外取締役の役割は責任の重いものであるが、それ以外にも10を超える企業でアドバイザリーボードや顧問などの肩書きで現場の経営陣と議論をする機会があった。そこには家電や化学などの製造業もあれば、金融、IT、交通などのサービス分野もある。政府の審議会では、航空産業や電力の規制緩和の審議会の座長として、多くの時間を割いた。

こうした多様な業界に関わった上での実感であるが、まったく異なったように見える業界でもそこで起きている現象には、根底で共通のメカニズムが見られる。経済学の手法はそうした共通の基盤を理解する上で有効なものであると思う。この本の中で取り上げられているさまざまな事例の多くは、様々な業界の動きに触れる機会をもつことで私なりに「経済学的な思考」を磨いていった結果の産物だと考えている。

「ビジネス・エコノミクス」という書籍を執筆する上で、この20年ほどの間に多くの変化があった。まず学問のほうでは、行動経済学やゲーム理論など、ビジネスの事例に直結するような学問分野で多くの進展があった。こうした新たな展開をわかりやすく説明することが、新版の大きな役割であると考えている。

現実のビジネスの世界でも、多くの変化が起きている。何よりも大きいのはデジタル技術が加速度的に社会に広がり、私たちの生活を大きく変えてきたということだ。技術革新が社会や経済を変えるということはいつの時代でも同じことだが、近年のデジタル技術の展開のスピードは特に速いように思える。ただ、急激な変化であるからこそ、目先の変化に惑わされず根底にある潮流を読む力が必要となるはずだ。

今回の改訂では、日経BP日本経済新聞出版本部の田口恒雄、野澤靖宏、赤木裕介の各氏に大変にお世話になった。講演会などで、私のことを「アームチェア・エコノミストではなくウォーキング・エコノミスト」であると紹介されることが多いが、これは20年ほど前に田口さんが私の本の帯に使った名称である。その名称に踊らされるごとく、その後もずいぶんと多くの現場に足を運んだ。ただ私自身は、本当はアームチェアに座って本を読むのが好きな人間だと、この場を借りて申し上げておきたい。

伊藤元重

２０２１年９月

CONTENTS

ビジネス・エコノミクス 第2版

目次

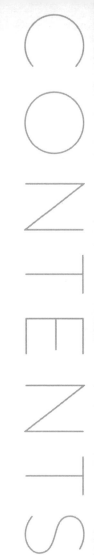

Chapter 0

ビジネス・エコノミクスへの招待

Part 1 マーケットを知る

Chapter 1 価格に始まり、価格に終わる

Chapter 2 流通からビジネスを考える

Chapter

3

変わる市場のあり方

Chapter 4

市場を理解することがビジネスにつながる

Part 2 ビジネスはゲームだ

Chapter 5

ゲーム理論が視野を広げる

Chapter

6

インセンティブとは何か

逆選択とモラルハザード

Chapter 7

行動経済学とビジネス

Part 3

産業組織論からの考察

Chapter 8

戦略をより深く理解する

Chapter
9
イノベーションがすべてを変える

Chapter

0

ビジネス・エコノミクスへの招待

学生時代に経済学を学んだときには、教科書に企業の話はあまり出てこなかった。経済学の世界と、現実のビジネスの世界とはまったく別のものであった。大学で教え始めるようになって、ビジネスの世界に触れる機会が増えてきたら、そこから多くのことを学ぶことができた。ビジネスの世界で起きていることは経済学を理解する上で重要な教材となる。そして驚いたことに、経済学の手法を利用してビジネスの事例を分析すると、それはビジネスの実務家の方々にも刺激的な議論であるようだ。そうした中で、ビジネスの現場の方々とのやりとりを楽しむことができた。こうした長い営みの結果がこの本である。

この本にはさまざまな企業の事例が出てくる。本や雑誌で読んだ事例もあるが、じつはその多くはビジネスの現場の人から聞いた話だ。経済学を学んでいる人には、この本でぜひビジネスの問題への応用を学んでほしい。ビジネスに関わっている人には、経済学的な見方が有効であるということを実感してほしい。そんな思いでこの本を書いた。

ビジネス・エコノミクスの視点がなくては、いまの経済は語れない

ビジネスの現場ではじつにたくさんの面白いことが起きている。当事者は真剣に取り組んでいることなので、「面白い」と言っては失礼に当たるかもしれないが。新聞や雑誌を広げ、テレビをつければ、いろいろな企業の話が出てくる。アマゾンや楽天などのネット流通業者の躍進で変わる小売業の地図、フィンテックへの対応を模索する金融業界、デフレの時代に驚異的な低価格で伸びた牛丼チェーンの今後の展開、自動車の電気化や自動化で揺れるトヨタやホンダなど日本の自動車メーカーのポジション——こうした事例がこの本にはたくさん出てくるが、これらの企業の動きを知らなくては経済の動きもわからないだろう。

「ビジネス・エコノミクス」というタイトルをつけた本書の目的は、ビジネスの現場で起こっているさまざまな現象を体系的にまとめ、その見方を提供することにある。ここで言う「ビジネス」とは、企業の活動、競争、戦略、ビジネスシステム、さらに産業と、非常に広く捉えている。

18世紀の経済であれば、「市場経済論」という切り口で、市場の構造や価格形成の話をすることで済んだだろう。21世紀の現在、経済の話をしようとするなら、企業行動やビジネス活動抜きには語れない。

新聞やビジネスの現場でさまざまな企業の話を耳にして、その動きに各人各様の感想をもっていることだろう。こうした生きた素材、わかりやすい素材から経済学の世界に入ってもらうことも、「ビ

ジネス・エコノミクス」の目的の1つである。

ビジネスの現場で起きていることは、経済についての理解を深めてもらうための格好の素材である。具体的な行動が見える企業の動きを追うことで、経済の実態をつかんでもらいやすいからだ。抽象的な理論だけで経済を捉えるわけではない。企業の行動は、注意深く観察してみるとじつに奥が深い。きちんとした論理的な見方をもっていないと、表面的な企業活動の裏に隠れている本質的な部分が見えにくい。個別のケースを論理的に掘り下げてみることで、経済を見るための思考も磨かれていくはずだ。

ビジネスを経済学で解剖する

では、なぜエコノミクス、つまり経済学的な見方なのか。

ビジネスを扱う学問として経営学がある。経営学は企業経営全般について扱うものなので、さまざまな学問分野の手法を取り入れている。経済学だけでなく、心理学、社会学、統計学など、いろいろな学問的な手法を駆使する。そうした多様なバックグラウンドの学者がビジネススクールで教えている。また、実践的な教育を目的とするビジネススクールであれば、ケースを利用して実践的な応用例を多数学ぶことだろう。

本書では、あえて経済学的な考え方にこだわりたい。たしかに経営をトータルに理解するには経営学的なアプローチが有益だろう。しかし、あえて経済学のツールを使って経営やビジネスの問題に取り組むことによって、より「深く」見える部分もあるはずだ。

たとえば、薬局がどのように薬を売っているのか、メーカーのマーケティング戦略がどう変化しているのか、なぜディスカウンターが出てくるのか。こうした問題を考えようとすれば、個別企業の行動だけを見たのではわからない。流通の構造を理解し、その背後にある経済的メカニズムを明らかにしなくてはいけないのだ。そしてこうした分析を通じて薬のビジネスで明らかになったことは、家電や化粧品の分野の動きにも応用可能である。

また、流通の現場で起きている現象を「**エージェンシーの理論**」という経済分析の手法を利用して分析すれば、その現象が金融や雇用の世界で起きていることと共通性をもっていることがわかる。グローバル化や情報化で大きな変化を余儀なくされている流通構造や、そこでのメーカーの販売戦略のあり方を考える上でも、有益な視点を与えてくれる。一見まったく関係ないように見えるビジネス現場の諸々の現象は、筋の通った分析枠組みを通して見ると、共通の基本原理の上に成り立っていることがわかるはずだ。経済学的な見方というのは、そうした経済現象を見るための眼鏡であり、経済現象を読み解くための文法なのである。そして、ビジネスの世界で見られるさまざまなできごとも経済現象なのだ。

ただ、そうしたりっぱな分析手法も、具体的な材料を調理してみないことには宝の持ち腐れだ。どんなにりっぱな料理の本をもっていても、実際に料理して食べてみないことには価値がない。ビジネスの現場で見られる諸々の興味深いケースは、経済学的な考え方を実際に利用してみる最適な素材でもある。そしてそうした素材を料理してみることで、「生きた」経済学的見方が身につくはずだ。

役に立つ伝統的なミクロ経済学

伝統的なミクロ経済学（**価格理論**とも呼ばれる）は、昔からある経済学のツールボックスだ。古くからある理論ではあるが、これが意外と役に立つ。

たとえば、吉野家の牛丼の価格はどのように設定されるのだろうか。かつて吉野家は280円という驚異的な低価格の牛丼を出し、牛丼の低価格競争の時代をリードした。この時の話は当時の吉野家の社長であった安部修仁氏との対談をまとめた『吉野家の経済学』[1]に詳しく触れてあるが、その話を聞いてみるとミクロ経済学の分析に通じるところがある。この本ではこうした点を紹介したい。また、デフレの時代が終わり価格を上げていかなければならない現在のような局面でも、面白い現象が見えてくる。ここでは経済学で最近話題になることが多い、人間のクセを分析の対象とする行動経済学が役に立つ。

伝統的な価格理論は、さまざまな企業の価格の問題に深く切り込むことができる。カードのポイント戦略から、アメリカの大手小売業でホールセールクラブを展開するコストコの価格戦略まで、あるいは東京ディズニーランドやスマートフォン（スマホ）の価格設定から自動車や化粧品の製品ラインの価格付けまで、第2章から第4章ではさまざまなケースを使って価格についての分析を行う。

1　安部修仁、伊藤元重『吉野家の経済学』日経ビジネス人文庫、2002年。

存在感を増すゲーム理論と行動経済学

ビジネスの世界の諸々の現象を分析する上では、ゲーム理論（第5章）と情報の経済学（第6章）も非常に有効である。

「**ゲーム理論**」は、現代のあらゆる分野の知的活動にとって必須のものとなっている。書店にもゲーム理論の入門書や解説書が数多く並んでいる。ビジネスの現場での経済現象を理解する上でも、ゲーム理論は非常に有効である。この本では第5章でゲーム理論的な枠組みを利用してビジネスのさまざまなケースについて考察する。

「なぜイオンは郊外を中心に店舗展開していったのか」「なぜ松下電器（現・パナソニック）はマネシタ電器と言われながらも成長してきたのか」――こうした現象は、ゲーム理論を利用するとわかりやすい。オークションや企業買収の問題からカルテルの形成や取引相手との交渉の仕方まで、ゲーム理論はじつに多くの問題に利用することが可能なのだ。本書では具体的な日本企業のケースを使いながら、ゲーム理論的な考え方に慣れ親しんでもらいたいと考える。

ゲーム理論の考え方を学ぶことで、読者の皆さんはいくつかのキーワードに直面することになるだろう。コミットメント、継続的関係（繰り返しゲーム）、囚人のジレンマ、評判のメカニズム、ホールドアップ問題などである。こうした概念は、ビジネスにおける企業間関係や取引行動を理解する上で至るところに出てくる。一見関係なさそうに見えるいろいろなケースも、こうした共通の概念で掘り下げることで、同じような基本原理で動いていることがわかるはずだ。

大学の学部の1年生が、政治学、経済学、心理学、社会学、生物学を専門的に学ぶ前に、論理的な思考の第一歩としてゲーム理論を学ぶ必要がある。そう主張する学者が増えている。あと5年か10年後には、ゲーム理論を知らない人は知的会話ができなくなるかもしれない。大学入試センター試験にも、ゲーム理論の問題が出されたようだ。ゲーム理論の影響はそれくらい大きいのだ。

この第2版では、もう1つ重要な分野への記述を充実させた。「**行動経済学**」をビジネスに利用したさまざまな事例である。伝統的な経済学が人々の合理性を前提に分析を行ってきたのに対して、行動経済学ではあえて人間の行動の非合理的な面に注目している。非合理とはいってもまったく予測不能な行動パターンというのではなく、ある種のクセをもった行動パターンである。「予測可能な非合理」(アリエリー)とでもいうような現象だ。

第7章では、限定合理性と錯覚、長期的な合理性と目先の衝動、価格の刷り込み効果、群れの原理などとビジネスの関わりについて取り上げる。

カーネマンとセイラーという2人の経済学者にノーベル経済学賞が授与されたように、人間の行動のクセを掘り下げていく行動経済学は経済学の学問分野としてもその重要性をますます増している。この本で紹介するように、ビジネスの分野での応用事例も多くあるのだ。

多くの分野に応用される情報の経済学

この本で取り上げるもう1つの重要な分析手法は「**情報の経済学**」だ。「情報の経済学」は、「モラルハザード」と「逆選択（アドバース・セレクション）」の2つのキーワードを原点に、さまざまな経済現象を解明するために利用されてきた。モラルハザードというと、銀行の預金保険や銀行行動のことを思い浮かべる人が多いだろう。ただ、モラルハザードという現象は金融に限定されるものではなく、じつに多くの分野で観察される、より基本的な現象なのである。

情報の経済学の枠組みの中に、企業や市場での経済組織を分析するための「**エージェンシー理論**」というものがある。モラルハザードや逆選択の問題も、エージェンシー理論の枠組みの中で分析することができる。エージェンシー理論は代理人契約に関する考え方であり、依頼人（プリンシパル）と代理人（エージェント）の関係として、経済取引の関係を分析しようというものである。

ビジネスの現場で観察される諸々の関係、たとえば株主と経営者（コーポレートガバナンス）、メーカーと小売店（流通の系列化）、管理者と従業員、フランチャイザー（本部）とフランチャイジー（加盟店）などは、すべて依頼人と代理人の関係にある。こうした関係は、決められた価格で売買するという単純な取引にとどまらない。相手の誘因を最大限に引き出し、相互の協力関係を維持し、リスクを分散するといったことを実現するため、取引関係にいろいろな工夫が凝らされている。エージェンシーの理論は、こうした取引関係を分析するための枠組みであるが、第6章では具体的なビジネスの事例を利用して、こうした経済取引の関係について分析する。

たとえばセブン－イレブンのようなコンビニエンスストアは、加盟店に入ろうとするフランチャイジーとどのような契約を結ぼうとするだろうか。新たに店を始める加盟店は、どの程度の売り上げを上げることができるか不確定であるというリスクに直面している。そうしたリスクを軽減するには、本部と加盟店の間でリスク分散ができるような料金体系のほうが好ましい。

エージェンシー理論の重要な要素の1つは、「**リスク**」という考え方だ。経済の現場、とりわけビジネスの現場にはさまざまなリスクが伴う。リスクがあるからこそ、高いリターンが生まれるともいえる。そこで、どのようにそのリスクを軽減し、取引関係者の間で分散することが可能であるかということが重要になる。

経営戦略を経済学的視点から見る

「**経営戦略論**」といえば、ビジネススクールでは必須のコースである。書店に行けば、経営学者によって書かれた経営戦略論に関する書籍が山のように積んである。経営戦略の分野では代表的な論者であるハーバード大学ビジネススクールのマイケル・ポーター教授は、経済学、とりわけ「**産業組織論**」の考え方を利用して、経営戦略についての体系をつくり上げた。

第8章では、ポーター教授の経営戦略論を出発点として、企業の経営戦略について経済学的な分析を展開する。経済学の産業組織論で議論される諸々の現象、たとえば参入阻止行動、規模の経済性や経験曲線効果、ブランド戦略、製品多様化などが、この章では取り上げられる。

産業組織論の考え方は、さまざまな現象を理解する上で有効だ。なぜ日本の半導体はDRAMで韓国企業に負けてしまったのか。なぜNECや日立製作所は半導体部門を切り離してエルピーダメモリという別会社をつくったのか。こうした現象を理解するためには、経験曲線効果という考え方を知らなくてはいけない。なぜ、インスタントラーメンにはあれだけブランドが多いのだろうか。そのわりにインスタントラーメンを出している企業数は少ない。こうした現象の背後にも、参入障壁という重要な考え方が潜んでいるのだ。

ポーター教授は、「日本企業には戦略がない」と辛口のコメントをしている。順調な右肩上がりの経済の中で、同質的競争を繰り広げてきた日本企業への厳しい批判である。日本経済が成熟化し、グローバル化が進んでいるなかで、日本企業にもより戦略的な経営が求められる時代なのである。

経済学の世界では、この30年ほどの間に企業や産業の理論が急速に発展している。先に挙げたゲーム理論や不完全情報の経済理論の発展が、企業や産業の経済分析にも大きな影響を及ぼしている。かつてポーター教授が経営戦略論の本を執筆した当時の産業組織論とは様変わりの学問的な展開が経済学の側にもあるのだ。

この本でもそうした新しい展開を、可能な範囲で取り込むように配慮した。第4章や第5章、第6章の分析の中にも経営戦略論に通じる新しい考え方を入れるようにしている。また、経営戦略に関する第8章でも、できるだけ新しい見方を盛り込むように配慮した。

書店に山のように積まれている経営戦略に関する諸々の翻訳書は、アメリカ企業のケースを取り上げているものが多い。たまに日本の企業ケースを取り上げているものもあるが、どうもアメリカの学者が取り上げる日本企業のケースは、表面をなでただけのようで面白くない。アメリカ企業のケースでは、身近な企業の動きについては本当にわかったという気がしない。やはり日本企業のケースで経営戦略について考える必要がある。

日本の経営学者による経営戦略論についても、素晴らしい本がいくつかある。ただ、経営学者の方々による分析は、経済学者による分析とは少し異質であるように思われる。どちらが優れているかと比較するようなものではないが、経済学的な視点からの経営戦略論も必要であることは間違いない。ただ、経済学者が経営戦略的な分析を行った書籍は、日本ではほとんど見かけない。

第8章の分析が、そうした意図においてどれだけ成功しているかは読者の評価に委ねるしかない。ただ今後、こうした経済学的見方による経営戦略に関する分析が、日本のケースについてより多く出てくることを期待したい。

イノベーションはビジネスをどう変えるのか

ビジネスの世界は大きな経済環境変化の中で常に変化を続けていく。第9章では、「**イノベーション**」について論じる。その中で「**デジタル革命**」やＩＴ革命という技術革新が、ビジネスの世界をどのように変えようとしているのかを取り上げる。デジタル革命やＩＴ革命は、20世紀初めの自動車革命に匹敵するほどの大きな技術革新である。

最近話題になることが多いＡＩ（人工知能）やＩｏＴ（モノのインターネット）などの動きを見ていると、技術革新のスピードが加速化しており、例外なくほとんどの産業がこの変化に巻き込まれているように見える。いま起きている技術革新はデジタル革命と呼ぶこともできるだろう。さまざまな情報がデジタル情報化することで、コンピューターの上で解析することが可能となるし、光ファイバーや無線のネットワークで通信することが可能となる。

音楽や映像がデジタル化することで、コンテンツビジネスが変貌した。音楽はスマホなどを利用して聴くのが当たり前になったし、映画やドラマなどを定額サービスで提供するネットフリックスは、世界の映像のコンテンツビジネスを変えようとしている。ネットフリックスの企業価値が、映画やコンテンツビジネスの巨人であるディズニーの企業価値を超えたと報道された。人々はインターネット上でウェブを検索したり、フェイスブックなどのＳＮＳで交流する。これらはすべてデジタル化された情報だ。ユーチューブのように動画サイトの利用も当たり前のように広がっている。

インターネット上でデジタル情報をやりとりするのは人間だけではない。カードやスマホ、監視カメラや自動車などに設置されたセンサーを通じて集められた膨大な情報を「**ビッグデータ**」と呼ぶ。ビッグデータを手に入れるためにさまざまな情報が集められ分析される。そうしたシステムを「**ＩｏＴ**」と呼ぶ。モノのインターネットということだが、情報を集めて分析するのは人間だけではないということだ。

このような技術革新によって産業の姿も大きく変化している。小売業界ではアマゾン旋風が吹き荒れ、店舗で販売する旧来の小売業もネット流通の強化を迫られている。メルカリのような新興企業が、株式上場で高い価値がつき、ユニコーン企業（10億ドル以上の価値が出る新規上場企業）として注目された。金融業では、AIの活用やブロックチェーンの技術の利用などが、業界の姿を大きく変えようとしている。これを世の中では「**フィンテック**」と呼ぶ。世界的な巨大金融業のJPモルガン・チェースの会長（当時）は、将来のライバルはグーグルやアップルだと公言している。

医療の世界でも、遺伝子情報がデジタル化することで大きな変化を続けている。人間の遺伝子情報を医療に応用するゲノム医療によって医薬品の開発の姿は大きく変わりつつある。またカルテやレセプトなどの情報を集めて分析することで、治療の現場は大きく変わりつつある。疾病の診断にAIが果たす役割も増えていくだろう。

伝統的な産業であるタクシーやホテルなどの世界でも、「**シェアリング**」という形で新たなビジネスが広がっている。自動車のサービスを提供するウーバーや、民泊のサービスを展開するエアビーアンドビーなどは、インターネット上でのマッチング機能を活用することで、自動車や部屋などの資源を有効利用する手法を提供している。

シェリングの手法は労働市場でも広がっている。インターネットを活用したジョブマッチングは、転職だけでなく、クラウドソーシングと呼ばれる人材確保の形で広がっている。

第9章では、イノベーションが経済やビジネスにどのような影響を及ぼすのか考えるためのいくつかの重要な視点を提供してみたいと考えている。

Part 1

マーケットを知る

Chapter

1

価格に始まり、価格に終わる

多くの企業にとって、自社の製品にどのような価格をつけるのかということは重大な問題である。低価格にして大量に販売することを狙うのか、ある程度高い価格設定にして利幅を厚くするのか。100円ショップのように低価格路線を前面に出すことが店のブランドになる場合もあれば、ヨーロッパのスーパーブランドのように、絶対に安い商品を出さないことがブランド価値を維持するカギとなっている場合もある。

企業がどのように価格をつけるのかを調べてみると、そこにはじつに面白い論理が隠れていることがわかる。当然のことながら、綿密な計算がある。経済学の言葉を使えば、徹底した合理主義が隠されている。ただ、それに加えて、合理性を超えた消費者のクセを論じた行動経済学の見方で見るとよく見えてくる面もある(これについては第7章で取り上げる)。この章では、ビジネスの現場のいくつかの事例を使って、企業による価格設定を分析するための手法を提示してみたい。こうした事例を学ぶことで、読者の皆さんに、ビジネスの現場で観察される現象の少し深いところまで見てもらえることを期待したい。

1 デフレからの脱却

日本経済は長い間「**デフレ**」で苦しんできた。1998年の金融危機で多くの金融機関が破綻し、2000年頃からデフレに陥っていった。第2次世界大戦後に主要国でデフレに陥ったのは日本が初めてであった。それから2012年頃まで、リーマンショックや東日本大震災などの影響もあり、日本は15年近くデフレで苦しむことになる。

物価が下がるから良いではないか。デフレをそう見ていた人もいる。しかし、下がるのは物価だけではない。企業業績が低迷し、雇用にも影響が及ぶ。失業率が上昇し、賃金も下落する。政府の税収も減少し、財政状況も厳しくなっていく。デフレは経済全体を蝕む深刻な病理であった。

日本経済がデフレに苦しんできたことは、たとえば2000年から2015年の15年ほどの間に、日本とアメリカで物価がどの程度上昇したのかを比べてみればわかる。この15年間で、日本の消費者物価はほとんど変わらないのに対して、アメリカのそれは約50%ほど上昇したのだ。賃金などの動きで見ても同じような状況であると考えてよい。

2013年以降、日本はデフレからの脱却に本格的に乗り出す。それまで減少傾向にあった名目GDP（国内総生産）や株価は上昇を始め、企業の業績も改善していく。失業率や有効求人倍率で示される雇用の状況も、好調さを増していく。物価や賃金の上昇のスピードは遅いが、それでもデフレではない状況にまでは到達した。企業の賃上げの努力もあり、今後は物価や賃金が上昇していく期待感も高まっている。もっとも新型コロナウイルスの広がりで、2020年、世界経済は戦後最大の経済的落ち込みを経験した。物価も再び下落を始めた。ただ、主要国が大規模な経済対策を導入し、経済はコロナ後の急回復の道を歩み始めている。物価も再度上昇への動きが見られつつある。

物価の下落が止まることは日本経済にとっては良いことであるが、個別の企業にとっては悩ましい問題が突きつけられることになる。どうやって価格を上げたらよいのかということだ。2015年頃のことだったが、あるパーティーで日本を代表する食品メーカーの幹部の方々と懇談する機会があった。そこで、次のような質問をぶつけてみた。「皆さんの業界で今一番難しい課題はなんですか」、というものだ。

それに対する答えで一番多かったのは、「自分たちの商品の価格をどうやって上げていったらよいのか」というものであった。少し意外感はあったが、企業にとって価格を上げるというのはそれほど難しいことだということがよくわかった。原料費や賃金などが上昇していき、価格を上げないと利益が圧縮されてしまう。しかし、安易に価格を上げれば、多くの消費者が逃げてしまう恐れがあると感じているのだ。

本書の第7章で行動経済学を使って説明するが、消費者というのは一旦慣れ親しんだ価格に縛られる傾向が非常に強い。たとえば後で述べるように、デフレ時代に吉野家は牛丼で280円という価格を設定した。それまで400円だったものを280円まで下げたのだから、最初は強烈な印象をもって受け止められた。その辺りの話は後でするが、消費者の意識の中では牛丼は280円が当たり前であるという考え方が定着してしまったのだ。

当時、吉野家の社長であった安部修仁氏が言っていた。「価格を下げるのは案外簡単なことだが、それを再び上げるのは難しいことだろう」、と。その価格を上げることの難しさに多くのメーカーが直面している。

店舗を見ると、価格を上げるため、企業はいろいろな工夫をしている。価格を変えないで、袋に入った容量を下げる。こうした姑息な手段を講じている商品は案外多い。1袋当たりの価格は変わっていないので、価格が上がったことが消費者の目につきにくい。もちろん、商品の単価は上がることになる。ただ、消費者は敏感なので、こうした姑息な値上げはかえって反発を招くかもしれない。

値段を上げるため、付加価値をつけた商品に切り替えるところもあるだろう。これまでの商品は残したまま、それよりも少しだけ高級感を出した新製品を追加し、消費者をそちらに誘導するのだ。牛丼店でいえば、牛丼の値段はあまり変えずに、より高級な商品をメニューに加え、全体的に単価を上げていくのだ。

価格の引き上げで奇策として注目されたのが、赤城乳業が製造、販売するアイスのガリガリ君のケースだ。コストが上がってどうしても値上げせざるをえない。「申し訳ありません」と、社長以下が値上げを謝罪する動画を流した。その効果は抜群だったようで、値上げによる客離れを減らすどころか、世の中の話題にもなった。

デフレで価格を下げるときも、インフレで価格を上げるときも、個々の企業や商品にとっては価格改定は大変なことで、そこにはさまざまな面白い動きがある。ビジネス・エコノミクスとしても、価格の決定や改定は重要な分析対象となるのだ。

＼Point／

覚えておこう！


✔デフレは、物価が下がるだけではない。経済全体を蝕む深刻な病理だ。

✔日本は2000年頃からデフレに苦しんできたが、13年頃から脱却に向けて動き出した。

✔デフレの中で企業は、価格改定という難しい対応を迫られてきた。

2 価格引き下げで企業を変えた吉野家

次に、価格引き下げで起きた面白い事例を紹介しよう。[1] 牛丼チェーンの吉野家の事例だ。よく知られているように、吉野家のモットーは「うまい、やすい、はやい」である。「うまい」と「はやい」はさておき、「やすい」とはまさに価格戦略のことである。

1　前掲、安部修仁、伊藤元重『吉野家の経済学』

日本経済が長引くデフレで苦しむなかで、なぜ牛丼の価格を280円に下げたのか。

吉野家の牛丼並盛は、2001年の夏までは1杯400円であった。しかし、ある日突然、その牛丼を280円に下げると発表して世間をあっと言わせた。この時期、デフレ時代ということで多くの企業が低価格路線に転じていた。そうした中で業界第1位の吉野家が牛丼の価格をここまで下げたということは注目され、テレビや雑誌でもこの安売りが頻繁に取り上げられた。そして店にも多くの客が押しかけたのだ。

吉野家は、それまでも毎年恒例の価格引き下げを行ってきた。400円の牛丼を、特定の期間に限り300円というような価格に引き下げたのだ。しかしこの時期、世の中はデフレ時代といわれていた。マクドナルドのハンバーガーが半額で登場し、デパートで1万円近い値段で売っていたフリースの服をユニクロが1980円で売り出して大々的にヒットするなど、あちこちで安売り路線が成功していた。牛丼でも、競合他社が非常に安い商品を出してきた。そこで恒例の300円への引き下げでは安売りにならないということで、この年の安売り企画では吉野家も牛丼の価格を250円まで下げた。

ところが、この安売りで予想をはるかに超える客が殺到して、十分な対応ができずにパニックが起こってしまった。店は大混乱、牛肉の供給は間に合わない、生卵やお新香は品切れという状態である。価格を下げたら需要がこんなに伸びるということを読み切れなかったのである。需要が増えてもそれに対応できないような脆弱性が店の仕組みに潜んでいたのだ。

ビジネスというのは、いままでやっていたことをそのまま継続的に繰り返していれば、破綻《はたん》もしないし、大きな変化もないように見える。しかし、時々ゆらぎ（揺さぶり）を入れることによって、いままで見えなかった問題が表面化してくる。吉野家の価格引き下げは、まさにそうした事例なのである。

じつは吉野家の安部修仁社長（当時）はあることに悩んでいた。吉野家はテレビの宣伝でもやっているように、「うまい、やすい、はやい」の3つの柱を基本としている。おいしくなければいけないし、もちろん大衆のためのファストフードということで、安くて早くなければいけない。問題はこの3つの柱の優先順位をどうするのかということだ。

吉野家はかつて倒産を経験している。質の変化も当時の経営不振の原因の1つだった。それ以来、吉野家は「うまい」という価値を非常に大切にしてきた。それが倒産後、吉野家が順調に伸びてきた理由でもある。しかし、世の中がデフレ時代にあって、「やすい」ということの重要性をもう一度見直さなくてはいけないのではないか。このことを安部社長は真剣に考えていた。期間限定とはいえ、250円まで価格を下げたことに対する消費者の反応は、予想をはるかに超えたものであった。それを見て、安部社長は定価の引き下げを決心する。問題はどこまで価格を下げるのかということだ。

そこで実験が始まった。270円、280円、290円、300円と、いくつかの店で異なった価格を設定してみた。300円の店と290円の店を比べると、価格の低い店のほうが、顕著に売り上げが多い。しかし、280円と270円の間にはそれほど大きな違いはなかった。そこで、どうも280円がよさそうだということになったという。吉野家は店舗網を利用して、吉野家の牛丼に対する潜在的な需要曲線を推測したのだ。その結果、280円という価格を設定するのが、最も大きい売り上げを確保できると判断した。それより高いと客数は減るし、それより安くしてもそれほど客数は伸びないと考えたのだ。

価格引き下げで業務改革を進める

吉野家の価格引き下げの事例が面白いのは、単に客を増やすために行われたのではないということだ。価格引き下げを通じて、企業の態勢を引き締めにかかったのだ。価格引き下げで客の数は増える。しかし、客が増えてもそれに店のサービスや態勢がついていかなければ、かえって評判を落とすことになる。問題は、価格引き下げによって増えた客に店としてどのように対応するのかということだ。先ほど述べたように、恒例の安売りをしたら店のシステムがパンクした。店の仕組みがパンクするのは、店の仕組みの中に問題点が数多く隠されているからだろう。たとえば、牛丼の値段が400円のときは、平均的な店で店員1人・1時間当たりの対応客数は11人まで落ちていたという。結果的に見れば、その時点で吉野家の仕組みの中に、目に見えない多くの問題があったのだ。仕事の流れを徹底的に見直すことで、この数字はもっと上げられるのではないか。店員1人当たりの対応人数を17人にするということを目標に、本格的な業務改革のプロジェクトが始まった。価格引き下げによって単に客を増やすのではなく、それをきっかけにして業務全体の見直しに入ったのだ。

こうして肉や米の配送から店のレイアウトまで、ご飯の炊き方から素材の調達まで、あらゆる面での見直しが始まった。業務改善の内容についてはここでは具体的には触れない。この点については、

『吉野家の経済学』に詳しく触れてあるので、それを参考にしていただきたい。

Point

覚えておこう！

- 吉野家の価格引き下げのポイント：店を実験台に使って「正しい」価格を探る。
- 世の中全体に潜んでいるデフレ傾向に対応した価格設定に調整。
- 価格引き下げをテコとして、店舗運営や物流システムなどを徹底的に見直した。

3 安売りは得なのか

需要曲線の上で価格を考える

吉野家の事例はさまざまな意味で興味深い。店を実験台にしていろいろな価格を試してみるというのは注目すべき点だ。価格引き下げを、単に客を増やすためだけではなく、企業の組織全体を見直す手段として利用したというのも面白い。そして価格を下げるかどうかというのは、「うまい、やすい、はやい」という企業の基本的な価値の優先順位に関わる大きな決定であるということも分かった。

以下では、このうちの第1の点について、「**需要曲線**」や需要の「**価格弾力性**」という概念を用いて、もう少し詳しく分析してみたい。

読者の皆さんの多くはなじみがあると思うが、需要曲線は図1-1のように右下がりの形をしている。この図の縦軸には価格がとってあり、横軸には需要がとってある。この図では吉野家のケースを想定して、価格のところには牛丼の価格が示してある。価格を下げれば需要が増えていくということが読み取れるはずだ。

吉野家のケースからわかるように、価格をどこに設定するのか考える上で重要なカギとなるのが、「価格を下げたらどの程度需要が増えるのか」と

図1-1 ›› 需要曲線

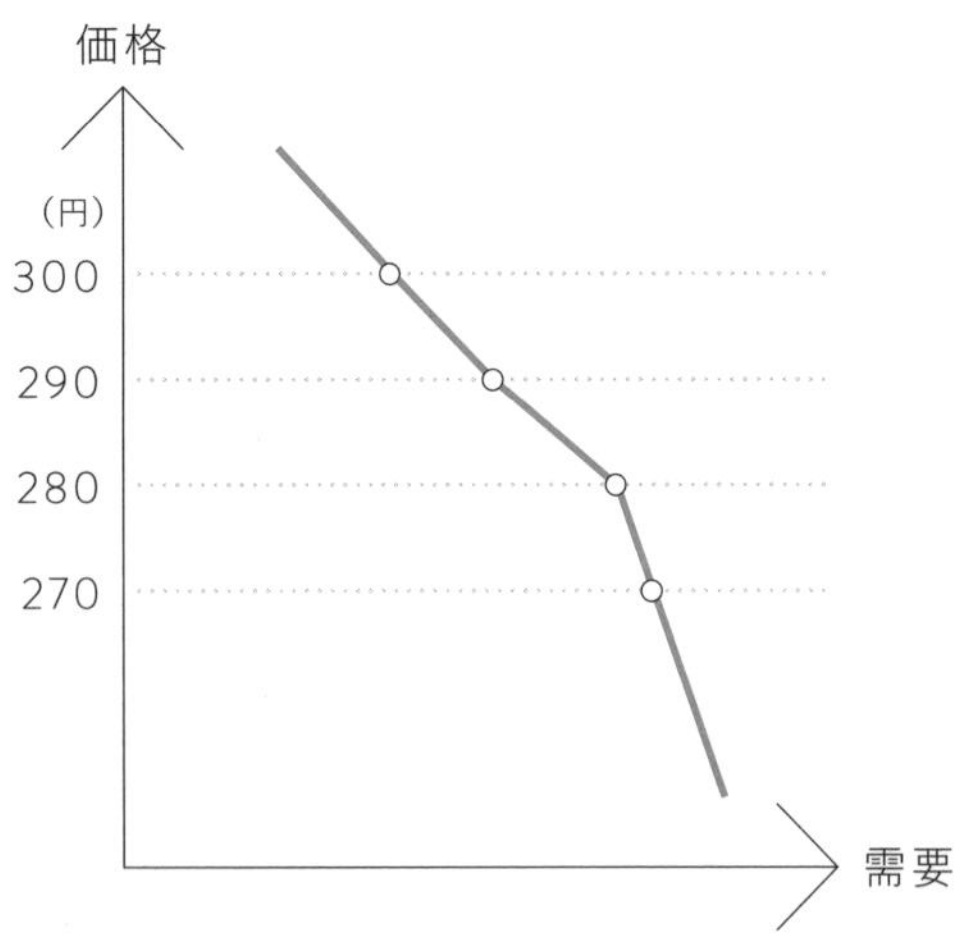

いうことだ。需要が大幅に増えるようなら価格は下げたほうがよい。しかし、需要があまり増えないなら、価格を下げても収入が減るだけだ。その場合には、かえって価格を上げたほうがいいかもしれない。

需要が価格にどの程度敏感に反応するのかを、専門用語で「**需要の価格弾力性**」という。この需要の価格弾力性が、価格設定を考える上でカギとなるのだ。需要の価格弾力性の意味を理解してもらうため、図1-2に価格弾力性がまったく違った2つの需要曲線を描いてみた。この図の左側の①のほうは価格弾力性が大きい需要曲線を、そして右側の②のほうは価格弾力性が小さい需要曲線を表している。①のほうでは価格が下がれば需要は大幅に増えるが、②のほうでは価格が下がっても需要はそれほど増えないことが確認できる。

需要の価格弾力性の大きさはその財の性質に依存している。必需品の需要の価格弾力性は一般的

図1-2 » 価格弾力性の異なる2つの需要曲線

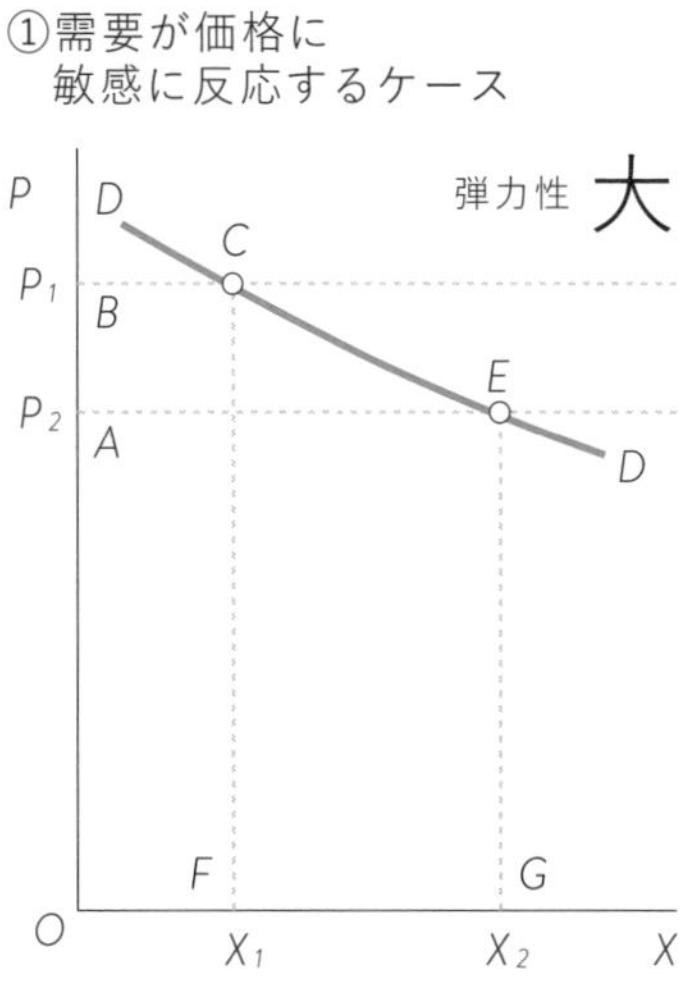

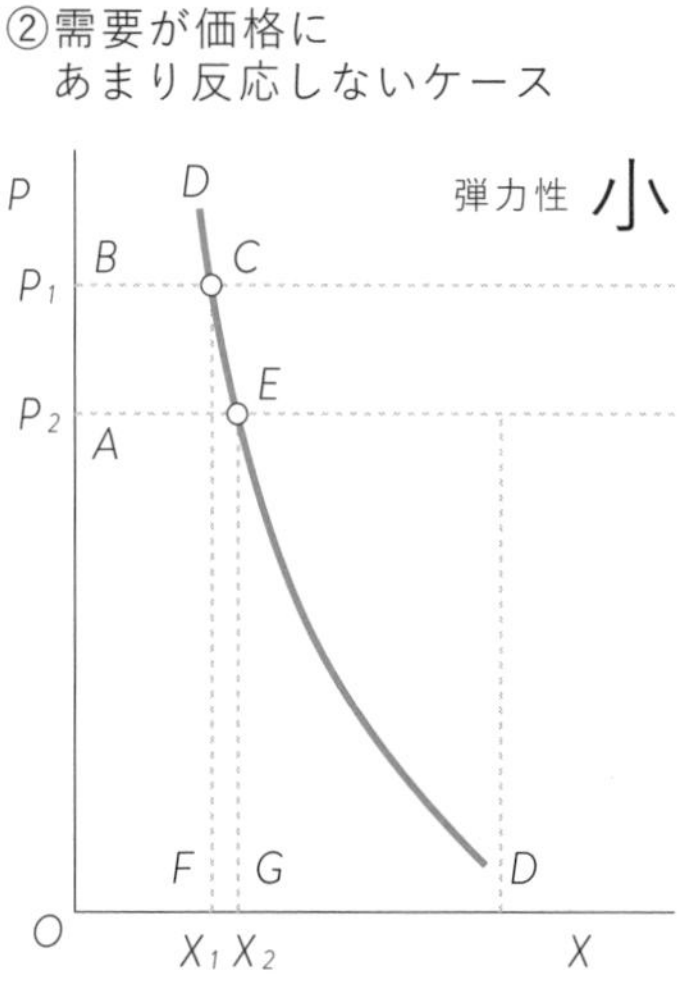

には小さい。たとえば米は必需品であり、米については需要の価格弾力性は小さいはずだ。いくら米が安くなったからといって、いままでごはんを1杯しか食べなかった人が10杯食べることはない。これに対して、奢侈品《しゃし》といわれるものは、需要の価格弾力性が大きい。海外旅行などは典型的な奢侈品だ。3泊4日のハワイ旅行が20万円であれば観光客も少ないだろうが、10万円であれば観光客は急増するだろう。

薄利多売か高マージンか

需要の価格弾力性は、ビジネスの現場で見られる価格のつけ方とどのように関わっているのか。まず、最も基本的なことから考えてみよう。企業にとって、「**薄利多売**」と「**高マージン**」のどちらが得だろうか。

薄利多売というのは、できるだけ価格を安くして、利幅は薄いがたくさん売ろうというビジネスのやり方だ。それに対して高マージンの価格設定とは、価格を高めに設定して、売れる量は減るかもしれないが、利益率が上がったほうがいいという考え方である。需要の価格弾力性は、このどちらの価格設定が望ましいのか決める要因となる。

もう一度、図1-2を見てほしい。もし①のケースのように需要の価格弾力性が大きい財であれば、薄利多売がいいだろう。価格を少し下げれば、売上数量が大幅に増えるが、価格を上げれば売り上げは大幅に減ってしまう。この場合には、価格を上げることはあまり利口ではない。可能な限り価格を低めに設定するのがよいのだ。
それに対して②のケースのように需要の価格弾力性が小さければ、価格を下げても需要はあまり増えない。逆に、価格を上げても需要はそれほど減らない。この場合は価格を高めに設定するのが優れている。高マージンのケースだ。

Point

覚えておこう！

✔需要の価格弾力性が大きいときは薄利多売を、小さいときには高マージンをねらう。

デフレの時代に企業の大幅な戦略転換の柱となった価格引き下げの話を吉野家を例にとってしたが、その後、デフレが解消しつつある現在、当然、吉野家のような外食産業の企業が直面する課題も大きく変わってきている。前に触れたように、当時の吉野家の社長であった安部氏が、非常に示唆的な発言をされたのをよく覚えている。「伊藤さん、価格を下げるのは、まあ決して楽ではないが、しっかりやればまったく問題ない。もっと難しいのは価格を上げることだ」というのだ。
要するに、価格を引き下げる場合には、オペレーションなどいろいろなことを変えなければならない。これは、価格を下げることで、消費者のもっと買いたいという意欲を刺激し、需要増を見込むという点ではわかりやすい対応といえる。しかし、一旦、400円から280円に下げた価格を、もう一回３００円とか３５０円、４００円に上げていくのは、消費者の心理から見て難しい。価格を下げた当時から、吉野家の経営者は、価格を再び上げることの難しさをしっかり予測していたのだ。

すでに述べたように、価格引き上げについては、吉野家だけでなく、デフレから脱却したいま、多くの経営者が悩んでいる問題だろう。政府は企業に賃金の引き上げを要請し、日本銀行は物価が上がるように懸命に金融緩和を行っているが、企業は賃金や価格を十分に上げ切れない。多くの企業が、自社の商品やサービスの価格を積極的に値上げできないのは、自社だけ値段を上げていくことで顧客を失ってしまう可能性があることを警戒しているためだと考えられる。

吉野家の価格引き上げの苦闘は、企業の価格戦略にとって示唆に富む。（写真提供：共同通信社）

ここで取り上げた吉野家は、価格の引き上げを考える上でも非常に興味深い事例を展開している。吉野家はじつは２８０円に牛丼の価格を下げて、ある意味大成功した。しかし、その後、ＢＳＥ（牛海綿状脳症）問題が発生して、アメリカからの牛肉輸入が停止されたことで、大変厳しい経営問題に直面した。吉野家はもともと牛丼の単品経営であり、自慢の味の牛丼に特化する展開で成功してきたため、アメリカ産牛肉輸入がストップしたからといって、他の牛丼店のように、オーストラリア産などの牛肉に切り換えることはしなかった。あるいはやれなかったと言ってもいいかもしれない。苦境に立った吉野家が打った手は、牛丼単品経営から脱して、豚丼、ベジタブル丼など、新しいメニューの提供に挑戦することだった。

実際には新しいメニューが受け入れられるのは簡単なことではない。過渡期ではかなりの産みの苦しみもあっただろう。ただ、結果的に、この過程で吉野家は、牛丼という強力な単品で価格を武器に勝負していた企業から、消費者の新しい需要を取り込むように、新規メニューをどんどん開拓していく姿に少しずつ変わっていった。これが価格を引き上げる戦略を実行する上でも非常に重要な役目を果たしたのだ。

牛丼の価格は、もちろん多少は上げたにしても、引き上げ幅を必要最小限にし、他のメニューを導入することによって、売り上げ全体の平均的な単価を上げていくという道を模索したわけだ。たとえばベジ丼が590円、麦とろ牛御膳が590円、鰻重三枚盛が1160円など、いろいろなものを積み上げていくことで、セットとしての、あるいはメニューとしての相対的な価格を上げていくということに取り組んだ。

吉野家にとっては、価格を大幅に下げるという成功体験の後のBSE騒動という大変な困難が、結果的にはデフレからの脱却、値上げという形につながる1つの大きな道になったといえる。

4 差別化と価格の弾力性を使った戦略

ブランドバリュー＝価格の弾力性を低くする

これまで見てきたように、消費者の需要が価格の引き上げや引き下げにどれだけ敏感に反応するかというのは、企業が値段をどこに設定するかということを考える上で重要なカギになっている。価格に敏感に需要が動くという場合、専門用語を使えば、需要が価格に対して弾力的であるという場合には、薄利多売を利かして、できるだけ安い価格を設定したほうが利益は大きくなる。ただ、価格が需要に対してあまり敏感に反応しないような場合には、専門用語を使うと、需要が価格に対して弾力的でないような場合には、むしろ価格を少し高めに設定するように供給を絞るということが、結果的には利益が上がってくるということが理解できただろう。

当然、企業経営の観点からすると、価格の変動に対して需要があまり反応しないほうが好ましい。価格を上げても需要がそれほど減らない状況をどうつくるかということも、重要な意味がある。それには、自社の商品やサービスをどう「**差別化**」できるかということが重要なポイントになる。

差別化の手法はさまざまありうるが、一番わかりやすいのは「**ブランド価値**」だ。企業がブランド価値を高めるのは、それが需要の価格弾力性を小さくするための有効な方法の1つであるからだ。ブランド価値を高めるような操作の1つを挙げよう。

商品の希少性を高めるために、あえて商品の不足状態をつくるというのも、ファッションブランドでは重要な手法のようだ。若い女性が、ある特定のブランドの商品がほしいというので渋谷に買いにいくが、ほしいと思っていた商品が買えないことがある。渋谷で買えないとなると、新宿、あるいは渋谷に出かけていく。ある種の不足感をうまく演出することによって、結果的には価格以外の要素で商品への消費者の強い意欲を高めるということがあるのだという。逆に言うと、商品があふれてしまうと、ブランド価値が低くなって価格弾力性も下がってしまう。

高級ブランドのロゴがついたスリッパは、その逆のケースのように思える。スリッパにまで使われるブランドとは何だろうか。昔は一世を風靡したかもしれないブランドをつけたスリッパにすれば、そのスリッパの価値は少し上がるかもしれないが、そうしたスリッパが世に出ていけば、それだけブランドの価値はすり減ってしまう。世界のスーパーブランド、たとえばルイ・ヴィトン、グッチ、シャネル、あるいはプラダといった有力ブランドの店舗あるいは商品展開を見ると、ブランド価値を高めるために大変な努力をしているということが理解できる。

たとえば、これらの有力ブランドの店舗は、パリのシャンゼリゼ周辺、東京の青山や銀座、シンガポールのオーチャードストリート、あるいはニューヨークの五番街というように、世界の主要な都市のメジャーな商業地区に設けられている。そして、グローバルなスケールでこうした一等地に店舗を持ちながら、そのレイアウトから商品のブランド設計までもきわめて厳密、きめ細かなルールに則って統一され、わずかな逸脱も避けようとしている。スーパーブランドのメーカーからは、いかに自分たちのブランド価値を上げるために努力しているかがよく伝わってくる。つまり商品の価格が高いにもかかわらず、あるいは価格を引き上げても売り上げがそれほど下がらない状況をつくるために努力していることがよくわかる。

column

ストーリー・マーケティング

マーケティングの世界では、需要の価格弾力性を小さくするための手法が多く取り上げられている。たとえば、「**ストーリー・マーケティング**」という手法がある。単にモノを売るのではなく、モノにストーリーを付加することで商品の価値を引き立たせようというものだ。

非常に丁寧につくられ、美味なワインがお店に置いてあったとしよう。もちろん名前があり、しゃれたラベルが付いていて、価格も手頃なワインだったが、それほど成功していなかった。ところがあるとき、そのワインの隣に説明をつけた。これは、トムとジーンという夫婦が、じつは30年かけて葡萄を栽培する土壌をこういうふうに改造し、こういうこだわりでつくったワインなんです、ということを書いてみたら、突然売り上げが伸びてきたという。

このような例が典型的なストーリー・マーケティングだ。商品のユニークさをより鮮明に消費者に訴えるという手法によって結果的には商品の需要を引き上げ、価格弾力性を下げている。つまり、価格が安くなければ買わないという商品ではなくなってくる。価格以外の理由で商品を差別化する、消費者に選んでもらうという方向につながっていくのだ。

セグメンテーション・マーケティングで弾力性を低くする

現実に、価格の弾力性をいかに低くするかということに企業はさまざまな努力をしている。たとえば「**セグメンテーション・マーケティング**」という方法もその1つだ。この手法は、顧客を細かいセグメントに分け、ある特定のセグメントにニーズが合うような商品を展開するものだ。結果的に、需要の価格弾力性が下がり、付加価値の高い商品を展開できる。

最近の面白いセグメンテーション・マーケティングの事例としては、ライオンの歯ブラシが挙げられる。ライオンは2歳から4歳ぐらいの幼児専用の歯ブラシを開発・販売して、成功しているといわれている。

乳幼児向けの商品については、さまざまな注意すべきポイントがある。歯が小さいから歯ブラシの先端を小さくする必要があるが、だからといって、喉に突き刺して事故になるようなことは防止しなければならない。ライオンの製品はそういう事故が起こらないように、微妙な感じでブラシの柄の部分に弾力性をつくっているという。まさに、お母さんが自分の子供のために使いたいようなニーズに応えられる要素をうまく付け加えることによって開発・販売に成功した歯ブラシだ。

ライオンが作成した子供用の歯ブラシの映像は感動的でもある。お母さんは幼児の虫歯を防ごうと必死になって口をこじ開けて歯磨きをしようとしている。子供は虐められているというような形相で必死になって泣き叫んでいる。一見すると、お母さんが子供を虐めているようにも見える。子供も辛いが、そこまでして歯磨きをしなくてはいけないお母さんはもっと辛い。

ところが、お母さんが自分の歯を磨くのを見て、子供は自分の歯を磨きたがる。そこでお母さんが無理に子供の歯磨きをしなくても、子供に歯ブラシを渡して自分で磨くように仕向ければ、子供もお母さんもハッピーということになる。問題は、子供ひとりで歯ブラシを扱わせると、転んだときなど歯ブラシで口の中を痛める危険がある。そこで、ライオンの歯ブラシの特徴が強調されることになる。柔らかい柄でできているので、万が一転んでも曲がって口の中を傷つけないのだ。

一般に歯ブラシというコンセプトの中にも、もちろんサイズの大小はさまざまありうるが、乳幼児に向いた歯ブラシ、あるいは高齢者に向いた歯ブラシというように、消費者のきめ細かなセグメントに合うような製品設計をすることで、歯ブラシであっても需要の価格弾力性が下がってくる。

このように、需要の価格弾力性を下げるために、つまり価格引き上げの余地を高めるために何を行うのかというテーマは本書でもたびたび登場する。市場へのアプローチ、マーケティングにおいて「価格弾力性を低くすること」が重要なポイントであることを理解しよう。

価格弾力性の応用例――映画館に見る価格差別

ここまでで説明した「薄利多売か高マージンか」という現象の応用問題として、次に「**価格差別**」という行為について取り上げたい。以下で説明するように、価格差別は需要と価格の関係について理解を深める上で有益な事例であるだけでなく、ビジネス現場でしばしば見られる現象でもある。

価格差別とは、企業が同じ商品やサービスを売るとき、販売対象によって価格に差をつける行為のことだ。「子供の入場料は半額」とか、「女性割引」とかいうのはすべて価格差別である。また、首都圏と地方で違った価格をつけるとすれば、それも価格差別である。企業は可能であれば、安く売らなければ売れないところでは安い価格をつけ、高くしても売れるところでは高い価格をつけようとするものだ。

価格差別の古典的な例として、「なぜ映画館で大人の料金と子供の料金に違いがあるのか」ということを考えてみよう。映画を観るのには大人でも子供でもシートを1つ取るのだから、コストに違いがあるとは思えない。それではなぜ、子供料金は安いのだろうか。

大人は子供より金銭的に余裕がある。大人はどんなに安くても面白くない映画は観ないだろう。しかし、どうしても観たいという映画には多少のお金を払っても観ようとするだろう。これに対して、子供はお金がないので、あまり高い料金だと観たい映画があっても映画館に来ることができない。

価格弾力性ということでいえば、大人の需要は弾力性が小さく、子供の需要は弾力性が大きいのだ。

図1-2でいえば、②が大人の需要曲線で、①が子供の需要曲線となる。したがって、大人に対しては多少高めの料金設定をし子供の料金を下げるというのが、映画館の興行上は望ましい価格設定なのである。このように、異なった層によって違った価格をつける行為を価格差別という。

観光地のホテルの料金をシーズンによって変えるというのも価格差別の応用例である。客が多く来るシーズンでは多少料金を上げても十分な顧客を確保できる。だから高い料金を設定する。しかし、オフシーズンには料金を安くしないと客は来てくれない。だからオフシーズンには料金を低く設定するのだ。

Point

覚えておこう!

- 企業にとって、自社の商品やサービスを差別化し、「需要の弾力性」を小さくする戦略が重要だ。
- 差別化の手法の1つが、「ブランド価値」の向上だ。「ストーリー・マーケティング」や「セグメンテーション・マーケティング」も差別化の効果がある。
- 販売対象によって価格を変える「価格差別」もよく用いられる有効な戦略だ。

column

「赤ひげ」に見る価格差別――利益行為と善意が似ているときもある

価格差別というと、悪い行為のように考える人がいる。しかし必ずしもそうではない。昔、三船敏郎が主演した「赤ひげ」という、山本周五郎原作の映画がある。赤ひげは大変慈悲深い医者だ。金持ちからは高いお金をとり、貧乏な人には安い診療費で診てあげる。

しかしよく考えてみれば、赤ひげのやったことは価格差別なのである。金持ちは病気になれば多少高くても医者にかかるだろう。貧乏な人は病気になっても高ければ医者にかかれない。つまり、金持ちの医療サービスへの需要は価格弾力性が小さく、貧乏な人は価格弾力性が大きいのだ。利潤原理で考えれば、金持ちの診療費を高くして、貧乏な人の診療費を安くするのは利にかなっている。

小説の世界では、赤ひげは弱い者を助ける素晴らしいお医者さんとなっているが、結果的には利益を最大化する行為になっているのだ。皮肉を言っているのではない。価格差別で利益を最大化するという行為は、反社会的あるいは非倫理的と思われがちだが、必ずしもそうではない。

私は常磐線で通勤していたことがある。あるとき38度を超える熱が出て、帰りの満員電車に乗るのがつらかった。1000円余分に払ってもいいからグリーン車に乗って帰りたいと思っても（いつもグリーン車に乗っていたわけではない）、当時の常磐線にはグリーン車がなかった。高熱を発していても、みんなと同じ料金を払って混み合った普通の車両に乗るしかなかった。ちなみに当時から、東海道線にはちゃんとグリーン車があった。グリーン車は金持ちの乗る車両といわれるが、グリーン車の乗客から高い料金をとり、その分、普通車両の料金を下げてやれば、すべての人にとってメリットがあるのだ。

料金に差をつけることの是非に関する議論はいろいろな問題で顔を出す。たとえば医療費がそうだ。現在の医療費は保険で一律料金が建前になっている。しかし、規制緩和によって、より高いレベルの医療サービスを高料金で提供するという可能性を広げることは社会的にどのように評価されるだろうか。

すべての患者は平等でなくてはいけないという単純な平等主義に立てば、低料金のサービスと高料金の高サービスの選択の幅を広げるのは金持ち優遇ということになるかもしれない。しかし、高サービスの患者から高い料金をとって、その分通常の医療費を下げることができるなら、それは社会的にも好ましいという考え方も成り立ちうるのだ。

ダンピングはこうして起こる

価格差別の重要な事例の1つが、地域によって違った価格をつける行為だ。特に、自国よりも海外で低価格をつけることを「**ダンピング**」という。このダンピングについても、需要の価格弾力性という考え方を利用して説明することができる。

多くの商品についてよく見られる現象であるが、自国の市場よりも外国の市場のほうが需要の価格弾力性が高くなる傾向がある。これをたとえば、自動車を例に挙げて考えてみよう。

日本の多くの消費者は、トヨタ自動車とホンダの違いを強く認識している。多少値段を安くしたからといって、トヨタがホンダ派の消費者を引きつけることは容易ではない。また多少値段を上げたからといって、トヨタ派が全部ホンダに流れるということでもない。

これに対して、アメリカ人の多くはそこまでトヨタとホンダの違いにこだわらないだろう。トヨタでもホンダでも価格の安いほうがよいという消費者が多いはずだ。トヨタの日本でのマーケットシェアは4割を超えるが、アメリカ市場でのシェアは15%程度である。つまり、トヨタは日本ではガリバー型の業界第1位の企業だが、アメリカでは第3位あるいは第4位の会社にすぎない。アメリカでは多少余分に売ったからといって、トヨタの自動車の価格が大幅に崩れることはない。しかし、日本でトヨタがもっと売ろうとすると、トヨタ車の値が崩れてしまう。

つまり、市場シェアの小さいところでは値を下げて積極的に安く売ることができるが、自分のホームグラウンドの市場では防御的に行動するものだ。価格を維持するため、多少数量を抑えざるをえない。このように、ダンピングは決して特異な現象ではなく、経済原則からは本来起こりやすい現象なのだ。

アンチダンピング

これまで説明したように、たとえば国内市場と海外の市場で価格弾力性が違えば、それに応じて内外で違った価格をつけるダンピングは、企業の行動としてよく行われることだ。

ビジネスの世界に影響を及ぼすような動きになるのは、多くの場合は、「**アンチダンピング**」と呼ばれる、反ダンピング政策に発展した場合だろう。日本の企業も、アメリカをはじめとして多くの国からダンピングを問題視されてきた長い苦労の歴史がある。そこで、いくつか重要な事例を使って説明しておこう。

アンチダンピングはダンピングに対する提訴として行われる。日米間の厳しい貿易摩擦の時代にはアメリカの企業によるダンピング提訴が日本の企業をたたく常套手段としてよく使われた。現在でも日本に対して、また米中間でもよく行われている。

アンチダンピング政策のもとでは、仮に、日本の企業が日本で売るよりもアメリカで安く売っているという事実があり、それによってアメリカの企業が被害を受けていることが証明できれば、日本からの輸入品に対してダンピング課税を行い、輸出を抑えることができる。そこで、この制度を有効に使って、日本企業との競争を有利にしようということがアメリカ企業によって過去に何度も繰り返された。これが「貿易摩擦」と呼ばれている現象だ。

日本にとって最も大きな影響があり、一番大きな話題になったダンピング問題は、１９８０年前後に起きた出来事だった。重要な出来事なので少し細かく紹介しよう。

1970年代の末、第2次石油ショックにより世界の原油価格が大幅に上昇したことから、アメリカ国内でもガソリン価格が高騰した。ガソリン価格の急上昇により、燃費の悪いアメリカの大型車の販売が不振となり、燃費の良い日本製の小型車人気が消費者の間で高まることになった。その結果、日本からの対米自動車輸出が急速に拡大、大型車の売れないアメリカの大手自動車メーカーは苦境に追い込まれ、一部の企業は経営破綻を噂されるまでになった。このときに、アメリカの企業は、日本の企業が不当に安く自動車を売っているために自分たちは被害を受けている、このダンピングは認めるべきではないとし、アメリカの政府に対して、アンチダンピング訴訟として日本の特定の企業を訴えて日本からの輸出を阻止することを求める動きに出た。

たしかにアメリカの大手自動車メーカーの経営は非常に厳しい状況に直面し、アメリカの政府、とくに通商問題を担当する商務省に対してはアメリカの企業側の話のほうが通りやすいという事情があったことも手伝い、アンチダンピングをめぐる日米間の交渉はきわめて厳しいものになった。

結局、厳しい交渉が重ねられ、最終的には、日本の自動車メーカーがダンピング課税で罰せられることはぎりぎりで回避されることになった。だが、日米間での貿易摩擦が非常に激しいものであったことから、日本の企業は危機感をもった。

自動車のような商品を海外に輸出するには、単に自動車が現地で売れればいいわけではない。販売を扱うディーラーが現地でしっかり育ち、修理やメンテナンス需要にきちんと対応できる仕組みが必要になる。日本車メーカーはこれまで10年、20年かけて、このようなネットワークをアメリカ国内につくり上げてきた。ところが、ダンピング課税によって懲罰的な税金を課されると、一時的にしろ、日本からの対米自動車輸出がストップしてしまう。輸出がストップすると、当然、日本車を販売しているアメリカのディーラーも追い込まれ、回復するのに5年も10年もかかることになる。

そのような危機的な状況に至ることを回避するために、日本の企業、日本政府はアメリカの政府といろいろな協議をした上で、輸出自主規制、すなわち、輸出の量を若干減らすことで何とか輸出を続けられる形で決着を図った。さらに、日米間の強烈な嵐のような貿易摩擦をへて、日本の自動車メーカーは、最終的にはアメリカ国内で自働車を生産することを決断し、かえって日本の自動車メーカーのグローバル化を進めることになった。とはいえ、アンチダンピングで日本の自動車メーカーおよび日本政府が苦しめられたことは間違いない。

このようなアンチダンピング問題は多くのビジネス分野で発生するものであり、日本企業にとってはそのつど厳しい対応を迫られることになる。ここで強調したいのは、このアンチダンピング問題は20年、30年前にあった歴史上の出来事にとどまるのではなく、じつは現在でも、いつでも起こりうる問題であるということだ。

トランプ前大統領の保護主義的な姿勢がよく話題として取り上げられた。アメリカは25%の関税をかけることを脅しとして使って、諸外国の政策的な対応を求めている。日本もその例外ではない。現実に25%もの関税が自動車にかけられたら、日本は関税の支払いだけでも膨大な金額になる。業界にとっては大変な打撃である。もちろん、高い価格で自動車を買わされるアメリカの消費者にとっても厳しい影響が及ぶ。

Point

覚えておこう！

- 海外で自国よりも低価格をつけることを「ダンピング」という。
- ダンピングに対抗してとられる措置が「アンチダンピング」だ。
- アンチダンピング問題は歴史上の出来事にとどまらず、いつでも起こりうる問題だ。

航空料金、スーパーの目玉商品——価格差別以外の引き下げ戦略

企業は価格差別という動機以外にも、一部の市場で価格を引き下げたり、あるいはダンピングを行ったりすることがある。図1-3は、これらを列挙したものであるが、以下簡単に説明しよう。

1つは、企業はモノやサービスを売る場所によって、戦略的に異なった価格をつけることがしばしばある。特に、競争相手がいる市場と競争相手がいない市場で、あからさまに異なった価格をつけることはよく見られる。

その典型的な例が航空機のフライト料金の制度だ。たとえば東京－福岡、東京－札幌のように、全日空や日本航空だけではなく、ほかにも複数の航空会社が乗り入れている路線では、航空会社間で厳しい価格競争が行われている。

一方で、たとえば羽田－鳥取や羽田－米子は全日空の単独路線で、その隣の羽田－出雲は日本航空

の1社路線である。競争相手が存在しないわけだから、結果的に他の路線に比べて高めの価格が設定されるということが起こりうる。

経済合理性で見れば、ある意味で当然のことで、競争相手がいれば、価格を上げると需要は競争相手に逃げていくが、競争相手がいなければ、若干価格を上げても競争相手に需要がシフトすることはない。まさに弾力性が違うわけだから、それを反映して異なる価格をつけることになる。だが、ユーザーからすると、競争しないから価格が高いという理屈はなかなか納得できないように思える。とはいえ、これは、ビジネスではよくあることで、競争の程度によって企業が価格を変えることには合理性がある。

これはほかの商品でも同じだ。たとえばガソリンスタンドで売られているガソリンの価格でも、近隣に競争するガソリンスタンドが多いかどうか、あるいは簡単にほかのスタンドに行きやすい道路かどうかで、微妙にガソリンの価格は影響を受ける。そういう意味で、ダンピングとは異なる理屈だが、市場の状況によって異なる価格設定をするのはよく見られる現象だ。

図1-3 ›› **多様な安売りの類型**

- **略奪的ダンピング**　〜競争相手を倒すことを目的
- **ロスリーダー**　〜顧客を店に引き寄せることを目的
- **フォワード・プライシング**　〜将来の費用低下を織り込んだ価格
- **スイッチング・コストのもとでの顧客取り込み**

価格引き下げの第2のケースは、「**ロスリーダー**」と呼ばれる現象である。要するに、「**目玉商品**」のことである。スーパーでは卵や牛乳で安売りが行われることが多い。時には原価割れの価格で売られることもある。このようにコスト割れで売ることは、スーパーにとっては必ずしも非合理ではない。牛乳が安いからという理由でそのスーパーに牛乳を買いに来た人は、ついでに他の商品も購入していく。目玉商品だけ買っていく客はあまりいない。牛乳や卵のような必需品を安く売ることは、他の店からお客を奪う手法として有効なのである。こうした現象はどこの国でも見られる。

問題は、こうした行為が社会的に好ましいものかどうかということである。消費者から見れば、安く買えたほうがよいので問題ないということかもしれない。しかし、次のような微妙な問題もある。

昔ある所で、線路をはさんで2つのスーパーがあった。その間は踏み切りを渡らなければいけない。消費者にとっては、一方のスーパーで牛乳を買って、踏み切りを越えてもう1つのスーパーで別の商品を購入するというのは煩わしい状況であった。このため、消費者の多くが、どちらか一方の店で買い物をすませるという傾向にあった。そこで客引きの競争が始まった。牛乳の安売り競争である。1本100円とか150円する牛乳が、いつの間にか80円になり、70円、60円と、価格はどんどん下がっていった。

この2つのスーパーの近くに牛乳専門店があった。牛乳専門店は牛乳をコスト割れで売っては営業を続けられない。このままでは牛乳専門店が潰れてしまう。そこでスーパーの度を越した安売りが反社会的な行為であるかどうかが大きな論争になったのである。

第3の事例は、「**フォワード・プライシング**」と呼ばれるケースだ。将来、コストがどんどん下がっていくことを想定したときに、あらかじめ価格を下げて、最初はコスト割れで売ることがある。半導体やリチウムイオン電池のような電子部品がその典型的なケースである。

半導体の製造には経験効果が強く働くといわれる（経験曲線については第8章で取り上げる）。それぞれの世代の半導体は、その累積生産量が増えていくほど、生産コストが大きく下がっていく。ライバルに先駆けてより多く生産することができれば、それだけ生産コストを下げることができる。そこで生産の初期段階からコストを大幅に割った低価格で、できるだけ大量に販売して、コストを早く下げようとする競争が起きるのだ。このように将来のコスト低下を読んで、当初から戦略的に価格を安めに設定することをフォワード・プライシングという。こうしたことはリチウムイオン・バッテリーなど、先端的な電子部品でも起こりうる。

かつては日本もＤＲＡＭと呼ばれる大量生産型の半導体で強い国際競争力をもっていた。生産規模の拡大を織り込んだ低価格でアメリカなどに大量の輸出を行い、アメリカ企業からダンピング提訴を受けた。しかし、いまや韓国のサムスンや台湾のＴＳＭＣなどの後塵を拝している。大胆な投資と価格設定を行う韓国メーカーとの価格競争に敗れてしまったのだ。

企業がコスト割れの価格設定をする第4の事例は、「**スイッチング・コスト**」があるときだ。スイッチング・コストとは、一旦ある商品を使い始めたら、他の商品にスイッチするのが難しいケースである。

私は現在、アップルのマックのパソコンを利用している。そのパソコンで利用できるソフトウェアも購入しているし、同時に使っているｉＰｈｏｎｅやｉＰａｄへといろいろな連動が可能だ。そのため、ほかのシステムに切り替えることはほとんどできない状況になっている。マックを使っているからｉＰｈｏｎｅを使うのは便利だし、ｉＰｈｏｎｅを使っているからマックを使うのが便利だ。そして、マックを使っているからマックのためにいろいろなソフトウェアを購入してきた。

こういう状態をスイッチング・コストが存在するという。企業の側から見たら、こういうスイッチング・コストを設定することによって、一旦確保した顧客を囲い込むことが重要になる。利益を確保できるだけでなく、囲い込み対象となる新規のユーザー、顧客にできるだけ安い価格で提供することが企業にとって大きなメリットになるためだ。そのために低価格戦略をとることがありうる。

ちなみに、少し前のことだが、学生向けに、たとえばマックのパソコンを買う場合に、特別に安い価格、有利な条件で買えるケースがしばしば見受けられた。今もあるのかもしれない。この場合は、学生のときに初めてパソコンを使い、それがマックであれば、その後学校を卒業した後もマックを使い続ける可能性があることを計算に入れていた可能性もある。こうしてスイッチング・コストは、企業のマーケティング戦略にとっては重要な役割を果たすのである。

Point

覚えておこう！

✔戦略的に価格を引き下げるケースには次のようなものがある。

①競争環境に合わせた価格設定、②ロスリーダー（目玉商品）、③フォワード・プライシング、④スイッチング・コストのもとでの顧客の先取り

5　巧妙な価格戦略の裏を探る

時間差を利用した価格差別

これまで説明してきた価格差別には、じつに多様なバリエーションがある。単純な価格差別では「**裁定行為**」が起きてしまう。そこで、以下で取り上げるような巧妙な価格戦略が行われるのだ。

まず、「**時間差を利用した価格差別**」を取り上げよう。耐久消費財によく見られる価格差別行為である。図1-4は、これを需要曲線の上で図解したものだ。一番わかりやすいのは書籍の例だ。ある売れっ子作家が新しい本を書くと、まず単行本で出す。そして需要が一巡してもうこれ以上売れないと思ったら、次に低価格の文庫本を出す。このような売り方で、高い価格で購入してもよいと思う読者には高い単行本を売り、安くなければ買わないという読者には、少し遅れて文庫本を購入してもらうのだ。最初から単行本と文庫本の中間のあたりの価格で売れば、それで終わってしまう。

こうした価格設定は多くの分野で見られる。映画がそうだ。まずファーストランで通常の料金で劇場公開する。劇場公開が終わった頃、ネットフリックスなどのオンライン業者に権利を売る。そしてさらに時間が経ってから、今度はテレビ局に放映権を販売する。そうやって何度も手を替え品を替え、販売していくのだ。多くの映画では、収入の半分以上は映画館の興行収入ではなく、オンラインでの売り上げ、あるいはテレビ局からの放映権料であるという。

家電やパソコンの価格設定にも似たようなところがある。新しい家電製品が出たときは、メーカーによる価格の縛りがかなり厳しいようだ。店のほうも新製品はよく売れるので、あまり大幅に価格を下げることはしない。それどころか、新製品が出たときには小売店の間でその商品の取り合いが起き、いかにたくさん新製品を確保するかが小売店の利益のカギとなるようだ。

ただ、次の新しい機種が出てしまうと価格が急速に下がり始めてしまう。メーカーも価格の縛りをしないだろうし、小売店のほうも在庫処理をしたいという思惑が働いて安売りを始めるのだ。こうした価格変化は、次々に新機種が出てくるスマホなどで特に激しい。

こうした時間差を通じた価格差別行為は、いつもうまくいくとは限らない。少し待てば安くなる

図1-4 » 時間差を利用した価格差別

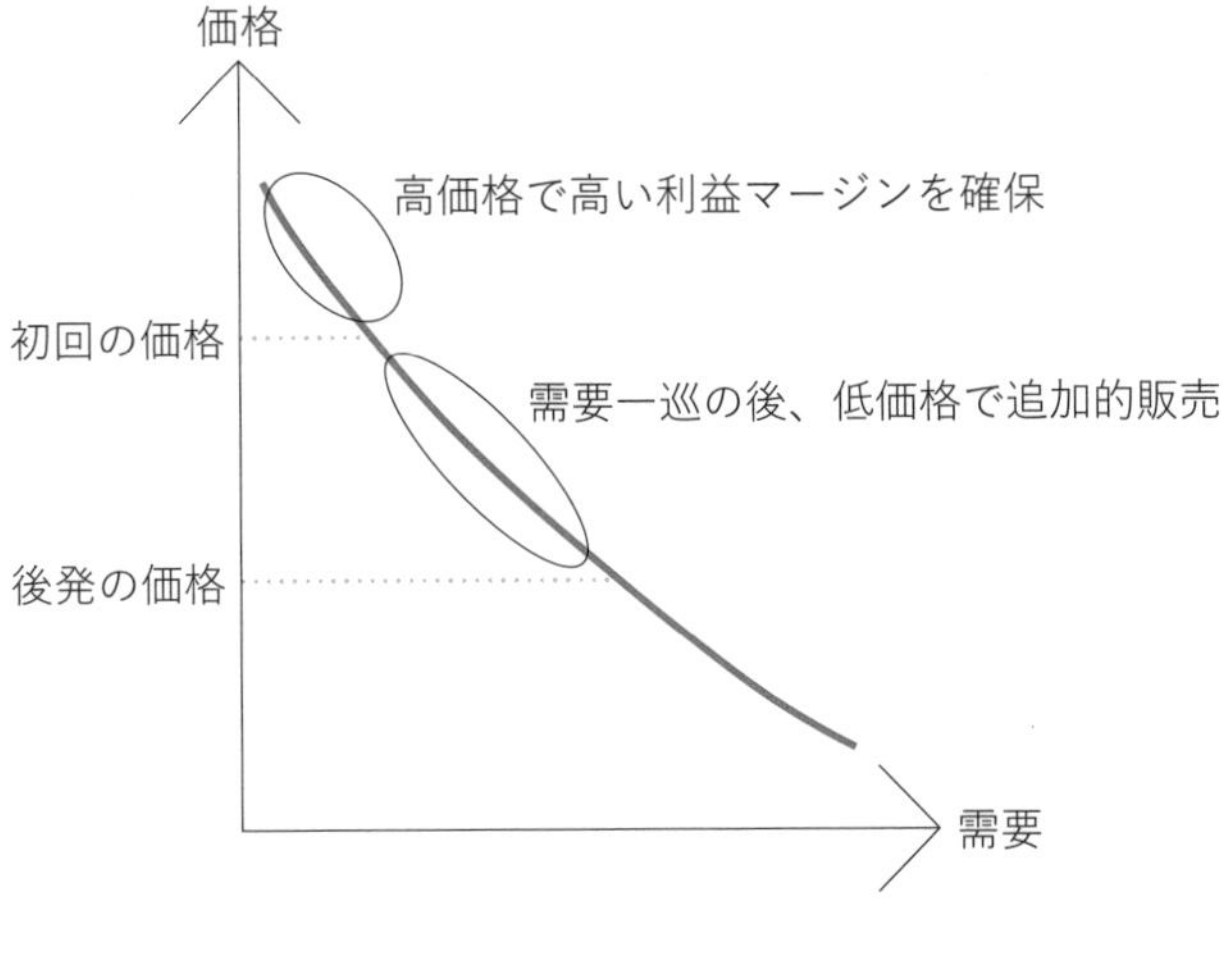

とわかれば、賢明な消費者は安くなるまで買おうとしないだろう。それでは当初予定していた高い価格のときの売り上げが落ちてしまう。パソコンや新刊本など、多くの消費者が安くなるまで待ち切れないという性質の商品であれば、それでも時間差を通じた価格差別はうまくいくかもしれない。しかし、住宅や不動産のように値が張る商品であれば、待てば安くなるとわかったとき、誰も早く手を出して高い価格で買おうとは思わないだろう。

もちろん、販売側は待っても安くはならないと宣言するかもしれない。時間差を通じた価格差別を行う意図がない販売業者だって多いだろう。しかし、そうした約束を消費者が信じるとは限らない。売れ残ったら安くなるかもしれないからだ。消費者がそう考えれば、時間差を通じた価格差別を行う意図のない業者もそうした意図をもった業者も、ともに、当初の段階で高い価格で売ることができなくなる。消費者側の将来の値下げ可能性に対する疑心暗鬼が当初の売り上げに打撃を与えてしまうのだ。こうした事態を避けるために、企業は何をしなくてはいけないのだろうか。それは販売ではなく、「**賃貸**」にするという方法である。[2]

column

売り切りより賃貸を選ぶ理由

賃貸にすれば、不動産そのものが販売されるのではなく、不動産を利用する権利を販売するので、時間差を通じた価格差別は起こらない。今日の賃貸料があとで安くなるということはないからだ。そこで、時間差を通じた価格差別を危惧して消費者が買い渋りをするのを避けるため、不動産物件をあえて賃貸にするケースがある。オフィスの多くが賃貸になっているのは、こうした理由があると解釈することもできる（もちろんそれ以外の理由も存在する）。

大型コンピューターは販売ではなく賃貸になっている。これも同じ原理である。もし大型コンピューターを販売方式にすれば、需要が一巡したところで値段を下げて売られるのではないかという思惑から、当初の売れ行きが悪くなる可能性がある。そこで、賃貸契約だけにしてしまうのだ。「私はこれを売りません。貸しますから、この料金でなければ使えませんよ」と言うのだ。賃貸は、じつは非常に巧妙な利益確保の手段なのだ。販売をしないで賃貸だけに特化するのは、独占禁止法上問題ではないかという論争が起きたこともあるくらいだ。

自己選択の理論——製品多様化による価格差別

「**価格差別**」の本質は、高くても買いたいと思う人には高い価格をつけ、安くないと買ってくれない

2　この問題を最初に提起した経済学者、ロナルド・H・コースにちなんで、「コース問題」といわれるものである。

人には安くても売るということである。しかしまったく同じ製品であったら、顧客によって価格を高くしたり安くしたりすることはできない。そこで、価格差別を巧妙に行うために、高級品から普及品まで並べておいて、高級品にはコストをはるかに上回る高い価格をつけるという方法が考えられる。

化粧品は高級品だろうが普及品だろうが、原価にそれほど大きな違いはないといわれている。それでも自分は500円の化粧品でいいという人と、やっぱり1万円の化粧品を使うと肌へのノリが違うという人がいるだろう。そこで500円の化粧品も販売するが、1万円の化粧品も販売するという戦略がある。化粧品にはお金をかけたいという消費者は1万円の化粧品を買うだろうし、安くなければ買わないという人は500円の化粧品を買うだろう。

このような現象を「**自己選択メカニズム**」という。消費者が高級化粧品を志向する客なのか、安いほどいいと考える客なのかは一見しただけではわからない。しかし、価格の違う商品のプロダクトラインを並べることで、消費者自身に選んでもらうのだ。結果的には価格差別と同じ成果が得られる。

自動車でも同じような価格設定が行われる。リッターカーと呼ばれる小型車は安いが、大型の高級ワンボックスカーは高い。ある専門家から聞いたところでは、大型のワンボックスカーを1台売れば、リッターカーを10台近く売るのと同じぐらいの利益が出るそうだ。自動車にお金をかけたいという人と、安くなければ買えないという人など、多様な需要に対応しているのだ。

もちろん、こうした製品多様化による価格差別的行為が悪いというわけではない。自動車に高いお金を出すのは消費者の勝手である。そうした消費者がいるのでメーカーに大きな収入が入って、その分、リッターカーのような大衆車の価格を下げることができるという面もあるからだ。これは前に取り上げた名医赤ひげのケースと同じである。

プロダクトラインの例は至るところに見られる。ガスコンロなどの商品もそうだ。今度、店頭で価格をチェックしてほしい。ガスコンロの口が3つあり、魚などを焼くグリルがあるというのが標準的な商品だとすると、これは価格も非常に安い。ところが、中にはちょっとこだわる主婦もいて、たくさん料理をしたいからコンロの口が4つなければいけないとか、あるいは赤外線が付いていなければいけないという欲求をもっている。そうしたちょっとした付加的機能が付いていると、コストは1〜2割アップする程度と思われるが、商品の値段はすぐに倍近くになってしまう。つまり、大衆消費のところは標準的なものを安く売っておく。しかし中には、心くすぐられて少しでもいいものを買いたいという消費者がいる。そこのところは値段を高くしてしまうのだ。なお、高機能品と標準品の価格の違いを戦略的に利用する事例は、第7章で行動経済学の立場から再度説明する。

Point

覚えておこう!

- 時間差を利用した価格差別——初めは高く売り、需要が一巡したら価格を下げて売る。
- 製品多様化による価格差別——価格の違うプロダクトラインから消費者に商品を選んでもらう。

二部料金制——プリンターで儲かる理由

通常の料金体系より少しひねったものとして、「**二部料金制**（トゥー・パート・タリフ）」というものがある。二部料金制の例として最もわかりやすいのが遊園地の入園料だろう。遊園地に入る際に入場料を取られるが、中に入ってまた乗り物に乗ったりするとき、さらに追加料金を払う[3]。電話料金も二部料金の構造になっている。まず基本料金がかかり、それに加えて電話の利用度数によって追加的な料金が課されるのだ。

後で詳しく取り上げるが、三越伊勢丹のエムアイカードのような百貨店の会員カードの割引にも二部料金制になっているものがある。毎年、会員料金を徴収するが、これが固定料金の部分だ。そしてカードで商品を購入することで割引やポイントが付く。

二部料金を使って、価格差別を行っている最も典型的な例はカラープリンターの料金設定だ。カラープリンターを利用するためには、まずプリンターを購入する必要がある。ドットプリンターなら、非常に安い価格で購入することができる。ただ、実際に利用するとなると、インクを購入する必要がある。私の個人的な印象であるが、このインクが結構高い。プリンターのメーカーは機械ではなく、インクで儲けているのではないだろうか、と想像している。

経済学的に見れば、これは非常に合理的な価格設定だ。世の中には、プリンターのヘビーユーザーも、そうではない人もいる。ヘビーユーザーは仕事などの関係でどうしても利用する必要がある。企業としてはそうした人から高い料金を徴収できればよい。ただ、客をヘビーユーザーかどうか判別して別の料金をかけるというわけにはいかない。

そこでプリンターの機械は可能な限り安くする。これで誰でも気軽にプリンターが利用できるようになる。その上でインクの価格を高めに設定する。それでもヘビーユーザーは必要であるので、インクのカートリッジを頻繁に購入する。結果的にプリンターの価格とインクの価格という二部料金を利用することで、ヘビーユーザーと一般のユーザーの間で価格差別を実現することができるのだ。

コストコの二部料金制

ここで説明した二部料金の価格体系は、ほかにも現実のビジネスの中でいろいろな興味深い形で展開されていることに気がつくだろう。アメリカを中心に世界展開しているホールセール・クラブ、コストコの事例が参考になる。

コストコの特徴は、年会費を顧客から徴収して、それが大きな収入源になっていることだ。日本のコストコの場合、個人会員1人当たり年会費は4400円と9000円の2種類だが、会員は年会費を払うことで、コストコの店舗ではかなり低い価格で商品を購入することができる。つまりコストコのビジネスモデルは、商品の販売による利益マージンによるのではなく、人件費も含めた原価に近い

3　もちろん、遊園地によっては入場料込みで乗り物乗り放題というパスを発行しているところもある。

価格で商品を数多く売るかわりに、顧客から得られる毎年の年会費収入によって成り立っている。

これは旧来の流通システムに対する強烈な挑戦になる。従来の一般的な小売りのシステムは、それぞれの商品の販売に応じて一定のマージンが設定され、それが利益の源泉となる。それに対してコストコの場合には、利益マージンが小売り商品に関して非常に低く、あるいはほとんどゼロに抑えられている。消費者側から見ると、多く買えば買うほどメリットがあることになるので、入会動機につながりやすいというメリットもある。

これも二部料金制度の1つだ。要するに消費者のどこからお金を得るのか。すでに説明した携帯電話の場合も、通話料でどれだけ料金を得るのか、基本料金でどれだけの料金を取るかという選択肢が携帯電話メーカー側にはある。そこで二部料金制を活かすことによって、料金の徴収の仕方に、いわば幅が出てくることになるのだ。

ネットフリックスが展開する映画やドラマなどのサービスも、料金構造は二部料金制となっている。この点については後でサブスクリプション・ビジネスに関連して説明する。

非線形価格——複数の価格プランが可能に

もっとも企業は常に基本料金を安くして、追加料金を高くするわけではない。右のプリンターの事例はヘビーユーザーの価格弾力性が低い状況を想定しており、インクの購入を通じてヘビーユーザーの料金を高くしたのだ。しかし、商品やサービスによっては、ヘビーユーザーの価格弾力性のほうが大きい場合もある。そうしたケースとして考えられるのがスマホの料金である。私のような中高年はスマホを必要最低限しか使わないが、若い人の中にはスマホのヘビーユーザーが多い。彼らは一般的には料金に対して非常に敏感で、安くすればもっと多く利用するだろう。そこで、二部料金をさらに修正した三部料金制やその一般系の非線形価格の体系を導入することが考えられる。

　二部料金をグラフで描いてみると、図1-5のようになる。スマホのケースを想定してみよう。横軸はスマホを使ってどれだけの量の通信をしたのかを表している。縦軸は単位通信量当たりにいくら支払っているのかを表している。少ししか利用しなければ基本料金をまるまるとられるので単位通信量当たりの料金が高くなる。しかしより多くスマホを利用するほど追加料金が安いので、単位通信量当たりの料金は安くなる計算である。二部料金制を通信量と単位料金で比べると、きれいな右下がりの曲線になっ

図1-5 » 二部料金の構造

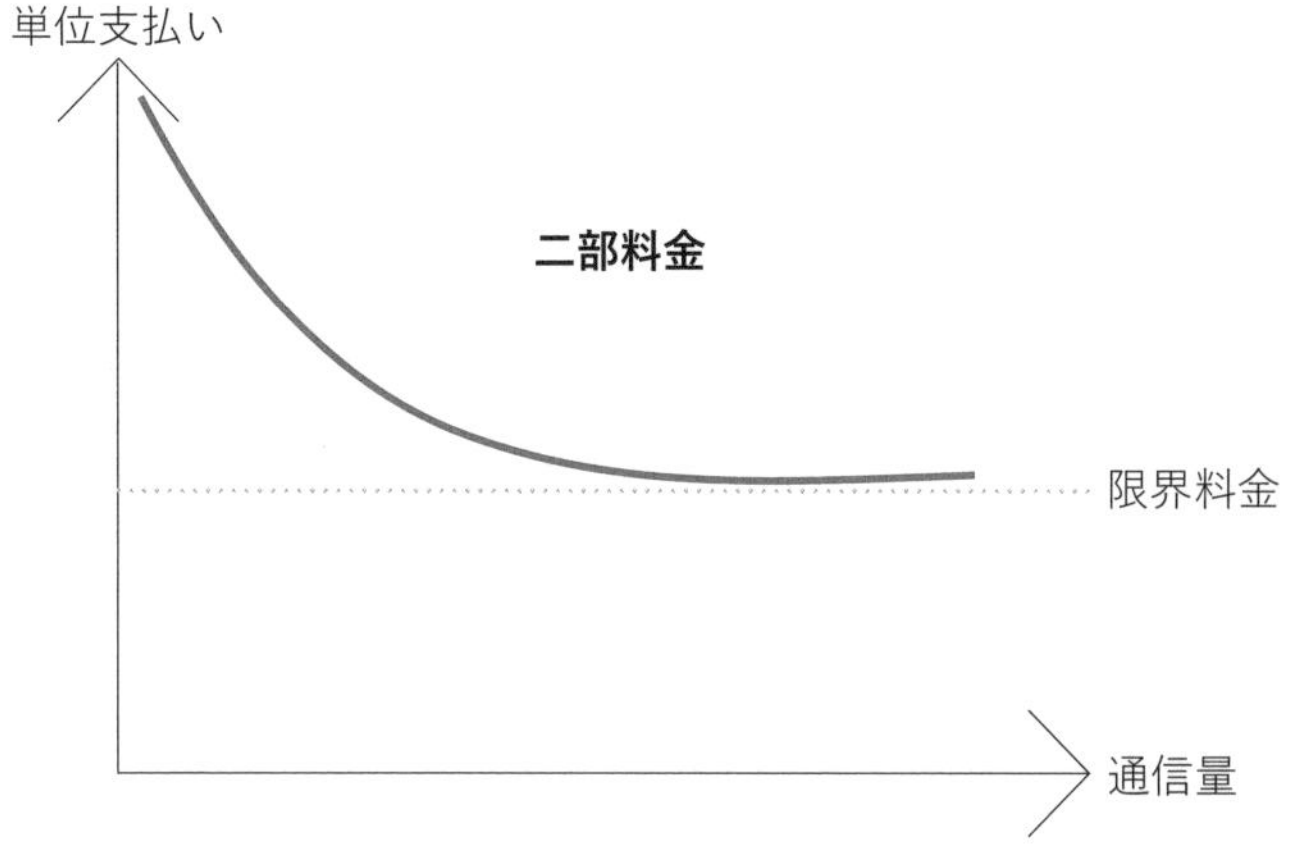

ている。

ちなみに、たとえば1個100円のチョコレートを1カ月に1個買っても、毎日1個ずつ30個買っても、毎日10個ずつ月に300個買っても、やはり1個100円である。つまり、普通の価格体系を同じようなグラフに描けば、単位支払い額は購買量にかかわらず一定である。つまりグラフに描けば水平線になる。これを「**線形価格**（リニア・プライス）」という。線形とは直線のことである。それに対して、二部料金というのは図1-5のように曲線（あるいは折れ線）になる。二部料金制は、以下で述べる「非線形価格」体系の特殊なケースなのである。

スマホ料金は、厳密には二部料金制にはなっていない。三部料金、あるいは四部料金というような構造になっている。つまり、いろいろなプランがあり、あまり多く利用しない人には基本料金が安い代わりに追加料金が高いプランがあり、ヘビーユーザーには基本料金は高いが追加料金が安いプランが用意されている。

図1-6 ›› 三部料金の構造

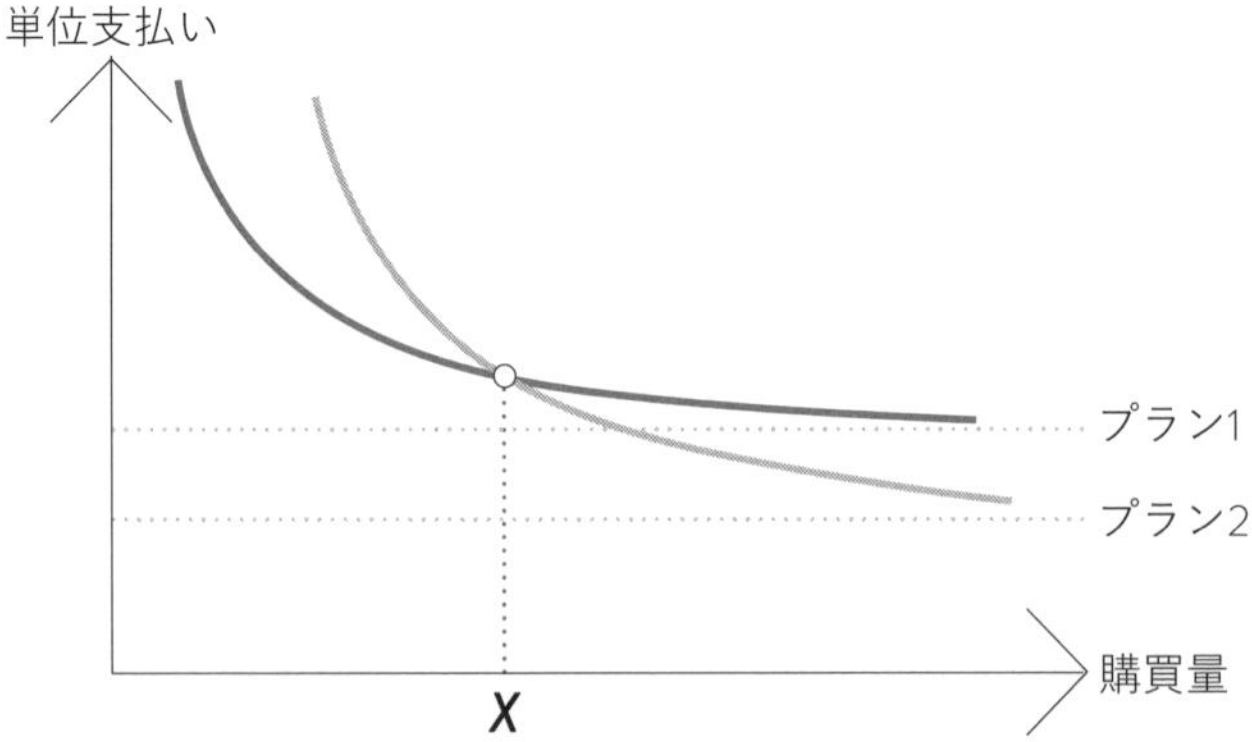

図1-6は、このような複数のプランがある料金制を表したものだ。これが図の上での、「プラン1」と「プラン2」である。図の上で、「X」より右側ぐらいヘビーに使おうと思う人は「プラン2」を選択する。「X」よりも少ししか使わないと思う人は「プラン1」を選択する。トータルでどういう価格スキームになっているかというと、2つのプランを重ね合わせた形になっている。これが三部料金だ。同じようにして、四部料金制や五部料金制も設定することが可能である。そしてこれらは、すべて非線形価格なのである。

情報化で広がる非線形価格

「**非線形価格**（ノンリニア・プライス）」は広い範囲で利用されている。ガスや電気のようにメーターが付いていれば、利用量によって料金を変えられるので、いろいろな非線形価格体系を導入することが可能だ。電気料金の場合には電気を節約してもらうことを意図するなら、利用量が増えると電気料金が逓増的に増えるような料金体系にすることができる。

「**情報化**」の進展の中で、カードなどを利用して非線形価格の利用可能性が拡大している。従来は、1個買ったらいくらと、商品に値札が付いていた。これは線形価格であるが、このような仕組みは、情報技術が非常に貧弱であることを前提とした価格体系なのである。情報化が進展すれば、非線形価格をもっと積極的に利用していく企業が増えるはずだ。特に重要なものはポイントの活用である。

百貨店のカードがポイントのもつ威力を理解する上でわかりやすいだろう。業界大手の三越伊勢丹のエムアイカードの例を使って考えてみよう。エムアイカードは入会初年度は会費無料となっているが、翌年から毎年2000円の会費が徴収される。これは、二部料金制でいうところの固定費に対応するものだ。カード会員は購入額の多寡に関係なく毎年2000円の固定費を払う。同社の資料によると、300万会員を目指すとある（同社の2016年決算資料）。この会員数が定着するとすれば、2年後以降に2000円の会費が入るので、単純計算で60億円の会費収入ということになる。コストコのケースほどではないにしても、決して小さな額ではない。

その上で、前年の年間購買額によって、ポイントが付加されることになる。前年の年間購買額が30万円未満の人には5％、30万円以上100万円未満の人には8％、そして100万円以上の人には10％のポイントが付与される。年間に100万円を同店で購入する人がどれだけいるかわからないが、いずれにしても相当なポイント付加である。消費者から見れば、もはや価格は線形ではなく、固定費と大きなポイントの両方で強い非線形になっているのだ。

Point

覚えておこう！

- 「基本料金と利用頻度別料金」など2つの要素から構成されるのが「二部料金制」だ。
- 二部料金制では、顧客の購買頻度、利用頻度に合わせて柔軟な価格設定ができる。
- 二部料金制のもとでの価格は複数の価格プランが成り立つので「非線形価格」となる。
- 情報化の進展で「非線形価格」の利用はさらに広がっている。

Chapter

2

流通から ビジネスを考える

消費者が店頭で見る価格は業界では「上代」価格と呼ばれるものだ。消費者を「上」とみた場合の代金という意味だろう。小売業者は「下代」と呼ばれる価格を問屋やメーカーなどのベンダーに支払う。価格と一言で言っても、下代であるメーカー出荷価格や小売業の仕入れ価格から、消費者が払う上代価格まで垂直構造になっている。流通からビジネスを見るときには、この価格の垂直的な構造が重要な論点となる。ユニクロやニトリなどのＳＰＡと呼ばれる業態が急速に成長することができた理由の1つがこの流通の価格構造の中に潜んでいる。また、小売ビジネスでは他企業を圧倒するような価格破壊が業界を変える原動力となるが、その安売りのメカニズムを理解するためにも、価格の「縦」の構造を分析することが必要となる。

この章ではメーカーから小売りまでの商品の縦の流れを意識しながら、価格設定の行動や流通構造の変化のダイナミズムについて考察する。多くの消費財メーカーにとってマーケティング活動は重要なものであるが、そこでも流通の縦の構造を理解することが企業行動を分析する切り口となる。

1 なぜユニクロとニトリは流行るのか

旧来の流通システムへの挑戦

最近の町を歩いてみると、どこに行ってもユニクロやニトリの店舗を見かける。流通業界では、ユニクロやニトリのような業態を「**SPA**（Speciality store retailer of Private label Apparel）」と呼ぶ。SPAとは、ユニクロやニトリのような小売業者が、商品の開発から生産の委託・流通まで全部自分で管理してやるビジネスのことをいう。

それとちょうど対極にあるのが、百貨店や大手総合スーパーだ。問屋やメーカーから商品を仕入れて、小売業として販売する形態だ。SPAは、ものづくりから販売まですべてを手がけるのに対して、旧来の流通システムは、メーカー、問屋、小売りというように分業によって成り立っている。興味深いのは、このユニクロやニトリの商品が、旧来の百貨店や専門店に比べて非常に値段が安いところにあることだ。なぜ、そのようなことが可能になっているのか考えてみよう。

ニトリの代表取締役会長、似鳥昭雄氏が、東京大学の寄附講座で講演をされたときに、非常に印象的なことを話された。あるしゃれたグラスのセットを見せて、「これはデパートで買うと、おそらくセットで1万円ぐらいするようなグラスのセットでしょう。これをニトリは3000円で売っています」という。当然、いろいろな努力をしてコストを引き下げ3000円で売れるようにしたということだろうが、面白いのは、大ざっぱな言い方をすると、百貨店に1万円のグラスがあったら、それを3000円で売るということを最初に決め、それでも採算が合うように生産量などをその後で決めて対応するということだ。これがSPAの基本だ。

通常の小売りの場合は、商品の仕入価格を検討し、それに利益を上乗せして小売価格を設定する。つまり最初にコストありきで、それによって価格が決まる。ユニクロやニトリがやっているのは最初に小売価格ありきで、それに応じて生産するための仕組みを検討する。そのポイントは、コストを下げるところまで生産量を増やして売れるかどうか、になる。

たとえば、ユニクロの店舗を見ればわかることがある。全国に817、海外も含めると2200以上（2020年8月）という数多くの店舗があるが、実際にユニクロの店舗で販売されるのは、非常に限定された品数の商品だ。商品のアイテム数が絞り込まれている。簡単にいうと、ユニクロのビジネスモデルとは、少品種多量の販売だ。

だいぶ前のことだが、家内と一緒に近くのユニクロの店に買い物に立ち寄り、1時間ほど売り場を見ていたことがある。ちょうどヒートテックのソックスなどが評判になっているときだった。店の中を見てまず気がついたのは、ヒートテックのソックスが山のように置いてあるのだが、いろいろな種類のものが置いてあるのではない。サイズは多少違いがあるものの、ほぼ同じものが山のように積んであることだ。しかも売り場を見ていると、その1時間の間にものすごく売れていく。

単純に見て1時間で10足売れたとすると1日では100足売れる。1カ月に30日間販売できるとすると、3000足売れることになる。仮にユニクロの店が2000店舗あるとすると、ソックス3000足が2000店舗で売れるわけだから600万足売れることになる。これはすごいことだ。

テレビ番組でも、テニスの錦織選手を横に引き連れてユニクロの柳井正社長が、ユニクロのウェアを着て現れたことがあった。「これはいい商品だから100万着売るんだ」と豪語したのを見て納得したが、SPAは、スケールメリットを活かすことによって、旧来の小売業者においては実現できないような値段を実現している。

SPAの流通構造はどうなっているのか

SPAを展開している企業は、いずれも業績が好調で活力がある。ユニクロ、ニトリ、100円ショップのダイソーなどだ。その理由を知るためには、店舗で販売されている商品や陳列など店舗内の様子を見るだけでなく、商品がどこで生産されているのか、どのようにして商品が開発されているのか、リスクは誰がとっているのか、という事情を理解する必要がある。要するに「**流通構造**」を知ることが重要だ。

SPAの仕組みを理解してもらうために、少し古い話だが、かつて私が調査した紳士の背広のマーケットについて、データを交えながら解説しよう。ここで**図2-1**「百貨店と専門店の費用分析」を見ていただきたい。

1990年頃のことだが、当時、AOKI、青山、コナカといった郊外型の紳士服店が急速に拡大していた。それによって百貨店側の背広の販売が厳しい挑戦を受けていた。図2-1は、その百貨店と郊外型の紳士服店の背広の価格体系について調べたものだが、私のデータはこの図に近いものであった。ちなみに郊外型の紳士服店というのは、ユニクロやニトリと同じSPAの先駆けだ。

この図の数字に見られるように、百貨店と郊外型紳士服店では、背広の価格がまず違う。百貨店では5万8000円する背広が郊外型紳士服店では3万5000円だ。もちろん両者の品質がまったく同じであるわけではない。ただ、面白いのは、百貨店で売られている背広の場合、小売価格の

図2-1 » 百貨店と専門店の費用分析

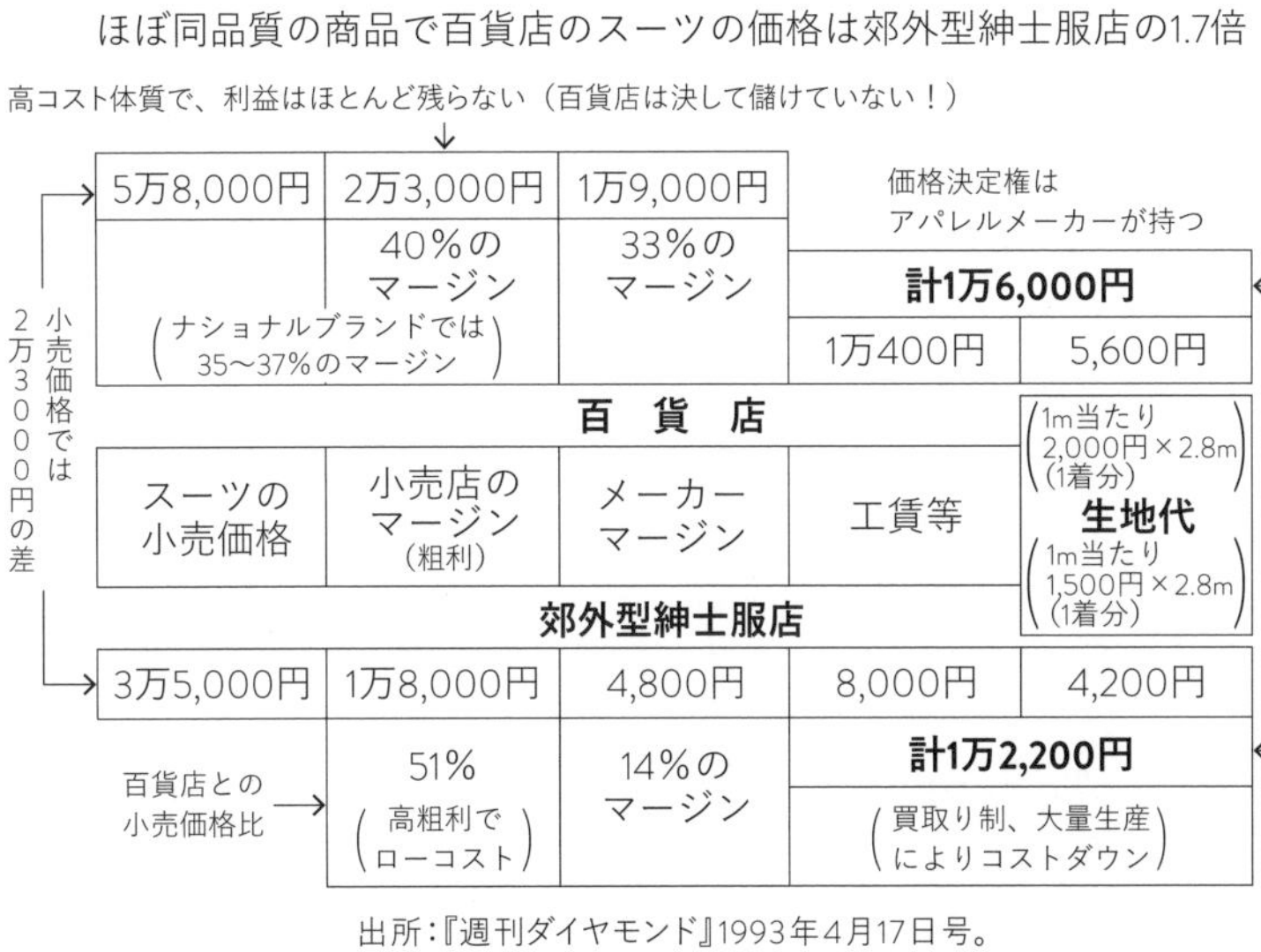

出所：『週刊ダイヤモンド』1993年4月17日号。

40%は百貨店にマージンとして落ち、さらに33%がマージンとして、オンワードや三陽商会などのアパレルのメーカーに落ちる。原材料費は工賃を含めて1万6000円だ。

このように商品の生産から販売に至るまでのプロセスが多段階にわたっているために、結果的に値段は高くなっている。そのわりに、百貨店にも、アパレルメーカーにもマージンはそれほど落ちない仕組みになっている。

ところが、郊外店の背広の場合、ほぼ50%が小売店のマージンであり、アパレルが扱う部分は、郊外店から委託を受けて担当するだけのため低いマージンにとどまっている。結果的に小売価格は非常に安くなる。

こうして、百貨店で売られている背広の場合には、アパレルメーカーが間に入るために、何回も流通のマージンがかかることで価格が高めになるが、一気通貫でやっている郊外型の背広の場合には、50%近い粗利をとっているにもかかわらず、値段は低く抑えられている。

当時、このようなデータが注目を集め、NHK（日本放送協会）で背広の値段に関するテレビ番組が制作されるなど話題になった。重要なポイントは、百貨店の背広の売り方と専門店の売り方には根本的な違いがあるという点だ。

百貨店は名前からもわかるように、数多くの種類の商品を置いているのが特色だ。三越伊勢丹や高島屋などの百貨店の大きな店舗では何百万もの種類の商品があるといわれる。さらにたくさんの商品があるだけではなく、ファッション性やシーズン性が重視され、どんどん置き換わっていく。

要するに、非常に多様な商品を提供するのが小売業としての百貨店の技術であり、それを実現するために、商品の売れ残りのリスクや商品調達の多様性、あるいはスピード感をサポートしてくれる仕組みが必要である。このような役割を担ったのが、ここでいうアパレルメーカー、ベンダーである。アパレルメーカーやベンダーが商品を提供することで、じつは百貨店は自らあまりリスクをとらずに多様な商品を管理することができるわけだ。

以前の話題になるが、人気アニメ「ちびまる子ちゃん」が非常に流行った時代があった。当時、百貨店に行くと、どのフロアに行ってもちびまる子ちゃんがいた。ちびまる子ちゃんのハンカチ、ちびまる子ちゃんのランドセル、ちびまる子ちゃんのセーター、ちびまる子ちゃんのタオル、ちびまる子ちゃんの帽子というように、あらゆるものがあった。あれだけの多くの種類のちびまる子ちゃん製品を百貨店がリスクをとってすべて自分で売り切るということはほとんど不可能なことだ。そこで、ハンカチメーカー、タオルメーカー、カバンメーカーなどがベンダーとして百貨店に入り、リスクをとりながら売る仕組みが発展してきた。売れ残ったらほかの店舗で売るという展開にもつながった。

このような多様性、ファッション性、シーズン性のある商品を売り続けるのが小売りの重要な役割なのだが、それが結果的には、先ほどの図に見られるように、百貨店における販売価格の高さに反映されているわけだ。

多様性を切り捨てる決断をしたユニクロ

ユニクロや郊外紳士衣料店は、百貨店とは対照的に、多様性を切り捨て、背広なら背広、ユニクロであればフリースやヒートテックなどユニクロ独自の商品を大量に調達して仕入れることで、安い値段で提供している。しかも商品の種類は絞り込まれているので、ユニクロを例にとれば、銀座店で売れ残った商品は、たとえば青山店に回す、あるいは千葉の店舗に在庫がなければ茨城の店舗から商品を回すというように、店どうしの間で在庫商品のやりとりが簡単にできる。

このようなシステムが可能になった背景には、じつは、消費者の行動範囲が広がり、どこで何を買ったらいいかという情報もより豊富になったことがある。ある1つの店舗にすべての種類の商品を揃えるかつての百貨店でなくても、消費者自身が、衣料品を買うときはユニクロに行く、家具を買うときにはニトリに行くという、いわば買い分けが可能になったのだ。このような状況に適応しているのが、日本のいまの流通の大きな変化の担い手として注目されるSPAだといえる。

ただし、SPAが旧来の流通業を全面的に席巻してしまうということではない。百貨店やSPAがそれぞれ、特徴を活かしながらマーケットを広げ、マーケットを分けていくということだ。それがおそらく、流通の現実的な姿だろう。

Point

覚えておこう！

- ユニクロやニトリなどのSPAと百貨店では、商品の開発・生産の方法、リスクのとり方など、流通構造が大きく異なる。
- 百貨店は多段階流通、商品の多様性が、SPAは自社開発・生産・流通、商品絞り込み、大量販売が特色。

2 価格破壊——流通がわかれば、経済が深く理解できる

私たちが衣料品、家具、あるいは電気製品などを買うときには、価格と品質、品ぞろえなどで判断している。つまり、店で見えることだけで判断しているのだ。しかし、商品が生産され、流通している背景、表には見えてこない仕組みがわかると、さらに、経済のことが深く理解できるようになる。

そこで、流通のダイナミックな変化の裏側ではじつに多様な動きがあることを理解していただくために、ここで少し時代をさかのぼり、「**価格破壊**」にまつわるエピソードを紹介しよう。

「価格破壊」とは、これまでと比べて非常に安い価格で商品を提供することで流通を変えていくことである。流通業の世界ではよく使われ、価格破壊の主役は時代によって変わってきている。ここでは、価格破壊の担い手として、3つの代表的な例を挙げよう。

第1はダイエーだ。ダイエーは、現在はイオン・グループの傘下に入ってしまっているが、戦後一

代で日本最大の売り上げを誇る小売業にまで成長したスーパーマーケットだ。2つめに、日本でいえばヤマダ電機、アメリカではトイザらスのような、いわゆるカテゴリーキラーを取り上げよう。豊富な品ぞろえと魅力的な価格設定で競合の店をどんどん倒しながら成長してきた。3つめは、アマゾンに代表されるようなネット流通だ。アマゾンはカテゴリーキラーのキラーといわれる。ネット流通の拡大によって価格体系にどのような影響が及ぶのか。この3つの事例を使いながら、流通変革の系譜について解説しよう。

ダイエーvs松下電器

ダイエーは中内㓛という創業者が戦後一代で築き上げた王国だ。最初は大阪の千林というところで始めた小さな薬屋からスタートし、主婦の店ダイエーとして業容を拡大していった。ダイエーは、ほかの店で買うと値段が高い商品が、きわめて安い価格で買えることで話題になった。作家の城山三郎氏が『価格破壊』という小説で、このメカニズムを見事に描いている[1]。

その中の典型的な例が、松下電器、現在のパナソニックとダイエーとの間で生じた確執だ。この事例を通して、流通の基本的な構造に関する知識が深まるだろう。

当時の松下電器は日本最大の家電メーカーとして、特に戦後、高度経済成長期以降、急速に成長していた。松下電器が伸びてきた背景には、後で紹介する流通の基本的な構造が密接に関わっている。松下は日本全国の町の電気店を有効に活用して家電製品を販売してきた。

私が子供の頃、我が家で初めて松下のカラーテレビを買ったとき家族5人でにこっと笑って撮った写真が残っている。東京オリンピックが開催された1964年前後のことだと思う。当時、カラーテレビを買ってオリンピックを見ようという家庭がずいぶん多かった。

当時の松下のカラーテレビは1台20万円前後であったと思う。当時の大卒の初任給が1万4000〜1万5000円の時代なので、現代に置き換えれば、300万円近い価格になる。それほどカラーテレビは高額だった。日本の多くの家庭では、カラーテレビを買うためにお金をためて、あるいは月賦で買って、みんなで東京オリンピックを見た。

当時、人々はこのような高額のテレビをどこで買ったのかといえば、多くの人は町の電気屋さんで購入した。なぜ町の電気屋さんなのか。初任給の15倍もするような商品を買うわけだから、信用の置ける店で買いたいし、買った後のアフターサービスや修理についても当てにできるところにしたい、という事情があったためだ。町の電気屋さんでカラーテレビを買うのは当然だし、いまのように大型家電店や安売り家電店はなかった時代だ。

要するに、流通の仕組みが未成熟ななかで、松下電器は町の家電店を組織化し、電気製品を売るのに見事な成功を

大量仕入れ、安価販売で「価格破壊」を主導した中内㓛氏。（写真提供：共同通信社）

1 城山三郎『価格破壊』角川文庫、1975年。

収めていた。このとき町の電気店にとって、松下電器の商品を仕入れ、それを顧客に売ることで、どれだけ収入が得られたのか。これが大きなポイントになる。「**小売マージン**」の話になる。

具体的に当時のテレビの小売マージンは明確には把握できないが、想像するところ、おそらく15万円前後で仕入れたテレビを1台売ると20万円で売れるというところだろう。この場合、小売マージンは25%ということになる。要するに、20万円のカラーテレビを1台売れば5万円が店に入るということだ。この小売マージンが1万円では安いし、10万円では高すぎることになる。実際に5万円であったかどうかはともかく、おおよそこの程度の小売マージンをきちっと提供することによって、松下電器は全国にある何万軒という電気店に電化製品を一生懸命売ってもらう仕組みを築き上げたのだ。

詳しい話は省略するが、家電メーカーの松下電器は、競合の日立製作所や三菱電機、あるいは東芝ではなく、自社の商品をもっと積極的に売ってもらうために、たとえば専門店制度として電気店を組織化した。あるいは、たくさん売ってくれたところにはリベートを払う仕組みも取り入れた。

第6章で説明する「**エージェンシーの理論**」の用語を使えば、松下電器にとってみると、松下の代わりにテレビを売ってくれるエージェントが、電気店に相当することになる。日本の戦後の流通システムにおいては、このような形で、メーカーに代わって小売店や卸売店に商品を流通して販売してもらうという分業がしっかり根づいていた。その中でメーカー各社も、自社の商品をよりたくさん売るためにいろいろな仕掛けをつくってきたのだ。

このような流通の構造を観察して、中内社長はダイエーにとってここに大きなビジネスチャンスがあることに気がつく。町の小売店は、15万円で調達したカラーテレビを20万円で売って5万円の利益を得ている。もし15万円で調達したカラーテレビを17万円で売ると2万円のマージンしか得られないが、通常の町の小売店の10倍の数、20倍の数を売ることができれば、そのほうが儲かるのではないか、と。

中内社長がいろいろなルートを通じてテレビをかき集め、通常の電気店よりも1割以上安い価格で売ると、飛ぶように売れた。20万円のカラーテレビを1カ月に5台売る小売店よりも、17万円のカラーテレビを1日に、たとえば100台売るダイエーのほうが儲かるわけで、これがいわゆる安売りビジネスだ。

これは、ダイエーと松下電器との関係だけで見られた特殊なことではない。医薬品や食品の世界でも、大量に仕入れ、安く売ることによって事業を拡大させていくという価格破壊を行う小売業が出てきた。ただ、松下電器とダイエーのケースでは、価格破壊が両社の確執につながった点が注目される。現実にどういうことが起こったのかはいまとなっては知ることは難しいが、城山三郎氏の小説の記述や、さまざまな雑誌に掲載された記事を見てみると、いろいろ面白いことが起こったようだ。小説の中の話を少し紹介しよう。

メーカー主導の流通システム「水道哲学」を唱えた松下幸之助氏。（写真提供：共同通信社）

松下電器にとっては、カラーテレビを20万円で売ってもらうことが安定的に商品を売る点で好ましい。特に創業者の松下幸之助氏は「**水道哲学**」という考え方を唱えた。テレビをつくるにしても、それには順番がある。水道の中を水が流れるようにテレビがつくられていって、水道の中を水が流れるように卸しを通り、水道の中を水が流れるように小売店に流れていく、というものだ。ダイエーの中内さんがやろうとしていたことは、このような、水道の水のように上から下へ流れていく生産と流通の仕組みを切断し、途中で大量に商品を買い入れて安く売るというものだ。だから価格破壊は、メーカーから見れば流通の破壊に見えたのも無理はない。ダイエーの安いテレビがどんどん売れるようになれば、松下が大事に育ててきた町の小売店は追い込まれてしまう。

そこで松下電器は、ダイエーにカラーテレビが供給されないように、流通段階で「邪魔」をする。簡単に言うと、ダイエーには売るなという運動をする。しかし、ダイエーに売るなといっても、やはり売れれば儲かる。問屋や販売店、あるいは小売店でさえも、15万円で仕入れたテレビを20万円で売るよりは、15万円で仕入れたテレビを16万円でダイエーに数多く流せば儲かるかもしれない。

そこで、メーカーから派遣された人がダイエーの店に行って、ダイエーで売っているテレビの製品番号を調べ、ダイエーで販売されている商品の出所を把握し、そこを締めつけにかかる。こうなるとダイエーも商品が手に入らなくなる。困ったダイエーは、仕入れた商品の製品番号をヤスリで削って売り始める。メーカー側は製品番号をチェックできなくなり、テレビの流通チャネルを割り出すことができない。そこでメーカーは、今度は特殊な塗料を使って番号をテレビに付け、ダイエーからテレビを購入し、特殊な光を当てて商品の出所を特定することで締めつけにかかる——。

このようなプロセスがどんどんエスカレートし、ついに怒った中内社長は、神戸のダイエーの店にマスメディアや国会議員を呼んで、衆目の前で松下のテレビに光を当てて、こんな細工が行われていると世の中に訴えるに至る。以来、松下電器とダイエーの関係は断絶したといわれる。

ブランド・イメージの毀損を嫌うメーカー

ダイエーと松下電器のケースでは、どちらが正しかったのか判断を下すのは難しい。それぞれに理がある。当時の中内社長が主張したように、安いほうが消費者にとってはいいわけだから、できるだけ安く売る仕掛けをつくったことには意義がある。大量に仕入れ、大量販売するのも大変じゃないか、という理屈もよく理解できる。

他方で松下流に考えると、水道が流れるようにモノが売れることによって、メーカーも問屋も小売業も、みんな共存共栄できる。誰かが抜け駆けして大儲けをするよりは、共存共栄のもとで順調に商品が消化されることのほうが大事だ。一時的な利益をねらって安売りをするのが本当に持続的な意味でいいのかどうか、ということになる。結局、決着はつかなかった。

後日談だが、松下電器とダイエーは関係が悪化したままだったが、時がたって松下幸之助さんがお亡くなりになると、ある新聞社が仲介し、松下の幹部とダイエーの中内社長との間で和解を進めようという一幕もあったという。和解が進めばニュースになる。新聞記者はニュースをスクープするというよりも、ニュースをつくろうとしたのだ。

「価格破壊」を引き起こした仕組みには、興味深い要素がある。われわれはテレビでも書籍でも、値段を見る。この小売価格のことを業界では「**上代**」というが、じつは上代の背後には卸価格とかメーカー出荷価格、あるいはマージンやリベートなど、いろいろな価格が隠されている。これらがいろいろな形で複雑に流通を形成している。その陰に隠れたものが、このような安売りの仕組みを通じて、時折、表に出てくるのだ。

20年から30年前になるが、ダイエーと松下電器のケースについて取り上げた際によく聞いたのは、メーカーは、この松下電器に限らず、一般に自社の商品が安売りされることを非常に嫌うということだ。いまの例では、もちろん町の小売店が安定的にしっかり商売をやっていけるということが、メーカーと小売りとの共存にとって重要だったといえる。もう1つメーカーが懸念するのは、安売りされるようになったらメーカーの「**ブランド・バリュー**」が大きく下がってしまうのではないかということだ。

ドイツで、日本のあるメーカーの方と一緒に商店街を見ていて気づいたことがある。当時のドイツには一風変わったディスカウント販売の店があった。イートインのパン屋さんの入り口に商品の安売りコーナーがある。そこで日本のあるメーカーの電子レンジ（オーブン）が信じられないほどの安い値段で売られていた。パン屋さんとしては、そういうものを非常に安く置いておくことでお客さんを引きつけるのがねらいだったのだろうが、当該メーカーの担当者は憤慨し、安売りを撤回させるためにパン屋さんと交渉をしたようだ。メーカーからすると、安く売られることによってブランド価値が毀損することが懸念される。メーカーが、価格を安定化させるために非常に苦労していることがよくわかる事例だといえよう。

昔、東京の秋葉原の東のあたり、御徒町に近い地域にはいわゆるバッタ屋といわれる、家電製品を非常に安く売る店が数多くあった。ある商品が非常に安く売られるという噂が広がると、それを買うために列ができる。列に並んでいる人を見ると、背広を着てネクタイをしたサラリーマン風の格好をしている。メーカーの人が買いに来ているのだ。一般の消費者に安い商品が行き渡らないようにメーカーが全部買い取って安売りを封じてしまおうというねらいからだ。

いまはこのようなことが行われることはないと思うが、旧来の流通システムを壊す可能性のある安売り競争からは、日本の流通のいわば奥に隠されているさまざまな要素が見えてくる。

column

円高とダイエーの価格破壊

ダイエーについて付言しよう。ダイエーはもともと戦後、小さな安売りの薬局から事業を開始したのだが、1972年には当時、日本で最大の小売業であった三越を追い抜いて日本最大規模の小売店に成長した。戦後わずか30年たたないほどの間に、ゼロからスタートして日本ナンバーワンの売り上げを達成したのだ。ダイエーが特に話題になったのは1980年代後半だった。

当時は「**円高**」が急速に進んだ時期であり、海外からの輸入品は円高のもとで価格低下が進んだ。1985年には250円だった円ドルレートが88年には125円になった。計算上のことだが、1ドルの商品が円換算すると250円から125円になり、割安になったように見える。円高のもとでは逆に、海外からは日本の国内の物価が相対的に高くなったように見える。そこで、日本の国内物価は高いから問題だという「**内外価格差問題**」が浮上した。

ダイエーはこの流れをうまく利用して、価格破壊によって日本を救うということで、価格破壊でどんどん伸びていった。たとえば、当時のオレンジジュースは大半が国産だった。その値段は結構高かった。そこで、ダイエーはブラジルからオレンジジュースを大量に輸入して日本で売った。円高のもとで安価なジュースを輸入し、それだけ安い価格で売ることができた。また、ベルギーのビールを大量に輸入して日本で売った。

輸入品を大量に導入することによって値段を下げるという価格破壊が、1980年代後半のダイエーの大きな特徴で、これによって日本の消費はずいぶん変わった。

このように、日本の流通を変えてきたという意味でダイエーは大きな貢献をしたといえる。ただ、ダイエーは、その後のバブルの時代に不動産投資による過剰な借金を抱え込み、バブル崩壊を契機に経営危機に直面し、流通の最前線からは撤退するに至る。いまはイオン・グループの傘下に入ってビジネスを続けている。

カテゴリーキラーの存在意義

次に、「**カテゴリーキラー**」を取り上げる。日本でいえばヤマダ電機がこれに近いといえる。代表的なケースとしては、いまは不振になってしまったが、アメリカのトイザらスが挙げられる。カテゴリーキラーの特徴は、あるカテゴリー、特定の分野で非常に豊富な「**品ぞろえ**」を展開すると同時に、魅力的な安い価格での商品提供を拡大していくという点だ。

冒頭で述べたユニクロやニトリが展開しているSPAもカテゴリーキラーに似たところがある。両社の場合は、チェーンストアのように数多くの店舗を展開し、自ら商品を大量に仕入れ、安く売ることで売り上げを伸ばすわけだが、元祖カテゴリーキラーであるトイザらス、ヤマダ電機は店舗数は多いものの、自社主導で商品開発・生産（委託生産を含めて）を行うわけではない。そこがSPAとは異なる点だ。

そのカテゴリーキラーがなぜ成長したのか。それにはいくつかポイントがある。1つには、車社会の広がりにより、車で遠くまで買い物に行くことができるようになったことだ。カテゴリーキラーの成功事例の1つとして、アメリカのスポーツオーソリティというスポーツ用品専門の大型店企業が挙げられる。同社の社長が来日した際に私との対談で語ったことが非常に印象的だった。

「伊藤さん、町に2つスポーツ用品店があると考えてください。1つは巨大な店で品ぞろえがよく値段も安い。もう1つの店は面積が小さく、品ぞろえもそれほど良くない。値段は安いといえるほどではない。この2つの店の間にいる人はどちらに買いに行くだろうか。もちろん近い店に行くほうが移動時間も少ないからいいかもしれないが、小さな店に買いに行ったときには大きなリスクを抱えることになる。たとえば、こういうテニスラケットがほしいと思って買いに行ったが、商品がないリスクがある。大きな店に行った場合、買いたい商品が仮になかったとしても諦めがつくだろう。小さな規模の店舗ではまず期待できないことだ」

つまり、消費者は、値段を気にするのは当然だとしても、価格の問題とは別に品ぞろえのいい店に行こうという傾向が強くなってくる。昔は車などの移動手段が多くなかったために、遠くの店へ行くとか、いろいろな店を回るということは不可能だった。百貨店のような店でワンストップ・ショッピングで買わざるをえなかった。いまは事情が異なる。車や公共交通機関で移動できるので、品ぞろえのいい店舗に行こうということになる。こうした背景で、カテゴリーキラーは非常に伸びてきた。

トイザらスの場合も同様だ。イギリスでトイザらスが伸びたときには大きな話題になった。当時、トイザらスが1つの地域に店を出すと、その近隣のおもちゃ屋の店が10軒から20軒潰れるといわれた。1店舗が出店することで、その10倍、20倍の数のおもちゃ屋が潰れてしまうことになる。まさにカテゴリーキラーだ。

流通の世界には、このようにダイナミックな側面がある。ダイエーは既存の流通チャネルに挑戦し、安売りを旗印に成長したが、カテゴリーキラーは、安売りと同時に、品ぞろえの豊富さを武器に既存の流通システムを破壊していった。

じつはトイザらスは、日本の流通システムの変容と深い関わりがある。トイザらスは1980年代後半に日本への参入をスタートした。おもちゃを中心とした巨大なカテゴリーキラーとしてアメリカで大成功し、やがて海外に進出し、イギリスでも成功を収めた。そして、次の大きなマーケットとして日本での事業拡大を期待して日本市場への参入を図った。

しかし、参入に際して大きなネックになったのが**「大規模小売店舗法」**、いわゆる大店法による規制だった。この規制のもとでは、一定面積以上の大きな店舗を出す場合には事前に地元の商店街の了解を取りつける必要があった。国内企業の大型スーパーでもデパートでも、大型店が新しい店を出すのに非常に苦労していたが、日本的な仕組みの中で、町の商店街とのいわば共存を図るような仕組みだった。

ところがトイザらスは、アメリカ政府を通じて大店法の規制撤廃を求めて圧力をかけた。これが日米間の貿易摩擦につながっていくことになり、日本国内でも大きな論議になった。

いまでも覚えているが、当時、トイザらスが新潟のある地域に出るという噂が広がり、大騒動になった。たまたまそのとき学生と信州の山間地で合宿中だった私は、食事中にトイザらスの新潟への進出を伝えるテレビのニュース報道を見る機会があった。そこでは、トイザらスの進出で大騒ぎする新潟の商業者として、町のおもちゃ屋さんが悲痛な顔で訴える場面が取り上げられていた。「トイザらスが出てきたら自分たちはやっていけない、自分たちはトイザらスのように品ぞろえも良くないし、トイザらスはきっと夜遅くまで店を開けるだろうが、自分たちはそれができない。値段もトイザらスが安いだろうし、トイザらスはきっと大きな駐車場を設けるだろうから便利だろうけれども、うちのところには駐車場がない。自分たちは30年以上、地元でやってきたのに、いまさらこんな仕打ちを受けるのは耐えられない」と言っている。

すると、隣にいた学生が「伊藤先生、トイザらスが出てこなかったら、高い商品で、品ぞろえの悪い店で、店を早く閉めて、駐車場のないようなところで消費者に物を売ってやっていけると、あの人たちは言っているんですかね」と言う。たしかに、消費者の立場からすると、品ぞろえは豊富で値段は安く、店の開業時間は長いほうを歓迎するはずだ。

結局、良いか悪いかは別として、これを転機に、大店法は撤廃され、大型小売業がスムーズに店舗を出していける時代になった。1990年に大店法をめぐって大きな議論が起こり、実際に大店法が撤廃されたのは2000年6月のことだった。それから20年後の日本の流通システムの変化を辿れば、結局、大店法の撤廃があったがゆえにニトリやユニクロに代表されるSPAのビジネスが成り立つことが理解できる。価格破壊、流通破壊によって社会が変化し、流通が変化していくわけだが、現在のユニクロやニトリの急成長の原点には、トイザらスのようなカテゴリーキラーの成長があったといえる。

カテゴリーキラーを葬り去るネット小売業の登場

そして、3つめがカテゴリーキラーをさらに超えて事業を拡大している「**ネット流通**」の隆盛だ。

カテゴリーキラーは1990年代から2000年頃までは世界の流通の中で大きな役割を果たし、流通の世界では最も注目される存在であった。しかし、現在ではそのカテゴリーキラーが苦境にあえいでいる。それはカテゴリーキラーのキラー、つまりカテゴリーキラーを殺しにくる新しい業態が世の中で跋扈し始めたからだ。その代表がアマゾンだろう。ネット流通、「**eコマース**」の出現により、カテゴリーキラーが最も得意とする分野で、それを超える存在となる企業が登場してきたのだ。

ヤマダ電機を例に取り上げよう。ヤマダ電機の強さは、やはりカテゴリーキラーの強さであり、2つのことが指摘できる。1つが圧倒的な品ぞろえであり、もう1つが魅力的な価格だ。要するに商品の品ぞろえがよく、価格が安い。特に家庭電器製品の目的買いをする人々は、大型の専門店で購入する場合が多くなった。ただ、品ぞろえについてヤマダ電機とアマゾンを比較すると、ヤマダ電機はアマゾンには品ぞろえでかなわない。また、価格についても、やはりヤマダ電機はアマゾンには勝てないところがある。

こうして、カテゴリーキラーが本来もっている強みをさらに凌ぐアマゾンのようなeコマースの企業が現れることで、流通の世界は大きく変わりつつある。アマゾンの成長の陰では、コンビニエンスストアや既存の専門店ビジネスも厳しい影響を受けているが、最大の影響を受けているのがカテゴリーキラーだ。

アマゾンのパワーについては、私自身、貴重な経験がある。わが家で使っているルンバというお掃除ロボットの新型機を購入しようとして、近くの大型店に買い求めに出かけた。その量販店で頑張って値切り、それなりにいい値段で買うことができた。ところがその夜、ネットを覗くと、アマゾンが大々的なセールを実施しており、ルンバについても私が量販店で購入した価格よりもさらに安い価格で売られていることに気づいた。

いまのこの世界の小売業の中で、世界一斉同時セールを真剣にやれる唯一の企業がアマゾンかもしれない。アマゾンがどこまで安売りを志向しているかは別問題として、ネット流通の特徴は、ＳＰＡやカテゴリーキラーとは違ったスケールで安売りを展開できることにある。自社の商品を世界で戦略的に売りたい非常に野心的な企業は、たとえばアマゾンのようなネット通販企業と組み、世界同時に巨大なスケールでセールを展開し、世界のマーケットを確保するということもありえよう。まったく新種の価格破壊の旗手として、ｅコマースの世界でどういう展開が起こるか、大いに注目される。

このように、スーパーのダイエーに始まりカテゴリーキラー、ＳＰＡ、ネット通販というように、時代とともにさまざまな形態の価格破壊のリーダーが登場し、その時代の経済秩序を大きく変える存在が登場してきている。価格破壊をもたらすのはこうした業態の企業だけではないが、価格破壊が経済の仕組み、流通システムに大きな影響を与えていることを理解することが重要だ。

Point

覚えておこう！

- 「価格破壊」が伝統的な流通構造、規制を揺るがし、日本の流通、経済の仕組みを変えてきた。
- 急成長を遂げたスーパーマーケット（ダイエー）に始まり、カテゴリーキラー、ＳＰＡ、ネット流通に至るまで、いつの時代にも「価格破壊」のリーダーが登場する。
- カテゴリーキラー、ネット流通の登場の背景には、それぞれ車社会、ｅコマースの普及という技術変化がある。

3 マスマーケティングの構造

ハブ&スポークが支えるマスマーケティング

これまでの解説の底流にあるのは、日本の流通の基本的な構造だ。ここでは、その象徴的な現象として「**マスマーケティング**」を取り上げる。

マスマーケティングはいろいろなイメージで語られているため、正確な定義をするのは非常に難しい。さしあたり、「メーカーが自社の商品を大量に、継続的に売るための仕掛け」として捉えればよい。その特徴をイメージとしていえば、メーカーがいて、問屋がいて、小売りがいて、その間をモノが流れている。つまり、まさに上流から下流に水が流れるようにモノ・商品が流れていき、最後に消費者につながることになる。マスマーケティングが、日本の流通や経済の流れをすべて支配しているわけではない。しかし、非常に重要な存在であると同時に、そういうものを壊すような、たとえばeコマースの動きなどを捉えるには、マスマーケティングを理解することが役立つ。

マスマーケティングはなぜ重要なのか。それは、第2次世界大戦後、日本の経済はマスマーケティングを軸に成長してきたからだ。1990年にバブルが崩壊するまでの戦後の長い時期は、日本の経済は右肩上がりで伸びてきたが、その過程でマスマーケティングの構造は出来上がった。

たとえば、すでに詳しく述べた松下電器（パナソニック）が伸びてきた背景にもマスマーケティングの存在がある。松下電器の場合はやや特殊な形態だが、メーカーと問屋、中間流通業者と小売りがそれぞれ分業関係にあり、それぞれがそれぞれの立場で自主的に活動をすることで生産－流通－消費の全体の仕組みが成り立っていた。とりわけ大量生産、大量販売という同質競争の中で、マスマーケティングが重要な役割を担ってきた。

このマスマーケティングを支えている日本の流通構造として、**問屋**の仕組みについて簡単に紹介しよう。「**ハブ&スポーク**」という概念を示した図2-2「問屋の機能：ハブ&スポーク」は、マスマーケティングの中核にある問屋の機能を理解する上で非常に象徴的な現象を取り上げている。このハブ&スポークという現象は、経済のさまざまな場面で観

図2-2 » 問屋の機能：ハブ&スポーク

- N個のメーカーとM個の小売店が直接取引すればN×M件の取引になってしまう。間に1つの問屋が入れば、N+M件の取引に減少
- ハブ&スポークという現象

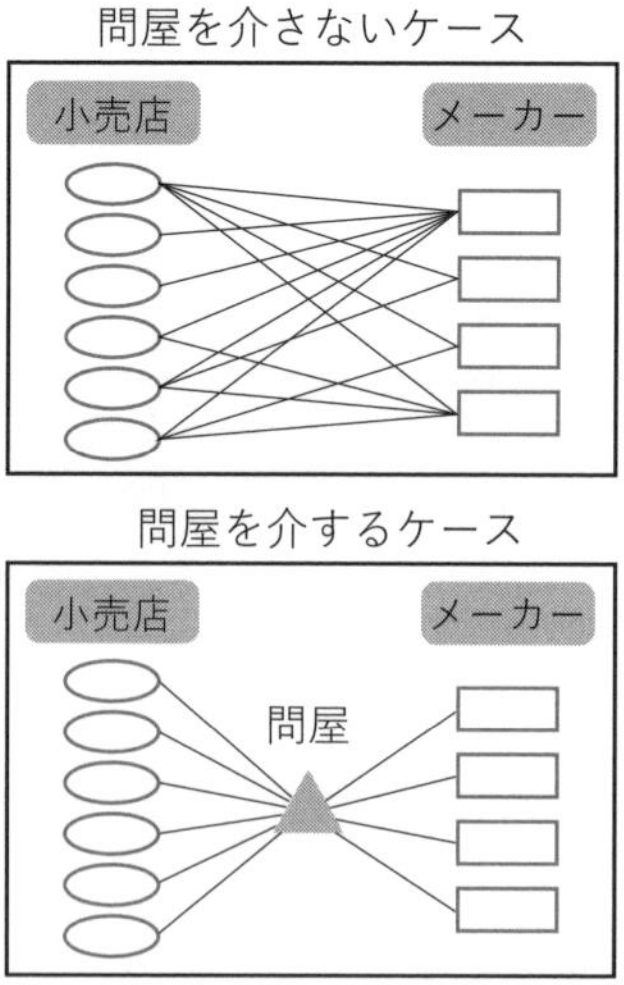

察されるものだ。

いま、100種類のメーカーがそれぞれいろいろなものをつくっていて、全国の各地域に小売店が1万店あるという状況を想定する。ここで、メーカー各社と小売店とのネットワークがきちっと整備されていない状況では、どういうことが起こるか。100のメーカーの商品を1万の小売店で販売しようとすると、100×1万で、100万個のネットワークが必要になる。それぞれのメーカーがそれぞれの小売店に物を流すことになるわけで、通信費用、運輸費用をはじめ、膨大な取引費用、流通費用、手間が発生してしまう。

それに対して、図の下段に示されているように、小売店とメーカーの間に1つ問屋が入るとすると（問屋は複数でもよい）、100のメーカーが問屋に商品を卸すことになり、ここで100個の取引が成立する。そして、問屋は小分けにして1万の小売店に商品を売るので、ここで1万個の取引が成り立つ。簡単に言うと1万プラス100個の取引になる。メーカーと小売店の間に問屋が入ることで取引数がはるかに大きく減少する。

この真ん中にある問屋のようなポジションにあるところを一般には「**ハブ**」という。そして、そこからメーカー、小売店双方に延びている取引関係を示すラインを「**スポーク**」という。世の中に存在する多くのネットワークは、このようなハブ&スポークの形をとり、ハブを中心にいろいろなモノ・情報が動くことで、効率化が図られる。日本の経済、流通の世界においては、問屋がそのハブとしての役割を担ってきたわけである。

問屋がハブとして存在する効果は、取引件数が減少することだけではない。物流について考えてみよう。メーカー100社が小売店に直接商品を届ける場合、1週間に1回トラックがお店に商品を運ぶとすると、小売店には1週間に100台トラックが来るため、小売店の駐車場や仕入れ担当は大混乱することになる。またメーカーからの出荷は、一般には段ボール単位で行われるので、小売店の在庫も膨らむことになる。そこで問屋が間に入れば、問屋のトラックが毎日、小売店には1便のトラックで小分けにして運送すれば済む。小売店の在庫も小分けで毎日運ばれるので少なくて済む。そういう意味では、問屋の機能なしには経済は機能しないといえる。

こうして、マスマーケティングで多種多様な商品を全国の消費者に届けるには中間流通の問屋の存在が重要になる。メーカー側から見ても、中間流通を担う問屋や、その先にある小売店を自社に有利な形で組織化することで、より多くの商品を消費者に提供する仕組みが重要になる。

松下電器の場合には、地元の消費者に商品を売るハブ的な役割を果たしている小売店や、その前段階の中間流通会社に対して、リベートや一定のマージンの提供を通じて積極的にテコ入れを行い、独自の中間流通のシステムをつくり上げた。家電製品という、当時では高額の商品を扱っているという事情もあるが、独自の中間流通をもつ非常に特殊なケースだった。

経済メカニズムとしてのハブ&スポーク

ハブ&スポークが経済全体の取引やネットワークを効率化させる作用はきわめて合理的な動きであり、これまで説明した流通以外の分野でも、さまざまな事例が見られる。ここでは、特に重要な例を

２つ取り上げよう。

１つは「**通貨のハブ&スポーク**」だ。世界には数多くの通貨が存在する。仮に重要な通貨だけでも１００あるとしよう。ドルや円、ユーロのように、非常に大きな扱い高の通貨もあれば、アフリカの小国の通貨、あるいはアジアの小国の通貨も存在する。１００の通貨それぞれが99の通貨との間で取引が行われるわけなので、９９００種類の取引が必要になる（たとえば円ドルとドル円の取引は同じなので、正確には９９００の半分の４９５０種類の取引となる）。為替レートも４９５０存在することになる。しかし、これはまったく現実離れしている。たとえばメキシコのペソとシンガポールのドルを取引したいという人は、それほど多くはないだろうし、ノルウェーの通貨と、たとえばオーストラリアの通貨の取引もそうだろう。

しかし、ここで図2-3に描いたように、ドル

図2-3 » 通貨取引におけるハブ&スポーク

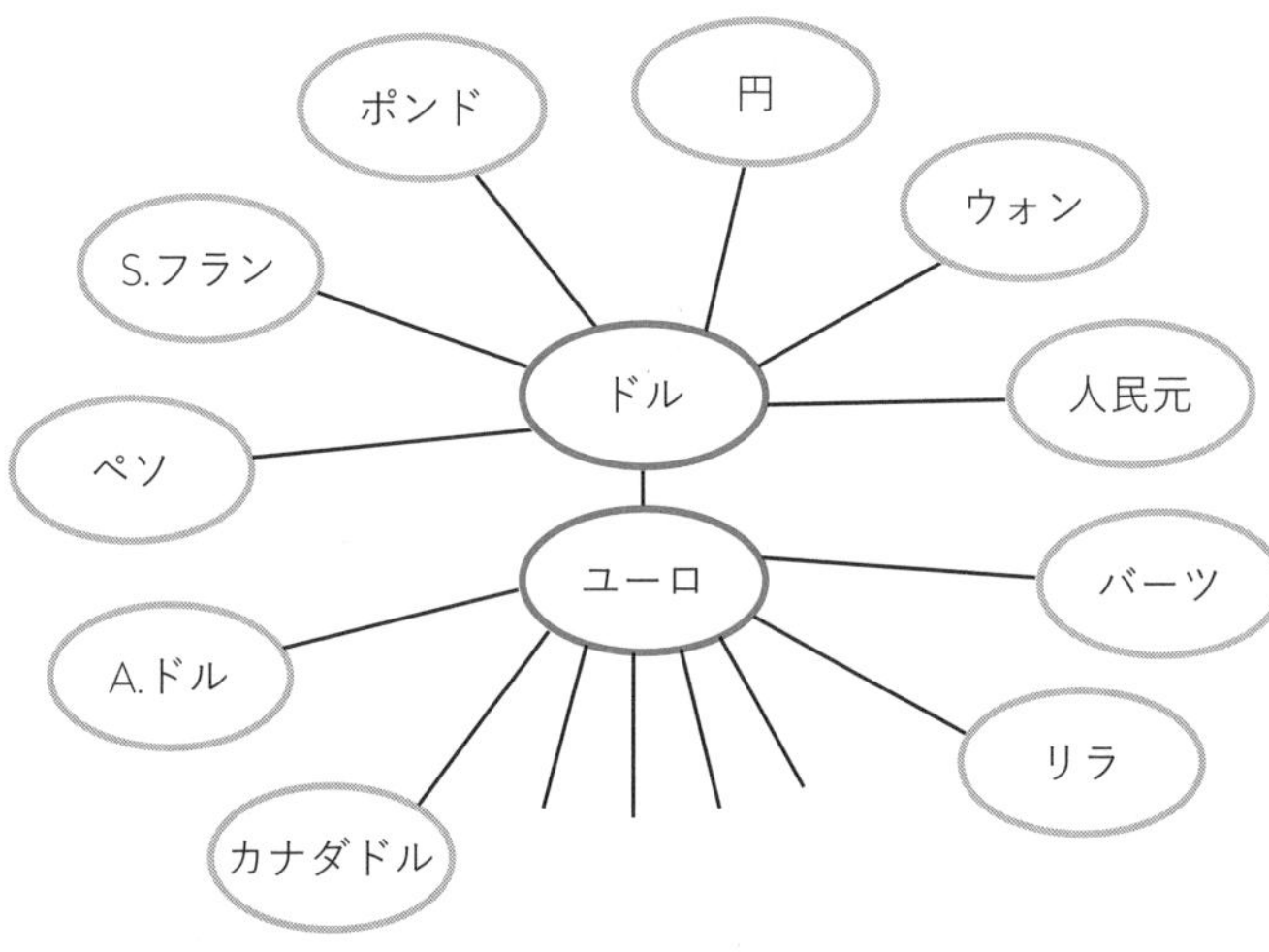

が間に1つ入ると、ドル以外の99個の通貨とドルが取引されることになり、取引すべてが99個に収まる。たとえば円をイギリスのポンドに換えるとする。円−ポンドのマーケットがなくても、円をドルに換え、ドルをポンドに換えると、円をポンドに換えることになる。逆も同じだ。そうすることでマーケットにおける取引の種類が減少し、円−ドル、ドル−ポンド、ドル−ユーロやドル−フランといった主要な通貨間の取引が大きくなり、ある意味で通貨それぞれのマーケットの厚みが増すことになる。

ドルのようなポジションにある通貨を「**基軸通貨**」という。現実の世界では、円やポンドのようにドルを介さず直接取引が行われるケースもあるが、中小の経済規模の国の通貨どうしが直接取引されることはほとんどありえない。そこで、ドルやユーロ、円のような主要通貨が間に入ってハブの役割を果たすことが重要になる。日本の通貨政策について見れば、円が世界の基軸通貨の役割をより大きく担うようになることは、さまざまなメリットがある。

航空ビジネスにおけるハブ&スポーク

もう1つ、経済の世界でハブ&スポークが当てはまるのが、航空の世界だろう。ハブ&スポークのコンセプトは航空業界を理解する上でも、また、より広く「**規制緩和**」の意義を理解する上でもきわめて重要だ。

航空業界は1980年代、当時アメリカのレーガン政権のもとで大胆な規制緩和が実施された。それまで航空業界は、航空料金は政府の厳しい規制下にあり、新規参入も難しかった。それが、規制緩和で航空料金の決定権限が民間企業に移り、新規参入も積極的に認められるようになり、数多くの航空会社が新たに参入した。

たとえばピープル・エキスプレスという名前の会社が出てきた。また、機内サービスも多様化し、航空料金もサービス内容に応じて割安なものが登場してきた。しかし、安売りの航空会社は多数登場したが、線香花火のようにどんどん潰れていくところも多かった。結局、全体的に航空料金はそれほど低下しなかった。値段が安くならないわりに競争が激しくなるため、経営破綻をする航空会社も相次いだ。現在、アメリカで運航している航空会社の多くが一度は経営破綻を経験している。そして、経営破綻から事業再生に至るプロセスの中で、どんどん事業の再編が進んだ。

航空事業の再編成を通じてアメリカの航空業界は、いまや、大きく分けるとユナイテッド航空、アメリカン航空とデルタ航空という3つのグループに大きく分かれることとなった。その中で進んだのが、各航空会社を巻き込んだハブ&スポークの形成だった。

アメリカには500近い飛行場がある。その中で、たとえばシカゴ、アトランタ、あるいはロサンゼルス、ヒューストンといった都市がハブになり、そこからいろいろな空港に向かって延びるスポークが広がった。値段は決して安くならなかったが、再編を通じてハブ&スポークのネットワークが広がり、30年前には考えられないほど航空サービスは便利なものへと変わった。

フロリダから、たとえばペンシルベニアに行く場合は、おそらくデルタ航空を使えばアトランタをハブにして簡単に乗り換えられる。あるいはオハイオから、たとえばミネソタに行く場合は、ユナイテッド航空の主幹空港のハブを使ってシカゴ経由で行くことができる。その結果、ハブへの集中度が著しく高まり、たとえばシカゴやアトランタは、飛行機の発着回数では世界第1位、第2位を競う存在に成長した。

こうして、規制緩和により航空業界の再編が進み、ハブ&スポークが急速に広がり、料金は必ずしも安くならないが、顧客にとって利便性は非常に高まることになった。たとえば旅行に出かける半年ぐらい前から予約し、休暇をゆっくり過ごそうとする人にはかなり安価の料金が提示され、1週間前に出張を言い渡されて急いで出張先に向かわなくてはならないビジネスユースの場合には料金が高い価格の体系が登場し、価格に柔軟性も出てきた。

column

規制緩和は産業の仕組みを変える効果がある

「**規制緩和**」は長い目で見る必要がある。じつは、規制緩和が次のステージの変化を生む、という経験則があるためだ。ハブ&スポークで動けば大変便利に、従来と同じような価格でどこへでも移動することができるが、ハブ&スポークには2つ不便なことがある。1つは値段が依然として高い。安くなっていない。もう1つは、ハブで乗り継ぐために待ち時間がかかる点だ。たとえばフロリダのマイアミからシンシナティに行きたいと思い、デルタ航空を使ってアトランタ経由で行くことにしたが、アトランタでは、シンシナティに向かう客を乗せた他の空港からの便が遅れているなどの理由で、搭乗まで3時間待たされる、あるいは荷物を載せ替えるときに行方不明になってしまうなどの不便さもある。

そこで次に、ハブ&スポークに対抗する手段として、ポイント・ツー・ポイント、あるいはローカル・ツー・ローカルとして、直行便サービスを提供するローコストキャリア、LCCが登場してきた。ローコストキャリアのポイントは、ハブを前提とせずに最終地点に直接行くことができる利便性にある。

ただ、たとえばマイアミからシンシナティへの直行便を実現するには大きなボトルネックがあった。それは、乗客がそれほど多くないことだ。そこで、乗客を多くするためにこれまでの常識から外れるような従来の半分以下の安い値段で提供した。それがたとえば、サウスウエスト航空だ。同社で注目されたのが安価でのサービスを実現するために行った徹底的なコスト削減だ。サウスウエスト航空の手法については、第8章で詳しく説明する。

サウスウエスト航空は最初フロリダ州の中で、低料金のサービスを始めた。フロリダ州内なら、30~50ドル程度でどこへでも行ける仕組みを築いた。このような低価格が、結果的には需要を大幅に増やすことになった。これまでバスで移動していた人、これまでお金がかかるから旅行しなかった人、あるいは自分で運転して移動してきた人など、新たな需要層を取り込み始めている。サウスウエスト航空はこのようなビジネスモデルで成功し、そのサービスを全米に広げている。アメリカでのLCCの誕生である。

いまのアメリカの航空システムで注目されるのは、ハブ&スポークが規制緩和により登場し、料金はそれほど低くはないが、利便性が高くネットワーク間で移動できるサービスと、いくつかの空港の間を直行便でつなぐＬＣＣが共存していることだ。いわゆる「二段階レベルの航空サービス」が生まれたのだ。

「ハブ＆スポーク」から考える日本の航空ビジネス

このハブ＆スポークというコンセプトは、日本の航空ビジネスのあり方を考えるときにも非常に重要な意味をもつ。日本では、首都圏の空港について、羽田は国内線、成田は国際線という仕分けを何十年も前に決め、それを忠実に実行してきた。最近までは、羽田では長いこと国際線運航ができなかった。その結果、北東アジアのハブ空港としてのポジションを、羽田は韓国の仁川空港に奪われ始めた。なぜか。

たとえば熊本の人がニューヨークに行こうとすると、熊本から羽田空港まで行き、そこから電車かバスで成田まで行くことになる。要するに熊本から東京のネットワークと、東京からニューヨークのネットワークはつながっていない。一方で韓国は、韓国の仁川空港と日本の地方空港を結ぶ路線便をどんどん増やした。皮肉なことに、地方自治体も自分の県の空港が国際空港になることを歓迎し、韓国の航空会社に補助金を出した。たとえばある一定以上の搭乗率にならない場合は、航空会社の損失を自治体が補填する、というものだ。日本の地方の財政資金を使って一生懸命、韓国から航空便を誘致したわけだ。そうなると、たとえば熊本の人たちにとっては、熊本空港から仁川空港に行き、そこでニューヨーク行きの便に乗り換えれば成田空港に行くより便利だということになる。こうして、国をまたいだ空港間でのハブの取り合い競争が起きたのだ。

この事態は、日本の航空行政にとっても、航空産業にとってみても好ましいことではない。そこで、現在は事情が少し変わりつつある。羽田空港も国際線としての機能を強化しつつあるのだ。滑走路も4つあるし、24時間空港として深夜・早朝でも乗れる特徴がある。深夜、羽田を出れば、ヨーロッパには早朝に着けるし、羽田を使えば東京を夜に発つと、アメリカの西海岸に午後着ける。こうした利便性から、日本の国内空港に関しては強力なハブであった羽田が国際線をつなぐことによって、日本の地方とアメリカをつなげる、あるいはヨーロッパをつなげるハブとして伸びてきているわけだ。逆に言うと、韓国の仁川空港は、羽田空港の改革によって割を食っている。

もう1つ興味深いのは、アジアのハブだ。日本とアメリカは航空サービスについて、「**オープンスカイ協定**」を

羽田空港は国内のハブとしてだけでなく、日本の地方と世界各地を結ぶハブとしても成長している。（写真提供：共同通信社）

結んでいる。これは、日本の政府、国土交通省がずっと抵抗してきたものだが、第一次安倍内閣のときに、ゲートウェイ戦略会議でオープンスカイをやるべきだと提言されたことがきっかけとなって、日本はさまざまな国との間でオープンスカイ協定を結ぶことになった。

オープンスカイ協定は、お互いの国の空港に空きがある限りは、どんどん自由に飛行機を飛ばしていいというものだ。これまでは日本からアメリカへの路線、あるいはアメリカから日本への路線を新たに設ける際にはすべて交渉を通じて決められてきた。だがオープンスカイ協定のもとでは、空いている空港はいつでも利用できる。残念ながら成田空港と羽田空港はもう満杯で、オープンスカイがあっても簡単に参入が認められるわけではないが、日本に多くのＬＣＣが来た背景にはオープンスカイ協定がある。

ここで付け加えておきたいことは、オープンスカイには１つおまけがついている点だ。それが、「ＡＴＩ（Anti Trust Immunity）」というものだ。ＡＴＩは、独占禁止政策に対する例外措置を意味する。航空業界はきわめて寡占的な体制になっている。その寡占がさらに寡占になると独占的傾向が強まるため、さまざまな制約が設けられている。

だがオープンスカイを結ぶということは、たとえばデルタとユナイテッドで競争する、ＪＡＬとデルタが競争するというように、日米間での航空会社の競争がもっと激しくなることを意味する。そうすると、ＡＮＡとユナイテッドが入っているスターアライアンス・チームや、ＪＡＬとアメリカンが入っているワンワールドというチームそれぞれの中での連携がいままで以上に強まる。

たとえば、アメリカではユナイテッドが一生懸命チケットを売り、そのチケットを使ってユナイテッドに乗ってきたアメリカ人が成田で乗り換えてマニラまでＡＮＡを使うというように連携を強める。通常であれば独占禁止に触れそうなケースでもオープンスカイ協定の Immunity により、独占禁止政策の適用除外とされている。

ここで何が起こったか。じつはアメリカと東南アジア、アメリカとインドの間には膨大な航空需要がある。成田空港に降りる人は、そこで空港を出て東京に行くのではなく、乗り換えてマニラとかインドに行く、あるいはタイに行く人が多い。そこで今度は、成田が地の利を生かして、アジアのハブとして生き残りを模索する大きな動きが出てきたのだ。このように、航空ビジネス戦略を考えるときには、「ハブ」というコンセプトが非常に重要な意味をもつ。

ある航空関係者が言っていたが、成田発のマニラ便やデリー便などは、車椅子の客が非常に多い。多い時には、ひと便で50近い車椅子が並んだこともあったそうだ。それは、アメリカ在住の高齢者が母国に里帰りする需要が非常に多いということでもある。羽田空港が国際線の機能を拡大するなかで、成田空港はＬＣＣの基地として、そしてアジアのハブ空港としての機能拡大が期待される。

Point

覚えておこう！

- メーカーが自社商品を大量、継続的に売るための仕掛けを「マスマーケティング」という。
- マスマーケティングを支える日本の流通の仕組みが「問屋」だ。
- 「問屋」の機能を理解する上で重要なのが「ハブ＆スポーク」だ。

✔「ハブ＆スポーク」は取引やネットワークを効率化させる。通貨取引、航空産業など、さまざまな経済分野のキー・コンセプトだ。

4 メーカーと流通チャネル

重要な流通チャネルの利用＝資生堂とトヨタ自動車

ハブ＆スポークの機能を利用しながら変貌してきたメーカー、問屋、小売り、消費者という流通プロセスの分業関係の中で、メーカーにとって重要なのが、中間の問屋や小売りという「**中間流通**」をいかに有効に使うかということだ。結果的にそれが、日本的な流通だとか日本的なマーケティングということにつながっていく。そこで、いくつかの代表的な企業の事例を使いながら、メーカーの戦後の成功事例を見てみよう。

松下電器に次いで、2つめの事例として資生堂を取り上げよう。資生堂は大変成功した化粧品メーカーだが、その大きな理由の1つは、「**流通チャネル**」の巧みなコントロールにある。たとえば高級ブランドは百貨店に限定して売ることで高い売り上げと価格維持に成功している。資生堂は同時に、それ以外のさまざまな流通チャネルをもつが、面白いのは、資生堂が「チェインストア」と呼ぶ店だ。これは、資本関係はないが、系列店のように資生堂の商品を中心に扱っている全国の化粧品店だ。

あるとき、この資生堂のチェインストアの方々といろいろな意見交換をする機会をもったことがある。印象に残ったのは、全国のそれぞれ影響力のあるチェインストアのオーナーさんだ。1人のオーナーさんの場合、娘さんのところに資生堂の社員がお婿さんとして来たという。また別のオーナーさんの場合は、息子さんが若いとき、5年、10年と資生堂で働いた上で実家に戻ったという。

まさに血のつながりを感じさせる話だが、決して悪いということではなく、そういうところに結構、企業の成功の要因があることに気づかされた。要するに、資生堂にとってもそうだが、どんな業界でも、小売店や特約店との関係をきわめて重視しているということだ。

1994年に私が『挑戦する流通』[2]という本を出したときのエピソードだが、本の刊行後、講演の依頼がずいぶん来た。興味深いのは講演の依頼主の8割程度がメーカーで、2割程度が問屋や小売店だったことだ。メーカーが系列の特約店などのために講演してほしいと申し込んでくるのだ。たとえば石油メーカーが系列のガソリンスタンドのオーナーの会で講演してほしいとか、大手製薬メーカーが自社の特約先の大手ドラッグストアの人たちに講演をしてほしいとか、食品メーカーが、自社商品を扱う問屋さんに講演してほしいといった依頼だ。いかに日本の流通はメーカーを起点として成り立

2 伊藤元重『挑戦する流通』講談社、1994年。

ってきたものであるかがうかがえる。

資生堂の流通チャネルは一番わかりやすい例だが、トヨタ自動車の成功にも同様のことがいえる。戦後、トヨタが自動車を売るときに重視したのは、全国各地域でトヨタ車を販売するディーラー網だった。トヨタ自動車の各地のディーラーはどの地域に行っても、多くの場合、地元の名士が経営していたのがユニークな点だ。

たとえば四国のあるディーラーは、もともと四国で有名な一六タルトというお菓子の製造会社として成功しているのだが、トヨタのディーラーも経営している。トヨタから見たら、地元の名士にディーラーをやってもらうことで、時間をかけずに売り上げを急速に伸ばしていくことができたのだろう。

医薬品メーカーの流通チャネル

次に医薬品メーカーの例を取り上げよう。医薬品メーカーの中で、戦後、OTC（ドラッグストア、薬局で処方箋なしに売ることができる薬）で急速に成長したメーカーが、たとえば大正製薬や佐藤製薬といった会社だ。これらの医薬品メーカーはやはり、独特の流通の仕組みを築いてきた。じつは、大正製薬のリポビタンDやパブロン、あるいは佐藤製薬のユンケルやストナといったよく知られた薬の背後には興味深い流通の仕組みがある。

これは以前、私の学生がゼミの活動の一環として調査してくれたもので、業界でもよく知られている話だ。風邪を引き、風邪薬を個人が経営している薬局に買いにいく。当時、個人の薬屋さんに行って、「風邪を引いてしまってこんな調子なので、どの薬がいいでしょうか」と尋ねると、薬剤師の人が、一生懸命考えるような顔をしながら、すっと出してくるのが大正製薬や佐藤製薬の薬だった。

それはなぜかというと、佐藤製薬や大正製薬の薬は、直販方式を採用しており、メーカー系列の流通直販から出荷されるため、薬局である小売店のマージンが当時は7割程度だった。一方で競合の武田薬品のベンザエースや三共製薬（現・第一三共ヘルスケア）のルルといった薬は、問屋経由で販売されるため、小売店が得るマージンは4割前後にとどまる。そうなると、同じ金額の薬を消費者に買ってもらっても、小売店の収入には差がつく。消費者から見れば、上代は同じ金額としか見えないが、小売店にとっては、まさに小売マージンが重要なのだ。

なぜ、このような違いが生じたのか。武田薬品や三共製薬のような会社、歴史のある大手の薬品メーカーは、問屋を通じて、特に病院の処方箋薬局向けの販売を中心に伸びてきた業態で、その中で一般向けの薬も製造・販売してきた経緯がある。他方、大正製薬とか佐藤製薬はむしろ、いわゆるOTCという町の小売店を中心に販売を伸ばしてきた業態で、問屋との関係は非常に弱かった。そこで、自前で流通チャネルをつくるしかなかった。

そこでとった戦略が、安売りだった。それは消費者に対する安売りではなく、小売店に対する安売りで、要するに小売店から見たら仕入れ価格が安い。それを高く売っていいですよというわけだ。高く売っていいという値段も、なるべくその値段を維持できるものに設定された。そういう意味では、価格をうまく利用しながら伸びてきたわけだ。

このように、日本の流通の世界では、メーカーにとっては中間流通をどのようにして自社にとって有利な仕組みとしてつくり上げるかが重要なカギとなる。

コカ・コーラとビール

もう1つの事例としてコカ・コーラを取り上げよう。アメリカのコカ・コーラ社は戦後、ある時期から日本でのコカ・コーラなどの飲料の販売を実現しようとした。しかし、ビール・飲料業界では、キリンやアサヒ、サッポロなどの先行企業が問屋を組織化していた。これに関連して有名な話がある。

サントリーは日本最大のウイスキーメーカーで、ウイスキー問屋、酒問屋を通じてウイスキーを販売していた。サントリーがビールを売ろうとしたら、サントリーのウイスキーを扱っている問屋でもサントリーのビールを扱ってくれない。自分のところはすでにキリンだとか、あるいはアサヒを取り扱っているためだという。それほど問屋の壁は厚かったということだろう。

コカ・コーラがこの問屋の厚い壁を越えて販売を実現するために行ったのが自動販売機による販売だった。自販機での販売は成功し、売上金額は大きく伸び、しかも利益率が高いため、いまではコカ・コーラとサントリーなど飲料企業が、立地と設置台数をめぐって激しい自販機競争を行うまでになっている。以前ほどコカ・コーラボトラーズは自販機市場で独占的なポジションを得ているわけではないが、皮肉なことに、流通の壁を越えるためにやった自販機が大きな成功を収めたのだ。

もう1つ、流通業界でマスマーケティングのメカニズムが非常に強く働いて、それがメーカーの業績にも関わった代表的な例がビールなどの酒類だ。ビール業界では、いまとは違い、かつてはキリンやアサヒ、サッポロといったメーカーごとに流通チャネルの系列ができていて、たとえば1980年代頃はキリンが圧倒的に強かった。メーカーにとってはやはり問屋を押さえることは重要だった。

当時、ビール瓶での販売が多かったため、小売酒店は個人の家に御用聞きに回る際にビール瓶をもって行った。その酒店には問屋さんから大量のケースに入ったビール瓶が運送されていた。

ところが時を経るとともに、瓶で飲む時代から缶ビールに変わってゆき、売り場は、コンビニエンスストアやスーパーマーケットにシフトしていった。そのために、流通においても問屋の力が弱まり、メーカー主導でマーケティングができるように変わっていった。いまや問屋のお酒に対する影響力は弱くなってきて、地方では酒問屋を廃業するところも増えてきているようだ。

あるとき横浜で、神奈川県の酒造問屋さんの業界で講演を頼まれた折りに、問屋さんも厳しい時代を迎えているという趣旨の講演をした後の懇親会では、業界の会長さん、地元の大手の問屋の社長さんが挨拶され、いまの伊藤先生の話はまさにそのとおりで、昔は「そうは問屋が卸さない」と言ったが、いまでは「そうは問屋に卸さない」だと語っていたのが印象的だった。要するに、ここで議論したようなマスマーケティングの構造も、時代とともに少しずつ変わってきている。

ただ、誤解してほしくないのは、流通構造におけるハブ&スポークは意味がなくなったかとか、マスマーケティングがダメになった、ということではない。中間流通が変わるなかでも、依然としてマスマーケティングは重要だ。その理由は簡単だ。たくさん売らないと儲からないからだ。企業は、やはり商品をたくさん売ることで成り立っている。マスマーケティングは形態こそ変えつつも残っていくだろう。

Point

覚えておこう！

- 日本のメーカーは、問屋や小売りという、消費者との間に存在する「中間流通」を有効に使う工夫をすることで成長してきた。
- 化粧品、自動車、医薬品、飲料などなど、分野ごとに、流通チャネルの特色は異なる。
- メーカーの流通チャネル戦略が、日本的な流通・マーケティングの姿を左右する。

5 なぜ、コンビニが日本に定着したのか

コンビニとフランチャイズ

これまで小売業の変化について価格戦略などに重点を置きながら説明してきたが、小売りの戦略は、

決して価格だけではない。たとえば、消費者に対してどのように便宜を提供するのかということも価値となる。あるいはブランドを通じて高い価値を提供することを戦略の柱としている小売りもたくさんある。そういう中で、日本の流通の変化を考えるために欠かすことのできないのが「**コンビニエンスストア**」である。コンビニを時代とともに詳しく見ていくことで、日本の流通の構造についてさらに深い理解が得られる。また日本の小売業全体、そして経済全体についてもより深い理解を得ることができる。

日本におけるコンビニエンスストアのスタート時期については諸説あるが、1970年代に当時のイトーヨーカ堂がアメリカのサウスランド・アイス社が展開したセブン-イレブンというコンビニエンスストアを日本に持ち込んだことから、日本での成長が始まった。サウスランド・アイス社は、もともとは氷を売る店として知られていた。アメリカ人は日常生活の中で氷をよく使うので、消費者がいつも氷をサウスランド・アイス社が展開するセブン-イレブンに買いに行くということから、氷だけでなく、次第に日常の便利な商品を展開することで顧客をつかむことに成功し、そこからコンビニエンスストアというものの展開が始まった。

アメリカは日本よりもはるかに早い時代からスーパーマーケットが定着しており、しかも多くのスーパーは遅い時間まで営業していた。また、多少距離を走っても駐車場が整備されているスーパーで物を買うのが車社会のアメリカでは生活の中心だった。そのためコンビニエンスストアは、いわば隙間をぬったビジネスであり、急に必要なものができたときや、あるいは氷のようにさっと買ってさっと使うような商品を買いに行く場合に消費者が利用するものだった。

これが日本に入ってきてわかったことは、日本で出来上がったコンビニエンスストア（以下、適宜コンビニ）は、アメリカで生まれたコンビニとは似て非なるものになったということだ。いまやコンビニは、日本の小売業の中でも中心的な役割を果たす存在だ。

コンビニエンスストアを理解する上で重要な特徴が「**フランチャイズ**」という仕組みだ。東京都江東区にできたセブン－イレブン第1号店も、もともとは酒店だったが、そこがセブン－イレブンに看板をかえてコンビニとしてスタートした。酒店はじめ、さまざまな小売店を経営する人が、このままではなかなか経営が成り立たないのでコンビニの傘下に入って売り上げを伸ばそうとしたということだろう。

コンビニを展開する本部から見ると、大きく分けると2つの選択肢がある。1つは本部自らが土地や建物を取得して店舗を開設し、そこに商品を置いて社員、店長を店の運営のために派遣するタイプで、「レギュラーチェーン」といわれるものだ。スーパーマーケットの場合は、この形態をとることが多い。1つの会社の事業として、物流から店舗のオペレーションから経営まで社内でやることで効率性を高めることをねらいとする。古くはローソンなど、当時のローソンを始めたダイエーがとったアプローチもこれに近いものだった。

それに対して、イトーヨーカ堂が始めたセブン－イレブンは、徹底的に外部の力を活用しようということで、フランチャイズという仕組みを利用するものだ。フランチャイズの利点は、コンビニの店の建物と造作の取得が容易なことだ。もともと町の小売店がフランチャイジーとしてコンビニに変わるので、立地がよく、建物もある。仮に建物がなくても、オーナーの資金で建物を建てるということになる。もう1つフランチャイズの大きなメリットは、地縁を活用できることだ。その地域にもともといる人たちが店を展開することから、お客さんとつながりが深く、地域にも溶け込んでいるため、フランチャイズの本部にはないメリットがあった。

もっとも最近は、コンビニ本部が場所や建物を用意し、フランチャイズに参加する人がある一定額の資金を出して、店を始めるケースが増えているようだ。既存の小売店をコンビニエンスストアに転換していくだけでは十分な数のコンビニが出店できるわけではないので、一般のコンビニのオーナー経営者を募集することになる。1人のオーナーが複数の店舗を経営することもある。

フランチャイズ制で成長した日本のコンビニエンス・ストア。セブン－イレブンはその最初にして代表格。　（写真提供：共同通信社）

フランチャイズ型のコンビニエンスストアの場合、1人ひとりのオーナーが自分で店舗を運営しているため、チェーン全体としての統一性や一貫性という点でレギュラーチェーンに比べて運営が難しい面がある。だからこそ逆に、運営マニュアルや情報システムの提供はじめ、さまざまな形でフランチャイジーに対して本部がサービスを提供するという統一性が重要になる。

どちらがいいかということは別として、結果的には日本では、セブン－イレブン型のフランチャイズを利用したコンビニエンスストアが成功し、ローソンなどもそちらにシフトしてきた。さらに、フランチャイズを使ったために、通常考えられるよりも速いスピードで店舗網が拡大し、日本のコンビニの成長を支える原動力になった。

コンビニエンスストアは右肩上がりで成長を続ける経済のもとでどんどん店舗を増やし、いまや全国どこに行ってもコンビニを見ないところはない。ただ、コンビニの成長から現在に至るまでの流れを見ると、やはりその時代時代で変化してきている。つまり、社会の変化に対してコンビニも、懸命になって挑戦をしようとしていることがよくわかる。

column

伊藤雅俊氏が語ったこと

フランチャイズの利用という点でイトーヨーカ堂の創業者、伊藤雅俊氏が語ったことが示唆に富む。「日本には中小規模の小売店がいっぱいある。当時はイトーヨーカ堂など大型店が出店しようとすると、そういう小型店とからんでいろいろな政治的な圧力がかかる。そういうのは好ましいとも思えないし、むしろ地域の中小小売店と共存するということを考えると、地域の小売店に、フランチャイズとして参加してもらうことによって、これまで以上にフランチャイズのもとで売り上げを上げてもらって、地域の個人の方にも利益を上げてもらう。自分たちもそういう方々と連携して商売ができるという意味では（コンビニは）中小小売店が非常に多いという日本の小売業の特徴をうまく活用したビジネスだ」というものだ。そういうことを伊藤雅俊さんはおっしゃったのだが、まさに日本的な流通の経緯や形態とよくマッチしているといえる。

コンビニ成功の背景

コンビニエンスストアが成功した理由はいくつかある。その1つが、全国に展開している数多くの中小小売業をベースに、いわば近代的なマネジメントが展開されたという点だ。たとえば、バーコード読み取り装置付きのレジで、レジでの待ち時間を短縮するだけでなく、「**POS情報システム**」を利用して、どういう商品が、いつどこで売れているかという、商品購買データを瞬時に把握して、その先の物流、商品展開、発注プロセスの合理化を進めたことだ。人間の勘と現場の見解だけで動いていた仕組みを、情報システムを効率的に活用する仕組みに変えてきたことがコンビニの成長の大きな特徴だといえる。中小小売業でも経営の近代化に成功したのだ。

セブン-イレブンと衣料品のしまむらが例に挙げられるが、こういう先行企業の経験を見ると、「**兵站**」（軍事作戦における物資のロジスティクス。ここでは流通における物流のネットワーク）というものが、非常に重要であることがわかる。

極端なことをいえば、小売店をつくるより前に、まず**物流のネットワーク**を確立していく。そして物流ネットワークを確立したら、一気に店舗が大量に出店されるという特色が両社にはある。それほど、じつはバックヤードが重要な機能を担っている。消費者からは店に商品が並んだ棚やレジしか見えていないが、本当に重要なのは、その後ろに隠れている物流システムや商品の開発、情報を駆使したさまざまな**ロジスティクス**の仕組みなのだ。

セブン-イレブンでは特に顕著だが、非常に速い成長をしたにもかかわらず、ある時期までは出店先は特定の地域に集中していた。当初は関東を中心に広がった。関西への進出はかなり遅かったし、「ついにうちの県にもセブン-イレブンが来た」と地元で話題になるほどだった。ところが、それから2~3年経過すると、その地域にはものすごい数のセブン-イレブン店舗が広がっている。つまり、まずロジスティクスの根をしっかりつくって、あとは一気に展開していくという形をとっているのだ。

Point

覚えておこう!

- コンビニエンスストア(コンビニ)は日本の小売業の中心的存在だ。
- 日本のコンビニは、徹底的に外部の力を利用する「フランチャイズ」という仕組みで成長した。
- コンビニは、情報システムの活用、物流ネットワークの工夫を軸に、小売業に近代的なマネジメントを取り入れることで成功した。

「時間制約」理論で裏付けられるコンビニの利便性

コンビニエンスストアが当初大きく成功したもう1つの大きな理由は、「コンビニエンス」という言葉そのものの中に隠されている。コンビニエンスとは便利さのことだ。便利さの提供が消費者にとって重要な意味があるということだ。これは流通だけでなく広く消費者行動に当てはまることだが、時間という概念がカギになる。簡単に言うと、消費者に時間を有効に使ってもらえることが、小売業にとって重要な意味をもっている。

消費者にとって時間が重要な要素であることを明らかにしたのが、ノーベル経済学賞を受賞したゲーリー・ベッカーシカゴ大学教授による「**時間制約**」という考え方を前面に出した消費理論だ。

伝統的な消費理論では、いわゆる「**予算制約**」を中心に消費行動が議論されてきた。簡単に言うと、どの消費者も、どの人も、自分が使える金額が決まっている。ひと月100万円使うお金のある人もいれば、ひと月3万円でやりくりするお金のない人もいる。人によって使える金額、つまり予算制約は異なるが、その制約の中で自分の満足度を高めるためにいろいろなものを買う。値段が安いものはたくさん買う、値段が上がったら買うのを控える、というように、従来の経済学の消費理論では、予算制約の中で人々がどう行動するかをめぐって膨大な研究を積み重ねられてきた。

ゲーリー・ベッカーの理論は、じつはそこに、もう1つ要素を入れたものだ。たしかに人々は、限られた予算の中で購買行動をするが、もう1つ、24時間という時間の制約があることを忘れてはいけない。要するに、1日24時間という限られた時間の中で睡眠をとらなければいけないし、仕事もしなければいけない。余暇のためにも時間を使いたい。そういう時間の制約のもとで、消費活動にどれだけ時間が割り当てられるかということも重要な意味があることになる。

たとえば、東京ディズニーランドに行こうとすると1日使わなければいけない。スマホで少しだけゲームをやろうとすると、3分でできる。どちらがいいかは人によるが、こういう時間の長さが重要であることをゲーリー・ベッカーは指摘したわけだ。

「時間制約」「人的資本」理論などミクロ経済学のフロンティアを拓いたゲーリー・ベッカー教授。（写真提供：ロイター＝共同）

重要なのは、その国の社会の豊かさと時間の価値の間には非常に深い関係があるという点だ。貧しい人たちは、予算、お金のほうに大きな制約があり、時間の制約は大した問題ではない。私の経験からすると、その代表的な例が1980年代後半のロシアのモスクワの光景で、当時よく報道されたものだ。

モスクワでは町の商店の前にたくさんの人が列をなして待っている。非常に寒い中でも我慢して列に並んでいる。社会主義体制のもとにあった当時のモスクワは、常にモノ不足で、モノがなかなか手に入らない。そこで、今日はどうもあそこのパン屋に行けば買えるという噂が広がると、みんながそのパン屋に駆けつけて列をなすという。そのときに並んでいる人にとっては、1時間待とうが2時間待とうが、パンを買えることが重要で、そのために寒い中で長時間立って待つという。

そこには、時間の制約はほとんどない。限られたお金の中で、なかなか手に入りにくいパンを、とにかく買うんだという切実な思いがある。途上国や貧しい国の金銭的に制約のある生活をしている人々の行動については、予算制約の中で議論をすれば済む。

ところが、だんだん豊かになってくると、パンを買うために2時間も3時間も待つことは、よほどの特別なパンであれば別だろうが、普通は考えられない。むしろ重要なのは、いかに時間をうまく調整しながら、自分にとって大事な時間をたくさん確保するかということになる。

そうすると、買い物の時間が重要な意味をもってくる。一生に1回か2回買うことしかないような住宅や高級な家具を買うのであれば話は別だが、日常品などを買うときに2時間も3時間もかかってしまうのは困る。特に、昼食用におにぎりを買う、愛用のチューインガムを買いに行く、あるいは毎週読んでいる雑誌を買うといったことになってくると、時間が大きな制約になる。

その点で、コンビニエンスストアは、まさに時間の制約を排除したところに重要な特徴がある。いくつかそれに関連する例を挙げよう。

時間制約の排除

20〜30年ほど前、まさにコンビニが旧来の形で伸びてきた時代、当時のローソンのある役員の方と食事をした際のことだ。店のオペレーションの話題になったときに、役員の方が私に、「伊藤さん、最近調査をしたんですが、お客さんが店に入ってから出るまでに、何分ぐらいかかるか知っていますか？」と言う。おそらくローソンのいくつかの店舗で、お客さんが入ってきてから、棚から商品を取ってレジを通ってお店を出ていくまでの間を調査したのだろう。そのときの答えをよく覚えているが、4分37秒だった。私が考えた10分とか15分よりずいぶん短いなという印象だった。でも、考えてみると、4分37秒という数字には、ものすごい大きな意味があることに気づく。

仮に皆さんがコンビニに行き、おにぎりと飲料、チョコレート、それから雑誌の4品目を買っていこうとすると、商品を棚から取ってレジを通るまでに4分37秒で済ませるのは決して難しいことではない。でも、町の商店街、あるいは百貨店、ショッピングモールやスーパーマーケットなどで、同じものを4分37秒で買うことはほとんど不可能だ。普通の人にも非常に短い時間で商品を買うことができる仕組みにしたことが、コンビニエンスストアの重要な特徴だろう。

消費者から見ると、必要なものを簡便に買えるということに重要な意味がある。コンビニエンスストアは、それを実現するために、実際いろいろなことをやっている。たとえば、レジの待ち時間の短縮だ。レジに長い列がつくと、店員が仲間を呼んで隣のレジを開けるということを積極的にやる。要するに、消費者にとって一番重要なのは、値段でもなければ、品質が均一で誰でも知っている商品でもない。時間を節約できることにある。そこで、コンビニ側としては、オペレーションの中で消費者の「**時間コンビニエンス**」をどう提供するかが重要になる。

品ぞろえと営業時間

もう1つ例を挙げよう。私の個人的な経験だが、あるとき信州に学生と合宿に行った翌日の昼間、都内のホテルで結婚式があった。合宿先の山間地の民宿から特急を乗り継いでホテルの近くの駅に降りた。御祝儀袋などを用意していなかったので、コンビニに入って御祝儀袋と筆ペンを買い、そこでご祝儀を入れてもっていこうとした。1軒目のコンビニでは、御祝儀袋はあったが筆ペンがない。どうしようかなと思って周りを見渡すと、道路の反対側にセブン-イレブンがあったのでそこに行くと両方とも置いてある。つまり、「**品ぞろえ**」には重要な意味がある。これも時間コンビニエンスだ。なぜなら、何か物を買いに行って商品がなければ、結局時間がかかってしまう。

セブン-イレブンが非常に成長した理由も、品ぞろえの面で時間コンビニエンスを追求した点にある。もう昔のことだが、若者に人気があった『ビッグコミックスピリッツ』などの漫画雑誌はセブン-イレブンに行くと一番早く買える可能性が高いという噂があった。逆に言うと、そういう噂が出るように一生懸命品ぞろえをしたのかもしれない。必要なものを買いに行ったときに、商品が品切れしていないということも、コンビニにとっては重要な武器だった。いまでもそれは変わらない。お客さんの需要を予測しながら、お客さんの必要なものをいかにそろえていくかということが、店にとっては重要な意味があるが、それは、顧客から見ると、時間を節約できる、そこに行けば必ず手に入るということに高いバリューがある。

消費者にとって魅力的な希少な商品を提供するファッションの小売店の場合には、ちょっと商品が足りないぐらいのほうが消費者がありがたがるということから、商品の不足感が価値を高める場合もある。しかし、コンビニの場合には商品の充実感がコンビニエンスにつながっていく。それを実現するために、「**POS情報システム**」を活用し、非常に緊密なロジスティクスのオペレーションをやってきている。

もちろん現実には、こういう理想的な経営がちゃんとできていない場合もある。昼食時にオフィスの近くのコンビニに行くと、レジの前に長い列ができていて、時間がかかっていらいらしたというような経験をした方が多いだろう。ただ、それをいかに、どこまで解決していくかがコンビニエンスの実現につながる。

コンビニエンスストアが時間を非常に大事にするもう1つの側面は、「**営業時間**」だ。セブン-イレブンという店の名前は元々、朝7時から夜の11時まで開いているという意味だったのだろう。日本のコンビニエンスストアの多くが、24時間お店を開いている。24時間営業は、これも日本の小売業の中では、やはりコンビニエンスストアがいち早く実行した。コンビニエンスストアに転換する前の個人経営の小売店が、家族経営のため長く開けておくことができなかったこととは対照的だ。

24時間店を開けておくことの意味については、アメリカで行われたある有名な調査がある。朝7時から夜7時まで営業していた小売店が、あるとき営業時間を朝の7時から夜の11時へと転換した。どういうことが起こったか。もちろんいままで店が開いてなかった夜の7〜11時まで営業時間が延びたので、その時間帯にお客さんが来て売り上げが増えるわけだが、驚くべきことは、じつはこれまでの営業時間帯である朝の7時から夜の7時までの間の売り上げも伸びていたことだ。

これは夜11時まで開いていることで、いつ行っても店が開いているという安心感を、消費者に植え付けることができる効果があるだけではない。消費者から見ると、いつでも買いに行けるようになって、時間コンビニエンスが享受できる安心感がある。これが日本のコンビニ成長のもう1つ重要なポイントだ。

もっとも、コンビニエンスストアの強みだったはずの24時間オープンということが、いま大きな議論となっている。人手不足の中で深夜の店員の確保が難しくなっており、何が何でも24時間店を開けておく必要があるということを本部から強要されると、それは結果的に店主側の過剰負担になることもある。人手が確保できないので、店主が深夜もはさんで20時間以上も店に立つというような話を聞くこともある。

24時間オープンが悪いというわけではない。消費者から見れば、いつでも店が開いているというのはありがたいことでもある。小売業は時代の変化に敏感に対応する存在である。人手不足による一部の地域での24時間オープンの難しさにどのように対応するのか、消費者のニーズと店舗運営の環境変化の中での企業の対応が注目される。

Point

覚えておこう！

✔コンビニ成功のもう1つの要因が「時間コンビニエンス」の提供だ。

✔品ぞろえ、営業時間の両面で、コンビニは人々の「時間制約」を取り除いた。
✔「時間制約」の重要性を指摘したのが、ノーベル賞受賞経済学者、ゲーリー・ベッカー教授だ。

コンビニは「成功の罠」を超えられるか

こうしてフランチャイズを活用し、時間の制約を捨て去り、コンビニエンスストアは急速に成長した。売上高では、かつて日本最大の小売業だった百貨店を大きく離している。そういう中で、たとえば飲料、アイスクリーム、パンなどは、食品メーカーにとっても、スーパーや百貨店だけでなく、むしろコンビニでどれだけ売れるかが重要になっている。コンビニがこの分野の主要なチャネルリーダーになりつつあるといってよい。

ただ、成功の裏には必ず次の課題がある。イオンの創業者の岡田卓也名誉会長が昔からよく言っていた言葉だ。「成功は失敗のもと、失敗は成功のもと」というものだ。いろいろな解釈ができるが、要するに、成功すれば成功するほど、どこかでそれは壁にぶち当たるし、うまくいかなくなる原因になる。失敗は成功のもとというのは、何かうまくいかなくなったときに、そこにその次のチャンスがある。それに結びつけて次の挑戦をすることが大事だという意味だろう。コンビニの場合も、成功したがゆえにどんどん店が増え、店舗が飽和状態になってきた。

飽和状態のもとでは、これまでと同様に店舗を新設していっても厳しい状況になる。それに加えて、

1990年のバブル崩壊後、日本の右肩上がりの時代はほぼ終焉し、消費者人口が縮小している。これまでの成長モデルはどこかで限界が来る。そういう時代に、どう対応するかは、小売業だけでなくすべての業界にとって重要な意味をもつ。コンビニ業界も例外ではない。

成熟市場で成功するためには、マスマーケティングから少し距離を置くことが必要になるだろう。マスマーケティングでは、効率的な仕組みを使って大量に水道に水を流すような形でモノを売りさばいていく。これは、かつての成長期のコンビニエンスストアの究極の姿に近い。兵站チャネルのルートを確立し効率的に情報を集めながら、消費者に必要なものを、時間コンビニエンスを提供しながら流していく。それによって店がどんどん増え伸びてきたわけだが、マスマーケティングは、オーバーストア（店舗過剰）の中でなかなか上手くいかなくなってくる。

そこで、マスマーケティングの対極にあるようなビジネスモデルを、コンビニエンスとして展開していく必要がある。それは、不特定多数の消費者に効率的にモノを売りさばくのではなく、自分が付き合いのある消費者と深い関係を結びながら、深掘りをする方向に行く。じつはコンビニエンスストアというのは、このようなビジネスに非常に向いている。ただ、そのことをコンビニ自身がかつてあまり意識していなかったかもしれない。

実際にコンビニで商品を買う場合、ほとんどの人は、平日であれば自分の職場の近くのコンビニや、通勤ルートの途中にあるコンビニに立ち寄る。休みの日や夜は自宅の近くの店で買う。コンビニから見れば、同じ人が何回も利用していることになる。ところが、これまでコンビニのビジネスでは、こういう人たちをしっかり受け止めることはできなかった。

たとえば東京の丸の内にあるコンビニで、おにぎりを買った中年の男性がいるとする。コンビニのPOSのデータには「中年男性、おにぎり1個」と入る。ただ、その中年男性が、近くで仕事をしている山田さんという人なのか、たまたま大阪から出張に来て店に寄った佐藤さんなのかはコンビニのデータに入らない。山田さんは実際には週に3回程度はコンビニでモノを買っていたとしても、それが十分に把握されない。

POSデータは、所詮そういうマスで消費者を捉える。しかし、マスで捉えるのではなく、コンビニに来るお客さんをどこで、どう捉えるかが重要になる。そうはいってもデータ量は膨大なものになる。そこで、消費地の近く、あるいは特に地方のコミュニティーが重要になる。ここで顧客の継続性を捉える点で大きなポイントになったのが情報システムの活用だ。たとえば、お客さんが自分の名前で注文をしてくれた場合には、誰が何をどこで買ったかということがわかるわけで、そこから深掘りの可能性が見えてくる。

これからのコンビニに必要な「深掘り商売」「商品の幅」

いま、コンビニが一生懸命展開しようとしているビジネスモデルは、こういうものだ。たとえば、インターネットを使って食べ物を注文する(電話でもできる)。セブン&アイグループでは、いわゆるセブンミールのように、実際にそういう形でお弁当を注文してもらえることが増えた。どの家の誰が何を注文したかが把握できるわけだ。そこを切り口として、さらにそれに関連した商品を購入してもらうということは十分可能性がある。

特に地方の高齢者が多い地域などでは、このようなタイプの情報は重要だ。小売業の競争が現在、ネットとリアルの間で繰り広げられているが、ネット的な手法は、事前に電話やファクス、あるいはメール、ウェブサイトを使って注文を受け、宅配便などを使って注文されたモノを届けるというものだ。いわばリアルとネットをうまく組み合わせてビジネスを広げている。そのときに重要なのは、お客さんを深掘りしていくことだ。1週間に3回来てくれる人に、どうしたら5回来てもらえるか。あるいは、来てもらえなくてもネット通販5回利用してもらえるか、いままでひと月に2000円使ってもらっていた人に、どうやって3000円なり4000円使ってもらえるかが重要になる。「**深掘り商売**」をコンビニがどうやって展開するかが1つの大きなポイントだ。

コンビニエンスストアが店舗増設による売り上げ拡大が見通せないなかで、最近の動きでもう1つ重要なのは「**商品の幅**」を広げていくことだろう。昔、テスコという世界最大の小売業の経営幹部と話したときのことだ。

テスコは日本ではシェア確保がなかなか難しいが、イギリスの食品スーパーではおそらく3割から4割、あるいはそれ以上のシェアをもつ巨大な企業だ。イギリスでは、食品スーパーは本当に数社の寡占状態になっている。イギリスの中でこれ以上テスコの店を拡大していくことは難しい。企業として成長をするには何をしたらいいか、会社の中で真剣に議論したところ、2つの道しかないということになった。1つは、海外へ出て行くことだ。イギリスで成功したから、ほかの国で成功するかもしれない。実際にテスコは、たとえば東南アジア、タイで結構、積極的に展開してきた。

もう1つ指摘があったのは、イギリスでのオペレーションでは、これまで提供していないような商品やサービスを広げていくことができるはずだ、というものだ。テスコが実際やったことは、これまでの食品スーパーに加えて金融のビジネスを展開したことだ。レジなどを使って、キャッシングや公共料金の振込、送金などができるようになって、それなりに成長してきた。

日本のコンビニの将来を考えるときには、この点が非常に重要だ。もちろん海外に進出するのも重要だ。周知のように、日本の多くのコンビニが東南アジアを中心に展開している。セブン－イレブンは巨額の投資でアメリカのビジネスを拡大しようとしている。しかし、より興味深いのは、コンビニがこれまでやってこなかったビジネスを国内でどう展開していくか、にある。そこで、もう一度コンビニの強みを見直す必要がある。

コンビニはたしかに、おにぎり、おでん、お菓子、雑誌などのコンビニの定番品で伸びてきたわけだが、そのコンビニで成長しているのは何か。それは、時間コンビニエンスであり、非常に強力なロジスティクスだ。その後ろに控えているものが流通であり、さらにはそれを支える情報がある。そこで、情報とロジスティクスで時間コンビニエンスを提供するために何ができるか。

すぐに考えられるのは、店頭でできるさまざまなサービスだ。たとえば先ほどのテスコに関連していうと、銀行決済や振り込みなどの金融モデルがある。たとえばセブン－イレブンはセブン銀行という形で金融にまでサービスを広げている。

もう1つ、コンビニエンスストアに関連して興味深いのは、時間コンビニエンスとか消費者に対する便利さを提供するという観点からすると、じつはコンビニと競合しているのは、ほかの小売業とは別に、それ以上に、より大きな別の業界だという点だ。たとえば、外食産業だ。お昼を食べるときに、ファミレスに行って注文するか、吉野家のようなファストフードのお店に行って買うか、コンビニでお弁当、おにぎりを買うか。これは消費者から見ると、いわゆる「**代替的な選択肢**」をめぐっての競争になる。

昔、吉野家の安部社長と対談したときに非常に印象的な話をうかがったことがある。牛丼が400円であるときに、コンビニに行って100円のおにぎり2個と、それから飲み物1個100円で買うとすると300円で済む。おにぎりだけで栄養がとれるかどうかは別にして、おにぎり2個とお茶1個で300円ならコンビニは勝負できるという話だった。ところが、吉野屋が280円まで値段を下げると、お茶はただなので、牛丼とお茶、280円で済む。これではコンビニが勝負することはなかなか大変だ。

そこでカギになるのは、まさにコンビニエンスを提供するためのロジスティクスだ。その中でいくつか成功したビジネスがある。たとえばコーヒーだ。コンビニの扱っている商品の中では非常に伸びている分野だ。コーヒーを提供する店にはマクドナルドやスターバックスなどがあるが、コンビニでもそれなりのコーヒーマシンを設置し、100円でコーヒーが買える。場合によっては、小さな椅子があって、そこで座って味わえる。そうなると外食産業にとって強力な対抗馬になりうる。このように、コンビニは、金融やコーヒーなど、新しいモノやサービスを取り入れていくことで成長している。

成熟市場で起こる典型的な動きは業界の再編だ。成長市場では、各社それぞれの成長路線をとればよい。しかし、成熟市場での競争となると、ライバルを潰すことも企業にとっては重要な戦略上の選択肢になる。意図してやるかどうかは別として、コンビニエンスストアの場合には、まさにいま、それが起きつつある。結局、消費者から強い支持を受けるようなコンビニにシフトしていくという形での競争が今後展開することになる。

もちろんそれが行き着くところまで行くと、すでに起きているように、合併や吸収といった形で統合・再編が起こる。実際に日本のコンビニ業界では、セブン-イレブン、ローソン、ファミリーマート3社での寡占化が進んでいる。この3社が全部生き残るか、さらに寡占化するかは見通せないが、それだけ市場が成熟しているということだ。

Point

覚えておこう！

- 成功したコンビニも、いまや成熟市場となり、オーバーストア（店舗過剰）に直面している。
- これからのコンビニに必要なのは情報システムを利用した「深掘り商売」と「商品の幅」を広げることだ。
- 成熟市場では、経営統合による業界再編も重要な要素となる。

補完と代替——伝統的な小売業の生き残る道

マスマーケティングの中で出てきたメーカーや小売業による伝統的な流通システムは現在、情報化、グローバル化などにより変革期を迎えているが、中でも重要なのが、アマゾンをはじめとするネット流通、eコマースが伸びてくるなかで、既存のシステムが大きな挑戦を受けていることだ。

私が挙げたい一番のキーワードは、「**補完と代替**」だ。つまり、新しいビジネスモデル、たとえばアマゾンのeコマースのモデルでいうと、伝統的な小売業、あるいは流通業というのは、アマゾンの提供する機能と、どの部分が補完的で、どの部分が代替的であるかということを強く意識する必要がある。

「補完と代替」は、経済学の基本的な概念の1つだ。「**代替**」というのは文字通り置き換えることができることをいう。よく使われる例は、たとえばコーヒーと紅茶で、コーヒーの代わりに紅茶を飲むか、紅茶の代わりにコーヒーを飲むかということで、この場合、コーヒーと紅茶は「代替関係」にある。それに対して、たとえばコーヒーとミルクとか、あるいは紅茶とビスケットというのは「補完関係」にある。ミルクを入れないとコーヒーを飲めない人からすると、コーヒーとミルクが一緒になって価値が出てくるわけだし、紅茶だけ飲むよりも、紅茶と合わせてビスケットを食べると満足感が高まる。こうした関係を「**補完**」という。

経済やビジネスにおいては、代替か補完か、見きわめることが非常に重要になる。極論をいえば、代替が強く働くところにはビジネスチャンスはない。常に競争にさらされるからだ。そこで、補完的な部分、要素を探していくことが重要になる。

Point

覚えておこう！

- ✔アマゾンに代表されるネット流通にどう対応するか。マスマーケティングで成長してきたメーカー、小売業にとっての課題だ。
- ✔重要なキーワードが「補完と代替」だ。
- ✔「代替」関係が強いところではビジネスチャンスは生まれない。

column

そば屋と鉄道事業における「補完と代替」

「補完と代替」の関係の具体的な例を挙げよう。たとえば、そば屋がその一例だ。われわれが20代から30代初め頃のことだが、突然、雨後の筍のように立ち食いそばの店が駅の周辺や商店街にも出てきたことがある。最初は、立ち食いそばだから便利さが特徴で、味はあまり問題ではなかった。中にはおいしい立ち食いそばも少しずつ出てきた。これで町のおそば屋さんも全部席巻されてしまうだろう、町のおそば屋さんで８００円のそばを食べるよりは、立ち食いそば店で３００円のそばを食べたほうがいいと、当時思っていた。

しかし、これはじつは半分正しくて、半分間違っていた。たしかに、おいしくないそば屋というのは、安い立ち食いそばにどんどん席巻されてしまった。だが、そういう立ち食いそば店や簡便なそば店が増えれば増えるほど、じつは老舗のおそば屋さんの価値が非常に際立ってきたのだ。

要するに、普段はお腹にたまればいいし、まずくもないから立ち食いそばだけど、たまには老舗のそばを食べてみたい、たまにはこだわりのそばを食べてみたいということから、生き残った伝統的なおそば屋さんに人が殺到するわけだ。つまり、安いそば店や普通のそば店が広がれば広がるほど、じつはそういう老舗のそば屋や、こだわりそば屋の価値が高まるのだ。おいしくはない町のそば店と立ち食いそば店は、完全な代替関係にあるが、老舗のおそば屋さん、こだわりのおそば屋と、立ち食いそばは、むしろ補完的な関係が強くなる。つまり、いつも安いそばを食べているから、たまにはおいしいそばを食べたいという関係になっている。

このように、補完関係が成り立つところにはビジネスチャンスがある。多くのビジネスでもこの関係が確認できる。たとえば、鉄道系の会社を見てみよう。特に私鉄ではこうした傾向が明確だ。

その１つ東急電鉄の場合、電鉄会社だから、当然電車を運行しているが、東急電鉄という会社を見ると、沿線に住宅も開発している。かつての自由が丘、田園調布から始まって田園都市線の沿線へと、次から次へと住宅地を開発してきている。そして、そこに商業施設をつくる。二子玉川、たまプラーザなどだ。さらに東急は、その沿線に住む人々向けに、さまざまな事業を展開する。東急ストア、ケーブルテレビのほか、電力サービスもそれらの1つだ。東急電鉄にとっては、幅広いビジネスがすべて補完性があり、結果的に街が栄える。このように鉄道開発事業は典型的な例だが、ビジネスで成功しようとするなら、補完的な関係を探し、そこを強化していくことが重要だ。

6 ネットとリアルの融合

オンラインとオフラインが融合する

小売業に話を戻そう。ネット流通との関係では、伝統的な小売業は、アマゾンが成功している背景にあるさまざまな機能、テクノロジーの流れと、できるだけ補完性のあるものを磨いていくことが重要になる。

コンビニエンスストアが注目される1つは、24時間・365日店が開いており、いつ行ってもそこで店のサービスの提供を受けられるという点だ。コンビニ店舗のさまざまなサービスにはネットでは提供できない部分もあるので、コンビニにとって重要なのは、情報化のビジネスに最大限取り組みながら、同時にそこと補完的なお店、24時間365日いつでもお客さんが来れば対応でき、しかも生活圏の非常に近いところに店があるという利点をいかに有効に活用するかということになる。

百貨店も現在、いろいろな意味で苦しんでいるが、ここでもカギになるのは、「**オンラインとオフラインの融合**」である。百貨店にとっては、オンラインの機能を徹底的に取り込みながら、自分の磨いてきたオフラインとしての店との補完性を発揮するということだ。

日本でもアメリカでも、アマゾンの躍進によって、百貨店などの既存の小売業が厳しい競争にさらされている。アマゾンは情報システムを徹底的に活用したオンライン型の小売業である。ただ、アマゾンといえども、オンラインだけでビジネスができるわけではない。たとえば、物流機能は同社の経営のカギとなると言っても過言ではないが、その多くはオフラインの活動である。

オフラインの重要性を理解しているアマゾンは、積極的にオフラインの部分を取り込もうとしている。アマゾンはアメリカでも有数の高級スーパー、オーガニック商品などを展開しているホールフーズを買収した。ホールフーズは、普通のスーパーよりもこだわりのスーパーで伝統的な小売業を展開してきたわけで、アマゾンの対極にある企業だ。アマゾンは非常に簡便にネット上で商品を紹介、販売、決済できるところに特色がある。しかし、アマゾンにとってホールフーズがもつリアルなバリューというのは、きわめて重要な意味がある。それはなぜか。

アマゾンが、たとえばフレッシュな食材や質の高い食材を提供しようとすると、注文を受けてそれを消費者に届けるところは、アマゾンのインフラやビジネスモデルで対応できるだろうが、じつはフレッシュな食材を確保するには、日頃から生産者との深い関係をもち、しかもその情報をしっかり駆使しながらロジスティクス、流通プロセスを巧みにマネージし、しかも店でしっかり品質管理をする必要がある。さらに消費者のニーズがどういうところにあるのか、どういう商品がどこにあるか、ということについて豊富な情報と分析力を備えている必要がある。

つまり、店頭に陳列されている良質の商品はホールフーズの強みの半分にすぎない。むしろ本質は、売り場の裏側の見えない部分、品質の高い商品を調達しながらオペレーションを行って消費者に提供するという、まさに「**中間流通**」にある。アマゾンにとっては、それが得られれば、ネットの機能を最大限発揮し、良質な食材を提供する上で鬼に金棒、ということになる。だから、アマゾンがホールフーズを買収したのは、実際に成功するかどうかは別として、きわめて合理性があり、可能性のあることだといえる。

アマゾンは、自らでもオフラインの店舗を展開しようとしている。無人のコンビニの実験店であるアマゾンゴーは最先端の技術をオフラインの店に持ち込む事例として興味深い。アマゾンは書籍のリアルの店舗も展開している。そこでは、アマゾンのネット上での評価が4点以上の書籍が棚に分かりやすく並んでいるそうだ。オンラインの世界で顧客から集めた評価という情報が、オフラインの店舗で生かされているのだ。

アマゾンのようなオンライン型の企業がオフラインを取り込もうとすれば、当然、百貨店のようなオフライン型の店も、積極的にオンラインの機能を取り込もうとしている。アメリカの高級百貨店のノードストロームの店舗で興味深い話を聞いた。最近は、アメリカの百貨店でもオンラインで商品を購入する人が増えた。ただ、衣料品のような商品はオンラインで注文して店に取りに来る客が結構多いようだ。注文した商品を試着してから、持ち帰る客もある。カーブ・ピックアップと言うようだが、ファストフードのドライブスルーのような感覚で、店の外にある引き取り場所で商品を受け取ることもできる。カーブとは、歩道の縁石というような意味だろう。

私が興味をもったのは、試着室とオンラインでの注文の組み合わせだ。顧客はオンラインで商品を注文しても、試着して気に入らなければ購入する必要はない。極端なことをいえば、良さそうな商品をいくつもオンラインで注文しておいて、試着室で比べて気に入ったものだけ購入することが可能となる。気に入ったものがなければ何も購入しないこともある。顧客にとっては便利な仕組みだ。あらかじめネット上でいくつかの商品に目星をつけておき、店に行ってそれをじっくり吟味できるからだ。店のほうとしても、そうした形で消費者を店に引き込むことができることは好ましい。

「**情報化**」の進展によって、消費者は自分の買いたい商品についての情報を集めやすくなっている。これまでは考えられないような商品についても情報を検索する消費者が少なくない。歯ブラシ、電球、傘などの商品は、かつては消費者が商品についてこだわって調べるということは少なかったが、いまや多くの人が当たり前のようにそうした商品の機能やデザインなどにこだわりをもって検索する。オフラインの店にとって、そうした商品の情報を積極的に発信して、消費者を店に呼び込むことがますます重要になってくる。

オフラインの店舗にとって、オンラインのサービスは自らの店舗の機能を脅かす存在である一方で、店と顧客のつながりを広げる重要な手法となる。顧客が興味のある商品をネットで検索し始めた時点から、小売業の競争が始まっている。返品が可能であることは、顧客がより気軽にオフラインの店舗に誘引される重要な武器となるのだ。

日本におけるネットとリアルの融合

日本でも「**ネットとリアルの融合**」で成功しているといわれている企業がいくつかある。たとえば大型家電店のヨドバシカメラがやっていることは注目に値する。簡単にいうと、アマゾンが提供しているサービスに近いことをヨドバシカメラも展開しようとしている。そのためにネット流通にしっかり取り組みながら、リアルとの融合をはかっている。

ヨドバシカメラの店舗で注文したものは非常に短時間で自宅などに届けてもらうことができる。また、来店しなくてもアマゾンと同じようにネットを通じて注文、決済もできるということで、ヨドバシカメラがもっている販売力や店舗のパワー、修理・点検などのサービス提供などをフル動員し、そこにネットを加味することで、エリアの店舗が生き残る道を探るということは十分考えられる。

このように、競合が現れてきたら、代替的な関係の中で競争に明け暮れることよりも、補完関係を見いだし、補完的に合体していく道を模索することも競争戦略上、重要になってくる。たとえば百貨店は、ニトリやユニクロといった新興の専門店にかなり攻め込まれている。かつては百貨店で買ったようなアパレルがユニクロの商品に取って代わられていくこともあるし、デパートで買っていた商品がニトリの商品に代替されていくこともある。こうしてニトリやユニクロのようなSPAの業態と百貨店は、いわば競合・代替的な関係にあるのは事実ではあるが、百貨店のビジネスモデルは、小売業としての企業という側面だけではない。非常にすぐれた立地を押さえている不動産ビジネスという面もある。

こうした百貨店の立地に着目して百貨店や駅ビルの中に、ニトリやユニクロのような専門店がどんどん入ってきている。逆に言うと、ニトリやユニクロが入るから、不動産価値がさらに高まり、ほかの店にも人が買い回るというような補完関係も成り立っていると考えられる。百貨店をアパレルなどを売る小売業として考えると代替関係だけで終わりがちだが、ショッピング、商業集積の担い手として位置づけると、新興のライバルとは補完的な関係も築くこともできる。

ビジネスの世界では、右手で握手しながら、左手で殴り合うというのはどこでも成り立つ話だ。補完と代替についても、視点を変えることで、異なった関係へと発展する可能性がある。競争戦略上では、補完関係に着目して手を広げていくということがきわめて重要だ。

Point

覚えておこう！

- 伝統的小売業にとって重要になるのは「オンラインとオフラインの融合」だ。
- アマゾンのようなネット流通企業も、オフライン「中間流通」を手に入れようと躍起だ。
- オフライン企業にとって、オンラインサービスは顧客とのつながりを広げる上で重要だ。
- 日本でも、百貨店の店舗にユニクロやニトリが入るのは「補完」関係の活用だ。

Chapter

3

変わる市場のあり方

ネットフリックスの大成功で、サブスクリプションというビジネスモデルが注目されている。一定のフィーを毎月あるいは毎年徴収することで、顧客に継続的なサービスを提供するビジネスモデルである。利用ごとに料金を取るのではなく、前の章で説明した二部料金を活用する。その威力は大きく、多くの産業で利用の可能性が模索されている。

また、顧客と継続的な関係をもつことで、さまざまな情報を顧客と共有できるというメリットが生まれてくる。顧客のスマホやパソコンを通じて情報をやりとりすることの重要性はもちろん、機器に設置されたセンサーを利用するIoT（モノのインターネット）の活用も広がっている。旧来の流通はメーカー→中間業者→最終ユーザーという流れのマス流通での展開が多かったが、中間を中抜きしてメーカーと最終ユーザーが直接結びつく試みも増えている。そこでは、単純な中抜きだけではなく、MaaSのようなプラットフォームの広がりや最終ユーザーどうしが結びつくP2Pという展開も含まれる。

1 サントリーはなぜ、セサミンをネットで販売したのか

サプリに向かないマスマーケティング

ネットを利用した通信販売では健康関連の商品が多い。サントリー（サントリーウェルネス）が通信販売で販売するセサミンというサプリメントが注目され、多くの企業がこのビジネスモデルを追いかけようとしている。ライオンは、ラクトフェリンというサプリをネットで展開し、売り上げが伸びているし、そのほか味の素など、さまざまな企業がネットで健康関連商品を販売している。

サントリーはなぜセサミンをネットで展開したのか。サントリーがこれまで扱ってきたウイスキーやビールは、典型的なマスマーケティング型のビジネスモデルだ。前章でも述べたように、問屋を活用し、水道の水を流すように、小売店、あるいは飲食店に商品を流していくという特徴がある。

あえてセサミンという商品を、このルートはまったく使わず、ネットなど通販のチャネルだけで販売しているのはなぜだろうか。インターネット利用が普及し、宅配を使った配送が拡大しているという技術的な条件が整ったということもあるが、それだけではない。この問いは、流通市場、あるいは

しれない。

売る側と買う側の関係が今後大きく変わっていくということを考えるための格好の入り口であるかも

サントリーがセサミンをネットなど通信販売限定で販売した理由はいくつか考えられる。1つは、商品の性質に関わるものだ。セサミンのようなサプリメントと伝統的な流通組織を通じて販売するビールやウイスキーでは性質がずいぶん異なる。まず、サプリは顧客に提供しなくてはならない情報が複雑だ。健康に関わるものであるし、顧客もいろいろなことを調べる。

ビールやウイスキーに関する含蓄もいろいろありうるし、価格帯も高いものから安いものまでさまざまだが、しょせんビールはビール、ウイスキーはウイスキーとして購入者も納得して買う。しかし、サプリメントの場合は、自分の健康に作用するメカニズム、どのような症状に効くのか、安全性の担保、競合サプリとの違いなど、買い手が知りたいと思うことは多い。このような情報を提供するには、インターネットの利用が向いている。もちろん雑誌広告での詳しい情報提供や、テレビCMも当然必要で実際にやっているが、情報を求める消費者はネットで情報を取りに来る。ネットの力はこの点で重要だ。

旧来の流通チャネルの中で広告宣伝を通じて情報を消費者に伝えて商品を売るのではなく、消費者に関心をもってもらったら、むしろ消費者のほうから情報を取りに来てもらう。情報を取りに来てもらったときに、それに応えられるだけの詳細な情報提供ができる点で、ネット販売は適している。サプリメント商品の場合は、それに向いているといえる。

もう1つの理由は、サプリメントは目的購入の面が強いことだ。もちろん買い物一般には何らかの目的がある。だが、サプリの場合はある具体的な目的をもって、いろいろなものを調べた上でほしいものにたどり着く。このように より分けられた目的購入の場合は、個々の消費者に対応する体制を整えることが特に重要になってくる。ネット流通が向いている理由の1つだ。

また、サプリメント・ビジネスで、継続的な購入の割合がどれだけあるかがポイントとなる。朝晩1個ずつサプリを飲むとすると、1日2個にしかならないが、それを1年間続けると730個になるし、10年続けば7000個以上になる。そうすると、通常の商品のように7000人の人に1回だけ買ってもらうのと、1人の人に10年間買ってもらうことが同じ売り上げになる。継続的な購入が重要なのである。マスを対象に商品を販売するよりも、継続的な購買の可能性が高い消費者に売っていくことのほうが重要となる。

背後に「中抜き」の構図

こうした全体の構造の背後に、もう1つ「**中抜き**」といわれている構図があることを認識する必要がある。松下電器の創業者、松下幸之助氏によるマスマーケティングの代名詞である「水道哲学」では、メーカーが製品をつくり、問屋がそれを流通させ、小売店で消費者が商品を買うというチャネルが成り立っていた。サプリの場合は、メーカーであるサントリーと消費者が直接、ネットワークでつながっている。もちろん、ロジスティクスのプロセスでは、いろいろ機能を果たす企業の仲介はあるが、基本的に消費者とメーカーが直接結びつき、問屋や小売店という中間の存在を介さない「中抜き」構造である。これが、おそらく、これからの流通を考えるときに注目すべきことだ。

Point

覚えておこう！

✔サントリーはなぜセサミンをネットで販売したのか？
サプリメントはネット購入に適した商品だから。なぜなら、①ネットは、商品の詳しい情報提供ができる、②個々の顧客の目的購入に対応しやすい、③顧客ごとに長期にわたる継続的な販売が可能——だから。

✔ネット流通で重要なのは「中抜き」が起きていることだ。

2 「中抜き」は何をもたらすか

なぜ「中抜き」が起こるのか

「**中抜き**」というのは、もともと中を抜くということだから、問屋を外すという意味で使われていることが多かった。昔、故林周二・東京大学教授が『流通革命』[1]という大ベストセラー書を出した。その中で非常に刺激的だったのは、問屋はいずれなくなるという問屋不要論だった。当時、問屋は「そうは問屋が卸さない」という言葉に象徴されるように、日本の流通の中核を担っていた。ところが、実際にその後の動きは、林さんが言うような展開になった。

なぜ、このようなことが起こるのだろうか。重要なポイントは、機能は絶対に必要だが、それを担う業者が同じである必要はないということにある。これはすべてのビジネスについて当てはまることだ。「**中間流通**」という機能は普遍的な機能であり、いつの時代にも求められるものだ。どこかで誰かが中間流通を担わなければならない。しかし、それを担う業者が問屋である必要はない。物流企業がやってもいいし、インターネットや小売業者がその機能を担ってもいい。テクノロジーやそのほかの環境の変化に応じて、中間流通の機能を問屋以外のところに任せるということは十分ありうる。

column

フィンテックも「中抜き」

「フィンテック」が話題になることが多い。金融とネット、人工知能（AI）などの情報テクノロジーが組み合わさることで、金融のビジネスが大きく変わろうとしている。これに関して、ビル・ゲイツ氏による、「銀行業は必要だが銀行がその機能を提供し続けるとは限らない」という指摘がよく引用される。ビル・ゲイツ氏が暗に言っていることは、銀行がいま提供している金融の機能は重要ではあるが、それをこれまでの組織形態である銀行が提供するとは限らない、ということだ。

同じことを、銀行側でも、世界最強の金融機関の1つであるJPモルガン・チェース銀行のジェームズ・ダイモン会長（当時）が、「将来のライバルはアップルやグーグルになるだろう」と発言している。要するに、アップルやグーグルが銀行や金融サービス機能を提供するということがありうるというわけだ。このようなことが現実化したのが問屋を代表とする中間流通の中抜きだ。

中間流通依存では差別化できない

なぜ中間流通の中抜きが生じたのか。いくつかのポイントがある。1つは、林周二氏が言いたかったことだが、かつての日本のマスビジネスの構造は、問屋がしっかりしていて、そこにネットワークの中心があった。問屋を利用してメーカーは物を売り、それを利用して無数の中小小売業が存在していた。しかし、小売業においてチェーン化が進み、大型店が登場してくると、じつは小売業は、中間流通を握る問屋が提供するサービスの単なるユーザーとしての存在を脱して、自らビジネスのチェーン化を図っていくようになる。

たとえば、戦後の高度経済成長のもとで、ダイエー、イトーヨーカ堂(現・イトーヨーカドー)、ジャスコ(現・イオン)、マイカルなどの流通系企業はお互いに激しく競争し、しのぎを削って商売を展開してきた。しかし、同じような中間流通経路を使って同じようなメーカーの商品を調達していては、結局イトーヨーカドーでもイオンでも、どこに行っても店の内容は変わらない。

つまり、きわめて効率的ではあるが、日本的な中間流通システムに乗っていると差別化が非常に難しい。そこで、自社の店舗に独自の特徴をもたせるには、上流の問屋、場合によってはメーカーとの関係も自社の中に取り込むような方向が必要だという考えをもつ企業が出てきた。これは、流通だけでなく、一般にビジネスモデルを考える上でも重要な点だ。

たとえばかつてダイエーは円高を利用し、安くて消費者に受けるような商品を提供するために、中間流通を通じて、たとえばビールやオレンジジュースを調達するのではなく、自らブラジルのオレンジジュースの生産業者と組んで、安価で美味しいオレンジジュースを日本で提供する、あるいはベルギーのビール会社と連携し、本場のビールを安く買えることをアピールするなどした。小売業が上流に手を伸ばして、競合のライバルにはできないような物流、あるいは商品調達をすることで差別化を図ることが、日本の大手流通の1つの大きな戦略だった。

絞り込んだ商品を大量仕入れするコストコ

もう1つ、中間流通の中抜きの構造で興味深いのは、小売業の形態によって、中間流通のシステムが大きく変わるということだ。20年ほど前になるが、アメリカの大型小売業、コストコの物流センターで見たことを紹介しよう。

コストコは第1章の「二部料金制」で触れたように、アメリカで成功しているホールセール・クラブといわれる業態だ。店に行くと問屋のように商品が豊富にある。同じ商品の在庫が多く、価格も問屋レベル、あるいはそれよりも安い。消費者はコストコの会員になることで、豊富な商品、安い価格というメリットを得ることができる。この会員フィーがコストコの大きな収入源になっているのはすでに述べたとおりだ。

1　林周二『流通革命――製品・経路および消費者』中公新書、1962年。

さらに重要なのは、1つの店舗の在庫が非常に多いことだ。同じ性能のテレビだと何十台と店頭の棚に置いてある。逆に言うと、品数を非常に絞っている。当時、コストコの担当者の方の話を聞くと、たとえばコストコで売ることのできるテレビのメーカーとしては、サムスン、パナソニック、東芝、日立、あるいはシャープ、LGも、さらにはそれほど有名ではない中国のメーカーも数多くある。しかし、コストコはメーカー候補が20〜30ある中で、あえて1つか2つのブランドに絞り込む。それは決して悪いブランド、安いブランドではない。むしろ、消費者が安心して買える良質のブランドだけに絞り、大量販売のメリットを活かし、仕入れ価格も引き下げる。だから、コストコは、冷凍食品から、花、テレビや家具など、あらゆる分野の商品を扱っているが、じつは商品の種類は少なく、絞り込まれている。

コストコの倉庫に行ってみて、そのあまりの単純さに驚いた。ロサンゼルス近郊で展開しているコストコ10店か20店ほどの店舗のための倉庫だが、朝から昼まで、メーカーから商品が山のように配送されて来る。テレビ200台とか、たばこのセット100箱とかが配送され、到着したところから倉庫で仕分けされていく。倉庫の別の側には各店舗に向けてそれぞれトラックが出発するゲートが設けられている。たとえば30の店舗向けには30のトラックゲートがあり、仕分けされた商品がそこに運ばれていく。そして午後から、商品を積んだトラックが各店舗に向けて出発していく。こうして、極端にいえば、早朝には倉庫には何も商品がなく、昼までには倉庫は商品で山積みの状態になり、夕方にはそれらがすべて店舗に配送されるという、非常にシンプルな物流の仕組みになっている。

このような単純な物流システムが登場してきた理由は何か。要するに、小売店店頭には、すべての商品の在庫がある。店舗にはあらゆる種類の商品がそろっていることが消費者にとって魅力であると同時に、店は在庫ももっている。しかも商品アイテムは非常に絞り込まれているので、ロジスティクスがきわめて単純だ。コストコのビジネスモデルは、結果的に上流の物流ネットワークを非常に単純なものにしている。もちろん、問屋は要らない。

結局、小売業が自らの特徴を活かして、特徴的な商売をしようとすればするほど、中間流通は中抜きを起こすことになる。別の言い方をすると、流通チャネルを主導する「**チャネルリーダー**」が変わっているということになる。かつては、チャネルリーダーは問屋だったが、それが次第に小売店側に移ってきている。

先述のサントリーのケースでいえば、ビールやウイスキーのチャネルリーダーが小売店に取られようとしているなかで、チャネルリーダーの座を確保するために、直接、消費者に結びつくことのできる商品を開発したと見ることもできる。サントリーに限らず、ライオンでも味の素でも、さまざまな企業がネットを通じてビジネスを拡大しようとしている背景には、チャネルリーダーの座を維持できる商品を残したいという夢があるといえよう。

情報化で進む問屋機能の解体

じつは、中間流通の中抜きの構造にはもう1つ重要な側面がある。それは「**情報化**」が進むことがビジネスの中身を変えてしまうということと深く関わっている。問屋のケースを使って説明しよう。

ずいぶん前のことだが、日本を代表する加工食品問屋の会長さんから非常に印象的なことを聞いたことがある。**問屋**はどういう機能を果たしてきたか。20年前、30年前には全国に何百、あるいは1000を超えるような地域の問屋があった。この問屋には少なくとも3つの機能があると、会長さんは言う。

1つは、「**物流ロジスティクス**」だ。商品は、メーカーの配送センターから問屋に届けられるときには、大きな段ボールに詰められて送られてくる。それを小売店にもっていくときは、段ボールを開けて商品を小分けにして、店ごとに小さなパッケージに詰め替えて届ける。もちろん売れ行きは場所によって異なるので、売れ残りも生じるし、欠品も生じるため、問屋はある程度の在庫をもつ。その在庫を見ながら出荷を調整する。この一連のプロセスがロジスティクスといわれるものだ。

ロジスティクス機能以外に、問屋にはあと2つの重要な機能がある。1つは「**商流**」といわれる機能だ。問屋は小売店から注文を集め、それを処理してメーカーに発注する。その際には、各地域の小売店の需要を見積もり、在庫も確認した上で行う。要するに、注文を受け、それをメーカーに発注する。これが商流の機能だ。

もう1つ重要なのが問屋の金融機能だ。小売店から代金を回収し、その代金からメーカーにお金を支払う。その過程で問屋が小売店に提供しているのが「**問屋金融**」といわれるものだ。小売店は問屋に注文するが、すぐお金を払うわけではない。商品配送後、一定の期間が経過してから支払う。たとえば、注文後商品が来てから2カ月後に支払うとすると、その2カ月間、じつは問屋はお金を小売店に貸しているのと同じことになる。

このように、代金回収の時期を繰り延ばすことで小売店側は資金運用の面で余裕ができ、結果的には小売店の商品調達もしやすくなる。メーカー側からすると、問屋が小売店から商品代金を回収するが、メーカーには問屋に商品が配送された段階で商品の代金が支払われていくので、問屋の存在があることでメーカーにとっても金融面でメリットがある。このように問屋は金融サービスを供給している面がある。

このような「物流ロジスティクス」「商流」「金融」という3つの機能が混在した形で問屋は成り立っていた。別の言い方をすると、問屋というのは複数の「**機能のバンドル**」、束として存在していた。

ところが、情報ネットワークの機能を使うと、これら3つの機能のうちのロジスティクスは別にしても、商流機能と金融機能は不要になる。

たとえば、鹿児島の商流を鹿児島の問屋に任せなくてもよい。仮に東京の大井に設けられたコンピューターセンターを利用すれば、実際に鹿児島の地場のいろいろな小売店が注文を出すと、直接、大井のコンピューターセンターに注文情報が送られ、そこで仕分けが行われ、メーカーに発注される。バーチャルに発注処理が行われるため、鹿児島の小売業だからといって鹿児島の問屋に発注する必要はない。決済も同じだ。実際に手形を持参して車で届けに行くといったことをしない限りは、請求、代金振込などは電子的に処理される。大井のコンピューターセンターまたは銀行などのそれに関連した金融サービスでもいい。

そうすると、鹿児島にある問屋というのは、金融機能と情報機能については優位性がない。とはいえ、ロジスティクスはやはり必要だ。モノを移動させる上では距離の重要性は変わらない。だから、消費地に近いところに商品が集積され、小売業向けに小分けされる。それで問屋の再編が進むことになる。かつては1000を超えるような多数の地方の問屋があったが、どんどん再編され、大手数社の傘下に入っていく形で問屋の再編成が進んだ。

さすがに大手の数社は、自ら情報化を進め、メーカーとの関係でも金融機能や商流機能の面で優位性をもっているが、それ以外の中小の問屋の存在意義はなくなってくる。このようなプロセスを通じることでも中間流通の中抜きが起きてくる。こうした中抜きの構造は、旧来のマスマーケティングの構造が崩れ、新たなチャネルの動きを見る上で非常に重要だ。

Point

覚えておこう！

- 日本的な中間流通システムに依存していては商品の「差別化」が困難であることが、「中抜き」が生じた1つの理由だ。
- 「中抜き」とともに、流通のチャネルリーダーは問屋から小売業側に移ってきた。
- 「中抜き」の背後にあるのは「情報化」だ。「情報化」により、「物流ロジスティクス」「商流」「金融」という問屋機能の解体が進んだ。

3 ネットのパワー
――小売りにも起きている中抜き

「水道で流れていた流通」は今は昔

こうした中抜きは、中間流通だけでなく、小売りでも起きつつある。先に述べたように、メーカーの製品が水道の水のごとく小売業に流れ、流通プロセスを通じて消費者に物が届くという、マスマーケティングはすごく重要だった。しかし、これが崩れようとしている。

松下電器（パナソニック）の話に戻ろう。松下電器の成長を支えていたのは街の松下ショップだった。松下ショップの担当者や店主が丁寧に説明して、消費者にテレビを売る。松下ショップの存在は水道的流通でも非常に重要な意味をもっていた。仮に1万店の松下ショップが全国にあって、その1万店がすべて仮に最低20台ずつ新モデルのテレビを消費者に売ってくれるとすると、全体で20万台売れることになる。これが事前に確定した注文量となり、それをベースに生産をつくり込みすることができる。もちろん売れ行きに勢いがあればさらに増産する対応をする。このように、水道の水のようにモノが流れていくことは、生産計画の予測可能性という点でも重要な意味をもっている。

ところが、この流れがいま大きく変わろうとしている。たとえば、アップルのｉＰｈｏｎｅを例にとろう。新しいｉＰｈｏｎｅが出ると、世界でほぼ同時に発売される。だから、アップルは発表前からたくさんのｉＰｈｏｎｅをつくって準備している。

それを象徴する話を、ある関西のメーカーの社長からうかがったことがある。韓国の船会社の倒産で、同社の扱っている商品が送れなくなった。急いで顧客に届けなければならない予定があり、航空機を使って海外に商品を送ろうとしたが、すぐに適当な航空機が見つからなかったという。運の悪いことにアップルのｉＰｈｏｎｅの発売時期にぶつかり、貨物航空便をすべてアップルが押さえているためだという。このようにアップルのｉＰｈｏｎｅが発売されて、世界中で同時に売られているという流通は、これまでの「水道で流れていた流通」とは少し違ってくる。

アリババと「独身の日」

小売業の中抜きで特に面白いのが、中国のネット流通の大手のアリババの事例だ。中国は巨大な人口の国なので、規模感が非常に大きい。アリババは11月11日のいわゆる「独身の日」（11・11と1＝シングルが並ぶことからシングル＝独身の日とされた）に独身者を対象に巨大なプロモーションの企画を毎年実施している。

私が最初に面白いと思ったのは、２０１６年11月11日のひと月ほど前に上海の大学のセミナーに行ったときのことだ。大学の先生も学生も、11月11日の話で盛り上がっていた。この２０１６年の11月

11日は、1日で1兆8000億円ほどの売り上げを記録したといわれる。ユニクロの製品は、最初の3分弱で1億元、日本円で約16億円も売れたという。多くの人が一斉にユニクロに注文を出したのだ。ちなみに、翌年の2017年の11月11日には、このアリババのサイトで2兆8000億円売れたという。日本で最も売り上げの多い店は、新宿の三越伊勢丹であるが、これは年間で2800億円売り上げがあるという。その10倍の金額を1日で売るというのだから、その規模の大きさがわかるというものだ。日々少しずつ売るのではなく、1日で大量に売るパワーをもっている。

アリババ独身の日のセール。アリババに代表される海外のネットビジネスの成長は日本企業の越境ECにとっても重要な機会になるかもしれない。
（写真提供：ロイター＝共同）

日本の企業にとっても、じつはこのことは大きなチャンスがあることを物語っている。最近、中堅企業の経営者などから越境ECという言葉をよく耳にする。アリババのようなサイトを利用して、中国の消費者に商品を売るチャンスが拡大しているということなのだ。これまでは日本の企業は、大企業のように現地での流通チャネルを構築しないと海外に商品を輸出することは難しかった。ところが、越境ECのサイトを利用することで、中堅企業などにも海外輸出のチャンスが拡大しているのだ。

column

アマゾンに見る消費者とのリンクの強化

eコマースは、中小企業などにも大きなチャンスをもたらすという事例を1つ挙げてみたい。アマゾンのlaunchpadというサイトだ。このサイトは、ベンチャーなどの商品だけに絞ったサイトだ。消費者から見れば面白い商品を探すという楽しさがあるし、新興企業にとっては消費者の目を引けばすぐに売り上げにつながるというメリットがある。

従来の流通チャネルでは、こうした形でベンチャー企業がすぐに商品の販路を見つけることは難しかった。店を回って商品を置いてくれるように依頼するという方法しかなかっただろう。eコマースの拡大で、ベンチャー企業ならではの新しい販路の拡大の手法が提供されるようになった。しかもそれが越境ECであれば、国境の壁さえ簡単に乗り越えられるようになった。

スマホで縮まる消費者との距離

このようなネットを通じた中抜きの動きは、今後さらに広がっていくだろう。特に興味深いのはスマホの存在だ。

話題になったのはアマゾンが数年前に発表したビジネスモデルだ。それはスマホを通じてモノを注文する場合、たとえば書籍であれば、アマゾンで検索し、著者とか題名を入れて注文するのに代わり、本の表紙をスマホのカメラで撮れば、スマホが画像認識してそれらしいものを探し出す。あとは画像画面からボタンを押せば注文できるというものだ。

街を歩いていて向こうから歩いてくる若い女性が洒落たかばんをもっている。近くの女性が自分のスマホを出して、その女性のかばんを写真に撮ると、それに似たようなかばんがスマホ画面に表示される、というようなことが可能になる。

要するに、ほしいものがあったら写真に撮って何でも注文できるように変わる。スマホの画像認識能力が高まれば実現可能だろう。こうなると、生活のシーンのすべてが店になりうる。モノを買うために店に行って注文しなくても、街を歩いていて、あるいは雑誌を見ながら注文できるわけだ。

まだこのようなビジネスが広がっているわけではないが、これまでのスピードでスマホ搭載カメラの画像認識能力が高まってくると、実現は時間の問題である。筆者は実際、グーグルのシリコンバレーの本社で、そうしたスマホのソフトをグーグルも開発しているのを見せてもらった。担当者がそこにいる人の靴にカメラを向けると、それと似た靴のリストが画面上に出てくる。それをクリックすれば注文ができるというわけだ。商品をつくり商品を開発するところから消費者までの距離感がグーッと縮まることになる。これは、中小企業にとっては大きなチャンスになる可能性がある。

繰り返しになるが、メーカーはモノを売るために問屋を確保し、小売店の棚をしっかり確保し、宣伝をして消費者に届けるという、マスマーケティングの活動を行ってきた。しかし、何らかの形で商品を消費者にコミュニケーションでつなげる方法があれば、そこから注文が発生してくることになる。

たとえば、洒落たアパレル製品をデザインする能力がある人であれば、自分のつくった洋服を着て街を歩いてもらうだけでも、それが目を引けば注文できるようになるかもしれない。このように小売業を中抜きして、最終的なモノの提供者と消費者が結びつくことが広がっているのは確かだ。これが今後どのように展開するかが重要だろう。

情報化などを通じて旧来のメーカー、問屋、小売り、そして消費者という流れが大きく変わりつつある。問屋も中抜きになるし、小売業も中抜きになると、メーカー、モノをつくる側からすると、それをどう活用するかが重要になる。ただ、気をつけなければいけないのは、いまのメーカーの業界の主力企業の多くの強さは、商品そのものの力のほかに、中間流通と小売りのチャネルを押さえていることに依存している部分があることだ。そういうところは中抜き現象の中で大きなチャレンジを受けることになる。

Point

覚えておこう!

- **「中抜き」はネット流通の広がりで、小売りでも起きている。**
- **スマホの画像認識能力の高まりなどの利便性の向上で、商品の作り手と消費者との距離はますます縮まりつつある。**
- **「中抜き」は、モノの提供者としての個人や中小企業には、チャンスの広がりをもたらす。**

4「サブスクリプション」という魔法のことば

サブスクリプションとは＝栗田工業の試み

モノを売る側、あえてメーカーと呼ぶが、モノを売る側と買う側の間で関係が深くなると、メーカーと消費者との関係に新たなコンセプトが成り立つ。そういう中で最近、業界で注目され始めた概念が「**サブスクリプション**」という概念だ。

サブスクリプションとは、サブスクライブ（subscribe）という英語の名詞だ。通常は雑誌の定期講読のような形態をサブスクライブというが、意味が広がってきていて、簡単に言うと、モノを売り切るのではなく、モノから発生するサービスを継続的に提供するというビジネスモデルを指すように変わってきている。サブスクリプションと言えば、世界的な大成功を収めたネットフリックスを思い浮かべる人が多い。これについては次節で取り上げるが、まずは他のケースで説明したい。

サブスクリプション・ビジネスを理解するには、情報技術（ＩＴ）とは直接に関係ない10年ほど前の事例になるが、私が聞いた栗田工業のケースがわかりやすいので紹介しよう。栗田工業は、汚れた水を浄化する設備、機械を製造して販売している会社だ。同社の社内報のためにこの栗田工業の当時の社長と対談したときにうかがった話だ。

大阪では当時、パナソニックやシャープなどが液晶パネルの大きな工場をつくっていたが、そのような工場では浄化装置が必要不可欠である。栗田工業にとっては大きなビジネスチャンスだ。しかし、栗田工業はあえて水の浄化の設備を売るのとは違うビジネスモデルを試したという。パナソニックやシャープの近くに工場をつくり、パナソニックやシャープなどの工場とパイプを接続し、パイプを通して汚れた水を流してもらい、栗田工業の工場の中で水を浄化し、きれいな水をパナソニックやシャープに送り返す仕組みによるビジネスを展開しようとした。水の浄化装置を売るのではなく、水をきれいにするサービスを継続的に展開することにしたものだ。

これはサービスの受け手となるパナソニックやシャープのような顧客から見ると悪い話ではない。浄化装置を工場に設置するとメンテナンスの手間がかかるし、工場の設計変更に伴い装置のリプレイスなどの対応が必要になる。水をきれいにすることが目的だが、機械を買わなくても栗田工業の工場を通じて水がきれいになる上に、保守点検の要員も必要ないというメリットがある。

栗田工業にとっては、顧客企業に機械や設備を導入してもらってもいいが、それは1回きりの商売だ。水を浄化するサービスを提供する方式にすれば、継続的なビジネスが可能になる。双方にメリットがあるので、栗田工業にとっては顧客をがっちりつかむことができる。

これが、サブスクリプション・ビジネスの典型的なケースだ。モノを売るのではなくモノに関わるサービスを提供し続けることによって利益を上げる仕組みだ。こうしたビジネスはほかにも多くある。

たとえばエレベーターのような設備は、当初の設置よりも、定期的な点検や補修サービスからの利益のほうが大きいはずだ。こうした仕組みは、インターネットやスマホが発達することで情報のやりとり、分析が容易になったことから、さらに進んでいる。

カギを握るIoT

サブスクリプション・ビジネスを可能にするもう1つの重要なキーワードが「**IoT**」（モノのインターネット：Internet of Things）だ。いろいろなものにセンサーが付き、そのセンサーから得られる情報によって売り手と買い手がつながることができる。このようなケースとして筆者が面白いと思ったのは、タイヤメーカーのブリヂストンの取り組みである。

タイヤの市場では、中国や韓国の安いタイヤが入ってきて、ブリヂストンは価格競争に追い込まれようとしている。ただ、タイヤのビジネスには、B2CとB2Bの異なった市場があり、その市場の特性を利用することが安定的な利益につながるはずだ。一般の消費者にタイヤを販売するのはB2Cのビジネスである。これは厳しい価格競争となりつつある。ただ、航空機のタイヤや鉱山の大型機器のタイヤ、あるいはトラック業者のタイヤなどは、相手が法人であり、価格だけで競争しているわけではない。トラック業者であれば、タイヤの価格ではなく、耐久性や信頼性も考慮に入れた、走行距離あたりのコストを問題とするだろう。鉱山で使うタイヤでは、パンクなどはもってのほかだが、それに加えて過酷な環境の中でも安定的に利用できる品質が求められている。

ブリヂストンの鉱山用のタイヤの中には、何万円もするセンサーが設定されており、タイヤの状況を常時情報として発信している。鉱山のタイヤの内部は50度を超える過酷な環境であり、センサーについてもそれなりの特殊なものが要求される。こうした情報を利用したメンテナンスや監視のサービスによって、ブリヂストンはタイヤという商品を売るだけでなく、利用に関するさまざまなソリューションサービスを提供している。そのサービスのカギを握るのがIoTである。B2Bの世界でセンサーなどを活用してソリューションビジネスを磨いていけば、価格競争に巻き込まれないで、安定的な利益を確保することができるはずだ。

海外で利用されるコマツの建設機械。モノに関わるサービスの提供で伸びるサブスクリプション・ビジネスのカギを握るのがIoTだ。
（写真提供：新華社／共同通信イメージズ）

センサーを利用したソリューションビジネスの例をもう1つ紹介しよう。建設機械のコマツのケースだ。コマツの建設機械にはセンサーが付いていることは昔から知られている。海外の客で購入代金を払わないケースなどもあるので、その際に機器を停止させることができることは、代金を確実に回収する上で有力な手段となる。

このコマツの建設機械のセンサーは高度化しており、これが顧客のニーズに合ったソリューションを提供する手段となる。土木や建設の業者にとって、建設機械を巧みに動かす技術者の不足が深刻な状況である。そこでコマツの建設機械を使えば、設計図に合わせてどこまで掘ればよいかなどをGPS（全地球測位システム）などを利用して自動的に対応するサービスを提供することを進めている。ITコンストラクションと呼ばれるものだ。技能労働者が不足している建設現場にとってはこうしたサービスは貴重な存在である。コマツにとっても、そうしたソリューションを提供することで、顧客を確保することができることになる。

センサーを使いながら顧客とつながってやっていくビジネスにはすでに広がりがある。もう1つよく話題になるのがGE（ゼネラル・エレクトリック）のジェットエンジンだ。ある航空機メーカーの支社長が言っていたことだが、航空機の選択肢はボーイングかエアバスになる。その中でジェットエンジンは大手航空機メーカーが有利な立場にあり、ちょっと悪い言い方をすればいくらでも値切れる。要するに、ジェットエンジンを売ってもエンジンメーカーは儲からない。ただ、一旦ジェットエンジンを装備すると、そこから毎日、毎月のようにメンテナンスが始まる。ここが重要なことだが、そこからエンジンメーカーにとっても利益を得られる機会が生じる。

そこでGEなどでは、きわめて複雑な機械であるエンジンをセンサーの塊にすることを考える。いろいろな部品の磨耗状況、ジェットエンジンの各パーツの温度、燃焼効率など、さまざまなデータを集め、それをリアルタイムでGEのセンターと結びつけていくことで、いろいろなサービスも可能だし、アップグレードも可能になる。いちいち部品を交換しなくてもソフトウェアの更新で対応できる。ジェットエンジンもまさに、売り買いではなくサブスクリプション方式で設備の貸し借りによって組み立てることが可能になる。

ネットフリックスの成功の源泉

サブスクリプションのビジネスモデルが多くの人の関心を集めたのは、映画や番組のネット配信を行っているネットフリックスの成功だろう。ネットフリックスの顧客は、毎月一定額の会費を納めることで、映画やドラマが見放題である。定期購読という意味で、まさにサブスクリプション型のビジネスモデルである。

そのネットフリックスの時価総額がディズニーを抜いた（2018年5月25日の報道）。16兆円を大きく上回る規模である。ネットフリックスは、ハリウッドが危機感をもつほどの予算規模で次々に大型作品を製作しているようだ。消費者にはネットフリックスは他のネット媒体と同じような映画やテレビ番組を見るためのプラットフォームのように見えるが、実は上流の映画製作にまで深く関わる垂直統合型のビジネスモデルだ。この点は、ネットビジネスの今後を考える上で重要な論点を提供している。

垂直統合の重要性に気づいたのは、1年生のゼミで学生の報告を聞いていたときだ。ネットフリックスで視聴できるコンテンツの数は4000から5000ぐらいで、競合のHuluやアマゾンプライムの10分の1程度であるという。この数字の正確さはさておき、業界最大手の有料サイトであるのに、コンテンツの数が競合サイトの10分の1程度というのは驚きだった。しかし、コンテンツの数が少ないところに、成功のカギがあるようだ。既存の映画会社やテレビ局が製作したコンテンツを流すだけの存在であれば、そこから高い収益を上げることは難しい。映画会社も価値の高いコンテンツは出さない。あるいは高い料金を要求することになる。結果的に、多くのコンテンツが視聴できるサイトであっても、中身は昔の映画や二流三流のコンテンツばかりとなりかねない。

映画やテレビ番組の付加価値が最も高いのは、配信ではなく製作の分野かもしれない。それなら映画やドラマの視聴のプラットフォームに甘んじるのではなく、上流のコンテンツ製作の分野にまで垂直統合していくべきである。契約者が1億人を超えている巨大なプラットフォームであるネットフリックスだからこそ、巨額の製作費用をかけて番組を制作することができる。それがネットフリックスの魅力を高める。

映画やテレビドラマのようなコンテンツビジネスは、新作が出てから短期間に利益の大半を稼ぐ。少し古いコンテンツでは稼げない。ある意味では、次々に目先を変えていくファッションビジネスに似た面がある。視聴者にとって魅力あるサイトになるには、魅力ある新しいコンテンツをどれだけ提供できるかにかかっている。自社製作のコンテンツを次々に提供していく垂直統合型のネットビジネスは強力だ。

ネットフリックスの垂直統合型ビジネスは今後のネットビジネスを考える上でも注目に値する。（写真提供：Thiago Prudencio／DAX via ZUMA Wire／共同通信イメージズ）

ネットフリックスの垂直統合型のビジネスモデルは、

他のネット企業の今後のビジネス展開を予想する上でも参考になる。たとえば、アマゾンの例を考えてみよう。小売りのプラットフォームで巨大な存在となったアマゾンは、当然、付加価値の高い分野を狙ってビジネスを拡大しようとするだろう。たとえば、高級食品スーパーのホールフーズを買収したのは、同社がもつ商品調達や中間物流のスキルが必要だったからだろう。ユニクロやニトリのような巨大な小売業がＳＰＡとして上流にまで出て成功したように、ネット企業にとっても上流のビジネスは魅力的な存在なのかもしれない。

Point

覚えておこう！

- モノを売るのではなく、モノから発生するサービスを継続的に提供するビジネスモデルがサブスクリプションだ。
- ソリューションビジネスにおけるサブスクリプションでカギを握るのはI。Tだ。
- サブスクリプションの雄、ネットフリックスの特色は「垂直統合」型のビジネスモデルだ。

サブスクリプション成功の3つのカギ

ここでサブスクリプションというビジネスモデルの長所についてもう一度整理しておきたい。以下の3つの点が重要である。1つは料金設定であり、毎月定額という仕組みの利点と限界を理解する必要がある。2つめは顧客との継続的な関係の構築が可能になるという点で、これはこの章の基本テーマである。そして3つめは顧客を囲い込むことによる効果である。

すでに第2章でも述べたように、ネットフリックスの料金モデルは非常に単純な二部料金制となっている。毎月固定の料金を徴収するだけで、あとはどれだけコンテンツを楽しんでも追加料金（限界料金）はゼロになっている。ネットフリックスのコスト構造で見ても、顧客がどれだけコンテンツを視聴しても「**限界費用**」はゼロであるので、限界料金をゼロにすることには合理性がある。これによって顧客はコンテンツを最大限に利用することができ、その高い満足があるのでそれを反映した固定料金を徴収できる。経済学の用語で表現すれば、限界料金をゼロにすることで利用者の「**消費者余剰**」を最大化できるし、消費者余剰が高くなるほどより多くの固定料金が徴収できる。

ここで気をつけなくてはいけないのは、すべてのサブスクリプション・サービスの料金体系がこんなに単純になるわけではないということだ。たとえばアパレル製品を何度も利用できるというビジネスを考えるときには、顧客が製品を利用するたびに商品が消耗し、またデリバリーなどに費用がかかることを勘案する必要がある。つまり、アパレルの限界費用はゼロではない。アパレルでサブスクリプションのビジネスを展開するなら、その限界費用の金額に等しい限界料金を徴収することが望ましい。ネットフリックスなどデジタル商品は限界費用がゼロとなっているが、そうしたサービスだけではないのだ。もちろん、限界料金があまり高くなるとサブスクリプションの意味がないので、月々の利用回数を制限するなどの方法によって限界費用を低く抑え、それに応じて限界料金も低くするという工夫が必要となる。

顧客と継続的な関係をもつことで顧客と情報を共有することができるという点が、サブスクリプションの2つめの論点となる。冒頭で述べたサプリメントの直販ビジネスなどでも、顧客と継続的に情報を共有することで顧客へ提供する価値を高められるだろう。すでに取り上げたブリヂストンが展開するタイヤの中のセンサー情報の利用でも、顧客である鉱山会社や機械メーカーとタイヤメーカーが情報を共有することで、より高い品質の商品やサービスが実現するはずだ。

最近注目されることが多いMaaS（Mobility as a Service）でも、ユーザーの情報がサービス提供側と共有されることが重要である。旅行やビジネスなどで多くの人が移動するが、鉄道・二次交通・宿泊施設・買い物などさまざまなサービスを利用する。これらのサービスを個別に提供するのではなく、移動するユーザーの目線をベースにさまざまな事業者が乗っかるプラットフォームがMaaSである。

このような仕組みが有効に利用されていけば、ユーザーのニーズなどの情報がプラットフォームの上で共有されることになり、ビジネスの機会も広がるはずである。靴などのビジネスでも、顧客のサイズをメーカー側がデータとして保有して、オーダーメイドの製品を迅速に提供できるビジネスがある。これなどもサブスクリプションとしてビジネスを展開する可能性があるだろう。

3つめの論点として、サブスクリプションは顧客を囲い込む効果があるという点だ。囲い込むというとネガティブなイメージが大きいように聞こえるかもしれないが、特定のサービスに慣れてしまえば顧客にとってもそれが便利な面もある。ネットフリックスでコンテンツを見る習慣ができれば、毎日パソコンやスマホを操作するだけで簡単にいろいろなコンテンツが楽しめる。他のサービスに移動する必要はない。こうした囲い込み効果は第7章で取り上げる行動経済学のトピックスでもある。そこで再度取り上げることにする。

Point

覚えておこう！

✔サブスクリプション成功の3つの論点：
①料金設定——定額制の利点と限界の理解が必要
②顧客との継続的な関係——顧客と情報が共有できるか
③顧客の囲い込み——顧客に十分な利便性を提供し続けられるか

5 変わる流通ネットワーク

ネットワーク型流通とは

インターネットにより物流ネットワークを含めていろいろなものがつながって中抜きになってくると、これまでの水道型の流通から、いわゆる**ネットワーク型の流通**にシフトしていく。すべての業者がすべての顧客につながる可能性がある。しかも業者どうしがつながる可能性がある。そして、顧客どうしもつながる可能性がある。

かつてのマスマーケティングのような水道管をしっかり確保した大手の企業が、マスマーケティングでモノを上流から下流に向かって流すという仕組みではなく、もっと複雑な流れになる。消費者どうしが互いに取引をするピアツーピアの取引も登場するし、先ほどから議論しているような、業者を飛び越えて、直接メーカーと小売業が結びつくケースもある。

そういう意味で、モノの流れ、流通のネットワークが大きく変わるということはよく理解できるだろう。そのなかで、いくつか重要な論点がある。それを説明しよう。

アマゾンのシェアリング利用

1つは物流だ。アマゾン、あるいは楽天が大きく伸びたことで、ラスト1マイル、つまり倉庫や店舗から顧客の家までモノを運ぶサービスへの需要がいちじるしく増加した。

人々がスーパーマーケットに物を買いに行くときには、実際の距離はともかく、スーパーマーケットの店舗から自宅までのラスト1マイルは消費者が自分で運んでいた。宅配サービスは別にして、消費者が店から家まで自分で物を運ぶというサービスを自らが提供することでユーザーになってきた。アマゾンのようなeコマースの特徴は、家までもってきてくれるラスト1マイルをつなげることで成功したことにある。それが流通を激的に変えてきている。

周知のように、それがヤマト運輸の雇用問題に発展、アマゾンの宅配を手がけるヤマト運輸はサービスが維持できないことから、一方では物流コストの増加を価格転嫁し料金を引き上げ、他方でサービスの一部を止めることで、物流の中身を変えようとした。

この話題自体は報道などでよく知られていることだ。ここで説明したいのは、その話ではなく、それによってアマゾンがどう対応しようとしているかという点だ。このネットワークの変化は非常に奥が深いものであることが理解できるだろう。

最近の新聞報道によれば、アマゾンはヤマト運輸や日本郵便にいろいろな物流を依存しているが、それ以外に中小の物流業者を組織化して、自ら自前の配送のネットワークを構築しようとしているようだ。

少し前のことになるが、アメリカの雑誌で取り上げたアマゾンの物流に関する記事では、ある意味で衝撃的なことが書かれていた。それは、アマゾンがウーバーを使うというものだ。ウーバーは、タクシーを利用したいユーザーがウーバーアプリを通じてスマホで呼ぶと、近くでお客さんを乗せたいと思っている普通のドライバーがタクシーのように目的地に連れていってくれるというものだ。スマホを利用した「**マッチング**」による「**シェアリングサービス**」だ。アマゾンがウーバーを使うということは、文字通りウーバーを利用するということではなく、ウーバーが展開するようなマッチングサービスを利用しようというのだ。

日本でウーバーがタクシー市場に参入しにくい理由は、タクシー文化が非常に発達していることがある。しかし考えてみると、人間の代わりにモノを乗せてもいいわけだ。アマゾンがウーバーを使うという記事のポイントは何か。アマゾンには数多くのユーザーがいる。ユーザーの配送地域に応じて、この倉庫から商品を届けたいということがあり、いままでは、おそらく大手の流通業者に任せてきた。日本でいうと、ヤマト運輸や日本郵便に任せていたわけだが、こうした配送情報をスマホ画面で受けられるようにすると、ちょっと小遣い稼ぎしたいと思う個人やトラック1台で商売をしたいとする業者、あるいは中小企業の中でマッチングサービスに乗って仕事を拡大したいところが出てくるだろう。つまり、既存の業者でも、これまでなかなかネットワークにつながりにくかった人たちがネットワークに参加することになる。これがシェアリングのパワーの一面だ。

シェアリングの難しさは、提供する側と求める側のマッチングが、場所と時間と数量という3つの難しい問題にすべて対応しなくてはならない点にある。これまでは、ヤマト運輸や日本郵便がマッチングの間を取りもち、たくさんのトラックと、たくさんの人員と、たくさんの予定を抱えて、アマゾンのニーズに応じて自分のところで調整していたわけだが、それをスマホでやろうとするわけだ。

ネットワークのつながりが広がり、マッチング・ビジネス隆盛へ

このような、物流で見られる「**マッチング・ビジネス**」は、さまざまな領域で出てきている。新型コロナ危機で急速に利用が広がった「ウーバーイーツ」というビジネスモデルなどは典型的なケースだ。

たとえば霞が関のオフィスにいる人が、昼御飯を食べたいとする。ウーバーイーツの画面を出す。ウーバーイーツではその人が霞が関にいることをスマホの位置情報で認識し、そこに30分程度で食べ物を届けられるウーバーイーツ加盟店のリストが出てくる。全国チェーン展開しているサンドイッチ店や地場のレストラン、チェーン店もあるかもしれない。そうすると、自分の関心のありそうなレストランをクリックし、メニューを選択し、注文を出す。自動的に決済が行われ、30分以内に商品が届く。その商品をもってくるのは誰かといえば、いろいろな人がいるようだ。コンビニでアルバイトするよりも、自転車や軽自動車を使ってウーバーイーツの仕事でもっと稼ぐほうがいいという動機かもしれない。いわゆる宅配シェアリングだ。

ちょっと仕事したいなと思っている人が、マッチングでウーバーイーツに所属することによって、

その仕事ができる。しかも車をもっているとか、時間が5時間余っているとか、あるいは自転車があり、それで届ける元気があるなど、いろいろなものを利用できる。だから、やりたい人にとってはビジネスの機会ができるし、店にとってみても、たとえば宅配ピザのように、注文のピークに合わせてオートバイを多数用意するとか、自前で出前用のシステムを準備しなくても、ウーバーに参加するだけで済むというメリットがある。

消費者から見ても、これまで出前というと、そばかピザぐらいしかなかったが、スマホでやればもっと多種多様なものが注文できるようになる。このような「三方よし」のポイントは、「**シェアリング**」でネットワークとマッチングが結びつくことでいろいろな人がつながってくるということだ。

つなげるということには大きな難しさがある。時間と場所、それから数量の3つをすべてマッチングさせる難しさだ。アマゾンの物流の利用、ウーバーイーツの特徴のポイントは、まさにその難しさを克服しようという点にある。言い換えればその難しさがあるがゆえに、AとBのニーズをつなげるためのネットワークはこれまで非常に限定されたものだった。それが、マッチングサービスによって大きく変わる可能性がある。

これはシェアリングだけに限らない。ネットワークのつながりによっていろいろなものがつながっていくことが今後、物流にどういう影響を及ぼすかが注目される。

消費者がパワフルになる

もう1つ重要なのは、ネットワークが広がっていくことによって、ネットワークの反対側の消費者が賢くなる、情報武装によってパワフルになるということだ。

未来社会論で著名なアルビン・トフラーの有名な言葉に「**プロシューマー**」がある。プロシューマーというのは、コンシューマーとプロデューサーを合わせた言葉で、さまざまな意味合いでいろいろな人が使う言葉だが、要するに、プロデューサーに近いような情報をもつコンシューマー、消費者がどんどん増えてくるということだ。

従来は、メーカーがつくったものを消費者がありがたく小売店から買わせていただく、情報は向こうがもっていて、消費者がそれを得る対価を彼らに払うという形だった。今後は場合によっては消費者のほうがメーカーよりも、あるいは売り手よりも詳しい情報をもっている状態が広がる。メーカーも小売業も、それを前提として事業を展開する必要がある。

いわゆる「**B2Cビジネス**」ではメーカーが消費者に売るときに、サプリメントのケースのように、これまでとは違った売り方が求められる。たとえば、B2Cではなく「**C2Bビジネス**」が成り立つ可能性がある。B2Cではメーカーが直接消費者にモノを売る、上から下に流れるという仕組みだが、C2Bでは消費者が売り手メーカーや小売店に対していろいろな情報を提供し、それをもとに自分に合ったモノがつくられ売買されるという、消費者起点のビジネスが重要になってくる。

かつてはごく一部の大口の消費者にとってはC2Bのビジネスが存在した。もう20年ほど前になるが、ニューヨークにあるアメリカでも有数の百貨店の巨大な店舗、サックス・フィフス・アベニューを見に行ったことがある。そのとき、サックスのプライベートルームに招待された。サックスのプライベートルームとは、同社の優良顧客がそこに来て、商品を注文して買うところだ。

私が行ったときにたまたまそこにいた顧客は、南米のお金持ちのお母さんだった。息子が結婚式を挙げるので、当然洋服も買うし、引き出物のような大量の贈り物を買う。新居のデコレーションもあるし、あらゆる必要なものを注文する。おそらく何億円という売り上げが一度に立つ。

そこでサックスの専門家が、丁寧にユーザーの意向に応えて対応する。これがおそらくC2Bの典型例だろう。つまり、消費者が起点にあり、それにビジネスが乗ってくる。日本でも昔は、おそらく三越のような老舗百貨店のお帳場などがそれに近いことを行っていたのだろう。

これが、今後、一部のお金持ち対象だけでなく、裾野が広がって、普通の消費者が同様のサービスを求め、彼らを対象に行われるようになるだろう。サントリーのセサミンの事例も、サントリーだけでセサミンという商品を有効に売るために消費者に売り込んでいるという側面だけではない。消費者から見れば、自分の健康に非常に関心のある人がメーカーをどう活用して自分の健康管理をするのか、その中でサントリーはどうするのか、という話になる。

このC2Bビジネスは、非常に重要な意味をもっている。C2Bビジネスでは、サブスクリプションが1つのカギになる。ネットフリックスは現在、消費者が映画を買って、それを見続けるという仕組みを運営している。しかし消費者のエンターテインメントのニーズには、映画もあれば音楽など、さまざまある。そこで、1人ひとりの消費者それぞれにアカウントがある。そのアカウントに対してサプライ側がどのような価値を提供するかがきわめて重要な話になる。

B2Bがあり、B2Cがあり、C2Bがあるのだから、当然「**C2C**」も関わってくる。こうして消費者はコンシューマーだけでなく、プロデューサーでもありうる。まさにプロシューマーたりうる。

メルカリというオークションサイトでは消費者どうしが気軽にモノを売買する。このように、マッチングさえ情報化で解消されれば、いろいろな広がりをもつ可能性がある。C2Cという形で、消費者どうしでモノを売買する、自分では要らないものを誰かに売ってみようということでメルカリの仕組みを利用しようとする。消費者がいつの間にか生産者に変身して、いろいろなお客さんに売る場がある種のコミュニティーのようになるということは十分ありうる。

ネットオークションで伸びるメルカリのアプリ。消費者どうしが売り買いするのは、消費者がパワーをもつ時代の到来を物語っている。

（写真提供：共同通信社）

このように、消費者が情報化を通じてパワーをもち、またネットワークがいろいろな形でマッチングも含めてつながりが速く、深く、広くなっていく。上流から下流に物が流れていくという旧来のマスマーケティングは依然として重要ではあるものの、それとは違ったネットワークが出てきていることに注目する必要がある。

Point

覚えておこう！

✓インターネット利用の広がりにより、「ネットワーク型流通」へのシフトが加速している。

✓物流では、スマホを活用して、売り手、物流業者・個人と顧客の間での「場所・時間・数量」のマッチングを行うビジネスが広がっている。

✓ネットワークを利用したビジネスは、B2B、B2CからC2B、C2Cへと拡大している。情報化で消費者が「プロシューマー」としてよりパワーをもつようになりつつある。

消費者へのチャネルリーチ——シアーズ・ローバックの栄光

消費者が情報武装をするということは、マスマーケティングの変化にとって非常に重要なことだ。この点に関連して重要な話を最後にしよう。それは、消費者が情報武装化すれば、当然消費者が企業に求めるものが変わってくるので、そこをしっかり理解してチャネルリーチしないと大変だ、ということである。

ハーバード大学の経営学者、故クレイトン・クリステンセン教授が書いた『イノベーションのジレンマ』という有名な本がある。[2] その中にシアーズ・ローバックという大手小売業の印象深い話が出てくる。シアーズ・ローバックは19世紀末からアメリカの巨大な小売業として、おそらく100年近く世界最大規模の売り上げを維持してきた。19世紀末ぐらいには、どんな田舎に行っても、どの地域に行っても必ず2冊の本があったという。1冊は聖書で、もう1冊はシアーズのカタログだ。

フランクリン・ルーズベルト大統領がロシア人に贈りたいアメリカの本は何かと尋ねられて、偉人の伝記や有名な小説ではなくシアーズのカタログだと答えたという逸話がある。また、冷戦只中の頃、アイゼンハワー大統領あるいはケネディ大統領が、対立していたソビエト連邦について、アメリカがソビエトを崩壊させるのは簡単だ、爆弾を空からばらまかなくても、シアーズのカタログをばらまいてやれば、いかに市場経済がすばらしいかわかる、と語ったというジョークがあるほどだ。それほどシアーズ・ローバックというのはすごい会社だった。

同社がやっていたのは、まさに通信販

伝説的なシアーズ・ローバッグのカタログ。全米ナンバーワン企業だったシアーズの凋落の背景には、情報化と消費者パワーの台頭がある。
（写真提供：ゲッティ／共同通信イメージズ）

2　クレイトン・クリステンセン『イノベーションのジレンマ』（増補改訂版）玉田俊平太監訳、伊豆原弓訳、翔泳社、2001年。（原著）Clayton M. Christensen, *The Innovator's Dilemma: When New Technologies Cause Great Firms to Fail*, Harvard Business Review Press; Reprint Edition, 2013.

売だ。シアーズのカタログを見て注文すると、2〜3週間で商品が届く。車もあまり発達していない時代から、そういう形で小売業を営んできた。いまの言葉を使うと、ダイレクトマーケティングのいわば草分け的なイノベーターだった。シアーズのすごいのは、時代を経るにしたがって、次から次へと、小売業を主導するようなイノベーションを実現していったことだ。

1920年代にアメリカでモータリゼーションが始まり、車の利用が広がっていくと、シアーズのカタログで注文して、2〜3週間商品を待つということはしなくてもよくなった。都市化が始まり、都市に人が集まってくると、ますますそういう傾向が強くなった。

ところが、幸運なことに、シアーズには当時、きわめて優秀な、中興の祖といわれている経営者がいた。彼はすごい勢いでシアーズの「**GMS**」(General Merchandizing Store：ジェネラル・マーチャンダイジング・ストア)化というイノベーションを実現した。私が留学した1970年代当時も、築50年ほど経ったシアーズの古いGMSの痕跡が残っていたが、1920年代につくられたのは2階建て、3階建ての大きなビルだ。そこに行くと衣類から日用雑貨、車の修理・保険加入など、要するに食品以外はすべて買えるという店が実現した。

シアーズはGMS型の店を次々にアメリカ全土につくっていった。1930年代になるとシアーズはアメリカで最強のGMSに成長する。GMSの基礎というのは、まさにアメリカの小売業のいわば革新であった。それの一番のリーダーがシアーズだった。

さらにシアーズで印象的なのは、「**プライベートブランド**」だ。プライベートブランドとは、「**ナショナルブランド**」に対する概念だ。ナショナルブランドはもちろんいい商品なのだが、値段が高い。

それとほぼ同じような品質の商品を、3〜4割安い値段でその周りにたくさん置く。消費者にナショナルブランドを見せながら、実際はプライベートブランドを買ってもらうことを狙ったものだ。ただ、シアーズのプライベートブランドの品質はナショナルブランドと同じか、それ以上だという安心感をもって消費者は買う。

もちろん値段の安さには理由がある。プライベートブランド品として大量発注するためにコストは低くなる。顧客に安い価格で提供しても、店は儲かる。このプライベートブランドというビジネスモデルを最初に大きく展開し成功したのも、やはりシアーズだった。

シアーズには当時、シアーズカードという、いわゆるハウスカードがあった。シアーズカードを使えば、ポイント付与や割引などさまざまなプロモーションに使えるので便利な方法だった。当時、プライベートカードを活用することも大きなイノベーションだった。

ウォルマートに破れたシアーズ

このように、小売業に関わる、およそ考えられる主要なイノベーションは、その多くをシアーズが生み出してきた。しかし、100年近く全米ナンバーワン、世界ナンバーワンの売り上げを上げてきたシアーズはやがて苦境を迎え、どんどん経営環境が厳しくなっていった。ウォルマートに市場を奪われるのである。なぜ、シアーズはウォルマートにシェアを奪われたのか。その理由はまさに本書の核心に関わることだ。じつは、ウォルマートはシアーズより優れている点が多いかというとそうではない。唯一優れているものがあるとすると、安いことだ。「エブリデー・ロープライス」で、安くて品ぞろえがいい。

なぜ消費者がウォルマートに流れたのか。結局、シアーズは、次から次へとイノベーションを生み出してきたのだが、その過程で消費者がパワーアップしていった。たとえば、GMSは確かにすばらしい。しかし、GMSはあちこちにあるわけで、シアーズに行かなくてはならない必然性はない。シアーズのハウスカードで買い物をするのは便利だが、クレジットカードが普及すると、むしろマスターやVISAなどの汎用性の高いカードのほうが便利かもしれない。こうして、シアーズのイノベーションを超えるようなパワーを消費者がもち始め、シアーズのサービスには関心をもたなくなっていったのだ。

Point

覚えておこう!

- 情報化により、消費者の情報武装が高度化することで、マスマーケティングの構造は大きく変わった。
- 19世紀末から100年近く、アメリカの巨大小売企業としてナンバーワンの地位を占めてきたシアーズ・ローバックの栄光と挫折は、この変化を象徴するものだ。

6 データの情報価値

ターゲットの失敗

最後に、データの情報価値について議論しよう。次のエピソードは、チャールズ・デュヒッグの『習慣の力』という本の中で取り上げられたターゲットという小売業の話だ。ターゲットは、ウォルマートやシアーズと同じような全米有数の大型量販店で、衣料品や日用雑貨を販売している巨大小売業だ。同社は、小売業として興味深い問題設定をした。自分たちのお客、つまり消費者が、購買行動を人生の中で一番大きく変えるのはいつかということを考えた。

購買行動を変えるタイミングを知らずにお客さんと接していると、結果的に大きなビジネスチャンスを失うことになるかもしれない。これは小売業では真っ当な問題提起だ。人生の中で一番購買行動が変わるのはいつなのか。いろいろな議論があるだろうが、ターゲットがたどり着いた結論は、お客さんの家に赤ん坊が生まれたとき、というものだ。赤ん坊が生まれる前と生まれた後では、消費者が求めるものも買うものも大きく変わってくる。いつどの家に赤ん坊が生まれるかということがわかれば、じつに大きなビジネスチャンスになるかもしれない。

そこでターゲットは、カードのデータを利用して「**プロファイリング**」という手法を使った。ターゲットで買い物する顧客はほとんどすべてターゲットカードを使う。したがって、そのカードには、誰がいつどの店で何をどれだけ買ったかという情報がすべて記録されている。顧客は膨大な数にのぼるので、ショッピング時に消費者をその場で認識することで「**ビッグデータ**」として蓄積されるわけだ。

じつは購買行動のデータを使うと、どこの家に赤ん坊がいつ頃生まれそうだということがかなり正確にわかるというのが、このプロファイリングの特徴だった。先ほど紹介した本の中では次のような話が紹介されている。アメリカの女性の話だが、妊娠をすると、妊娠中期になったときに、フレグランスフリー、つまり香りのあまりしない化粧品や石鹼に替える人が多いらしい。だから、突然フレグランスフリーの石鹼や化粧品を買った人がいると、これは妊娠中期にあることを示す信号かもしれない、ということになる。

さらに妊娠期間が進むと、一部の女性は、ある日突然、たくさんのサプリなどを買い始めるという。そこで、ある人が突然サプリを買い始めたら、これも注意が必要だということになる。このようないくつか重要な情報が蓄積され、これを解析していくと、出産の前にはかなり正確に、顧客本人か家族のメンバーかはわからないが、この家では赤ん坊が生まれそうだということがわかるという。

これは小売業にとって重要なポイントだ。データそのものに大きなメリットがあることを物語っている。もちろん、どこで赤ん坊が生まれるかということがわかったからといって、それをどう商品の販売に結びつけるか。ここから先が企業にとって難しい課題になる。

あるとき、ターゲットの店に近くに住む中年の男性がひどく怒って抗議にやってきた。高校生の娘がいる家だが、ターゲットから手紙がきて、ご出産おめでとうございますと伝えられたためだ。しかし後で調べたら、ターゲットは正しかった。妊娠していたということがわかったためだ。カードというセンサー情報を使ってユーザーの情報を収集することはできるが、使い方を誤ると深刻な誤りを引き起こす。恐るべきものだ。

ビッグデータの活用

いずれにしても、ネットワークを通じてさまざまな情報がやりとりされ、「**データの情報価値**」が重要になってきており、データをどう活用するかが重要となる。

たとえばグーグルのGメールでは、メールの内容に合わせてユーザーが求めている情報を表示するサービスがある。ホテルを探しているという内容のメールであれば、近くのホテルが表示される、という類いのものだ。メールの中身をグーグルが読んでいるわけではないが、メールの中のキーワードに関連した情報を結びつけて表示する仕組みなのだろう。

あるいは、インターネットの検索サイトで、たとえば糖尿病関連の項目を多数検索し、関連サイトを長時間閲覧しているユーザーであれば、その人は糖尿病か、糖尿病の家族がいる可能性が高いと検索エンジンが認知する。じつは人々の日々の検索行動から、歌手は誰が好きなのか、ファッションはどういうものに関心があるのか、どういうテレビ番組を好むのかなど、人々の行動や嗜好の傾向に関わるデータが機械的に収集されている。こうしたビッグデータを使ってどう分析するか、広告だけでなく、さまざまな商品の開発、販売に関係してくる。

たとえば通常はタクシーが来づらい地区でも、タクシー利用データの分析から、確実にタクシーを使う人がいるという情報が得られれば、その場所にタクシーを向かわせて利用客をつかまえるということが可能になる。実際にすでにそのようなことが行われているようだ。もちろん、利用客にとってはありがたいサービスだが、タクシー会社にとっても売り上げを増やしサービスを改善することに役立つ。こうしてさまざまな場面でデータの価値が非常に高まっている。

世界でこうしたデータを一番もっているのはGAFAと呼ばれている企業だ。GAFAというのはグーグルのG、アップルのA、フェイスブックのF、それからアマゾンのAのことだ。この4社が膨大なデータをもっている。グーグルの場合は、ユーザーの検索行動やメールを通じてデータが自動的に収集され、ビッグデータとして蓄積されるが、フェイスブックの場合は、本人が一生懸命情報を発信することになる。

バーチャルデータとリアルデータ

残念ながら、データの量、分析の質では、GAFAを日本が追いかけていくのは難しい。だから、このままでは日本はGAFAにいいように使われてしまうのではないかと心配する声もある。ある経営者の言葉を借りれば、「日本経済はGAFAの奴隷になってしまう」恐れがある。しかし、それほど単純なことではない。

データには2つの種類のデータがある。1つは、「**バーチャルデータ**」といわれるインターネット上でやりとりされるデータだ。これはＧＡＦＡが圧倒的に強い。ところが、世の中には「**リアルデータ**」と呼ばれているもの、つまりインターネット上で流通しているデータではなく、限られた人や企業、団体などだけが利用できるデータがある。たとえばＪＲ東日本のＳｕｉｃａのデータだ。そのデータから、誰がどこをどう動いているかがわかる。病院のカルテやレセプトのデータからは、病気の種類ごとの患者数、罹患率、治療内容、治療結果などが得られる。自動車工場にあるロボットや機械にセンサーがついていれば、工場の稼働内容、機械の破損の有無、トラブルの発生などについて把握できる。自動車に多くのセンサーがついている。たとえば、ワイパーの動きからどこで雨が降っているかわかる。どこで渋滞が起きているのかも、簡単にわかる。このようなデータをリアルデータという。

リアルデータはインターネットでは得られないビッグデータで大きな利用価値がある。ここにおそらく日本にとってのビジネスチャンスがある。日本の情報戦略としては、日本が比較優位をもっているところをしっかり深め、そうではない部分についてはできるだけＧＡＦＡなど外部を利用するという組み合わせが重要になる。

医療や交通、金融や小売りなど商業活動などに関わるリアルデータをどう活かし、ビジネスにつなげていくかが重要になる。図3-1に示したものは「**データサイクル**」と呼ばれるものだ。リアルデータの収集から利用に至るまでの流れを図示したものだ。センサーを利用して、現場からさまざまな情報を収集する。こうして大量のデータを集めたものがビッグデータである。このビッグデータをＡＩなどを活用して分析する。そしてその成果をロボットや自動車や機械設備などの機器のアウトプットとして活用する。こうした一連の流れがデータサイクルである。

このデータサイクルは、いろいろな分野で成り立つものだ。医療の世界では、現場で集められたさまざまなデータがビッグデータとして分析され、それが診療や治療に、あるいは医薬品や医療機器の活用に利用できる。

工場では、現場のセンサーで集められたビッグデータが、より効率的な生産や生産流通システムの改善に活用することができる。

こうしたリアルデータの収集・分析・活用の仕組みを回すことで、それぞれの産業の改革を促すことができるのだ。

図3-1 » **データサイクル**

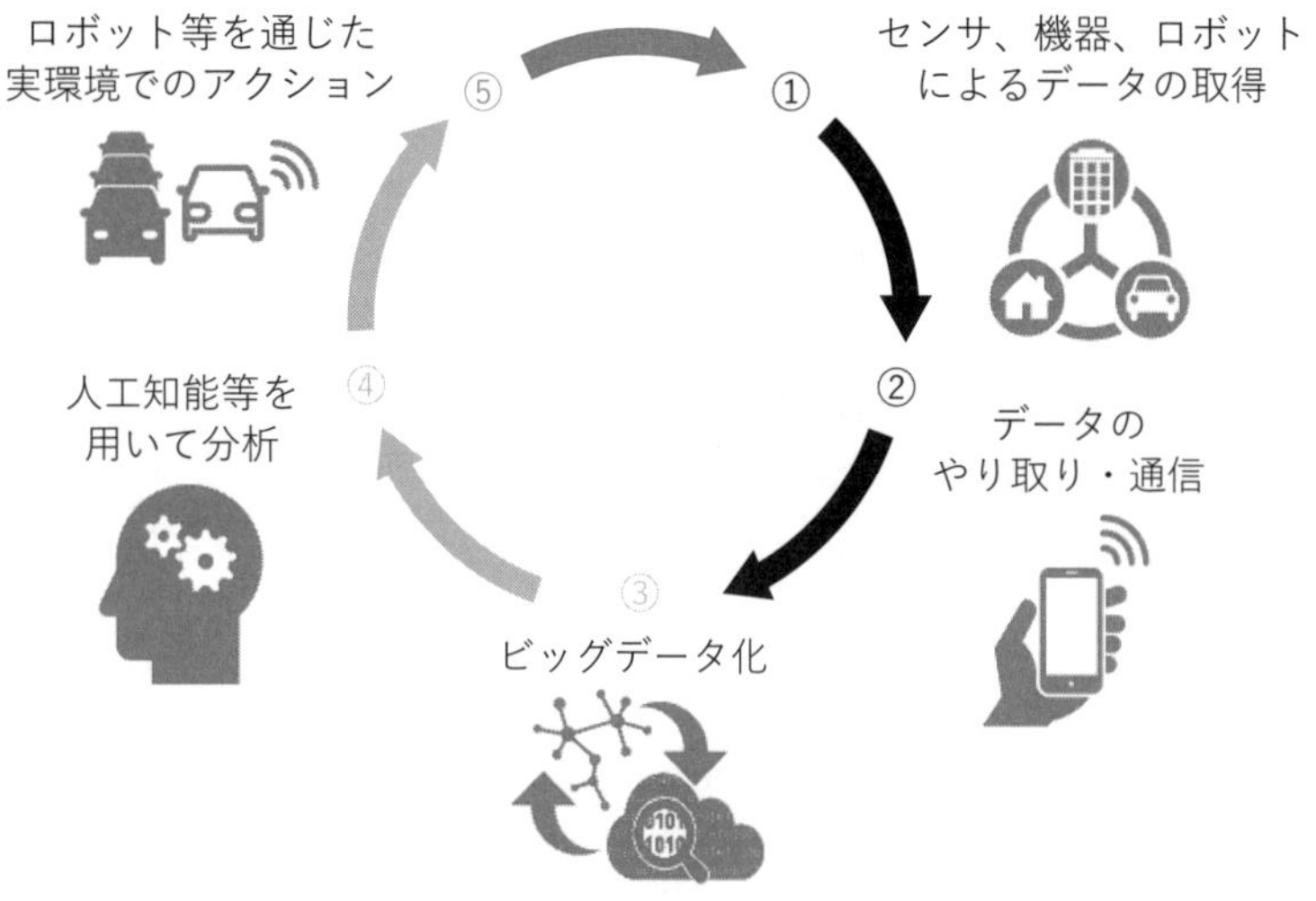

出所：産業構造審議会新産業構造部会（第3回）2015年11月27日

Point

覚えておこう！

- ネットワークの利用で、「データの情報価値」はますます高まっている。
- バーチャルデータではGAFAが圧倒的に強いが、インターネットで流通しないビッグデータ＝リアルデータの利用で日本企業は優位性を築ける可能性がある。
- リアルデータの収集・分析・活用の仕組み＝データサイクルに基づき、産業の改革を進める必要がある。

Chapter 4

市場を理解することがビジネスにつながる

市場メカニズムについて理解を深めることは、ビジネス・エコノミクスを理解する上でも最重要課題である。この本の目的の1つはそうした理解を深めることにあるが、この章では特に、市場経済の中核をなす価格メカニズムについて説明する。ビジネスの世界ではこの価格メカニズムに乗った活動がいろいろな形で観察されるだけではなく、企業の組織形態も市場メカニズムによって大きな影響を受けるのだ。

現代の経済は企業の存在抜きに語ることはできない。企業行動やその組織原理の解明なしには、ビジネス・エコノミクスについて理解することもできない。企業は市場経済という大海の中に浮かんだ氷山のような存在である。市場と区別した存在として組織としての企業がある一方で、その企業の形や大きさは、大海の中に浮かぶ氷山が大きくなったり小さくなったりするように、市場経済の動きの中で変形していくのである。

市場メカニズムの詳細に入り込むことは、この本の性格からして難しい。この章では、具体的な事例をできるだけ使いながら、市場経済メカニズムの最も重要であると考えられる部分について説明していこう。

1 市場の論理と組織の論理

モスクワのテレビが火を噴く理由

「モスクワのテレビはなぜ火を噴くのか」というのは、ポール・ミルグロムとジョン・ロバーツの『組織の経済学』[1]の中に出ている面白い事例である。1989年にベルリンの壁が崩壊し、東側社会の市場化が始まるが、それ以前の80年代前半ごろ、このような事実が新聞に報道されていた。テレビが火を噴いて、ビル火災になる。なぜそのようなことが起きたのかを追及していくと、「**市場メカニズム**」がもつ重要な機能が見えてくる。

当時のソビエトは社会主義経済で、非常に複雑な官僚組織によって「**計画経済**」が運営されていた。細部に至るまでの詳細な計画がつくられる。その際、現場の情報が上層部にきちんと上がっていくかどうかが大きな問題になる。製鉄工場だけでも、ソ連全土に何カ所もあっただろう。それぞれの工場で、どういう製品をどれだけつくるのか。そのためにはコークス・鉄鉱石・電力などをどの工場にどれだけ回すのかということを、すべて中央に上がった情報に基づいて計画しなくてはいけない。

無尽蔵に資源があれば問題はない。しかし電力も鉄鉱石も貴重な資源であるので、どこに優先して供給するかを決めなくてはならない。常識的に考えれば、最も効率的な生産ができる工場にできるだけ資源を集中配分するのが好ましい。また、社会的ニーズが大きい商品が多く生産されることが望ましい。そうして生産されたものを、それを最も必要としている所に回せばよい。こうした点について詳細な情報を集めながら生産・流通を計画的に実行していくのが計画経済である。

問題は、こうした計画経済の中で、現場の1人ひとりがどう行動するのかということである。実際に経済を動かすのは現場の人間だ。彼らがどういうインセンティブで行動するかということが、経済問題を考える上で非常に重要となる。この章と次の章では、ビジネス経済における「**インセンティブ**」がキーワードになる。

ソ連の経済運営の場合、現場の責任者は共産党組織の官僚であろう。彼らのインセンティブは、共産党の組織の中でできるだけ早く出世して、上へ行くということにある。たとえば、モスクワにテレビを供給するテレビ工場で重要な役割を果たしている官僚は、そこで成果を上げて、もう1つ上のランクに早く上がりたいと考えるだろう。

「自分の工場はいい工場だから、たくさん原材料を回してほしい」「供給能力が高いのでたくさん生産させてほしい」というような、過大評価された情報を上層部に上げるかもしれない。もちろん、こうした情報を上の責任者が信じるかどうかはわからないが、さまざまな現場から膨大な情報が上がってくる計画経済の仕組みの中では、誤った情報をきちんと排除していくことは容易ではないだろう。

1 ポール・ミルグロム、ジョン・ロバーツ『組織の経済学』奥野正寛、伊藤秀史、今井晴雄、八木甫訳、NTT出版、1997年。(原著) Paul Milgrom and John Roberts, *Economics, Organization and Management*, Prentice Hall, 1992.

一旦生産計画が決まれば、期限までに計画を実現しないと担当者の評価が下がってしまう。計画を実現するため、現場の責任者は労働者に強い圧力をかけていくだろう。しかし、現場の幹部は末端の労働者の行動を逐一見ているわけにはいかない。生産計画の締め付けが厳しければ、現場の労働者はネジが入らないとトンカチで叩いて入れ、糊が足りなくなってしまったら糊なしでくっつける、というようなことをやってしまうのかもしれない。とにかく何か形らしいものをつくってノルマを達成しようとする。

そういった商品が出回った結果、テレビが火を噴いて、重大な事故につながったようだ。モスクワのテレビの連続事故は計画経済の抱える致命的な欠陥を示している。同時に以下で議論するような市場経済のもつ強みも示唆している。ビジネス経済について考える上でも、この市場経済のもつ威力を理解することが重要になる。

Point

覚えておこう！

- 計画経済がうまくいかない理由は正しい情報が上に上がっていかないから、そして現場が正しいインセンティブで動かないからだ。企業の運営にもこの教訓は役立つ。

資本主義vs計画経済

経済学者の間で長い間、資本主義論争が繰り広げられてきた。わかりやすくいえば、「**資本主義**」と計画経済とどちらが優れているかという話である。

計画経済のほうが優れているという人たちは次のような議論をした。「**市場経済**」では価格が「**シグナル**」になって生産や流通などが決まる。しかし問題は、この価格が常に大きく変動することだ。株価は頻繁に動くし、エネルギー価格や金利、地価なども変動する。バブルになることもあれば、深刻な不況になることもある。このように変化がしばしば起こると、資源配分は攪乱《かくらん》される。計画経済であれば、資源配分をもう少し理性的にコントロールすることが可能だ。

善意の独裁者（Benevolent Dictator）がいれば（そうした人がいるかどうかが問題だが）、彼は国民の利益のために市場経済で起こるような所得の不平等を排除して、理想的な経済運営ができるのではないだろうか。コンピューターなどの技術が進んできているので、より正確な経済計画運営が可能になるだろう。このような議論が、計画経済を支持する人たちの間でなされてきた。いまになってみると滑稽《こっけい》な議論だが、かつてはこうした計画経済擁護論はそれなりに影響力があったようだ。

計画経済擁護論の影響力が強かった1つの理由に、戦後初期のソ連の経済社会の見せかけの好調があったのかもしれない。最初に宇宙に有人ロケットを飛ばしたのはソ連だった。1950年代のソ連の経済成長率の数字にはごまかしがあったかもしれないが、西側諸国よりも高い水準であった。この時期、発展途上国において社会主義の影響力が強まっていった。

そうした計画経済擁護の議論に対抗して、強力に市場経済の優位性の論陣を張ったのが、フリードリッヒ・フォン・ハイエクである。ハイエクはノーベル賞を受賞したオーストリア生まれの経済学者・思想家で、アメリカのシカゴ大学で長く教鞭をとっていた。

ハイエクの提唱する「場の情報」

ハイエクの思想的な影響力は大変に強い。渡部昇一氏が『ハイエク――マルクス主義を殺した哲人』[2]という本を書いている。つまり、ハイエクの思想が社会主義、共産主義の思想を完全に駆逐したというのだ。このハイエクの著作の中に、1950年に刊行された『隷従への道』[3]があり、この書の中で彼は社会主義や計画経済のもっている危険性について論じている。この本はイギリスのサッチャー元首相の愛読書で、サッチャー首相による規制緩和や行政改革の政策に大きな影響を及ぼしたようだ。

ハイエクの議論で秀逸なのは、「**場の情報**」という考え方を提示した点にある。これは市場の機能を考えるときに非常に重要なものである。経済活動に必要な情報というのはどこか1カ所に集めることができるものではない。それぞれの現場にいる1人ひとりの人がもっている些細な情報、つまり場の情報が重要なのである。

ハイエクの有名な論文の中に、こんな話が出てくる。小麦は世界各地で取引されており、世界中の人が消費しているが、その需要や供給はさまざまな要因によって影響を受ける。カナダの天候がどうなっているのか、小麦を運んでいる船がある港に1日早く着くのか遅く着くのか、消費地の景気がどうなっているのか、雨が多いか少ないか、代替的な役割を果たすトウモロコシの生産がどうなっているか、などである。そういう1つひとつの情報がすべて、小麦の市場に大なり小なり影響を与える。しかし、われわれ消費者も生産者も、そういう細かい情報については何も知らなくていい。価格を見ればいいのだ。

カナダの天候が悪かろうが、小麦を運んでいるトラックが転落しようが、あるいはヨーロッパで新しいパンのブームが起こって小麦の需要が増えようが、それらは小麦の価格を上げる。普通の消費者は小麦の価格を見て行動しないかもしれない。しかし、小麦を使ってパンなどを生産している工場は、小麦の価格の上昇に対してどのように対応したらいいかを考えるだろう。小麦を生産する農家は、価格を見て作付面積を決めるかもしれない。生産者も消費者も、全員が価格を見て行動するというのが市場メカニズムの基本で、価格の中にすべての要素が凝縮されている。もちろん、価格

計画経済に対する市場経済の優位性を説いたハイエクは、「場の情報」というすぐれた概念を提唱した。（写真提供：DPA／共同通信イメージズ）

2 渡部昇一『ハイエク―マルクス主義を殺した哲人』PHP研究所、1999年。

3 Hayek, F. A. *The Road to Serfdom, Chicago*: University of Chicago Press.（邦訳『隷従への道』村井章子訳、日経BPクラシックス、2016年）

は勝手に無軌道に動くのではない。需要と供給がバランスするように動く。

計画経済が望ましいと主張する人々は、人間のほうが市場よりも理性的で理知的な情報処理と判断ができると主張しているのに等しい。しかし、実際は人間の情報処理能力はたとえコンピューターの力を借りてもたいしたことはない。市場のすごいところは、人間の認識の範囲をはるかに超え、1つひとつの細かい場の情報を価格に置き換えて、全体として調和のとれた資源配分につなげる点である。図4-1は、こうした市場経済と計画経済の違いをイメージ図として描いたものだ。

小麦の例にあるようにすべてが価格に反映される。われわれは価格変化の背後にある細かい事情について知る必要はない。しかし、その「**価格メカニズム**」に乗ることによって、想像もつかないことにまで「手足を伸ばす」ことができる。人間社会がこれだけ大きな経済活動を実現し、大量の

図4-1 » **市場経済と計画経済の違い**

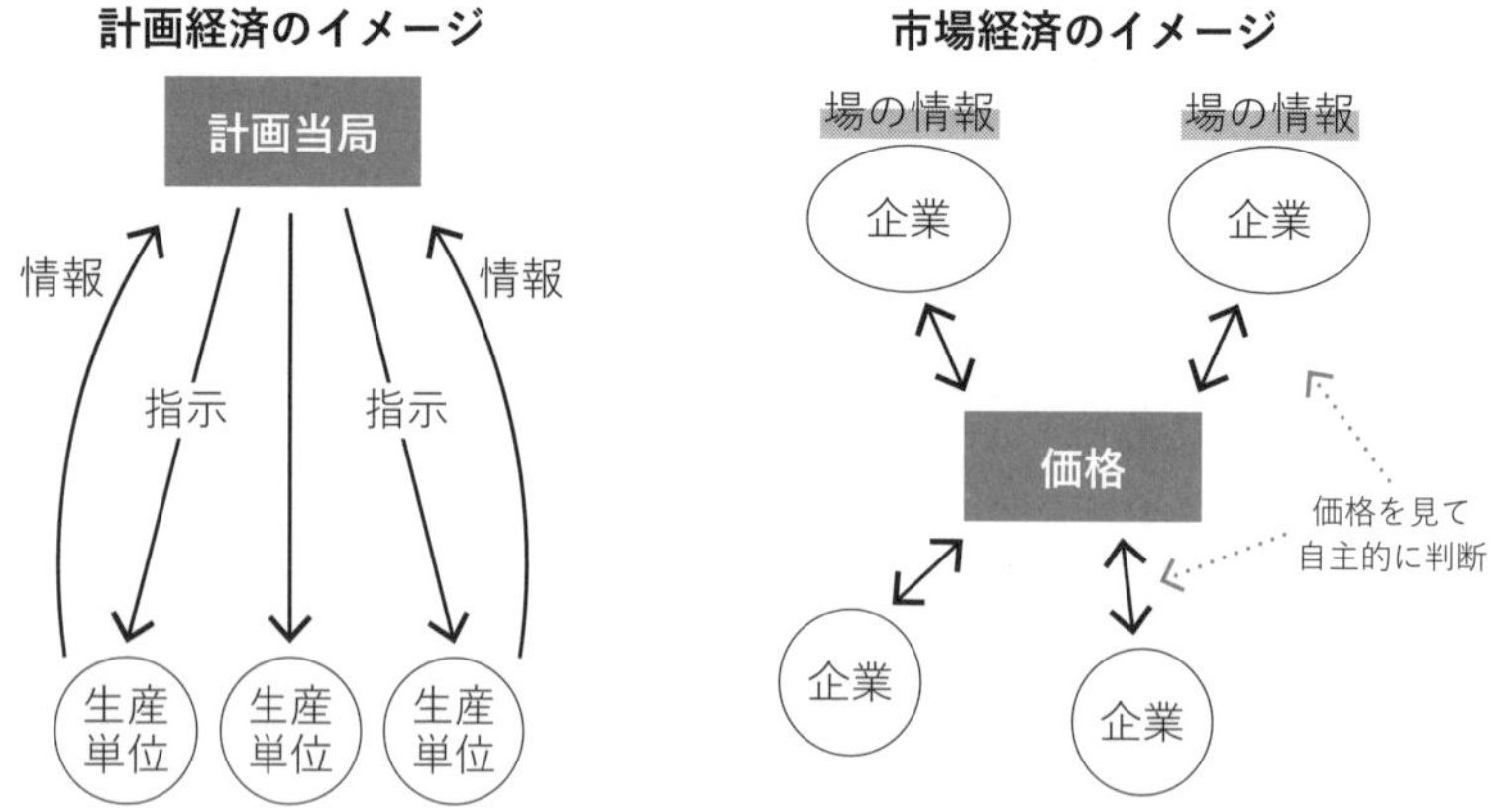

生産と消費を行うことができる背景には、誰かの頭の中で理解できる範囲を超えた市場という大きな動きがあるのだ。ハイエクの有名な論文の一節を引用してみよう。

「意識的な方向付け（制度をつくること）をうるさくいう人——すなわち、立案なしに生成したもの（そしてそのメカニズムさえ理解できないもの）が、私たちが意識的に解決できない問題を解決できるなんて信じられないという人——は、次のことを考えるべきだ。重要な問題はごく少数の人の意識のコントロールの範囲を超えて資源を利用するということなのだ。……私たちがここで直面している問題は、決して経済学にだけ特有なものではない。言語や私たちの文化的承継の多くもそうした現象である。……文明は、私たちがそれ（の全体像）について（意識的に）考えることなく行える活動の範囲を広げていくことで進歩していくものなのである。」（F. A. Hayek, "The Use of Knowledge in Society," *American Economic Review*, 1945. 筆者訳）

言語がなくては社会生活が成り立たないように、市場経済なくして経済社会を運営することは難しい。仮に政治的に規制や管理で市場経済を封じ込めようとしても、所詮は歪んだ形での市場経済の支配を受けるだけである。少数の人間の知恵だけで管理したり封じ込めたりすることができない存在だからこそ、市場メカニズムは私たちの社会の資源を私たちの意識を超えたところまで広げているのだ。

人間の認知の範囲を超えるものをどのように使いこなすか、ということはとても大事である。これは企業にも当てはまり、個人の認知能力を超えるようなものをどうやって使いこなすかを考えながらビジネスを行うことが重要となる。それが市場メカニズムの利用ということなのだ。

市場は万能ではない——ロナルド・コースの市場観

ビジネス・エコノミクスについて考える上でハイエクの市場観を理解することは大事だが、これとの関係でロナルド・コースの企業と市場についての考え方にも触れておく必要がある。コースもハイエクと同じく、ノーベル経済学賞を受賞しシカゴ大学で教鞭をとっていた。

コースは、市場と組織を対立概念として捉えるのではなく、相対的なものとして考えるべきであると指摘する。[4] 企業のような組織と市場の関係は、市場という海の中に浮かんだ組織という氷山のようなもので、どこまでが組織内で行われ、どこまでが市場に委ねられるのかは、その時々の経済環境などによって違ってくると考えればよいのだ。

市場は万能ではない。市場にできないことは組織で行う必要がある。企業も組織の一形態である。企業の中では、計画経済のように組織原理と計画原理が働いている。企業内の役職の階層があり、計画と命令が伴う。重要なことは、何でも企業内でできるわけでもなければ、すべてのことを市場に委ねるわけにもいかない。市場と組織は微妙に絡み合って存在しているのだ。

Point

覚えておこう！

✔ 計画経済に対する市場経済の優位性を説いたのが、フリードリッヒ・フォン・ハイエクだ。

✔ハイエクは、市場が、人間の認識の範囲を超え、1つひとつの「場の情報」を価格に置き換え、調和のとれた資源配分を実現することの重要性を主張した。

✔市場は万能ではない。経済が機能するには組織が必要だ。企業は組織として市場とは異なる原理で動く。市場と企業・組織を相互に関わり合う相対的なものとして捉えたのが、ロナルド・コースだ。

なぜセブン－イレブンが強かったのか

「市場か組織か」という問題は、現実のビジネスの現場でも重要になる。コンビニエンスストアで競合するセブン－イレブンとローソンの違いにも、かつてはこの問題が潜んでいたのだ。

ローソンはダイエー系列のコンビニエンスストアであった。ダイエーという会社は組織的な論理が強かったらしい。アメリカの大手小売業と同じように、物流から店舗経営まですべて自社内で行うような流通システムが念頭にあったようだ。

ローソンの店舗は、設立当時はレギュラー・チェーンを志向していたといわれる。「ローソンが運営する店舗」で展開することを志向していたようだ。フランチャイズの形態をとる場合でも、ローソ

4 Coase, Ronald (1937), "The Nature of the Firm." *Economica*, Blackwell Publishing.

ン本社が土地を探して店をつくり、オーナーを募集するケースが多かったという。そして物流システムにしても、自社の系列の会社が運営に関与していたようだ。

それに対してセブン-イレブンは、できるだけ外部の業者を巻き込むという戦略を前面に出していた。「自分のところで何もかもやるよりは、日本にはいい問屋がいっぱいある。問屋をどんどん使えばいい」という立場だ。店舗にしても、その大半は酒販店など独立色の強い商人をフランチャイズの形で組織化していった。

結果だけを見れば、セブン-イレブンのやり方のほうがローソンよりも優位であった。店舗数でも、1店舗当たりの売り上げでも、セブン-イレブンがローソンを上回っている。日本のコンビニ・ビジネスでは組織型よりも市場型のほうが向いていたということだろう。

もっともローソンも親会社がダイエーから三菱商事に代わり、現場でさまざまな変革に取り組んできた。かつてのダイエーの子会社のときのように、組織型のオペレーションにこだわっているわけでもない。両社の競争については、今後の展開も楽しみである。

セブン-イレブンの成功の基本には、何でも自社内でやるのではなく、外の優れた人たちを巻き込むという姿勢がある。

企業組織の拡大——なぜソニーはハリウッドの会社を買収したのか

企業がどこまでの活動を自社の組織内で行い、どの部分を市場に委ねるかは、企業のあり方を考える上で重要な問題である。セブン－イレブンの事例は、問屋やフランチャイジーという外の力を活用した事例であった。しかし、時には企業は他の企業を買収することで組織の拡大を図ることがある。

これまでまったく別の組織だった複数の会社が一緒になることによって、以前より高いパフォーマンスを上げるケースがあるからだ。シナジーという言葉がある。異なった2つのものが結合することで、以前よりも大きな成果を上げるというような意味だ。1＋1は普通に計算すれば2だが、シナジーによって1＋1が3や4になることもあるというのだ。

1980年代に、ソニーがハリウッドの映画製作会社であるコロンビアピクチャーズを買収した。ハリウッドとソニーというまったく異質の両者が一緒になって何をするのか注目された。その後のソニーのビジネス展開を見ると、この買収が重要な意味をもっていることがわかる。

ソニーはハードの製品を売るだけではなく、ハード上で動くソフトやコンテンツ、あるいはネットワークなどのビジネスを展開できる。ハードの製品の供給だけではなく、そのようなソフトやネットワークを取り込んだ総合的なビジネス展開をすることが長期的な競争に生き残るためには必要だとソニーは考えたのだろう。ハリウッドの映画のソフトを利用するのではなく、その製作会社を傘下に収めることが必要であり、それにより新しいビジネスモデルを構築できるとも考えたのだろう。

このような決断が正しかったかどうかは、簡単な判断は下せない。松下電器もハリウッドの映画会社であるMCAを買収したが、結局は手放してしまった。ただ、映画会社の買収によって、ソニーの企業としての内容が大きく変化したことは確かだ。映画会社買収の前のソニーは、ウォークマンやテレビなどで稼ぐ企業であった。映画会社を皮切りに次々に新しいビジネスを取り込んで変身したソニーは、いまやゲーム、映像、金融などのサービスで大きな利益を上げている。それにソニーがもともと強かった電気電子技術が貢献している。

もしソニーがテレビやウォークマンに主たる利益を依存し続けようとしていたら、アマゾンやサムスンとの競争に生き残れただろうか。時代を超えて企業が生き残るためには、こうした大きな変身が必要だろう。その手法として別の組織を取り込むということが必要となる。

Point

覚えておこう！

- 何をどこまで自社内でやり、どこまでを市場に任せるかは、企業の重要な戦略そのものだ。かつてのセブン－イレブンとローソンにはこの点で大きな違いがあった。
- 企業のM&A（統合・買収）活動は、別の組織を取り込むことにより成長をめざす方法だ。

市場的対応と組織内的対応――「退出と告発」のメカニズム

アルバート・O・ハーシュマンの有名な著作『組織社会の論理構造―退出・告発・ロイヤルティ』[5]の中で展開されている退出（Exit）と告発（Voice）という考え方は、組織と市場の関係を考える上で非常に有益だ。

ある組織の中で好ましくないことが起きているとき、人々はどう対応するだろうか。たとえば、企業の中で不当な行為が行われている、あるいは経営的に間違った行為が行われていたとき、その企業の社員はどのような対応が可能であろうか。基本的には2つのタイプの対応が考えられる。

1つは「**告発**（Voice）」だ。告発とは、たとえば組合を使って改革を求める。あるいは上司のところへ行って、「このままではまずいのでは」と変更を訴えてもいい。要するに組織の中で声を上げて変化を迫るのだ。

もう1つの「**退出**（Exit）」とは、その会社を辞めて他へ移るということだ。もっと良い所に移ればいい。ひどい会社から逃げ出そうとする人をパロディー化した人材派遣のスタッフサービスのコマーシャルが話題になったことがあったが、これなどは典型的な退出のケースだ。

企業をはじめとする組織の活動は、こうした内部からの告発と他への退出という2つのメカニズムによって動かされている。告発と退出のメカニズムについて理解してもらうためには、企業とステークホルダー（利害関係者）との関係について考えてみるとよいかもしれない。

企業の活動からはさまざまな人が影響を受ける。株主、従業員、融資先、顧客、取引先などである。このような利害関係者を「**ステークホルダー**」と言う。ステークホルダーは企業の経営に対して告発

5 アルバート・ハーシュマン『組織社会の論理構造―退出・告発・ロイヤルティ』三浦隆之訳、ミネルヴァ書房、1975年。（原著）Albert O. Hirschman（1972）, *Exit, Voice and Loyalty : Responses to Decline in Firms, Organizations, and States*, Cambridge, MA. : Harvard University Press.

と退出の両方のメカニズムで対応できることになる。

株主の場合、その会社の経営が気に入らなければ株を売ってしまうことは可能だ。これは退出行為である。しかし、株主総会で発言して経営の変更を求めることもできる。近年は、「**コーポレートガバナンス**」の強化の流れの中で、機関投資家は社外取締役を増やすように株主総会で要求し、その条件を満たさない会社の人事案件を拒否する意思表示をしている。こうした形で株主は告発のメカニズムを活用している。また、社外取締役の役割を強化することで、外の声を企業経営に反映させようとしている。大株主なら株式の過半数を押さえて、経営陣を入れ替えることも可能だ。こうした行為も告発である。

従業員の場合、会社の経営が気に入らなければ、他の会社に移るという退出ができる。しかし、労働組合を通じて経営や待遇の改善を求めるという告発を行うことも可能だ。日本の多くの企業の場合には、社員が出世して経営陣に入るので、間接的に従業員の声が経営に反映されることになるが、これも告発のメカニズムである。

銀行のように企業に資金を提供している債権者も、退出と告発の両方のメカニズムを活用できる。好ましくない経営を行っている企業から融資を引き揚げれば、それは退出である。メインバンクが人を経営陣の中に送り込むなど企業の経営に口を出すようなことがあれば、告発のメカニズムが働いていることになる。

このように企業活動は、さまざまなステークホルダーによる退出と告発のメカニズムによって影響を受けている。どちらのメカニズムがより強く働いているのかということは、時代によって、国によって濃淡が見られる。たとえば、戦後の日本企業の経営は、株主重視というよりは従業員重視の姿勢が見られるといわれてきた。あるいは企業と銀行の関係が濃厚であるともいわれてきた。

たしかに、日本の企業は従業員や銀行との関係で退出よりは告発を活用してきたように見える。一方で、株主と企業との関係でいえば、株主が企業経営に口をはさんだり、企業経営に影響を及ぼすような形で買収が起きたりということは、以前は比較的少なかった。そうした意味では、日本の株主は企業との関係で退出の機能をより有効に利用してきたといえるだろう。

しかし、こうした日本企業の多くに見られる傾向は、大きな変化にさらされているようだ。労働の流動化が進むなかで、労働者がより頻繁に退出のメカニズムを活用するようになってきている。銀行と企業の関係も変化しようとしている。そうした中で、株式市場のあり方やコーポレートガバナンスの論議が活発に行われていることは、株主による企業に対する告発のメカニズムが、より積極的に活用されるような仕組みの構築が進んでいるともいえる。実際に、企業の経営方針に対して積極的に発言し、異議を唱える「アクティビスト」といわれる株主の存在も注目されるようになってきている。

Point

覚えておこう！

✔企業などの組織に対して人々がとりうる行動には2つのメカニズムがある。

①告発のメカニズム：声を出して、あるいは影響力を発揮して組織を変えていく力。組織内の論理による変化。

②退出のメカニズム：好ましくないものから人々や資金が出ていくことで組織を変えていく力。
市場メカニズムによる変化。

column

退出と告発の組み合わせ――役所の中の食堂をおいしくするには

霞が関界隈には、財務省、経済産業省、国土交通省、農林水産省などさまざまな官庁があり、それぞれの建物の中には食堂がある。霞が関界隈ではほかに食事をするところがないので利用せざるをえない場合が多いが、残念ながらあまりおいしくないと仮定してみよう。どうしたらこの状態を改善することができるだろうか。

退出のメカニズムを利用して対応できるだろうか。仮に財務省の食堂はまずいが、農水省の食堂はおいしかったとしてみよう。それなら財務省の役人は農水省の食堂に食べに行くという退出行為をとればよい。しかし、すべての食堂が同じ程度にまずい場合には、この退出のメカニズムは働かない。財務省の職員は農水省の食堂に行く。農水省の職員は経産省の食堂に行く。経産省の職員は財務省に行く。しかし、もしどこもまずければ、結局人々が役所の食堂の間を移動するだけで、状況は改善しない。退出のメカニズムだけではうまくいかないことがあるのだ。

告発のメカニズムを利用したらどうだろうか。農水省の職員は食堂の担当者に食事がまずいと文句を言えばよいのだ。それで味が良くなることもあるかもしれない。しかし、食堂の担当者が「ほかに食べるところはないんだから、我慢してここで食べるしかないだろう」と改善する気がなければ状況は良くならない。告発のメカニズムだけでも有効ではないことが多い。

では、どうすればいいだろうか。告発と退出のメカニズムの両方を活用するのだ。「あんまりまずかったら、われわれはよそへ行っちゃうよ。だから良くしてください」と声を上げながらも、退出の可能性をほのめかすのだ。退出の可能性があるからこそ、告発のメカニズムも有効になるのだ。あまりまずければ他の業者に替えるというのも、告発と退出を組み合わせた行為だ。

企業社会では、こうした退出と告発の組み合わせが重要なのである。退出の可能性があるからこそ、告発のメカニズムが有効になるのであり、告発のみ、あるいは退出のみの改革は難しいのだ。

2 市場メカニズムを支える裁定行為

中国の経済学者の勘違い

「**一物一価の法則**」について聞いたことがあるだろうか。同じ商品はどこでもほとんど同じような価格がついているということだ。そんなこと当たり前だ、と言う人もいるかもしれない。しかし、市場の機能を理解する上で、この一物一価の法則はきわめて重要である。

この法則を支えているのが、「**裁定行為**」という商業活動である。要するに、安いところで商品を買って高いところで売って儲けるというのが、裁定行為である。この裁定行為は、ビジネスの世界のさまざまな面白い事例の中に見ることができる。

一物一価の法則やその背後にある裁定行為の重要性を理解してもらうため、１９９０年代の初めの私の経験について話をしよう。その頃、中国の経済学者たちとホテルに宿泊して、経済の議論をしたことがある。夜の食事の際、私の横に座った経済学者が北京や上海の食料事情について次のような話をしていた。

北京や上海は大都市だ。都市の生活者は所得が高いから、野菜や生鮮食品をたくさんほしがるので、値が高くなる。地方に行くと農産物は余っている。要領のよい商人は、地方に行って農民から安い野菜を買い集める。それを車に乗せて北京で売り大儲けした。このような商人の行為は、社会に何も価値をもたらさないのに大儲けをして問題だと、この経済学者は言うのだ。

額に汗も流さず何もモノを生み出さない人が、安いところでモノを買って高いところに流すだけで大儲けしている。一生懸命に働いている農民は貧しい。こういう状況はどこかおかしい——そう力説する中国の経済学者の話を聞きながら、この人は市場経済のことがわかっていないのだと、少しショックを受けたことを記憶している。

そこで、私はその人に紀伊国屋文左衛門の話をした。江戸時代に、紀州でミカンを収穫し、それを船で江戸へ運んで売るという流通経路があった。ある年天候が不順で海が荒れていた。怖がって、誰も荒れた海に出てミカンを運ぼうとはしなかった。

その間にも、紀州ではミカンがどんどん収穫されていて、放っておけば腐ってしまう。一部は大阪にもっていけば売れるだろうが、大阪だけではさばけない。江戸にはミカンが届かないので、どんどん値段が高騰していく。江戸の庶民は、今年はミカンのないさびしい正月になるかもしれないと諦めていた。そこで勇気のある紀伊国屋文左衛門が、命を張って紀州のミカンを船で江戸に運んだのだ。

紀伊国屋文左衛門は大儲けできる。紀州の農家は腐ってしまうかもしれないミカンを買い上げてもらった。江戸の庶民は紀州からの安いミカンを買うことができた。つまり「三方一両得」が実現したのである。これが商人の機能であり、裁定行為ということなのだ。こうした機能がなければ経済は成り立たない。

裁定行為は安いところでモノを買って、高いところに流すということである。それによって商品は価格の安いところから高いところに流れ、一物一価が実現するのだ。

Point
覚えておこう！
✔ 一物一価は人々の裁定行為によって実現する。それは裁定取引をする人に利益をもたらすだけでなく、売る人、買う人それぞれにもメリットをもたらし、社会全体に貢献する。

裁定行為によって多くの市場が同一市場のように動く

裁定行為は、一物一価をもたらすだけではない。分散した市場があたかも1つの市場のように動くように働きかけるのだ。この点は外国為替市場の例を使って説明するのがよいだろう。

「**外国為替市場**」というのは、ドルと円、ドルとユーロ、あるいはユーロとポンドなど、さまざまな通貨の取引をする場である。豊洲市場のように物理的に取引する場所があるわけではなく、金融機関の間を通信手段で結んで取引が行われている。この市場は世界各地にある。

世界で一番早く開く市場はニュージーランドのウェリントンやオーストラリアのシドニーである。

朝のテレビの報道番組で「シドニー・ウェリントン市場では円高で取引が始まっています」というようなニュースが流れることがあるが、これは東京市場が開く前にシドニーなどの市場が開いているからだ。東京に続いて、シンガポール、中東のバーレーン、ロンドン、ニューヨークといった順に、地球の自転に合わせて市場が開いていく。

たとえば、ドルをはじめとして主要な通貨は世界のすべての市場で取引されている。1つひとつの市場がバラバラに動いては困るだろう。しかし、裁定行為によってすべての市場の動きは見事に連動することになる。

東京で1ドル＝108円で、シンガポールで1ドル＝110円というような取引が、同じ時間に行われていることがあるだろうか。もしこのような差があれば、東京ではドルが安くシンガポールではドルが高いことになる。すると、東京で108円のレートで1ドル買い、それをシンガポールで売れば、110円が手に入る計算になる。つまり2円のサヤが出るのだ。そのような処理はコンピューターの上で瞬時にできる。だから、2つの市場で為替レートに格差が出ることはない。価格差が出れば瞬時に裁定が起こるのだ。このようにして別々の市場があたかも1つの市場のように動くというのが、為替市場の特徴なのである。

為替市場ほどのスピードがなくても、多くの市場ではそういった裁定による調整が起こる。図4-2はこうした調整の状況を図で例示したものである。

たとえば牛肉の市場を考えてみよう。いま北海道では牛肉がだぶつき気味で価格が安く、東京では牛肉が不足して価格が高くなっているとしよう。当然、商人は北海道で安い牛肉を仕入れて、それを東京で売って利益を上げようとするだろう。商人が手がけなくても、牛肉の生産業者や流通業者が手持ちの牛肉を東京市場に流そうとするはずだ。

このような裁定行為を通じて、牛肉がだぶついて価格が安くなっている北海道から牛肉が足りない東京へ商品が流れる。北海道と東京の市場は一体化しているのだ。

Point

覚えておこう！

✔裁定行為（裁定取引）によって、空間的・時間的に離れた市場の間で、価格が調整され、モノが動く。裁定行為には、分散した市場を1つの市場として一体化する働きがある。

図4-2 » **市場における価格の調整**

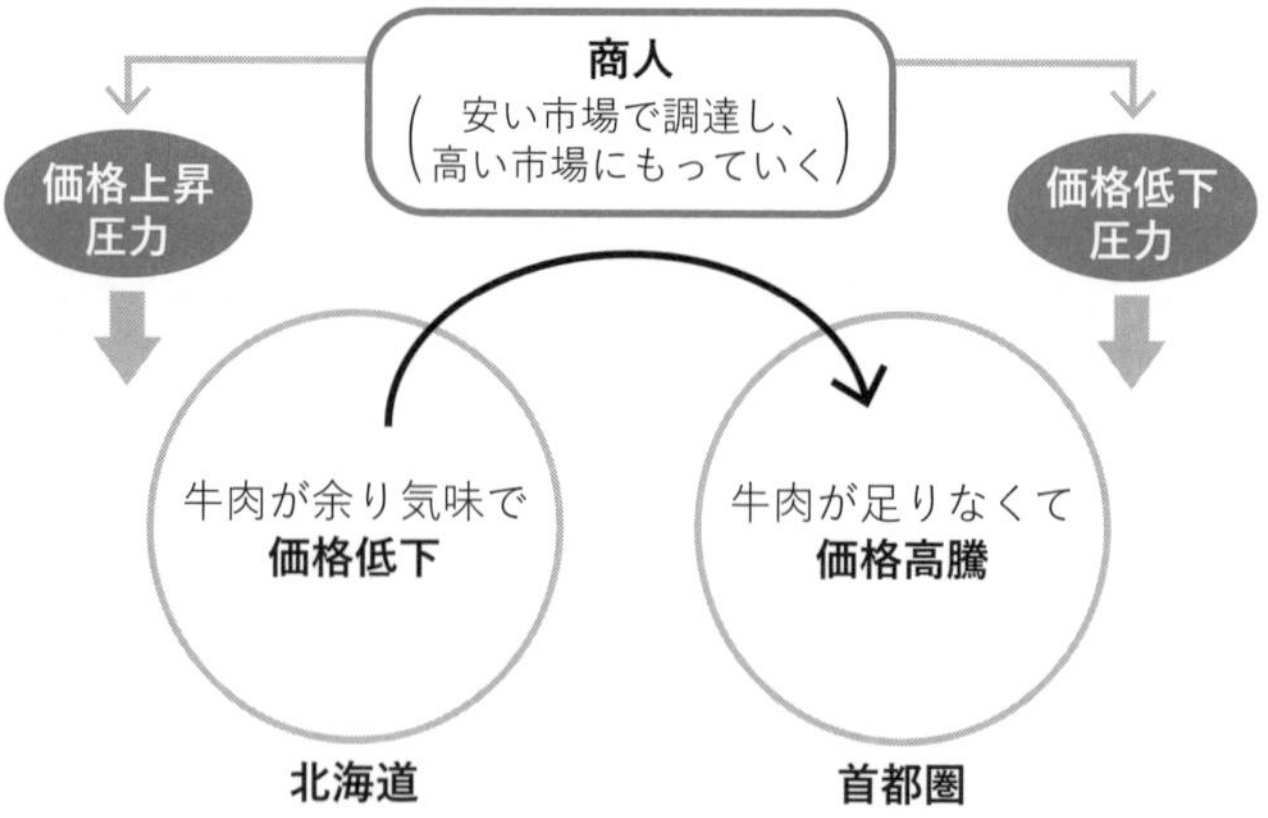

column

アルミ精錬をやめて儲けた精錬会社

2001年にアメリカのカリフォルニア州で電力不足が深刻になる事態が起きた。この影響は世界中に及んだ。

カナダには水力発電を利用した豊富な電力があり、アルミの地金をつくる精錬メーカーが立地している。アルミは電気の缶詰ともいわれるように、精錬には電気を大量に使う。カナダのような場所はアルミ精錬に適しているのだろう。

電力危機で困っているカリフォルニアに、他の地域から電気を送ってもらうことが検討された。電力の豊富なカナダ西部に期待が集まった。カリフォルニアに電力を高く売ることができるのだ。別にカナダの電力が直接カリフォルニアに行くのではなく、順に北から押されて電力が移転されていくということだろう。

カナダのアルミ精錬業者はあらかじめ大量の電力を使う権利を確保してあった。もしその権利を売れば、カリフォルニアの電力不足で高騰している電力市場で大きな利益を上げることができる。そこでアルミ精錬の生産量を下げ、電力の権利の一部を売却することを決めたようだ。要するに裁定行為が起きたのだ。電力のようなものでも裁定行為は簡単に起きるのだ。

余談だが、この影響でアルミ地金の値段が上がったそうだ。アルミ地金を利用する日本の加工メーカーは価格高騰の影響を受けたという。裁定行為を通じて、カリフォルニアの電力不足はこんなところまで影響を及ぼしているのだ。

3 組織を活性化するための市場機能の活用

日本の公立学校は配給制度

市場メカニズムは組織的な活動を活性化するという面ももっている。企業組織でも、社内での競争が行われている組織のほうが活性化しているケースが多い。市場機能がもつ活性化機能を議論するために、ビジネスとは直接関係ないが、わかりやすい事例として、「初等教育」について取り上げよう。

ずいぶん前のことだが、読売新聞に初等教育に関するエッセーを書いたことがある。その後、政府の規制改革委員会の中でも学校選択制の話が出てきて、いまでは当たり前の話になっているが、当時はいろいろな方から感想をいただき反響のあったエッセーであった。そのエッセーで私は、日本の小学校や中学校の公立学校が配給制度だと書いたのである。

どこに住んでいるかによって学校が決まってしまう。毎年4月になるとクラス編成が行われて、担任やクラスメートの顔ぶれが決まる。この仕組みがうまく機能しないことが少なくない。これはどこの社会でも必ずあることだが、先生の中には立派な人もそうでない人もいる。たまたま振り分けられた学校やクラスで、ひどい先生に当たることもあるかもしれない。なお悪いことに、たちの悪いいじめっ子がいるクラスかもしれない。いじめっ子の親に談判に行ったら、いじめをする子供の親にも問題があり、状況がますますひどくなることもある。クラスの担任に相談しても、対応能力がなくてさらに状況がひどくなることさえある。

このような目に遭った人が嘆いていた。日本の学校制度はひどい。当時、登校拒否は悪いことだという社会的通念があったため、学校に行かないと後ろ指さえ指される。しかたがないので隣町に小さなアパートを借り、そこに住民票を移して転校したそうである。「スーパーマーケットでセーターを買うときは好きな物を買えるのに、なんで学校は選べないのか」と言っていた。

アメリカで経験した学校選択制の仕組み

私がハーバード大学に1年間滞在していたとき、子供がちょうど幼稚園に通う年齢だった。その地域の学校（小学校に付属している幼稚園児のためのクラス）を調べてみると、「**学校選択制**」を採用していることがわかった。地域の公立学校のどこへ行っても構わない。通学バスが走っており学校まで子供を乗せて行ってくれる。

私の訪ねた幼稚園にはいくつかのクラスがあった。説明会へ行ってみると、どの先生も自分の良いところを強調しようとする。Aという先生は「オーソドックスな教育をする」と言う。Bという先生は「これからの教育はやっぱり保護者参加じゃなければいけない。だから、保護者の方に交代で毎日1人ずつ来てもらって、一緒に教育します」と言う。Cという先生はコンピューターが好きで、「自分はコンピューターが得意だ。コンピューターが教室にあるので、児童にも積極的に触れさせたい」と言う。どこかの先生のところに応募が集中するかと思ったら、意外とうまくばらけたようだ。これも多様性というのかと感心した。

興味深いのはそのクラスが気に入らなかった場合、ほかに空きがあれば途中で替わることができることだ。保護者の評判が悪い先生のクラスは児童が減ってしまう。評判の悪い学校から「お客さん」がどんどん逃げていってしまう。だから、教師も学校も子供を引き留めておけるように頑張らなくてはいけない。その意味では競争のメカニズムが働いているのだ。

公立学校の話であるので、普通のビジネスの場と違って利益で競っているわけではない。それでも競争メカニズムで、評判が悪いところへは児童が集まらなくなってしまう。ほかとの違いを出そうとして多様性が生まれ、「**選択の自由**」が出てくる。これは日本の公立学校とはずいぶん違うなと思った。

システムの押しつけで画一化

では、日本の公立学校では、なぜ配給制的な制度が確立してしまったのか。理由は終戦直後の時期にあるかもしれない。戦後は配給の時代であった。米も塩も配給である。乏しい米や塩を国民みんなで分かち合うためには配給しかない。教育も同じで、終戦直後は教室も先生も足りないし、お金もない。それでも国民に均一の正しい教育をするためには、居住地で人口割して、それぞれの居住地に学校を割り当てて、クラスに分けるのが一番効率的だ。そういう意味では、日本の公立学校の初等教育はまさに配給制なのだ。

しかし、日本社会が豊かになると、米や塩の配給はなくなった。ところが、学校制度だけは相変わらず配給制である。確かに建物は立派になって、教室にテレビやコンピューターが入ったかもしれない。しかし、相も変わらず生徒を住民票で振り分けている。学校やクラスの選択の自由はない。これは上からのシステムの押しつけなのだ。

もっとも、何でも自由競争が良いというものでもなさそうだ。いくつかの公立学校から選ぶことができる学校選択制は東京などで広がりを見せたが、その問題点も指摘されている。学校選択制が一方的に悪いというのではない。自由に学校を選べる学校選択制にも、学校を地域ごとに割り当てる旧来の制度にも、それぞれ長所と短所があるということだ。

人々に自分に合ったより好ましい学校を選んでもらえるようにするためには、学校を選抜できる制度と学校を割り当てる制度の両方を提供できるような形が最適なのかもしれない。たとえば私立学校が増えて、その授業料を公費で補助するようなことができれば、公立学校と私立学校とを選択でき、選択制と割当制が共存することになる。いずれにしても、公立学校のような市場原理からは無縁であるような存在でも、選択の自由と競争原理の導入の是非が論じられるべき重要な要素となる。

軍隊型組織とアリ型組織

これはロナルド・コースの議論とも関わるのだが、組織の原理の一方の極には「**軍隊型組織（組織管理型原理）**」がある。隊長の命令には末端の一兵卒に至るまで対応しないと、軍隊としての体を成さない。「あの橋を集中的に攻めろ」と隊長が命令すれば、みんなが集中して任務を遂行し、それによって軍隊は力を発揮する。つまり、コントロールの程度が非常に強いのだ。

日本の教育にはそれに近いところがある。一部の識者が文部省（当時）の審議会に集まって、日本の教育というのは、これからはゆとりが大事だ。円周率は3だ。経済のことは知らなくていいけれど、雑巾の縫い方ぐらい知らないと社会に出て困る——と決める。

上からいろいろなことを押しつける組織は、大きな問題を抱える。トップが間違ったら、全体が誤った方向へ行ってしまうことだ。軍隊で隊長が判断を間違えたら総崩れになってしまう。日本の教育制度にはそういう危うさがある。

組織の形態のもう一方の極に「**アリ型組織（分散型（市場型）原理）**」がある。アリはそれぞれが生物学的には個別の生物だろうが、じつは何十万匹、何百万匹の集団が1つの塊となった生物と考えたほうがよい。働きアリがあちこちを動いている。敵がいる方に行くアリは食われてしまう。しかし、餌のある方にいたアリはそれを持ち帰ってくる。個々のアリは何も考えていなくても、アリの集団全体でこうした試行錯誤をすることで、アリの集団全体として生き残ることができる。軍隊型の組織に比べて、アリ型の組織のほうが、不確実な環境には合っているのかもしれない。

教育制度でも同じことがいえるのではないだろうか。一部の中央の考え方で、初等教育の方向を決めるので

図4-3 » 2つの組織原理

組織管理型原理	分散型（市場型）原理
計画管理型	分散決定型
競争が起こりにくい	競争が働く
均一的	多様性が生まれる
押しつけ	選択の自由
上（中央）での計画策定	現場での試行錯誤

はない。小学校の教育がどうあるべきかについては、みんな意見が異なっており、どれが正しいのかはわからない。だから、学校によって、あるいは教師によって自由に活動できるようにすればよい。自由にやらせてうまくいくところは拡大し、ダメなところは潰せばいい。それが市場機能を重視する考え方だ。そして保護者や子供には選択の自由が与えられるべきだ。つまりは学校を選べるということである。そのためには情報公開が必要である。学校の中で、何が行われているかが外からわからなければ困るのだ。

自治体にも市場メカニズムの導入を

「**競争原理**」をどう取り入れていくのかは、学校に限らず、あらゆる組織にとって重要なことである。ビジネス社会における競争のあり方については、本書の至るところで議論する。ここでは企業とはまったく違ったタイプの組織である、地方自治体という組織にとっての競争原理に一言触れておきたい。なぜ「**地方分権**」が必要なのであろうか。いまの地方自治体は、予算や制度などで国によって縛られている。本当の地方分権が実現し、地方が自分のところで税金を徴収して、自由に行動することができるようになれば何が変わるのだろうか。おそらく地域間の競争が起こるのではないだろうか。うちの地域は教育に熱心な人が多いから、教育にたくさんお金を使おう。うちの地域は企業誘致を積極的に行おう。うちの地域は高齢者福祉に力を入れよう。そうしたさまざまな取り組みが出てくれば、そこに地域間競争が生まれる。

企業は最も積極的に企業誘致策をとっている地域に工場を移転するかもしれない。保護者は一番教育に熱心な地域に引っ越すかもしれない。このような形で地域間の競争が起これば、地域も独自性を出すために工夫する。競争の結果の正しい答えは1つとは限らない。教育に優れた県があっても、福祉に優れた県があっても、あるいは企業誘致に優れた県があってもよい。そうした結果として、異なったタイプの地域が併存する多様性が生まれるのだ。

経済学者チャールズ・ティボーは、これを「**足による投票**」と呼ぶ。投票所に行って投票するわけではないが、人々がそれぞれ、自分の求めている地域に移り住む傾向があれば、結果的にそれはそれぞれの地域の政策への投票結果と見ることができるからだ。

地方分権と同じように、「**規制緩和**」も競争を刺激することで多様性をもたらすはずだ。かつての金融行政は大蔵省（現在は金融庁）のもとで、さまざまな規制が課されていた。支店の設置から行員の給与まで、新規商品の導入から金利水準まで、政府の規制の影響を受けてきたのだ。戦後の右肩上がりの時代に合った金融システムなのかもしれないが、これでは競争原理が働かず、均一的な金融市場が生まれてしまう。

しかし、いまやそういう時代ではない。規制緩和を行って企業の自由な活動を認める。そして、競争原理でそうした企業行動を縛るのだ。金融ビジネスが将来どちらの方向に向かっていくのかは誰にもわからない。優秀な官僚でも金融市場の変化の方向がわかるはずはない。そこで「金融業者の行動はできるだけ自由にさせましょう。自由にさせるけれども、ダメなところは潰れますよ。ダメなところが潰れて、社会全体に被害が及んでもいけないので、金融システムの安定性を確保するような規制は強化します。しかし、それ以外の意味では金融業者の活動はできるだけ自由にする。そして、ユーザーの選択を容易にするため情報公開は徹底しましょう」――こうした方向に金融システムは向かっている。そうした中で、試行錯誤によってより好ましい金融市場が形成されることが期待される。

Point

覚えておこう！

- 市場的メカニズムの特徴
  - 競争原理
  - 試行錯誤
  - 多様性の実現
  - 分権的な決定
- 組織編成のあり方には「軍隊型組織」と「アリ型組織」の2つのタイプがある。
- 「軍隊型組織」は「組織管理型原理」、「アリ型組織」は「分散型（市場型）原理」に基づく。
- 教育や自治体にも「競争原理」「分散型（市場型）原理」を取り入れていくことが必要だ。

4 気候変動問題と市場メカニズム

2020年10月、菅義偉総理が「2050年までに温室効果ガスの排出を実質ゼロにする（**ゼロエミッション**）」と宣言したことで、日本の経済界の空気が大きく変化した。多くの企業が、この目標に対応できないと企業の存続に関わってくるという危機感を持ち始めている。アメリカのバイデン政権は「**気候変動問題**」を最優先の政策課題に掲げており、ゼロエミッションに向けての動きも速くなっている。以下で説明するように、ゼロエミッションが企業に及ぼす影響は、この章で取り上げている市場メカニズムと深く関わってくる。気候変動問題でなぜ市場メカニズムが重要となるのか理解してほしい。

外部効果とは

地球気候変動の問題は、経済学の言葉を使うと、「**外部効果**」「**外部性**」の問題の典型的な例だ。「外部性」とは、誰かがやった経済行為、たとえば生産活動だとか消費活動がいろいろな形でほかの人に影響を及ぼすことをいう。自動車の排気ガスが大量に発生することで肺がんになる確率が上がるとすると、自動車に乗る行為ががんになる確率を高めるという点で外部効果をもたらすことになる。中国などの新興国では自動車の排ガス規制が甘いため、大気汚染のために肺がんなどにつながる確率が先進国より高いといわれている。鉄道や航空の騒音の問題にも、外部性という点では同様の性質がある。飛行機が離発着することで騒音が発生し、近所の住民が影響を受ける。これは裁判などを通じた補償の話題に発展することになるが、これも外部性の問題だろう。

現在の世界における最大の外部効果の問題は、間違いなく地球気候変動の問題だ。二酸化炭素（CO_2）のような温室効果ガスと呼ばれているものが大気中に蓄積されるほど、太陽光による気温上昇が発生しやすい。上昇した気温が地上に蓄積され、地球がビニールハウスに入ってしまうような効果がある。それにより地表の温度が上がっていくと、北極海の氷が溶けて水位が上がるとか、台風のような自然災害の規模が大きくなって甚大な被害を生むことを通じて、われわれも地球温暖化の影響を受ける。

ただ、ここで難しいのは、同じ外部効果でも通常の外部効果とは異なる事情があることだ。通常の外部効果の場合には、加害者と被害者が明快に分かれる。空港の騒音問題であれば、加害者は航空会社あるいは航空機を利用している乗客で、被害者は空港の周辺に住んでいる住民ということになる。地球気候変動の場合には加害者は誰かというと、この地球上でCO_2を出した人、つまり現在のすべての人類になる。それだけではなくて、産業革命以来２００年以上にわたってずっとその加害行為が行われてきた。

被害者は誰かというと、被害者も地球上のすべての人間がそれによって影響を受けるわけだが、より深刻なのは、現在のわれわれよりも、20年後、30年後、あるいは50年後の人類のほうが、この状態が続けば、もっと被害を受けることになる。そういう意味で、加害者も被害者も非常に広範囲にわたる。

また実際にCO_2が蓄積されていると、一旦蓄積されたCO_2を減らすことはいまの技術では不可能に近く、元に戻すことができない。これが地球環境問題の深刻なところだ。空港の騒音問題であれば、騒音を減らすような対策をとればその瞬間に外部効果の影響を弱めることができるが、そうはならない。

そこで、世界の国々が集まって、CO_2を減らすための議論をしているが、現実には難しい問題がある。1つは、先進国と途上国の間の対立の問題だ。現時点で見ると、中国やインドのような新興国はかなりCO_2を排出している。経済成長が進み、経済活動が拡大するほどCO_2が増えるためだ。

CO_2排出削減を求める圧力が高まるわけだが、新興国から見たら、産業革命以来、すでに先進国が膨大な量のCO_2を出してきたわけだから、新興国だけがいまさら減らせといわれるのは不公平だとして反対する。そこで、新興国に削減してもらうとともに、先進国にはより多くの負担を強いるなどして温暖化ガスの排出を減らしていく。そのために各国の削減目標を気候変動対策の枠組みの中で交渉してきた。

冒頭に述べたように、日本は気候変動対策を加速化する方向で大きく舵を切った。欧米でも同じような動きが先行しているので、対応のスピードはさらに速める必要があるだろう。自動車の分野では電気自動車への転換のスピードが速くなり、日本が得意とするハイブリッド車の扱いでさえも微妙である。発電の世界では、日本が頼ってきた石炭火力を維持することは難しくなっているし、温室効果ガスの排出の少ない天然ガスのようなエネルギーでもその利用を縮小していく必要がある。原子力発電の利用については政治的な判断が難しいが、いずれにしても太陽光や風力といった再生可能エネルギーへの大規模な転換が求められる。また、鉄鋼などの製造業でも水素活用など温室効果ガスを出さない手法への転換が求められ、そのためにも水素の生産・流通のネットワークの確立が求められる。
これだけの大規模な対応を実現するためには、どのような政策が必要なのか。これは気候変動対応の重要な政策課題であるが、それは同時に企業のビジネス環境にも大きな影響を及ぼす。つぎに述べるように、そこで重要な論点となるのが、市場的な手法の導入である。

Point

覚えておこう！

- 「外部性」とは、ある人や組織の生産や消費などの経済行動が、ほかの人や組織に影響を及ぼすことをいう。外部性による影響が「外部効果」だ。
- 最優先の政策課題となった地球気候変動問題はその典型的な例だ。

成長戦略としての気候変動問題への対応

気候変動問題への対応でもう1つ重要な論点となるのが、それが費用負担なのか成長戦略なのかという論点である。旧来は気候変動問題への対応は社会的な費用負担として見られてきた。温室効果ガスを排出し続ければ地球環境が大変なことになるので、経済的な負担を覚悟して電気自動車や再生可能エネルギーに取り組むという考え方である。

ところが、近年は気候変動に取り組むことが経済成長を刺激する成長戦略になるという見方が強くなっている。気候変動への対応は「**イノベーション**」を加速化し、そして企業に大きな投資チャンスをもたらすというのだ。欧米でもグリーンに取り組むことがコロナ危機で停滞した経済を復活させる大きな機会になるということで、「グリーン・ディール」とか「グリーン・ニューディール」といわれている。日本でも、ポストコロナの成長戦略のキーワードはグリーンとデジタルだといわれている。

企業にとっても、かつては排出削減に取り組むことが、企業の競争を不利にすると考えられていた。温室効果ガスを排出することを容認してもらえれば有利に競争できるという見方が強かった。ところが、政府が明快なゼロエミッションを掲げているなかでは、それに対応するようなビジネスを展開しない企業は競争に勝てないことになる。気候変動問題に積極的に対応することが企業の競争上も必要となる。

実際、太陽光のパネル、リチウムイオン電池、風力発電のタービンなど、この10年のコストの低下を見ると、50%から80%という非常に大きな規模となっている。そして、低下したコストが刺激となり、それらの利用が急速に増えている。第8章で半導体の事例で説明するダイナミックな「**規模の経済性**」が働いている。社会全体としての気候変動問題への大規模な対応が、技術革新を刺激しているのだ。

外部性問題、3つの解決法

さて、気候変動問題のような「**外部性問題**」の解決には3つのアプローチがある。1つは規制による方法だ。2番目は、私がエンジニアリング・アプローチと呼んでいるもので、3つめが、市場型のアプローチだ。地球気候変動のような大きな問題を考えるときには、こうした違ったアプローチを併用していくことが重要になる。ビジネスの将来にとっては、どういうアプローチが今後どう使われていくかがビジネスそのものに大きなインパクトを与えることになる。

まず、「**規制的アプローチ**」についてコメントしよう。規制というよりは、より一般的に「**政府による介入**」と言ったほうがよいだろう。政府の役割が重要であることは言うまでもないだろう。この章の冒頭に述べたように、政府が温室効果ガス削減に大きな目標を掲げたことが、企業の姿勢を大きく変えてしまった。

全体としての削減目標だけでなく、いくつかの個別分野での政府の介入も必要である。たとえば発電分野や自動車などの分野での温室効果ガスの削減目標の設定や、ビルや住宅に対して断熱効果を想定した規制などが必要である。また、規制というよりは補助金や財政支出になるが、グリーン技術の開発への政府による支援も意義が大きい。

このように政府の役割はきわめて大きいが、政府だけですべてのアクションを詳細に決めて実行することは不可能である。この章で何度も強調してきたように、資源配分の多くの面で民間の行動に委ねることが必要となる。

2つめが「**エンジニアリング・アプローチ**」と呼ばれているもので、これまで日本が総力を挙げて取り組んできたものだ。日本だけでなく、世界の多くの国ではこのアプローチを中心にCO_2の削減に努めている。エンジニアリング・アプローチとは、計画経済的な手法と捉えればよい。日本でいうと、経団連のような経済団体の中でいろいろな業界が集まって議論し、政府も協議に加わり、それぞれの業界におけるCO_2排出目標を設定し、全体のCO_2の削減方法を決定し、実践していくものだ。

たとえば電力業界においては、CO_2を大量に発生する石炭や石油による発電から、CO_2排出量の少ない再生可能エネルギーに転換していく具体的な目標設定を行う。日本では原子力発電はCO_2が発生しない発電方法で温暖化ガス対策の有効な手法だとして推進してきたが、福島原子力発電所の事故以来、原発利用については賛否両論があり、方向が定まらない状態にある。

エンジニアリング・アプローチは、このように、自動車、鉄鋼、化学、あるいは流通や住宅などの業界でも、それぞれCO_2削減目標を設け、その目標を積み上げることで2050年までにゼロエミッションを実現しようというものだ。自動車業界では電気自動車やハイブリッド化で減らす、鉄鋼ではCO_2を発生させない水素を利用する生産方法に変えていく。あるいは、出てきたCO_2を地中に埋めてしまうというような新しい技術の検討が進む。流通業界でも輸送用トラックの利用から発生するCO_2の削減に取り組んでいくことになる。

だが、このアプローチで懸念されるのは、目標が達成できるかどうか疑問があることだ。先に、計画経済はうまくいかないということを見てきた。つまり、政府なり産業団体が目標を立てて計画を実行することで本当にうまくいくのであれば、社会主義経済のソビエト連邦はうまくいったはずだ。そうはならなかったのは、計画経済に本来的にうまくいかない原因があるためだと考えられる。

エンジニアリング・アプローチの限界

実際、日本の現状を見ても気になることがいくつかある。たとえば電力のエネルギーミックスの問題だ。２０１１年3月11日に発生した東日本大震災に伴う福島第一原子力発電所の事故前までは、日本は国策として原発を増やすことで当面はCO_2を減らそうとしてきた。これを、わかりやすいように「社会主義A」としよう。

ところが、その後、特に福島の原発事故以来、原発の安全性が問われ、原発増設によるCO_2削減から太陽光発電強化へと流れが変わった。太陽光発電を促進するために固定価格買取制度、いわゆるFITを利用し、企業や個人の太陽光発電による電力を電力会社が買い取る仕組みを導入した。これを「社会主義B」としよう。

つまり、CO_2を削減するために原子力発電を増やす計画は破綻したわけだ。太陽光発電も将来見通しは不明だが、再生エネルギーの中で太陽光発電だけをクローズアップして、1キロワット42円という高価格で買い取る制度を導入し太陽光発電を増加させたことが本当に日本にとってよかったのか。

ポイントは、5年後、10年後、15年後を見たときに、どういう技術で電力を発電したら一番効果的にCO_2を削減できるかについては、きわめて大きな不確実性があるということだ。10年後には、太陽光より風力のほうがいいかもしれないし、あるいは10年の間に大きなイノベーションが起こって、これまで以上に斬新なCO_2の削減方法が出てくる可能性もある。計画経済同様に、いまの技術を前提にして目標を立てて進めるよりは、市場メカニズムを使ってイノベーションを生み出すほうが適しているかもしれない。このように、エンジニアリング・アプローチは必須ではあるが、それだけでは必ずしもうまくいかないことは電力のケースを見れば明らかだ。

岡山県に建設された太陽光発電所。計画経済的なエンジニアリング・アプローチだけでは気候変動問題には対応できない。
（写真提供：共同通信社）

もう1つ例を挙げよう。産業界はエンジニアリング・アプローチでCO_2を減らそうとしているが、他方、街ではCO_2を大量に排出する大型車が多く走っている。電力料金が安ければ暖冷房をほとんど使い放題になっており、日本全体ではCO_2削減に十分向かっていない状況がある。これがエンジニアリング・アプローチの大きな問題だ。

そこで、市場的アプローチという考え方が出てくる。エンジニアリング・アプローチがまったく意味がないということではない。エンジニアリング・アプローチはしっかりやりつつ、同時に市場アプローチによって問題を解決していくことが必要だ。そういう議論が少しずつ広がってきている。

Point

覚えておこう！

✔外部性問題の解決には一般に3つの方法、アプローチがある。
①政府による規制、介入
②エンジニアリング・アプローチ
③市場的アプローチ
✔政府・産業界が一体となって目標設定を行って進める計画経済的な手法であるエンジニアリング・アプローチは重要だが、計画経済と同様に限界があり、必ずしもうまくいかない。

カーボンタックス＝市場的アプローチによる解決法

市場的アプローチによる問題解決策にはさまざまなものがある。その中でも重要なのが「**カーボンプライシング**」と呼ばれている制度だ。要するに、化石燃料を利用することの社会的コストを企業や国民に負担してもらうことで、温室効果ガスの排出を抑制しようということだ。スペースの関係があるので、ここではカーボンプライシングの代表的な例として「**カーボンタックス**（炭素税）」を取り上げよう。

カーボンタックスのポイントは、石炭、石油、天然ガスなどの炭素燃料を大量に使うことでCO_2

が発生するのであれば、それを使うことに対して価格を引き上げることで使用を抑制することにある。日本は石油、石炭、天然ガスはほとんど海外から輸入しているため、輸入する段階である一定額の税金をかけることで技術的には簡単にできる。そうすると、輸入した石油や天然ガス、石炭の値段が上がることで、電力用、ガソリン用、化学製品の生産原料用など何に使おうが、すべて価格は課税の度合いに比例して上がっていく。

高くなった価格を前提にしていろいろな経済活動が営まれるので、価格が調整機能を果たすことになる。たとえばガソリンの価格が上がると、できるだけ燃費のいい自動車に乗ろうとするし、あるいは自動車に乗るのをやめて公共交通機関を使うようになる人もいるかもしれない。あるいは、火力発電の電力価格が上がると、電力メーカーは、カーボンタックスがかからないような再生可能エネルギーの利用にシフトしていくこともあるかもしれない。

そして、何よりも重要なのは、CO_2を出すような活動をできるだけ防ぐ研究開発に成功した企業がそこで大きなメリットが得られるということだ。省エネや再生エネルギーの活用、あるいはエネルギーをできるだけ使わないような生産方法を開発するためのイノベーションなどが促されることになる。足元で炭素燃料をたくさん出すような活動に対する制約が生じるだけでなく、長期的にダイナミックに研究開発を引き起こすきっかけになるかもしれない。また、一番重要なことだが、エネルギー価格が上昇するので、消費者自身がエネルギーを消費する活動を控えることもあるだろうし、新しいエネルギーを開発するためのコストよりも省エネのほうがコストが安いのであれば、省エネをしてもらえばいいということになる。

さらに重要なのは、カーボンプライシングは、現在の企業も、そして、将来生まれてくる人たちも、あるいは現在まだ存在していないが、これから出てくるかもしれない、いわゆるベンチャーのような人たちも同じような形で負担するという大きなメリットがある。

冷静に考えると、2050年までにCO_2の削減を大胆に実現しないと地球は大変なことになるというコンセンサスができて、CO_2を本格的に削減していこうとすると、おそらく規制とエンジニアリング・アプローチだけでは対応が非常に難しいことを多くの人が理解するようになるだろう。そうすると、好むと好まざるとにかかわらず、カーボンタックスをはじめとした市場的アプローチを導入していかなければならなくなる。エンジニアリング・アプローチと規制のアプローチを有効に活用しながら、それに加えて、カーボンタックスの導入を真剣に考えなければならない状況になるだろう。

環境問題や食料問題のような大きな問題は、「**イノベーション**」が起きることなく解決することは難しい。200年以上前、トマス・ロバート・マルサスが人口は幾何級数的に増えるが、食料生産は線型的にしか増えないので、どこかで食料不足で人口の増加が止まるだろうと予言した。

非常に説得的な予言だったが、いまだにそうなっていない。それは技術革新が食料生産を飛躍的に増加させたからだ。イノベーションが人類を食料危機から救ってきた。そしてイノベーションの原動力となったのは、食料価格が高めに維持されることで、食料生産につながるイノベーションが刺激されてきたからだ。

気候変動問題の場合には、外部効果であるため、価格を通じたイノベーションが起きにくい。要するに、イノベーションを起こすような行為でも利益にならないからだ。ただ、炭素税をかけてやれば、それだけ再生エネルギーなどへの技術開発のインセンティブが高くなるはずだ。
イノベーションを起こすようなベンチャー起業家は、金儲けのために動いているのではない、といわれるかもしれない。確かにそうかもしれない。彼らの中には、社会のためになることをしたいという気持ちで動いている人も多いだろう。ただ、そうした起業家に資金を提供する人たちは、利益が出そうなところに資金を投じているのだ。炭素税がそうしたインセンティブにもたらす効果は大きい。

Point

覚えておこう！

- 外部性問題への市場的アプローチの例が「カーボンプライシング」だ。カーボンタックスはその代表的なものだ。
- カーボンタックス導入の流れが起こったときに企業は、それをビジネスの足かせではなくてチャンスとしていくためにどう対応すべきか、いまのうちから考えておくべき問題だ。
- 地球環境問題のような大問題の解決にはイノベーションが不可欠だ。

需要と供給の両面からのアプローチ

以上で述べたことを、市場メカニズムの基本である需要と供給という概念で整理しよう。気候変動に対応するためには供給サイドが重要であることは言うまでもない。企業が温室効果ガスを削減するような対応を行い、気候変動の動きを是正するようなイノベーションが生まれることが必須になる。ただ、こうした大きな変化を供給サイドだけで起こすことは難しい。

ある企業のエンジニアが言っていた。多くの企業は、結局は自分たちができるだろうと思う範囲での努力しかしない。できるかどうかわからない目標を設定しても、それが実現しなくてはマイナスの評価となってしまう。そこで、供給サイドに需要サイドから圧力をかけることが必要となる。

政府が厳しい目標を設定することは、需要サイドからの圧力をかけることになる。全体としての温室効果ガスの削減目標だけでなく、電力、自動車、鉄鋼など、それぞれの産業での具体的な目標も有効である。ここでは詳しく述べなかったが、排出量の上限を設定したときには、企業の間で削減量の増減を取引で調整する**排出権取引**を利用することも可能だ。つまり排出量の調整に市場を活用するということだ。

カーボンタックスも需要サイドからの圧力となる。カーボンタックスがかかる分だけ、温室効果ガスを排出する経済活動によって生み出される商品やサービスに対する需要の減少が起きるからだ。経済学的な言い方をすれば、カーボンタックスは温室効果ガスを通じた外部効果によって生じる**市場の失敗**を価格によって是正する手段である。

ゼロエミッションを実現するためには、社会全体を大きく変えていく必要がある。そのためには、需要と供給の両面からのアプローチが必要となる。需要を通じた働きかけは、上で取り上げたもの以外にもいくつか考えうる。

たとえば、投資の分野での「**グリーン投資**」がその好例だ。ゼロエミッション対策に対応している分野への資金供給を重視するという姿勢だ。資産運用をする投資ファンドはそのような分野への投資を優先する。あるいは一般投資家もそうした投資姿勢を支持する。ゼロエミッションに向けた適格な対応をしている企業の発行する社債にはグリーンボンドの評価を与えて、資金調達で有利になるように誘導する。資金市場でこのようなグリーン優先の市場取引が広げられればその影響は大きいだろう。

通常の財やサービスの市場でも、ゼロエミッションに積極的に取り組んでいる企業を消費者や非営利団体が評価する仕組みも需要サイドからの圧力をかける上で有効だろう。アップルなどの先進的な企業はこうした動きを先取りして、みずからグリーン対応に積極的な姿勢を打ち出している。国民一般の意識が高くなるほど、「**グリーン・マーケティング**」の手法を企業の側もとらざるをえない。

企業のゼロエミッションへの対応を広く社会に開示することの意義も大きい。気候関連財務情報開示タスクフォース（TCFD）がG20の要請で設置され、企業に対して気候変動に関するリスクと機会を開示するように求めている。気候変動への対応の情報を企業が社会と共有することで、より積極的な対応を促進する効果が期待される。

Point

覚えておこう！

✔**「温室効果ガスゼロ」（ゼロエミッション）を実現するためのイノベーションを起こすには需要サイドからの圧力が必要になる。**

✓ 政府の厳しい目標設定、排出権取引の利用促進、カーボンタックスがその例だ。

✓「グリーン投資」や企業に対する気候変動に関するリスクと機会の開示要請、ゼロエミッションに取り組んでいる企業への評価なども、需要サイドからの働きかけだ。

Part 2

ビジネスはゲームだ

Chapter

5

ゲーム理論が視野を広げる

「これからはあらゆる分野で大学1年生にはゲーム理論を学んでもらう必要がある」。これはある著名な経済学者が言ったことだ。経済学はもちろん、政治学、社会学、法学、生物学など、あらゆる学問分野でゲーム理論が基本的な考え方として浸透している。ビジネスの世界でもそれは例外ではない。ゲーム理論的な思考を身につけることで、視野が広がり、分析が深くなるはずだ。

ゲーム理論には難解な数式を駆使する研究が多いが、そのエッセンスはいくつかのキーワードで直観的に理解することができるはずだ。コミットメント、囚人のジレンマ、瀬戸際戦略、繰り返しによる協調の発生など、いくつかの基本的な概念を学んでほしい。この章ではそうした概念の説明としてさまざまなビジネスや現実の事例を紹介する。そうした事例を学ぶことで、ゲーム理論的な発想が、実は私たちの日常の中に多く潜んでいることに気づくはずだ。そうした隠れた常識を表に引き出すことができるということも、ゲーム理論の威力であるのだ。

すべての社会現象には戦略的な面がある

「**ゲーム理論**」は経済学をはじめとするあらゆる社会科学で大きな影響力をもっている。ゲーム理論的な枠組みで考えることが、普通の人にも求められるようになってきたと言っても過言ではない。ビジネススクールでの経営戦略などの講義でもゲーム理論を用いたテーマが取り上げられている。

この章で取り上げる例のうちのいくつかは、アビナッシュ・ディキシットとバリー・ネイルバフ著の『戦略的思考とは何か』[1]や、これらの著者が別に書いたディキシットとスーザン・スキースら著の *Games of Strategy*[2]、アダム・ブランデンバーガーとネイルバフ著『ゲーム理論で勝つ経営』[3]などで取り上げられている題材を利用している。ディキシットとネイルバフによる名著は、イェール大学などのビジネススクールでの講義をもとにまとめられたものであり、じつに興味深いビジネスの事例が豊富に盛り込まれている。

すべての社会現象の中には戦略的な面が隠されている。特にビジネスの世界は戦略的な現象なしに語ることはできない。自分の行った行為は相手に影響を及ぼし、それは結局自分に返ってくる。その相互作用のメカニズムについてどのように理解するかということでゲーム理論が利用される。企業の経営、政治、交渉、協調（cooperation）、組織原理などのあらゆる事象を、そうした枠組みの中で分析することができる。ビジネスに限らず、人間社会の現象が自然界の現象と異なる点があるとすれば、それは相互作用（interaction）が重要な役割を果たしていることだ。それを理解するための枠組みとして、ゲーム理論が有益なのだ。

この章ではゲーム理論のごく基本的な考え方を例を用いて説明しながら、ビジネスの現場で見られるいろいろな現象に応用してみたい。

ゲーム理論はビジネスにどう役立つのか

テレビで報じられるニュースなどで、ガソリンの価格競争が起きるといつも放映されるスポット、場所がいくつかある。私が知っているのは、東京の環状八号線沿いのある地域で、ガソリンの値下げ競争が起こると、必ずテレビスタッフがそこに行ってガソリンスタンドの光景を映す。環八や甲州街道などの幹線が交差している地点は一般ドライバーから見るとガソリンが入れやすいので、その近くにガソリンスタンドが集まる。近隣に競争相手のガソリンスタンドがあると、値段を下げればほかの店の客がとれるので価格競争が激しくなる。そこで、どこまで価格が安くなるのか注

1 アビナッシュ・ディキシット、バリー・ネイルバフ『戦略的思考とは何か』菅野隆、嶋津祐一訳、CCCメディアハウス、1991年。(原著) Avinash K. Dixit, Barry J. Nalebuff, *Thinking Strategically: The Competitive Edge in Business, Politics, and Everyday Life*, W. W. Norton, 1991.
2 Avinash K. Dixit, Susan Skeath, David Mcadams, *Games of Strategy*, W. W. Norton,1999.
3 A・ブランデンバーガー、B・ネイルバフ『ゲーム理論で勝つ経営：競争と協調のコーペティション戦略』日経ビジネス人文庫、2003年。(原著) Adam M. Brandenburger, Barry J. Nalebuff, *Co-opetition*, Doubleday Business, 1996.

目度が高まる、というわけだ。

近くに競合するガソリンスタンドがなければ、値段を無理に下げてもそれほど客が増えるわけではない。それよりは、できるだけ安定的な価格で提供しようとするだろう。だから、自分の近くに競争相手がいるかどうか、あるいは、どういう競争相手がいるかが、企業の行動にとって大きな意味をもつ。この場合はガソリンスタンドがどういう価格でガソリンを売るのか判断する上で重要になる。

ガソリンの場合、品質にほとんど差がない。ＥＮＥＯＳと出光興産のガソリンスタンドがあるとすると、多くのドライバーは、出光で入れようがＥＮＥＯＳで入れようが、ポイントやサービスは別の問題として、ガソリンの質に違いがあるとは考えない。質の差がないともっぱら価格だけで競争することになる。結局、相手より少しでも価格を下げたほうが自分は有利になる。相手がさらに価格を下げて来なければ、それで客がとれる。だが、通常は相手もさらに価格を下げる反応をする。そこで、お互いに価格を下げ合う競争が起こることになる。

これは、本章のすぐ後で説明する「囚人のジレンマ」と呼ばれている現象だ。ガソリンスタンドにとっては、自分が価格を下げないとお客が相手にとられてしまうという意味では価格引き下げは合理的なのだが、お互いに価格を下げ合うことで採算ベースに合わないところまでガソリン価格が下がると、双方にとって良い結果にはなっていない。各人が相手に対して一番自分にとって好ましい、合理的である行動をとり続けることによって、結果的に好ましくない状況になってしまう、この点が重要なところだ。

こういうアリ地獄のような環境から抜け出すためには何が必要なのか、ということを企業は考えなければならない。もちろん、企業が値段を安くすれば安くしてくれるほど消費者は得をする。企業が価格引き下げを防ぐための方法を考えるということは、場合によっては独占禁止法上、合法であるとは限らない。企業が集まって値上げの相談をすれば、明らかに独占禁止法の違反になる。だが、企業がビジネスモデルを工夫して価格を下げる方法をとるとすれば、不毛な価格競争から抜け出す合法的な道になる。

この章で読者の皆さんに学んでいただきたいのは、こういうゲーム理論が描く世界の成り立ちについての理解だ。相手がどう行動するかということを予想しながら、自分の行動を考える。あるいは、自分の行動が相手にどういう影響を及ぼすのか、それが結果として、自分の状況にどのように跳ね返ってくるのか。戦略的に考える手法として、ゲーム理論について理解を深めてほしい。

以下の説明にあるように、ゲーム理論というのはさまざまな現象を分析する上でじつに有益な手法だ。すべての学問を学ぶための基礎的な力を身につけるために、ゲーム理論を学ぶことが必要である。経済学や経営学だけでなく、心理学でも政治学でも、あるいは社会学、法学、エンジニアリング、生物学、工学の分野でも、ゲーム理論の素養が物事を理解する上で必要になる。そこで以下では、ビジネス・エコノミクスという観点からゲーム理論の手法を使いながら、いろいろ事例を取り上げていこう。

Point

覚えておこう！

✔自分の行為が相手に影響し、相手が行動することで、自分に跳ね返ってくる。このような相互作用がビジネスにはつきものだ。

✔このような相互作用のメカニズムの理解に欠かせないのがゲーム理論だ。

✔ビジネスは相互作用のもとで行われるため、ゲーム理論は、企業の経営、戦略、政治、交渉、協調、組織原理など、あらゆる事象の理解に役立つ。

1 囚人のジレンマを理解することから始めよう

囚人のジレンマの仕組み

ゲーム理論の初等的な教科書で必ず出てくるのが「**囚人のジレンマ**」である。囚人のジレンマの事例はゲーム理論の考え方を理解する上で重要であるし、これをいろいろな問題に応用することも可能である。そこでまず、囚人のジレンマについて少し丁寧に説明してみたい。

共同で罪を犯した2人がいるとする。彼らは捕まって別々の牢獄の中に入っている。どちらかが白状してしまったら、両方とも有罪となってしまうが、どちらもシラを切り通して白状しなければ、しばらく厳しく取り調べを受けるが、結果としては無罪放免になる。

図5-1の「A」と「B」はプレーヤーで、実際にゲームに参加する人である。この場合のプレーヤーは2人の犯罪者のことである（用語については後出のコラムを参照）。

図に示してあるが、議論をできるだけ単純化するため、この2人の犯罪者には、罪を「白状」するか「黙秘」を続けるかという2つの選択肢しかないとする。実際のビジネスになってくると、もちろんとれる行動はいろいろあるが、物事のエッセンスを単純に捉えるためにも、ここではAという犯罪者もBという犯罪者も2つの選択肢しかないとする。それぞれがどちらの行動をとるのかによって、2人の

図5-1 ≫ **囚人のジレンマ(1) それぞれの利得**

プレーヤーB

プレーヤーA	白状	黙秘
白状	−10 −10	−50 40
黙秘	40 −50	20 20

ろう。

「**利得（ペイオフ）**」が決まる。利得とは、この2人に与えられる罰則のようなものと考えればよいだろう。

もし2人とも白状してしまうと、2人の有罪が確定する。その場合には2人とも刑に服すことになる。このときの2人の利得は（−10、−10）であるとしよう。前者がAの利得、後者がBの利得を表している。2人の利得を−10としたのは、刑に服することが両者にとって楽なことではないので、マイナスの数値で表したのだ。読者の皆さんはなぜ−10なのかと疑問をもつかもしれない。この章を読み進んでもらえばわかるように、利得の数値の絶対値が重要であるわけではない。各プレーヤーは異なった状況を比較した上で自らの行動を決めることになる。重要なのは、さまざまな状況での利得の相対的な大きさだ。

さて、もし2人とも黙秘を続けていけばどうなるだろうか。両者とも無罪を勝ち取れる。ただ、それまでかなり長期間の拘留をされて取り調べを受けることになる。そこで2人の利得は（20、20）であるとする。ここでも、最初がAの利得で次がBの利得である（以下同じ）。無罪を勝ち取れるので、有罪になる場合よりは2人とも利得が高くなっている。

次に、Bが司法取引をして白状してしまい、Aが黙秘を続けているとする。Bは司法取引をして白状しているため無罪となり、早く出してもらえるので、40の利得になる。Aのほうは黙秘している間にBが白状してしまっているため、厳しい罰則で−50の利得になる。2人の利得を並べて書けば、（−50、40）となる。逆にAのほうが白状してBが黙秘していると、両者の利得は（40、−50）となる。

さて、このような状況に置かれたとき、この2人はどのように行動するのだろうか。図5-1を見る限りは、両者にとって白状するよりは黙秘を続けたほうがよいように見える。しかし、両者がそれぞれ合理的に行動すれば白状する結果になるというのが、囚人のジレンマの例の特徴なのである。以下、この点をもう少し掘り下げることによって、ゲーム理論的な状況の中で人々はどのように行動するかを考えていきたい。

結局は「自白」が有利になる?

ゲーム理論の教科書では、よく「相手の靴を履いてみる（英語の表現で『相手の立場に立って考える』という意味）」という言い方がされることがある。ここでもそうした思考をすることが重要である。ここではAとBの立場は対称的であるので、以下ではAの状況を考えることにする。Bについても同様に考えればいいことはわかるだろう。

さて、取り調べを受けているAにとって重要な関心事は、別の部屋で取り調べを受けているBが果たして黙秘を続けてくれるかどうかということだ。拘留されてからはAとBが面会することは許されていない。AはBの行動について想像するしかないのだ。こうしたAの置かれている状況を図で表したのが図5-2である。

Aは監獄の中で、「明日また1日取り調べだな。さて、Bはどういうふうに行動しているだろうか」と考える。Bがもし黙秘を続けていると想定したときに、Aにとってはどうすることが得なのだろうか。黙秘を続けたら20という利得になる。しかし、白状したら40になる。Bが黙秘を続けているとしたら、Aはさっさと白状したほうが得なのだ。

それでは、もしBが白状してしまうとしたらどうだろう。この場合、もしAが黙秘を続けていれば−50という利得の大変厳しい結果になってしまう。Aが白状すれば、Bも白状しているという想定のもとでは2人とも有罪となって−10という利得になる。つまり、Bが白状してしまうという想定のもとでも、Aにとっては白状することが得なのである。

要するに、この場合、Bがどちらの行動をとろうと、Aにとっては白状するほうが得なのだ。このように相手のBがとる行動がどちらであるにかかわらず白状することがAにとって好ましいとき、白状することがAにとっての「**支配戦略**」(Dominant Strategy)になるという。利己的に行動すると考えれば、Aは支配戦略である「白状」という行為を選ぶはずである。

Bについても同様に考えればよい。Aがどちらの行動をとるかにかかわらず、Bにとっては白状するほうが得になる。つまり、Bにとっても「白状」することが支配戦略となるのだ。このように、AにとってもBにとっても、白状するという戦略をとるのがベストになる。その結果、両方とも白状するという行動を選択す

図5-2 » **囚人のジレンマ(2)支配戦略**

ることになる。

本来は、2人ともシラを切り通して黙秘し続けたほうが20という利得を得られるので得であるように見えるが、両者の間で相談をすることができない状況（囚人）では、合理的な行動の結果として両者ともに白状し、−10という低い利得に甘んじることになるのだ。このように、合理的に行動した結果として好ましくない状況に陥るような例を「**囚人のジレンマ**」という。以下で説明するように、囚人のジレンマのような事例はビジネスの世界ではいくらでも見られるのだ。

なぜこのような一見しておかしなことが起こるのだろう。そこでの重要なポイントは、自分にとって好都合なことが相手にとって大きな損害をもたらす可能性があるということだ。たとえば図5-1からも読み取れるように、Bが黙秘しているときに、Aが黙秘の状態から白状の状態に動くと、Aの利得は20から40へと、20増加する。しかし、このようなAの行為の結果、黙秘を通し続けているBの利得は20から−50へと、−70も動いてしまう。つまり、Aが利己的な動きをしたために、Bは大きな損失を被る結果になるのだ。これは、Bが白状するという行為を選択した場合にAに及ぶ影響についても同様である。つまり、自分にとって好都合なことが相手に大きな損害をもたらしているわけである。相互にそうした影響が及ぶのだから、結局、2人が自分にとって好ましいと考えてとった行動が、自分以上に相手に悪影響を及ぼし、結果的に両者とも悪い状態になってしまう。

Point

覚えておこう!

- ゲーム理論で他のプレーヤーがとる戦略選択にかかわらず、最も大きな利得を得られる戦略を「支配戦略」という。
- 囚人のジレンマでは、各自が自分にとってベストと思ってとった行動が、結果的には皆にとって好ましくない状況になる。
- こうしたことが起こるのは、自分の利己的利益にかなう行動が他の人に好ましくない影響を相互に及ぼすからだ。

column

ゲーム理論とゲームの関係

ゲーム理論は、「ゲーム」という表現にも表れているように、チェスやポーカーといったゲームとも深い関わりがある。大学レベルのゲーム理論の教科書を見ると、チェスなどのゲームを例に使いながらゲーム理論の概念について説明しているものも見かけられる。ゲーム理論をつくり出してきた数学者たちに、娯楽のゲームのイメージが大きな影響を与えたのだ。

もちろん、ゲーム理論は現実の経済や社会のあらゆる現象に応用できるものであり、娯楽のゲームを分析することだけが目的ではない。ただ、ゲーム理論の用語の中には、娯楽のゲームで使われる用語が出てくることが少なくない。「プレーヤー」「利得（ペイオフ）」「手番」などはそうした用語の例である。

価格競争で疲弊する企業

囚人のジレンマのような状況は、現実のビジネスの世界でも多く見かける。競合する企業間の厳しい「**価格競争**」がそうだ。「のどをかみ切るような競争（cut throat competition）」という表現があるが、競争が激化する結果、すべての企業が大きな損失を被るような事例である。

図5-1の囚人AとBを、同じ業界で競争する2つの企業AとBに読み替えてみよう。それを示したのが図5-3である。ここでは図5-1との比較を容易にするため、利得については2つの図を同じにしてある。しかし、この数値が違ったものであっても囚人のジレンマ的な状況が起こることは言うまでもない。読者の皆さんには別の数字を利得に入れてみて、囚人のジレンマが成立するかどうか確認してほしい。

さて、図5-3にあるように、競合している2つの企業には、ここでは「**価格戦略**」について共存的な高めの価格設定と、競争的な低価格設定の2つしかないとする。共存的な価格設定とは、ライバル企業との共存を図って高めの価格をつけることで、競争的な低価格設定とは、ライバルへの対抗を目的とした非常に競争的で低い価格設定をすることである。この章のはじめに取り上げたガソリンスタンドの価格競争などは、この事例に類似している。

さて、もし両方の企業が共存的な価格設定を行えば、どちらの企業も20という比較的高い利益（利得）が得られるとする。しかし、両方ともが競争的な低価格設定をすれば、両方とも利益が上げられず、どちらの企業も−10という利益（つまり損失）しか得られない。一方の企業が共存しようと高めの価格設定をしていたとき、もう一方の企業が厳しい低価格路線で競争してきたら、客が低価格の企業のほうにとられてしまい、低価格をつけたほうの企業の利益は40、高価格をつけたほうの企業の利益は−50になるとする。以上の点を、まず図5-3の上で確認してほしい。

前述の囚人の黙秘・白状の事例の繰り返しになる

図5-3 ›› 囚人のジレンマ（3）2つの企業のケース

企業B

企業A	**低価格**（競争的価格）	**高価格**（共存的価格）
低価格（競争的価格）	−10 / −10	−50 / 40
高価格（共存的価格）	40 / −50	20 / 20

ので、ここでは詳しく説明しないが、図5-3のような価格競争のゲームに直面した2つの企業は、それぞれが別個に合理的な行動をすれば厳しい価格競争に陥る結果になり、両者ともに−10というマイナスの利得しか得られないことになってしまう。

もし2つの企業がよく相談をしてお互いに裏切らないようにすれば、両者が価格競争を避けて20ずつの利得が得られるのに、互いが勝手に行動したら−10になってしまうのだ。次の節で説明するが、両者が共謀して価格引き上げを行うことを「**カルテル**」という。囚人のジレンマが明らかにすることは、情報のやりとりや相談をしないでカルテルを結ぶことは容易ではないということだ。

一言付け加えておくが、両者がカルテルを結んだ場合のほうが、価格競争を行う場合よりも良くなるような説明になっているが、これはあくまで企業の利益だけを考えたものだ。消費者の立場からいえば、両企業が価格を下げてくれたほうが好ましい。独占禁止法でカルテルが違法行為であるのはこのためだ。

冷戦時代の軍拡競争をゲーム理論で考える

1989年11月9日のベルリンの壁崩壊によって、東西の冷戦は完全に終わりを告げた。しかし、第2次世界大戦後、長期にわたって、アメリカを中心とした西側諸国とソビエト連邦を中心とした東側諸国の間で冷戦が続いた。図5-1の囚人のジレンマは、この冷戦時代のアメリカとソ連の「**軍拡競争**」の構図として読み替えることも可能だ。

図5-1のゲームで、AがアメリカでBがソ連に当たる。「黙秘」に対応するのが「軍縮」で、「白状」に対応するのが「軍備拡張」である。アメリカは軍縮に臨むのか軍拡を進めていくのかという2つの選択肢があり、ソ連のほうも同じである。両方ともが軍縮を進めていくのが双方にとっては好ましい。軍縮すれば当然、財政的な負担も軽くなり、お互いの相対的なポジションは変わらないから、両者の利得は(20、20)となる。もし両方とも軍拡に向かってしまうと、バランス・オブ・パワーの点から見ると衝突することはないかもしれないが、軍事費がかかるだけでなく、世界全体のリスクも高まる。このときの両者の利得は(−10、−10)となる。

一方が軍縮に応じているのに、他方が軍拡を進めていくとどうなるだろうか。ソ連は軍縮に応じているのに、アメリカがどんどん軍拡していくと、グローバルな軍事バランスが崩れて、アメリカのほうが軍事的に圧倒的に有利になる。アメリカの利得は40、そしてソ連の利得は−50となる。ソ連は脅威を感じるという意味で−50で、アメリカは40。逆にソ連が軍拡に走り、アメリカが軍縮をする場合も、所を替えて同じ状況になっている。

このような軍拡競争も囚人のジレンマになっている。米ソ双方がよく話し合わないままに自国利益だけを追求しようとすると、結果的に両国が軍拡に走り、両国ともにあまり好ましい状況ではなくなる。しかし、たとえばソ連が軍拡を行っているときにアメリカだけが軍縮を行えば、アメリカの立場はさらに悪いものになってしまう。相手が軍拡を続ける限りは、自分も軍拡を続けていかざるをえないのだ。

もちろん、アメリカとソ連がじっくりと協議して共同歩調をとることができれば、囚人のジレンマを解消できるかもしれない。ただ、イデオロギー的に対立する両国が意思疎通を図って協力態勢をとることは容易ではない。そこで戦後の冷戦下で軍拡が進んでいったのである。ただ、こうした状況を少しでも解消しようということで、両国のトップ間にはホットラインが引かれることになる。また、軍縮会議が頻繁に開かれることになったのだ。

北朝鮮リスクをゲーム理論で理解する

冷戦時代のアメリカとソビエトの状況を囚人のジレンマの考え方で描写したように、じつは軍事や安全保障、政治の分野では、ゲーム理論の考え方が深く浸透してよく使われている。そこで、軍事に関してゲーム理論で議論する場合の重要な概念と事例を紹介しよう。

それは「**ブリンクマンシップ**」という概念だ。日本語では「**瀬戸際政策**」と呼ばれている。軍事的な対立の構図でよく見られる現象で、核ミサイル開発・攻撃で強硬な姿勢を示す北朝鮮に対するアメリカの戦略を考える上でも重要なものだ。

ブリンクマンシップ、瀬戸際戦略の話を非常にうまく説明したのが、この本でも何回か紹介したディキシットとネイルバフの教科書だ。この本はゲーム理論をさまざまな問題への応用を通じてわかりやすく説明している。その中に登場する刑事の行動の描写を私なりに脚色して説明しよう。

ある犯罪者が捕まって、それを警察が取り調べをしているとする。その犯罪者には重要な秘密があって、彼の組織についての重要な情報をもっていて、警察はその犯罪者からその情報をとろうとしている。映画でよく出てくるシーンのように、荒っぽい刑事が犯罪者の頭に拳銃を突きつけて、「吐かないとおまえを殺すぞ」というような姿勢を見せる。しかし、刑事が犯罪者を殺すはずはないと犯罪者は思っているのか、要するに、そういう脅しはなかなか効果がない。

そこで刑事は6連発の拳銃から5発弾を外し1発だけ残して、その拳銃をもう一度犯罪者に向けて、「白状しないと撃つぞ」と言って本当に撃った。もちろんそこには弾が入っていなかったから、犯罪者は死ななかった。いま、1発撃ったが弾は入ってなかった。次に撃つと5つのうちの1つに入っている可能性がある。そこで刑事は「おまえは5分の1の確率で死ぬぞ」と言った。犯罪者はどうせ脅しだと思って反応しなかったので、また1発撃った。それは、また、たまたま空砲だった。

その次に、あとは4つの中の1つに弾が入っているので4分の1の確率で死ぬわけだ。白状しないからもう1回引き金を引く。今回も偶然、弾は出なかった。そこで犯罪者はだんだん怖くなり、音を上げて、ついに白状した。

このストーリーは何を物語るのか。このケースでは、どこまで脅しをかければ、犯罪者が白状するかということはわからない。ただ、脅しをあまり強くすると、犯罪者を殺してしまう。逆に信じてもらえない脅しでは効かないので白状しない。そこで、脅しをどんどん強めていくブリンクマンシップにより、相手を追い込んでいく展開だ。

じつは脅しを強めていけばいくほど、脅す側のリスクも大きくなる。相手を殺してしまうことになるからだ。相手にとっても、脅しが強まるほど殺されるリスクが高まる。互いを見きわめつつ、ほどよいところで白状するのが双方にとってハッピーエンドになる。北朝鮮リスクの場合にも、このケースと類似した構図が存在する。

北朝鮮の核ミサイル開発は、日本、アメリカを含めた近隣諸国にとってきわめて大きな脅威だ。それに対して、「もうあとひと月、1週間以内に核開発やミサイルの実験をやめないと、おまえの国をミサイル攻撃して破壊するぞ」という非常に強い脅しをかけても、北朝鮮は本気にしないだろうし、成り立ちにくい。なぜならアメリカも、激しい先制攻撃を北朝鮮に行うリスクをよく認識しているからだ。先制攻撃をかけられ北朝鮮が深刻なダメージを受けると同時に、ごくわずかな時間で北朝鮮が反撃をしようと思えば可能なわけで、韓国や米軍基地のある日本、在韓米軍、在日米軍も甚大な被害を受ける可能性がある。

北朝鮮の新型潜水艦発射弾道ミサイル発射実験を報じる労働新聞。北朝鮮の核開発をめぐる日米など各国との駆け引きはまさに、ゲーム理論があてはまる世界だ。
（写真提供：コリアメディア提供・共同）

別の選択肢として、もう少し穏やかな脅しとして、国連非難決議や緩やかな経済制裁によってじわじわと北朝鮮を追い詰めていくこともありうる。現実にすでに行われているが、状況は打開されなかったように見える。

そうすると、ゲーム理論的な観点でいうと、結局どこまで脅せば相手が降りるか、という場所を見きわめることが非常に重要になる。これがブリンクマンシップ、瀬戸際戦略だ。この戦略が難しいのは、脅しをエスカレートさせすぎると、両方にとって破局的な状況になる。ゲーム理論を使えば、それで最適な解が出て、それをやればうまくいくという話ではない。

現実の問題では、北朝鮮が国家として合理的に行動する、あるいはトップが仮に合理的に行動したからといって、末端の兵士や政権幹部など、さまざまな人が本当に合理的に行動するかわからない。そのため非常に不確実な世界ではあるが、不確実だから何もしない、乱暴な対応をするということではなく、瀬戸際に追い詰めるところまで圧力をずっと強めていくことが重要になってくる。現実に日米両国がこれまでとってきたスタンスは、あらゆる選択肢を排除せず、経済制裁などを通じて最大限の圧力をかけ続ける、というものだ。

ただ、現実の動きは、ゲーム理論の単純な論理だけでは説明できないものだ。瀬戸際戦略で徹底的に戦争の危機を煽るような姿勢を見せていた北朝鮮が突如融和姿勢に転じる動きを見せたこともある。要するにゲームのルールを変えてしまったのだ。その後、トランプ大統領と金正恩委員長のトップ会談が実現した。しかし、その後の展開については依然として不透明な状況であり、今後の動きを予測することも難しい。

北朝鮮の融和姿勢が本当のものであったのなら、日本やアメリカも瀬戸際政策のゲームを続ける必要はない。ただ、その姿勢も崩れ、今後の展開がどのようになるのか予想することは難しい。1960年代、キューバ危機で起きたアメリカとソ連の間の瀬戸際戦略が実際の核戦争にならずに終結したように、朝鮮半島での瀬戸際外交が平和裡に終結することを期待したい。

Point

覚えておこう！

✓ゲーム理論は企業行動から国家間の軍事・安全保障問題まで、広範な社会現象に応用できる。

✓たとえば、企業間の価格競争や価格決定の行動の分析、超大国間の軍備競争などだ。

✓北朝鮮の核開発をめぐる問題で見られる「瀬戸際戦略（ブリンクマンシップ）」については、まさにゲーム理論を当てはめることができる。

2 ゲームの「繰り返し」と「協調」

囚人のジレンマに陥らないためには

囚人のジレンマが起こる原因には、少なくとも2つの大きな問題がある。1つは、情報が隔離されているということだ。前述の囚人の話に戻ると、Aという犯罪者とBという犯罪者が毎晩、同じ部屋に戻ってきて、お互いに「白状してしまうと、われわれ両方とも損する。だから、2人で黙秘を続けよう」と相談すれば、黙秘を続けられるかもしれない。情報が両者の間で隔絶しているということがこうした協調の大きな障害になっている。

もう1つの重要な点は、囚人のジレンマが一度きりのゲームであるということだ。囚人の世界で両者の関係がこれきりであれば、早く白状したほうが勝ちとばかりに、両方の囚人ともに白状してしまう。しかし、現実の世界では、後の仕返しが怖い。白状したほうは取り調べから解放されたあと、仲間に襲われるかもしれない。あるいは、罪に問われた囚人が出所してきたあと、復讐に来るかもしれない。そうした将来の報復が怖くて白状できないケースも多いだろう。これは、ゲームが繰り返し行われているので一度だけの利得で人々の行動が決まるわけではないということを示している。

現実の世界ではゲームが一度きりで終わることは少ない。同じプレーヤーが何度も対面してゲームを続けることが多い。こうしたゲームを「**繰り返しゲーム**」という。そして繰り返しゲームのもとでは、協調的な行為がとられることが少なくないのだ。このメカニズムについて以下で考えてみたい。

ゲームを繰り返すと、協調が生まれる

繰り返しゲームが行われることで「**協調**」が生まれる可能性が出てくるということを、図5-3で例示した2つの企業の間の価格競争の事例を使って考えてみたい。現実の企業間の価格競争は一度きりで終わるわけではない。何年も競争が続けられることになる。そうした繰り返しの競争のもとでは、−10というような過激な価格競争のもとでの低い利得ではなく、20というより高いカルテル的な価格の

もとでの利得が成立する可能性が出てくるのだ。

ここで重要なのは、両者が協調的な行動をとっていたとき、一方にそれを裏切るような誘因が出てくるのかということだ。繰り返し競争が行われているときには、裏切りに対する報復が怖いので、裏切りがしにくいと考えられるがどうだろうか。いま、2つの企業の間で協調の維持が成立しており、両者とも協調的な価格設定をしていて、20ずつ利益を上げていたとしてみよう。ここで一方の企業、たとえばAがこのような協調関係を崩して、低価格をつけることがあるかどうかである。図5-4を見ながら考えてみよう。

もしどこかでAが裏切って、ここで大幅な値下げを始めたとする。Bはまだ協調的な価格設定を続けている。すると、一時的にAの利得は40となり、Bの利得は−50となってしまう。問題はここでBがどのように反応するかということだ。理論的にはいろいろな反応パターンが考えられるが、ここでは一番単純なケースとして、一度裏切られたB企業は二度と協調的な価格は

図5-4 » 繰り返しゲーム(1)

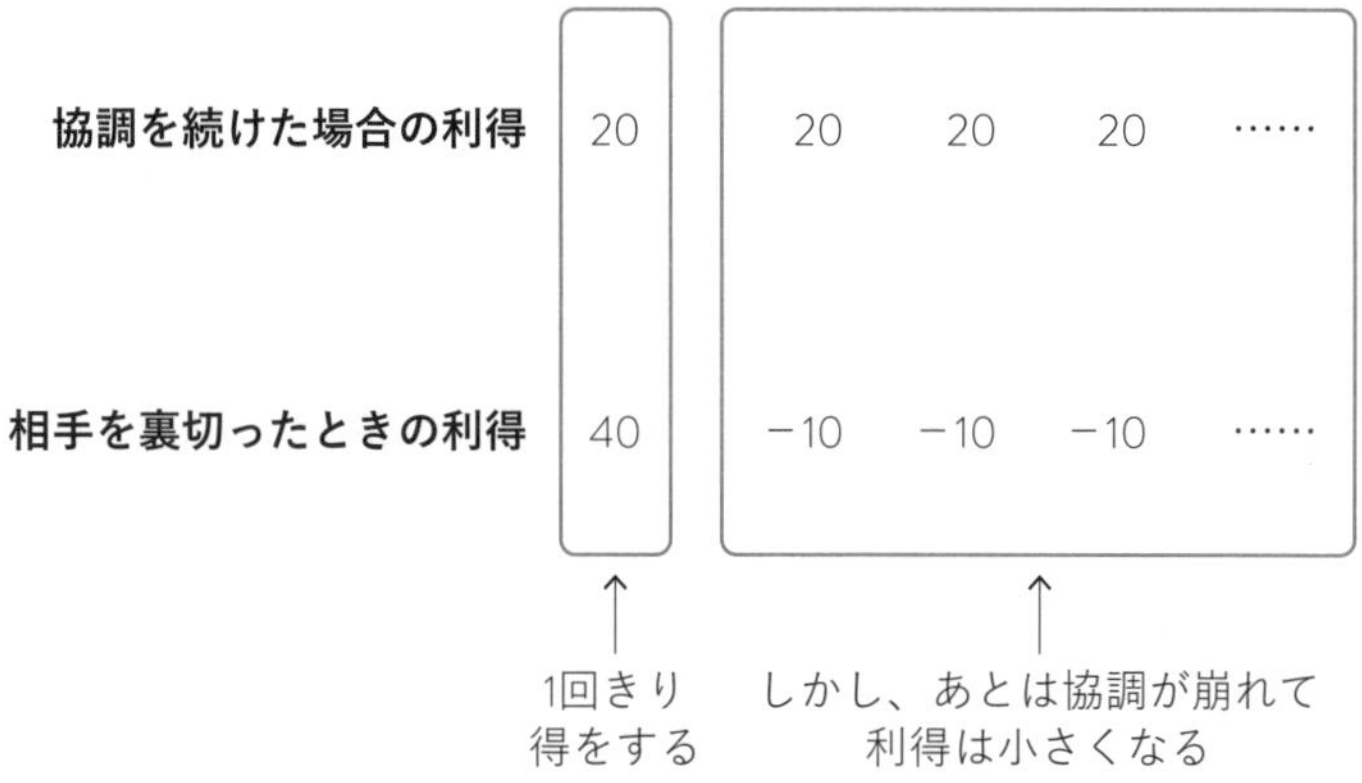
協調を続けた場合の利得
20
20　20　20　……
相手を裏切ったときの利得
40
−10　−10　−10　……
1回きり得をする
しかし、あとは協調が崩れて利得は小さくなる

つけてこないとしてみよう（これはかなり厳しい報復である。現実にはもう少し穏やかな報復、たとえば相手の裏切りには低価格で対抗するが、そのうちに相手が謝ってきたらまた協調に戻るというようなパターンもあるかもしれない）。

さて、一時的に高い利益を上げたAであるが、それに対してBが報復措置として低価格をつけてきたとしたら、その利益は−10になってしまう（Bの利益も−10である）。もしBがこの後ずっと報復的な低価格を続けるなら、Aの利得は今後もずっと−10ということになる。図5-4にはこの利得の動きが示されている。

仮にAが裏切りをしないでずっと協調的な行動をとっていたら20の利得が続いたのに、裏切ったために一時的に40の利得が得られたとしても、その後は報復が続き−10の利得が続くことになるのだ。Aにとってどちらが得であろうか。

こうした数字だけで一般的なことはいえない。後の報復があっても一時的な利益を求めて行動することもあるかもしれない。しかし、図5-4の数値を比べる限りは、協調的な姿勢をずっと続けていたほうが得であるように見えるだろう。これはAもBも同じである。つまり、報復を恐れて両者とも協調状況を崩すような低価格競争を仕かけないことになる。

このように、繰り返しゲームの世界では、将来の報復を恐れて協調が生まれることが少なくないのだ。以下でさらにこうした例を考えてみたい。

Point

覚えておこう！

✔繰り返しゲームが行われると、「協調」が生まれる可能性が出てくる。

✔ゲームが繰り返し行われると裏切ったことに対する将来の報復が怖いため、また長期的に利得が維持されるため、協調的な行動を守る誘因が発生するからだ。

column

談合の世界

新聞に時々、建設業者の談合の話題が載ることがある。小説や映画の世界でも談合の闇の部分が描かれることがある。

自治体などの公共工事では、できるだけ安いコストで工事を行ってもらう必要がある。そこで入札を行い、価格を競わせようというのだ。しかし、地域の工事業者の顔ぶれは決まっている。お互いにあまり激しい入札競争に巻き込まれないほうがいいと考えている。そこで密かに会って、入札で談合をしようとするのだ。どの会社がどの入札を取るのかを持ち回りになるように決め、他の企業は高めの入札価格にするのだ。そうすれば、毎回、あまり低い入札価格にならず、すべての建設会社に高い利益が転がり込んでくるというわけだ。

こうした談合が成立するのは、建設業者がお互いに地元の業者であるので、いろいろな形で報復が可能となるからだ。お互い報復を考えたら、あまり安い入札価格で競争を挑むよりは、談合のグループに入って利益の分け前にあずかったほうが利口なのだ。

もっとも、こうした入札に他の業者（たとえば韓国など外国の業者）が入ってくると談合が崩れる可能性が出てくる。海外の業者などは、地域の業者ほどには報復が怖くない。それどころか、参入のためには低い価格で入札しなければいけないこともわかっている。そもそも部外者なので、談合の会合に参加しているわけでもないのだ。

イギリス兵、ドイツ兵の戦時の日記から見えてくるもの

ロバート・アクセルロッドという、ミシガン大学の政治学者が書いた『つきあい方の科学』[4]という名著がある。社会のいろいろな局面で、なぜこれほど多くのタイプの協調が見られるのかという点について、さまざまな視点から考察を進めている本だ。アクセルロッドは協調の原因を繰り返しということに求めている。この本の中に兵士の日記についての分析がある。

第1次世界大戦のとき、兵士がつづった日記を分析した社会学者がいて、アクセルロッドはそれを引用しながら考察を進めていくのだ。

第2次世界大戦と第1次世界大戦とを比べてみると、前者では、基本的な戦争はすべて4日〜1週間という短期決戦で片が付いてしまう。真珠湾も、ミッドウェーもそうだ。ところが第1次世界大戦のときは、ドイツと連合軍はある前線で長い期間対峙したままの状態を続けていたのだ。前線に出ていた兵士が日記をつけていたわけだが、その中にどんなことを書いているのだろうか。

たとえば、イギリス兵はドイツ軍が憎くてしようがない。殺し合いをやっているのだから当然だろう。そういう意味では、何とか前線の向こうにいるドイツ兵を倒したいと思うのだが、日記には「自分たちが攻撃してドイツ兵士を5人殺せば、ドイツ軍も攻撃を仕掛けてきてこちらも5人殺されるであろう。そのような報復を考えたら、積極的に攻撃する気にはなれない」というようなことを書いている。これは、ドイツ兵も同じだ。しばらくすると、いつの間にか日曜日はドイツ兵は鉄砲を撃って

第1次世界大戦における塹壕戦。アクセルロッドによれば、英独の兵士が互いに攻撃を繰り返しているうちに協調する場面が出てきたという。
(写真提供:World History Archive/ニューズコム/共同通信イメージズ)

4　R・アクセルロッド『つきあい方の科学:バクテリアから国際関係まで』松田裕之訳、ミネルヴァ書房、1998年。(原著) Robert Axelrod, *The Evolution of Cooperation*, Basic Books, 1984.

こなくなってしまった。しかし、ベルリンから新しい司令官がやって来て、その命令でドイツのほうから撃つと、連合軍のほうももっと激しく撃ち返す、といったことが克明に書いてある。

現実の世界では愛や友情によって育まれる関係がある。人間は決して冷徹な計算だけで動く存在ではない。ただ、少なくともビジネスの世界では、利益を前提にした利己的な行動原理で動いていても、結果的に協調が生み出されることがある。これは、戦争を行っている兵士の状況に近いともいえる。

生物学的ゲームで生き残るのは？

アクセルロッドの本の中には、「**生物学的ゲーム**」の分析も紹介されている。ゲームの理論では、ある種の合理性を考えながら人々が行動すると想定されることが多いが、そうした合理性を前提にしなくても興味深い協調の例が出てくるのだ。ゲーム理論をビジネスの世界に適用しようとすると、すぐにゲーム理論で想定されている合理性が現実的であろうかとの疑問の声が出ることがある。だが、以下で見るように、通常の意味での合理性がなくても興味深い現象は見られるのだ。

私なりに脚色して説明してみよう。先ほどの囚人のジレンマにおける「黙秘」を「ハト」と呼び、「白状」を「タカ」と呼ぶことにする。要するに、ハトは常に友好的な生物であるが、タカは攻撃的な生物である。そしてもう1つの生物として、「オウムガエシ（Tit-for-tat）」という生物を考えたい。オウムガエシは通常は友好的でハトのような行動をとるが、相手がタカのように攻撃的であれば、自分もタカに変身したように攻撃的になるという生物である。Tit-for-tat は、「目には目を歯には歯を」

というような意味である。

ある地域に3種類の生物が入り乱れて生息していたとする。どの生物がグループとして最も高い生存能力があるだろうか。

まずハトから考えよう。たとえばハトとハトが遭遇すれば平和的な関係が維持できるので、お互い生き残るだろう。しかし、もしハトがタカと遭遇すれば、タカにやられてしまう。ハトがオウムガエシに遭遇した場合だが、これはオウムガエシがハトと同じように平和的に行動するので、共存できる。

次にタカだが、タカはハトと遭遇してもハトを駆逐するだけである。タカとタカがぶつかってしまうと、お互いに攻撃し合って傷つく。もしタカがオウムガエシと遭遇しても、タカの攻撃に対してオウムガエシはタカと同じように攻撃するので、やはり傷つけ合うことになる。オウムガエシは、相手がタカだったら自分もタカになるし、相手がハトだったら自分もハトになる。オウムガエシどうしが遭遇すれば、ハトとハトのようなものだから共存できる。

詳しい説明をするまでもないが、こうした3種類の生物が同じ地域に集まって住んでいると、オウムガエシが種としては一番生き残る可能性が高い。タカにやられやすいハトは駆逐される可能性があるし、相互に攻撃し合うタカはお互いに傷つけ合う。しかし、平和的に共存できるとともに、攻撃的な敵に対しては対抗できるオウムガエシは生存可能性が高いのだ。

ここではかなり単純化した議論をしたが、ここで言いたかったことは伝わっただろうか。ビジネスの世界でもいろいろなタイプの企業が共存している。個々の企業が合理的な行動原理だけで動いていないとしても、それぞれの企業の行動パターンによっては、オウムガエシのように生き残れるものも、そうでないものもあるだろう。

第三者を入れることにより実現する協調的な関係——カリフォルニアの農場

「**継続的な関係**」が成立すれば裏切り行為が起こりにくいという現象は、経済取引を円滑に行う上でいろいろな形で利用される。以下では経済学の世界でしばしば引用されることの多いカリフォルニアの農場の例を挙げて説明してみよう。[5]

カリフォルニアには大農場が多く、ブドウやアスパラガスなどの収穫期になると大勢の人を雇わなくてはいけない。近隣のメキシコから来た農業労働者が雇われるケースが多い。

ゲーム理論的に見ると、農業労働者は強い交渉力を持ちうるはずだ。地面にはアスパラガスがたわわに実っていて、3日か4日の間に収穫しないと全部ダメになってしまう。いま収穫すれば、一番良い状態で出荷できる。それに備え、メキシコからの農業労働者たちが集められ、待機している。そこで農業労働者たちが、「自分たちの給料を上げてほしい。上げてくれないなら辞めて帰る」と主張すると、農場の経営者はどうなるだろうか。大量のアスパラガスを経営者の家族だけで収穫することは不可能であるし、いまさらよそから農業労働者を連れてくる時間もない。もし実際にそうした交渉になってしまったら、賃上げの要求に応じるしかないのだ。

そうした状況にならないために、農場の経営者はどうしたらよいだろうか。農業労働斡旋業者を通して農業労働者を集めるのだ。メキシコの農業労働者たちが住んでいる町で顔の利く有力者に依頼し、彼が連れてきた農業労働者を雇えばいい。この斡旋業者は農場経営者とこれから先、ずっとビジネスを続けていきたいので、農場経営者を失望させるようなことはしない。村から連れてきた農業労働者たちが自分たちの賃金を上げてくれなければ働かないよと言ったら、後でその人たちを厳しく罰する手段ももっている。

こうした斡旋業にしばしば犯罪組織に近いグループが関わることがあるのも、農業労働者に言うことをきかせる脅しの力をもっているからだ。ここでは継続的な関係が、斡旋業者と農場の経営者の間だけでなく、斡旋業者と農業労働者の間にも成立しているのだ。そして、両方において将来の報復や取引関係の断絶を恐れて、協調的な関係が維持されているのだ。

ビジネスの世界でも、両者の取引が1回限りのものであっても、間により長期的な関係を維持できるような第三者を入れることで協調的な関係を維持しようとする事例は少なくない。たとえば、一度きりの取引を行おうという2つの企業でも、それぞれが同一の銀行と継続的な関係にあれば、銀行の仲介で取引をすることで、相手が裏切ることはないと信じて行動できるかもしれない。

人材派遣などでエージェントが間に入るのは、雇用側と労働者側の間に入ったエージェントが両者と長期的な関係をもっているため、両者の裏切りをチェックできるからだ。

5　以下の議論はKlein, Crawford, and Alchian, "Vertical Integration, Appropriable Rents, and the Competitive Contracting Process"（1978）, *Journal of Law and Economics* に基づく。

Point

覚えておこう！

- 繰り返し行動や継続的な関係が協調を生むことは、第1次世界大戦の兵士の日記を分析した政治学者によっても明らかにされている。
- 1回限りの取引でも、エージェントなど第三者が仲介する場合には、双方に協調的関係が成り立つ可能性が高い。

高度経済成長期の日本における継続的関係

こうした継続的な関係から協調的行動が出てくる事例は、戦後の日本経済にはいろいろなところで見られる。詳しく立ち入ることはしないが、銀行と企業の間のメインバンク関係、企業と労働者の間の長期的な雇用関係、流通における系列取引の形成、部品供給などにおける下請関係など、いずれも継続的な関係が協調を支える上で重要であるということを示す例である。

継続的な関係を維持する上で重要な要素となるのは、協調を維持することで将来得られると期待される利益の大きさである。非常に高い経済成長を遂げていた戦後の日本経済では、こうした協調関係が生まれやすい環境が成り立っていた。これを企業と従業員の関係を例に見てみよう。

高度経済成長のもとで売り上げが速いスピードで拡大していくとき、企業はどのような行動原理で動くのだろうか。おそらく、現在の利益よりは将来の利益のほうを重視するのではないだろうか。なぜなら成長が続く限りは、将来の市場規模も大きくなるからだ。このようなとき、企業が目先の利益を確保するために、従業員を解雇する、あるいは従業員の反発を招くような行動をとるだろうか。おそらくしないだろう。従業員との良好な関係を維持していれば得られるだろう将来の大きな利益を犠牲にしてまで、目先の利益を追うことは合理的ではなかったのだ。

1980年代、トム・ピーターズらによる『エクセレント・カンパニー』という本が世界的なベストセラーになった。[6] 当時、エクセレント・カンパニーといわれている優れた会社のビジネスの形態を調べると、「**日本的経営**」に通じる、継続的な関係を重視している企業が多数あることがわかった。たとえば、社長は基本的には従業員の中から出世した人物であり、従業員の給与にも年功賃金的な仕組みが組み込まれている。GM、IBM、大手の石油会社などがこうしたエクセレント・カンパニーの例として挙げられていた。

成長を続けている企業では、将来にわたる長期的な利益が重要で、企業としても従業員との間で継続的な関係を維持しようとすると考えれば、エクセレント・カンパニーでそうした関係が色濃く見られるのは不思議ではない。高度経済成長時代の日本で、そのような関係が構築されてきたということも理解できる。

---

6 T・ピーターズ、R・ウォータマン『エクセレント・カンパニー』大前研一訳、講談社文庫、1986年。（原著）Tom Peters, Robert H. Waterman, *In Search of Excellence : Lessons from America's Best-Run Companies*, Harper Collins. 1982.

しかし、日本で見られた継続的な関係は大きく崩れつつある。多くの企業が将来の利益よりも、いま生き残るのに必死であるからだ。従業員をリストラするのは日常茶飯事である。銀行から融資を受けている中小中堅企業は、経営が悪化すれば、いつ後ろから斬られるかわからないと疑心暗鬼に陥っている。経済環境の変化は、企業の行動パターンをも大きく変えてしまうのだ。

Point

覚えておこう!

- 戦後の日本では多くの分野で長期継続的関係が見られた。
- マーケットが成長している産業や企業のほうが、長期継続的な関係を維持しやすい。
- エクセレント・カンパニーと呼ばれた企業では、アメリカでも継続的な雇用関係を重視する傾向が見られた。

3 ゲームを有利に進めるために必要なこと

先手を打つ（コミットメント）——大きな街には小さな店を、小さな街には大きな店を

イオン・グループの名誉会長である岡田卓也氏がよく引き合いに出した言い回しに次のようなものがある。「大きな街には（セブン－イレブンのような）小さな店を、小さな街には（ウォルマートのような）大きな店を」、そして「イオンのような大型店は狸しか出ないようなところに出店したほうがうまくいくのだ」というものだ。

東京近郊のような大都市圏には多くの潜在顧客がいる。そのようなところに中途半端に大きな店をつくっても、近くにもっと大きな店をつくられてしまっては元も子もない。大きな商圏では、コンビニエンスストアのような小さな店のほうが生き残りやすい。しかし、人口10万人かそれ以下の小さな街であれば、その人口に十分に見合った大きな店をつくってしまえば、あとから他の大型店は参入しにくいものだ。既存の店がその街の人口を反映した大きな店であるので、参入しようとするライバル企業がその店よりも大きな店をつくろうとすれば、仮に既存店舗に勝てても、店が大きすぎて小さな

岡山市のイオンモール。イオンが店舗の郊外立地を積極的に進めた背景には、先手必勝をねらう「コミットメント」戦略があった。
（写真提供：山陽新聞／共同通信イメージズ）

規模の街では採算が合わなくなってしまう。

「狸しか出ないような……」というのも同じ狙いである。日本のような狭い国土に人口が密集している国では、どんな過疎地域に店をつくっても5万人程度の客はどこからか出てくるものだ。そうした過疎地域にその地域の商業規模に合ったような大きな店をつくれば、ライバルは出て来にくい。そうしたところに出店したほうが安定的な利益が得られるというのだ。

実際、イオン・グループは、過疎地に近いところでも積極的に大型店を展開してきた。その出店戦略には、アメリカのウォルマートを連想させるものがある。南部のアーカンソー州という郊外から出発したウォルマートは、アメリカの郊外を中心に展開を続けてきた。そうした郊外の市場で大きなシェアを取ることが、一番安定的な利益を確保できる方法だったのだ。さすがに全米一の規模の小売業になってからは都市部への出店が見られるが、それでも競合するKマートやターゲットなどに比べると、都市の中心近くよりは郊外への出店が多いようだ。

さて、前節までの議論に抜けていた大きな論点がある。それはゲーム理論的な状況では、相手に先んじて動くことがゲームを有利に導くことがあるということだ。イオンのケースに戻れば、2つも大きな店が出て行けないような郊外では、他に先んじて大きな店を出してしまうことが圧倒的に有利なのである。すでに大きな店が出ている郊外で、新たに大きな店を出すことは難しいのだ。このように相手よりも先んじて動いて、状況を自分に有利にしてしまうことを「**コミットメント**」という。

Point

覚えておこう！

✔ **競争相手に先んじて動くことがゲームを有利に進めることにつながる。それが「コミットメント」ということだ。**

なぜ地方百貨店の店構えは大きいのか

地方都市に行くと、その都市の市場規模に比べて大きすぎると思えるような大型の百貨店を見かけることがある。なぜ地方百貨店はあれだけ大きな店舗をつくるのだろうか。これもコミットメントという視点から理解することができる。図5-5はこの点を図解したものだ。

大きな店をつくっておけば、他の小売業が店を出した場合、必然的にそこでの価格競争は激しいものにならざるをえない。もともとの店の規模が小さければ、競合店が出てきたとき、共存するという道が残されているかもしれない。しかし、大きな店をつくってしまえば、競合店が出てきても共存を図ることは難しい。競合店が出てきても、どちらかが撤退するまで徹底的に戦うしかない。すでに大きな店をつくるために固定費を支払ってしまっているので、ライバルと市場を分割する余裕はない。それに、店が大きければ、それだけライバルとの厳しい競争に勝ち残る可能性があるからだ。

必要以上に規模が大きな店をつくるのは、百貨店にとって必ずしも目先の利益を最大にするものではない。しかし、それによって競合店の出店を防げるのであれば、それは必要な投資ということになる。このようにライバルの参入の意欲をくじくために大きめの投資を行うことを「**参入阻止行動**」という。鉄鋼や石油化学などの素材メーカーがライバルの参入を抑えるため、必要以上に規模の大きな工場をつくろうとするのも同じ意図だ。これらの事例では、大きな店や工場を建てるということが、ゲームを有利に導くためのコミットメントとなっているのだ。

図5-5 » **コミットメント**

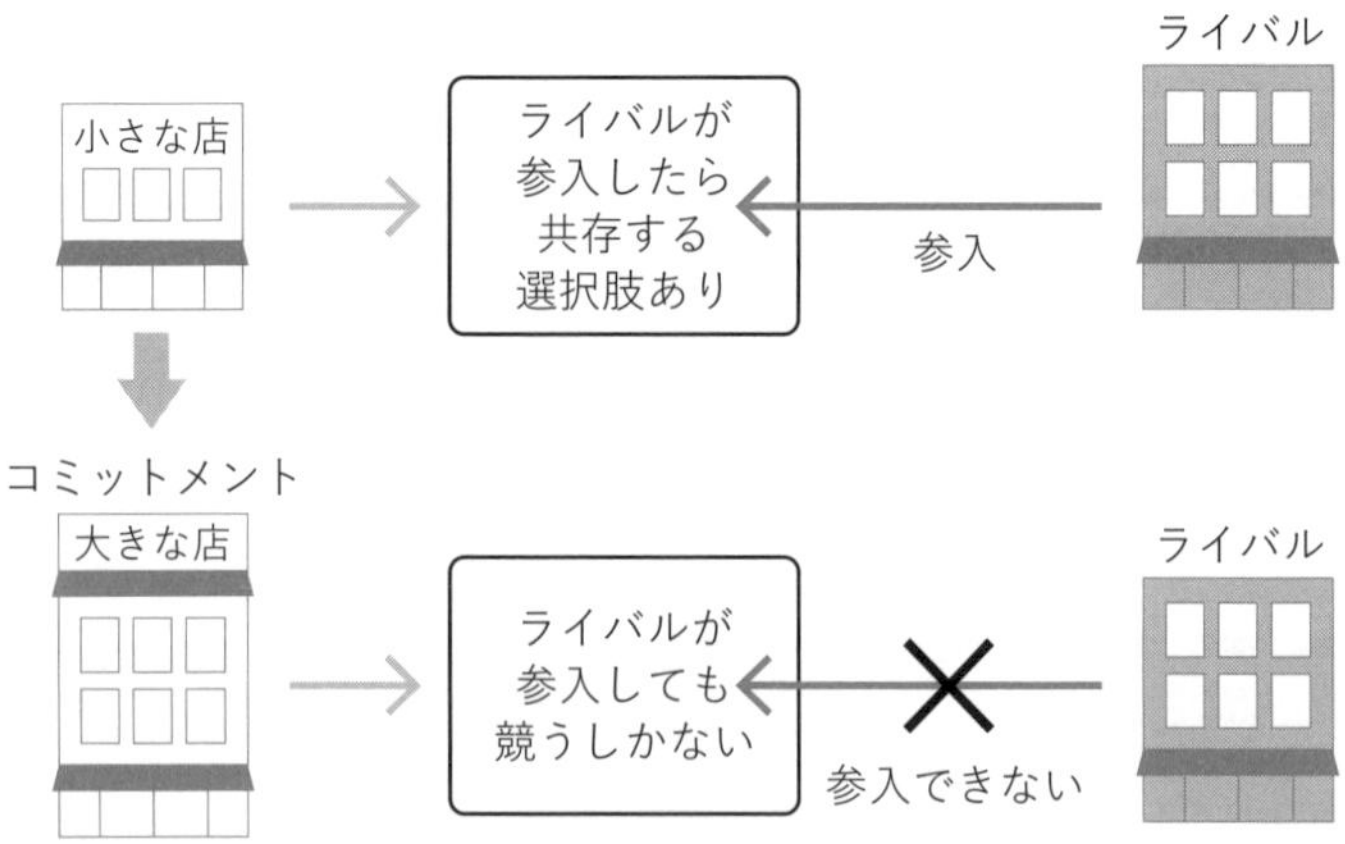

コミットメントは相手に覚悟を知らせることでもある

コミットメントというのは、相手に自分の覚悟を知らせるということでもある。しかも、その覚悟が単なる口約束ではなく、ホンモノであるということを知らせなければならない。『史記・淮陰侯列伝』の韓信の故事に「背水の陣」というのがある。つまり、川を背にして陣をとる。退路を断ってしまうと、あとは戦って勝ち残るか、それとも全滅しかない。川の後方に陣取れば、いざとなれば逃げられるから、その分だけ兵士にとっては出す力が違う。背水の陣によって兵士の力を引き出すだけではなく、相手に覚悟を示すことが重要なのである。

また、『孫子』には「相手を囲んで攻撃するときには、相手の逃げ場をつくっておかなければいけない（師を囲めば必ず闕く）」という兵法がある。そうしないと、生き残るか死ぬしかないために、相手が必死になって向かってくるからである。しかし、逃げ道をつくってやれば、いざとなれば向こうは逃げられるため、相手が弱くなるかもしれないということである。このような話はビジネスの世界では結構多い。そういう意味で、コミットメントをどのようにつくるかということは、非常に重要になる。

ある弁護士から聞いた話だが、大手企業の訴訟で相手側の地方企業が地方の弁護士を立ててくることがある。こうした案件を東京などの大手弁護士事務所が請け負うときには、大きな鞄が何個もいるような膨大な資料を集めて相手の弁護士と交渉に行くという。一方、地方の弁護士は多くの小さな案件を少人数の弁護士でこなしている。それだけの件数をこなさないと事務所がやっていけないのだろう。

そんなところに、大手弁護士事務所によって多くの時間を使わなければいけないような大量の資料が持ち込まれても、それを全部検討して対抗する時間はない。そこで大手事務所は戦意を失わせ、有利に示談に持ち込めるという。相手の戦意を失わせるような手をあらかじめ打っておくことは、戦いを有利に持ち込む戦略なのだ。

Point

覚えておこう!

- ライバルの参入意欲をくじくために大きめの投資を行う「参入阻止行動」もコミットメントだ。
- 「背水の陣」のように自らの退路を断つこともコミットメントになる。自分の覚悟を相手に見せることで相手の戦意を喪失させるのだ。
- 相手の逃げ道を用意してやることもコミットメントを成功させる上では重要になる。

交渉で相手に譲歩しない方法

百貨店は、店員になぜ価格交渉をさせないのだろうか。本当は顧客との価格交渉をしたほうがいいかもしれない。たとえば1万円で売っている品物を、客が9000円であれば買うが、1万円では買わないと主張した場合、仮に店員が価格決定権をもっていれば、9000円まで下げるだろう。しかしそれがわかったら、客はみな交渉に入ってしまう。そこで、百貨店の経営者が「定価で売りなさい。それでお客さんが買わずに帰ってもかまわない」と店員に宣言するだけでなく、客にもそれがわかるようにする。

交渉をするときには、交渉代理人を立てて、しかもできるだけ譲歩をする余地を与えないことである。店舗の店頭に店主や責任者が立てば、顧客は値引き交渉を始めるかもしれない。多少値を引いても売れたほうがよいと店主が考えることを顧客に悟られるからだ。しかし、店に立っているのが何の権限ももっていない店員であれば、顧客としても買うか買わないかの選択しかできないのだ。

自動車のディーラーはたいてい割引競争をする。買い手も、クルマを買いにディーラーに行って、どれだけ割り引かせるかということを考える。このようなやり方は、好ましいとは限らない。顧客が店頭価格について疑心暗鬼になってしまう。5万円値引きしてくれた。ずいぶん気楽に値引きしてくれたが、ひょっとしたら他の人にはもっと値引きしているのではないかと考えてしまう。また、顧客は交渉しないと安心できず、本当は一度で買いたいものを、わざわざ出直してからもう一度行ったりすることになる。

そこでGM（ゼネラル・モーターズ）はサターンという車種で、「絶対値引きしません。GMのサターンは全国どこに行ってもこの価格です」という「ワンプライス・ポリシー」を宣言した。これは、成功すれば非常に良い方法である。ただ、このワンプライス・ポリシーについて話題になったとは聞いていないので、大成功したということでもなさそうだ。

Point
覚えておこう！

✔権限のない人を交渉人に立てるほうが交渉が有利に進むこともある。

「肉を切らせて骨を断つ」コミットメント

コミットメントは相手の機先を制するだけでなく、自分の覚悟を相手に示す意味でも重要である。ただ、実際にはこれをやり遂げることは容易ではない。「肉を切らせて骨を断つ」という言葉があるが、まさに自分がある程度傷ついたり、犠牲を払うことによってはじめてコミットメントが通用することがある。

ハイジャックや誘拐犯に対する対応がその一例である。ハイジャッカーの要求したものに対応したほうが、ハイジャックに遭った人の命を救える確率は高い。しかし、それではハイジャッカーが次から次へと現れる誘因になる。ハイジャックをしても無駄だと知らしめ、ハイジャックを長期的に減らすためには、ハイジャックがあっても絶対に屈しないという姿勢を貫くことが必要となる。しかし、目の前でハイジャックによって危険にさらされている人たちがいるとき、そうした姿勢をとり続けることができるだろうか。

「**ストックオプション**」の利用にも似た面がある。外からスカウトしてきた優秀な人材に頑張ってもらうため、彼らにストックオプションを提供したとしよう。ストックオプションとは、将来、一定価格で株式を購入する権利を与えることだ。

いま、1000円で株式と交換可能なストックオプションを提供したとしよう。ストックオプションをもらった人たちが頑張って株価が上昇していけば、彼らはストックオプションを行使して利益を上げることができる。たとえば、ストックオプションを行使する権利が発生したときに株価が1500円になっていれば、株を（ストックオプションの権利分だけ）1株1000円で購入して1500円で売れることになる。大きな利益が出るだろう。

このように、ストックオプションは企業の業績のカギを握る人に高い成果を上げてもらうための効果的なインセンティブを提供する手段となる。

問題はストックオプションを提供したとき、何らかの（景気後退のような）外的要因で株価が下がり続けた場合である。たとえば、ストックオプションの行使権を使う前に株価がどんどん下がってしまい、1株700円にまで下がってしまったとする。株価を1000円以上にもっていくことは不可能に近くなり、ストックオプションを行使しても儲かる可能性がなくなってしまった。これではストックオプションのインセンティブ効果は働かなくなる。

それならば、ストックオプションの値段を700円まで下げれば、また頑張るかもしれない。確かにそうだが、仮にそうした調整が起こるかもしれないということが最初からわかってしまうと、経営がうまくいかなくてもまた調整してくれるのではないかという、おかしな期待をもたれてしまう可能性がある。

Point

覚えておこう！

✔コミットメントを成功させるには、時には犠牲をいとわず「肉を切らせて骨を断つ」ような強い覚悟を相手に示すことが必要になる。

4 ゲーム理論を応用したいくつかの事例

後追い戦略の強み

第3節では、敵よりも先んじて行動を起こすことの利点について考察してきた。しかし、ゲームの状況によっては、相手の行動をまず待ってみることで優位な状況に立つということもあるのだ。

前に紹介したディキシットとネイルバフの『戦略的思考とは何か』の中に出てくるヨットレースの話は、そうした状況の例としてわかりやすい。少し脚色し、単純化して紹介してみよう。

ヨットレースも最終局面に来ており、前に出ている東大チームは後から迫ってくる一橋チームをかなり引き離していた。このままいけば、東大チームの勝利である。東大チームはコーナーの内側のコースをとっていた。後ろから追う一橋チームは一か八かでアウトのコースをとって追いかけることにした。そのとき、突然風向きが大きく変わり、アウトのコースをとる一橋チームが有利になって一気に東大チームを抜き去ってしまったのだ。

後で東大チームは反省会を開いた。そして、インのコースをとったのが間違いであったという結論に達した。あのとき、東大チームは一橋チームに大分差をつけていた。一橋チームがアウトのコースを選んだとき、東大チームも同じようにアウトのコースを選ぶべきだったのである。一橋チームと同じコースをとれば、どんな方向の風になっても条件は一橋チームと同じである。一橋チームとの差が縮まることはない。そうすれば絶対に試合に勝ったはずなのである。

　この例の教訓は何だろうか。「相手の出方を見てから自分の行動を決めたほうが有利なときもある」ということだ。ビジネスの世界でもこうした教訓が成り立つケースは少なくない。松下電器（現・パナソニック）やトヨタ自動車の成功の秘訣もここにあるといわれる。「**後追い戦略**」である。

　松下電器はかつて「マネシタ電器」と揶揄《やゆ》されることがあった。他の会社が出した画期的な製品と同じような製品を後から出して、それで成功をかっさらってしまうというのだ。現実には、松下電器は多くの画期的な製品を出しているので、このような呼称をつけられるのは不本意かもしれない。しかし、ゲーム理論的に考えれば、後追い戦略は松下電器のような競争力のある販売チャネルをもっている企業にとっては、非常に合理的な戦略でもあるのだ。

　電気製品の分野では次々と新しい製品が出される。そうした商品の中にはたいした成功を収めずに消えていった製品もたくさんある。松下電器には優れた製品を低コストでつくり出す製造技術と、製品を効果的に市場の隅々まで売っていく流通チャネルがある。

　仮にどこかの企業が発売した新しいタイプの製品が成功を収めるようなら、後から同様の製品を生産し始め、先行した企業よりも優れた製品につくり込み、それを強力な流通販売網で販売することができる。ここでは、他の企業を圧倒する製造技術と販売技術が有効に機能する。マネシタ戦略は成功の大きな原動力なのだ。

トヨタ自動車にも同じような面があると考えるのは筆者だけではないだろう（もちろん松下電器同様、トヨタ自動車の強さはこれだけではないだろうが）。トヨタ自動車にも、他社を圧倒するような強力なディーラー網がある。また、製造技術や製造システムにおいても、他社を大幅にリードする優れた仕組みをもっている。ホンダや日産自動車が優れたコンセプトの自動車を生産したとき、トヨタは後からそれを追いかけてライバルのシェアを切り崩す力をもっている。

ディキシットとネイルバフの本に出ているアメリカの事例を見ても、こうした後追い戦略をとっている企業の中には巨大企業が少なくないようだ。彼らは、ＩＢＭとアップルやサン・マイクロシステムズ（同社はその後オラクルに吸収合併された）を比べている。アップルやサンは革新的な会社で、新しい製品を次々と出してくる。ＩＢＭは、技術革新についてはアップルやサンほど華々しい成果を上げておらず、また、そこにはあまり力を入れてこなかった。しかし、ＩＢＭは標準化した技術をマスで広げていくことについては、非常に優れている。また、販売網やサービスネットワークでも非常に優れているのだ。

彼らは、プロクター・アンド・ギャンブル（Ｐ＆Ｇ）の例も取り上げている。アメリカの洗剤メーカーの中には、革新的な商品を多数出している企業もある。しかし、Ｐ＆Ｇはマーケティング力が高いので、革新的な商品があればそれに似たものを大量に生産し、販売するのが得意である。

Point

覚えておこう！

✔優れた製造技術と強い販売チャネルをもっている企業は、ライバル企業の出す製品の売れ行きを見ながら、成功を収めそうな商品だけを後から追いかけることで大きな利益に結びつけることができる。これを「後追い戦略」という。

強い者が必ずしも勝つわけではない

ゲーム理論で重要なことは、プレーヤーの間で「**相互依存関係**」が強く働くことである。その結果、想像もできないことがいろいろと起こりうる。たとえば、強い者と弱い者が競争したとき、弱い者のほうが高い利益を上げることもありうるのだ。

そこで、スタンフォード大学のジョン・マクミラン教授が示した次のような状況を考えてみたい[7]。

大きな農場があって、大きな豚と小さな豚の2匹がいる。大きな豚も小さな豚も非常に利口だとする。この農場の離れた場所にボタンがあり、1日1回だけボタンを押すと豚舎で餌が出る。どちらかが行ってボタンを押さないと、餌は出てこない。小さな豚がボタンを押した場合、戻ってくる間に、大きな豚は餌を全部食べてしまう。大きな豚が行って押したら、小さな豚だけでは食べきれないから、大きな豚は戻ってきてから残りの半分を食べられる。大きな豚と小さな豚が一緒に行って押して戻ってくるとすると、大きな豚は小さな豚を押しのけて全部食べてしまう。2匹ともボタンを押さなければ餌は出ないから、2匹とも食べられない。

この場合、図5-6のように、小豚が「押す」「押さない」、大豚が「押す」「押さない」の4つの選択がある。両方とも押さなければ餌は食べられないからどちらの豚の利得も0である。大豚が押さずに小豚が押すと、大豚は餌を丸々食べられて10の利得となる。小豚は餌が食べられないだけでなく、行って押すために余分なエネルギーを使うので−2の利得となる。大豚が押して小豚が押さないと、小豚は5食べられる。大豚は5だけ食べられるのだが、ボタンを押しに行くために2のエネルギーがいるから、差し引き3の利得しか得られない。2匹で行った場合、小豚は食べられないから−2、大豚は全部食べてしまうか

図5-6 » 小豚が大豚よりも高い利得を得られる

大豚の行動

小豚の行動		ボタンを押す	ボタンを押さない
	ボタンを押す	8 -2	10 -2
	ボタンを押さない	3 5	0 0

出所：John McMillan, *Games, Strategies and Managers*, Oxford University Press, 1975に基づく。

ら、8ということになる。

このようなゲームで、どちらが押しに行くだろうか。大豚が押すとしたら小豚は押さないほうがいいし、大豚が押さない場合も小豚は押さないほうがいい。小豚にとってみれば、押さないという戦略が「**支配戦略**」なのである。小豚が押さないという戦略をとることがわかると、大豚は押さなければ食べられない。押せば3の利得が得られるが、押さなければ利得は0である。結局、小豚が押さないで大豚が押すことが選択されることになり、その結果、小豚の利得は5、大豚の利得は3になるのだ。

このように、強い者が勝つとは限らない。むしろ小豚が何もできないことを大豚が知っているために、結果的に大豚は押しに行かざるをえないのである。自分を強くすることだけが、いつも利益にかなうわけではないということである。ビジネスの世界でもこうした事例は多くあるのではないだろうか。

Point

覚えておこう！

✔駆け引きのあるゲームの世界では、強くなることだけが競争の勝利につながるとは限らない。弱者には弱者なりの生き残り策がある。

5 不特定多数が相手のゲーム

これまでの説明からだけでは、ゲームというのは限られた人たちの間での紛争や協調のメカニズムであると誤解されるかもしれない。たしかに、限定された人たちの間の問題にもゲーム理論は有効であるが、不特定多数が関わるような問題においてもゲーム理論は有効性を発揮する。この節では、企業買収とオークションという2つの事例で、不特定多数を相手にしたゲーム理論的な思考について紹介しよう。

百貨店における激しい買収合戦[8]

1980年代、アメリカには激しい買収の嵐が吹き荒れた。さまざまな企業が買収の対象となったが、その中の1つとして注目すべきなのが百貨店業界である。

百貨店は、都市型の代表的な小売業としてアメリカ市場で君臨してきた。ニューヨークのメイシー

7 この事例は『経営戦略のゲーム理論―交渉・契約・入札の戦略分析』（ジョン・マクミラン著、伊藤秀史・林田修訳、有斐閣、1995年）に基づく。（原著）John McMillan, *Games, Strategies and Managers*, Oxford University Press, 1972.

8 この問題についての詳しい記述については、『百貨店の未来』（伊藤元重著、日本経済新聞社、1998年）を参照してほしい。

ズ、ブルーミングデールズ、サックス・フィフス・アベニュー、シカゴのマーシャル・フィールズ、ボストンのファイレーンなど、大都市の中心部には有名百貨店が大きな店を構えている。

しかし、アメリカ社会の郊外化の動きはそうした百貨店の経営基盤を揺るがすものであった。これらの百貨店のブランドは多くのアメリカ人にとって強く認知されてはいたが、多くの裕福な層が郊外に住むようになって、大都市のダウンタウンのこれらの店まで買い物に来る客は少なくなっていた（都市部に人口が戻り始めた1990年代以降はまた少し状況は異なってきている）。

そうした変化があるにもかかわらず、百貨店はダウンタウンでのビジネスにこだわり続け、大きな方向転換をしようとしなかった。自社所有の土地と、すでに減価償却が済んだような建物の中で商売している百貨店にとっては、それでも十分にやっていけたのかもしれない。

しかし、株主の視点から見ると、こうした百貨店の経営は株主利益を最大にしているとは思えない。ダウンタウンの店は他の用途の立地としては素晴らしいが、百貨店を続けていくのには好ましい場所ではない。そうした物件は高い地代を稼げるオフィススペースなどの用途に転売あるいは転用する。高い評価を受けている百貨店のブランドを最大限活用して、多くの客が見込まれる郊外のショッピングモールに出店していく。これが投資家の描く百貨店の好ましい姿である。

そこで買収劇が始まることになる。百貨店の株の過半数を買収によって取得して、経営陣を入れ替える。新しい経営陣のもとでダウンタウンの不要な店の売却をするとともに、積極的に郊外での店舗開設を進めるのである。こうした買収は、アメリカの小売業の地図を塗り替える大きな原動力となった。

以下で取り上げるのは、ディキシットとネイルバフの『戦略的思考とは何か』の中で紹介されている巧妙な買収の手法の例である。その舞台がたまたまアメリカ有数の百貨店フェデレーテッド社であった。フェデレーテッド社は傘下にニューヨークに大型店を構えるブルーミングデールズやメイシーズ、シアトルのダウンタウンにある百貨店ザ・ボンマーシュなどを抱えている持ち株会社組織であり、アメリカ最大の百貨店である（その後、紆余曲折を経て2007年にフェデレーテッドはメイシーズに名称が変更されて今日に至っている）。

2段階ビッドという巧妙な手法

フェデレーテッド社に強い関心をもったのは、不動産投資会社であるキャンポー社であった。いまフェデレーテッドの株価は市場で100ドルだったとしよう。ここでキャンポーは次のような「**2段階ビッド**」（公開買い付け）を行ったのだ。

① キャンポーはフェデレーテッドの株式を過半数に達するまで1株105ドルで買う。ただし、過半数を超えた分については90ドルに下げる。買収が成功しようがしまいが、キャンポーは過半数に至るまでの株式を105ドルで買い取る。

② こうした条件で公開買い付けを行い、買い付けに対して全体の応募株式のうち過半数を超えた分については90ドルで換算して、それを全体で薄めて株式購入代金を支払う。たとえば、公開

買い付けに応じた株数が発行総額の70%であるとしたら、20%の部分に90ドル、50%の部分に105ドルの価格がつくので、1株当たり約100・7ドルという支払いになる。[9] 先に買い付けに応じた人には高い価格が支払われるというのではなく、最終的な買い付けに応じた株式数に応じて、前に示した方式で買い付けが行われるのだ。

公開買い付けに応じる株主が証券会社に連絡してくる。それを全部かき集めた段階で、50%以上になればキャンポー社の勝ちである。過半数の株式を確保したキャンポー社は経営権を握り、公開買い付けに応じなかった株式については90ドルで買い集めることができる（こうした権利があるのかもしれないし、あるいは株価が90ドルになるまで増資をすることもできる）。

このオファーは、株主にとっては不幸なものであった。マーケットで売れば100ドルで売れるのにもかかわらず、全員が買収に乗ってしまえば97・5ドル（注9の計算式参照）にしかならない。幸いなことにもう1社、メイシーズがフェデレーテッドの買収合戦に参加した（実際にはその後1990年代に入りメイシーズが倒産し、1994年にメイシーズはフェデレーテッドの傘下に入った）。

当時、メイシーズは102ドルの条件で買い付けオファーを出した（2段階ではなく単純な買い付けだ）。メイシーの買い付けに対する応募が総株数の過半数を超えた場合は102ドルで買い取る。過半数を超えなければ、買い付けのオファーはキャンセルされるという条件を出した。

97・5ドルの買い付けオファーが102ドルのオファーを破る

驚くべきことに、買収に成功したのはキャンポーだった。しかも、97・5ドルという、市場価格よりも安い株価で買うことができたのである。これはゲーム理論的な思考を使わないとなかなか理解することが難しいケースだ。重要なことは、株主の立場に立ってゲームを考えてみることだ。

1人ひとりの株主は、他の株主の対応を予想しながら、キャンポーのオファーに対して応じるかどうかを考えることになる。これは、この株主と他の株主全般との間のゲームとして表現されることになる。この特定の株主が想定している状況は次の3つに整理することができる。図5-7はこれを整理したものだ。

① キャンポーによる2段階ビッドが過半数を得られず、買収が失敗する場合。
② 2段階ビッドが過半数を得て、買収が成立する場合。
③ 2段階ビッドがちょうど半分の株式を確保できる状況で、もしこの株主が買収に応じれば過半

9 実際にx%（50%を超えた場合）の人だけが最終的に買い付けに応じたとすると、キャンポーが一株に対して株主に払う平均買い付け価格は、
$(105\times50)\div x+\{90\times(x-50)\}\div x=90+15\times(50\div x)$
になる。

数を超えて買収に成功する場合。

それぞれの状況でこの株主はどのように対応すべきであろうか。

①のケースではキャンポーは過半数を確保できない。しかし、この投資家の株は１０５ドルで受け取ってくれる。メイシーズであれば買収に成功するといっても１０２ドルだ。どちらの買収にも応じなければ、市場価格の１００ドルにしかならない。この場合には、キャンポーの買収に応じることが株主にとって最も好ましい対応になる。

次に、②の状況になればキャンポーは買収に成功することになる。キャンポーの買収に応じると、何%の株主が買収に応じるかにもよるが、１０５ドルと90ドルのどこか中間の価格になる。少なくとも97・5ドルは入る。買収に応じなければ、キャンポーが買収に成功した後、自分の株価の価値は90ドルになってしまう（あるいはその価格でキ

図5-7 » キャンポーのTOBオファーと株主

ケース1 キャンポーが過半数を得られない場合

- 応じる → 105ドル
- 応じない → 100ドル（市場価値）／102ドル（メイシーズの提示価格）

ケース2 キャンポーが過半数を得られる場合

- 応じる → 少なくとも97.5ドル
- 応じない → 90ドル

ケース3 自分の対応が過半数か否かを決定する場合

- 応じる → （おおよそ）105ドル
- 応じない → 100ドル（市場価値）／102ドル（メイシーズが勝つケース）

ャンポーに引き取られてしまう）。メイシーズのオファーに乗っても、この状況ではメイシーズは勝てないため最終的に買い取ってもらえない。この場合にも、キャンポーのオファーに乗るのが一番合理的なのだ。

では③のケース、すなわちキャンポーの買収が成功するかどうかのカギをこの投資家が握っている場合はどうだろうか。この投資家がキャンポーの買い付けに応じれば、キャンポーは50％を取れる。そして投資家には1株当たり105ドルが入ってくる。もし投資家が買収に応じなければ、キャンポーは勝てない。その場合、メイシーズの買い付けに応じれば102ドルが入るチャンスが出てくる（メイシーズの買収が成功しなければだめだが）。もしどちらの買い付けにも応じなければ、100ドルという市場価値が残る。この場合も、やはりキャンポーの買い付けに応じるのが一番高い利益をこの株主にもたらすのだ。

株主は、上の3つのケースのどれであるのかわからない。しかし冷静に考えてみれば、どのケースであってもキャンポーの買収に応じるのが最も合理的なのである。株主が合理的に行動するとすれば、キャンポーの買収は成功することになる。

結局、キャンポーはこの買収に成功したのであるが、巧みな2段階ビッドという手法を利用したため、市場価格である100ドルよりも安い97・5ドルという価格でフェデレーテッド社の買収に成功してしまったのである。

しかしその後、キャンポーはこの買収に伴う負債のため倒産し、社名はフェデレーテッドに変更された。そしてさらにフェデレーテッドはメイシーズに名称変更された。アメリカの百貨店業界ではまさに激しい買収の嵐が吹き荒れたのである。

Point

覚えておこう！

- 巧妙な株式の買い付け（2段階ビッド）を利用すれば市場価格よりも安く企業を買収できる。
- 投資家は他の投資家の動きを見ながらゲーム理論的な思考をする。

経済学者発案のオークション

不特定多数の相手に対するゲームのもう1つの例として「**オークション**」（競争入札）の例を挙げてみたい。オークションというと、サザビーズやクリスティーズでの絵画や高級ワインのオークションを思い浮かべる人が多いかもしれない。しかし、現実の世界では、野菜・花・魚などの競りや公共入札、不動産取引から電力や電波帯の売買まで、じつに多様な形のオークションが行われているのだ。昔のことになるが、有名な例として、第三世代携帯電話の周波数帯のオークションがある。欧州各国は周波数帯をオークションを利用して高値で売り、巨額の財政収入を得た。しかし、その結果、欧州各国の通信事業者は巨額の支出を迫られた。ニューズウィーク誌によると（日本語版2001年5月30日号）、欧州各国の通信事業者は2000年だけで、免許取得のためだけに1100億ユーロ

（約12兆円）も投じたことになる。この結果、BT（ブリティッシュ・テレコム）やドイツテレコムなどのヨーロッパの主力電話会社が軒並み巨額の債務を抱えることになる。こうした動きが欧州の通信事業者の将来に大きな不安を投げかけた。

こうしたオークションの背後にゲーム理論家の影が見える。上記のニューズウィーク誌は、「イギリス政府は、ロンドン大学の経済学部教授でゲーム理論専門家のケン・ビンモアに、第三世代の事業免許の競売プランを依頼した。ビンモアはポーカーとモノポリーをこよなく愛する男で、その競売プランにはギャンブル的な魅力があった。どんどん入札価格が上がるのは確実に思えた」とコメントしている。ビンモアのプランがギャンブル的であったかどうかはさておき、経済理論の世界では、オークションについてゲーム理論を用いて多くの研究が行われている。

ゲーム理論の創始者の1人であるジョン・ナッシュを描いた『ビューティフル・マインド』（映画化もされアカデミー賞を受賞）の中で、原作者シルヴィア・ナサーはオークションの例を挙げている。

「ナッシュ均衡」で知られるジョン・ナッシュ。ナッシュをはじめとするゲーム理論家の生み出したコンセプトは現実の政策への応用で成果を上げている。
（写真提供：ロイター＝共同）

ナッシュがノーベル賞の授賞式に向かう車の中にいる頃、ワシントンでは携帯電話の電波帯のオークションが行われていた。「70億ドルの値が付き、アメリカ歴史上最大の額の公的資産売却となった。そしてこれは、経済理論が公共政策に利用された最も大きな成功例の1つであった」のだ。プリンストン大学のウッドロー・ウィルソン・スクールのディーン（学校長）を務める著名な経済学者ロスチャイルドの「人々が1つの問題について深く考えることが世界を良くすることの1つの証だ」という発言が、この本の中で引用されている。

公的な資産をオークションにかけるという考え方は、いろいろな分野に応用することが可能だ。携帯電話の周波数帯は、目には見えないが公共の資産であることは明らかだ。それを利用することで携帯電話会社は大きな利益を上げることができる。その公的資産の利用権をオークションにかけようというわけだ。

このような公的資産のオークションの例としてよく取り上げられるのが、空港の発着スロットである。羽田空港の発着スロットの権利は非常に貴重で、ある時間帯のスロットを1つ確保できるだけでも、航空会社にとっては大きな利益が期待できる。現在は、政府の管理によってどの航空会社がどれだけのスロットを利用できるか、政治的に決められている。ただ、このスロットの権利をオークションで決めるという考え方が経済学者によって提起されている。最も高い価格を提示できる航空会社が、最も社会にとって好ましい形で航空路線を組める企業であると見られるからだ。また、オークションによって公平で透明なスロットの配分ができるというメリットもある。空港の発着スロットのオークションは、まだ現実化しているわけではないが、今後、そうした可能性についてさらに議論が高まっていくのではないだろうか。

イングリッシュ・オークションとダッチ・オークション

オークションには代表的な2つのやり方がある。値を吊り上げていく「**イングリッシュ・オークション**」と、値を下げていく「**ダッチ・オークション**」である。東京・大田区の花卉《かき》市場では花のオークションが行われている。たとえば、バラの花束があったときに、競り人がコンピューターで値段を下げてきて、自分が買いたいと思ったところでボタンを押し、一番早く押した人が一番高い値で落とすことになる。これは「ダッチ・オークション」という。

魚の競りでは値を次第に上げていく。そして、最後まで残った人が権利を確保する。映画のシーンになることが多いが、絵画の競売などでも買い手が値を吊り上げていき、最後まで残った人が勝ちである。これを「イングリッシュ・オークション」という。

オークションは紙に金額を書いて投票することも可能だ（これを「**シールド・ビッド・オークション**」という）。公共工事の入札などはこの方法をとる。シールド・ビッド・オークションにも、代表的なものとして2つの形態を考えることができる。

「**ファースト・プライス・オークション**」は、一番高値の価格を書いた買い手が記入した価格で落札することになる。たとえば1億円と書いたら、それが一番高い値段であれば、書いた人は1億円で買えるのだ。それに対して、「**セカンド・プライス・オークション**」は、一番高値の価格を書いた買い手が、2番目に高値の価格を書いた人の記入価格で落札できるというルールだ。たとえば一番高い値をつけた人が1億円と書き、2番目に高い人が8000万円と書いたとする。その場合には、1億円と書いた人がその絵を買う権利があるのだが、その人は二番目の指し値である8000万円で購入することができるというルールである。このあと説明するように、ファースト・プライス・オークションは値を下げていくダッチ・オークションと似たところがあり、セカンド・プライス・オークションは値を吊り上げていくイングリッシュ・オークションに似たところがある。

相手の本音を引き出すオークション

ノーベル賞を受賞したコロンビア大学のウィリアム・ヴィックリー教授は、セカンド・プライス・オークションについて重要な論文を書いた。セカンド・プライス・オークションでは、人々は自分の評価を正直に紙に書くはずであるというのだ。

いまから名画についてセカンド・プライス・オークションを行うとする。出席者は、紙に価格を記入する。そして紙を集めて、一番高い値を書いた人が権利を確保する。ただし、彼は自分の出した価格で買う必要はない。彼に次ぐ2番目の価格を支払えばよいのだ。

問題は、このとき、オークションの参加者はどのような価格を紙に書くのが最も合理的であるかということだ。これは、オークション参加者の間のゲームとなっていることがわかるだろうか。各自は、自分の支払ってもいいと考える参考値をもってオークションに臨む(これがその人のこの絵画に対する評価なのだ)。じつは、オークションの参加者は、セカンド・プライス・オークションの場合には、この自分の評価額を正直に紙に書くのが一番合理的なのである。

仮に自分の思っている金額が1億円であるとする。1億円の価値があるのに、9000万円と書くことにはほとんど意味がない。なぜなら、9000万円と書いてしまい、万が一、9500万円の値段をオファーした人がいたら、自分は取れないからだ。1億円の価値のものに対して9000万円から9500万円に値が上がったからといって、デメリットはない。自分が値を上げれば勝つ確率が増えるだけであり、どうせ払う金額は自分の次の金額なのだ。そう考えたら、1億円の評価をしている人がそれ以下の価格を付けるのは合理的ではない。

逆に、自分の評価よりも高い価格を書くのも合理的ではない。1億円という評価よりも高い価格を書いた場合には、2つの可能性がある。1つの可能性は、2番目の人の評価が1億円よりも低ければ自分が勝つことができ、2番目の人の金額を払えばいいので得をする、というものだ。この場合、1億円より上の金額を書く必要はなかった。1億円で十分である。

もう1つの可能性として2番目に高い金額を書いた人が1億円よりも高く書き、自分がそれよりもさらに高い価格を書いた場合がある。このときには、この人はオークションには勝てるが、1億円以上の価格を払うことになり損をしてしまう。

結局、セカンド・プライス・オークションのケースでは、自分の正しい評価の金額を紙に書くのが合理的である。

これは先に述べた値を吊り上げていくイングリッシュ・オークションに似ている。値を吊り上げていく場合には、最後は2人の勝負となる。どこかで1人が勝負から下りることになり、その価格が最終的な競り値となる。これは勝負から下りた人、つまり2番目に高い評価をしている人の評価であり、競りに勝った人はこの価格を払えばよいのだ。

Point

覚えておこう！

- セカンド・プライス・オークションでは、入札者はすべて自分の評価を正直に表明する誘因をもつ。
- セカンド・プライス・オークションは、イングリッシュ・オークションと結果的には非常に似通った形となる。

勝者の呪い――買収は高い利益をもたらさないことがある

多くの企業は、オークションに勝とうとして値を吊り上げる。この競争に勝った企業はそれでうまくいくのだろうか。じつは、オークションに競り勝った企業がかえって損をする可能性があるのだ。これを「**勝者の呪い**（winner's curse）」という。

オークションには2種類のタイプがある。絵画のオークションの場合などは、自分の満足（あるいは美術館の仕事）のために参加するケースが少なくない。買えた価格が自分の評価額よりも安ければ成功であるし、自分の評価額よりも価格が高ければ買わないだろう。

ところが、石油の採掘権や公共用地の払い下げなどのオークションは性格が異なる。石油採掘権の入札に入る企業は、そこから石油を掘って利益を上げるために入札に加わる。しかし、どれだけの石油が出るのかは、実際に採掘してみないとわからない。そこで、収益が不確定な中での入札となる。

いま、ある鉱区の石油採掘権のオークションに、何社かが参加しているとしよう。それぞれの参加者は、石油がどれだけ出てくるかについては予想値しかもっていない。その予想値に基づいて入札値を決めることになる。結局、入札に勝つのは最も強気の（あるいは楽観的な）予想をもっている企業であろう。その予想は、入札に参加したプロ集団である石油会社の予想の中で最も高いものであった。つまり、その予想は、現状よりもかなり楽観的である可能性が強い。入札に成功した後、実際に掘削してみたら、予想よりも石油が出ないという可能性は小さくない。

このように一番楽観的な見通しをもっている企業が入札に勝ち、楽観的な予想ゆえに最終的な利益が上がらないような状態を「勝者の呪い」という。このようなオークションに勝つということは、評価が楽観的すぎるということでもあるからだ。こうしたことは、公共用地の入札などでも起きるだろう。

企業買収でも同じような現象が起こりうる。買収をかけようとする企業が複数あるとしたら、買収相手の企業に最も高い評価をしている企業が買収に成功することになる。しかし、その評価は楽観的すぎるかもしれない。現実に、過去の多くの買収のケースを調べてみて、売却した側は得をしたが、買収をした側はあまり利益を得ていないと分析する研究もある。

Point

覚えておこう！

✔オークションに勝った企業は、じつはその資産の評価が楽観的すぎるかもしれない。
✔オークションや買収競争などを勝ち取った企業は、それで損をすることも少なくない。このような場合を「勝者の呪い」という。

column

「入札にあまり勝つな」という先輩の助言

ある時、海苔の入札のプロの方の話を聞いたことがある。海苔は、多くのプロが参加して入札が行われる。このプロの方は後輩が入札に参加するとき、「あまり入札に勝ちすぎることがないように」と助言している。他の業者に比べて高い値で商品をさらっていくということだ。しかし、入札に勝つということは、他の業者に高い評価をしているということでもあり、それは他の業者よりも海苔に高い評価をしているということでもあり、その評価が適正なものであるという保証はない。

むしろ入札であまり勝ちすぎるということは、その市場での海苔を必要以上に高い値でさらっていることであり、自分の判断をもう一度見直す必要があるのだ。そこでプロは、入札にはほどほどに負けるくらいのほうがよいのだと後輩に助言している。

6 確率的な判断がものを言う

サッカーのペナルティーキック（ＰＫ）に見る確率問題

ゲーム理論の考え方を取り入れるときに意外と重要なのが、「**確率的な判断**」である。実際、初歩的なゲーム理論を解説した大学の教科書などを見ると、確率論的なさまざまな計算の事例が登場する。

サッカーのペナルティーキック（ＰＫ）を例に具体的に考えてみよう。キッカーはゴールキーパーに向けてボールを蹴るわけだが、仮に蹴る人が右利きだったとする。この場合、何もなければ、コーナーの左端（ゴールキーパーから見れば右であることに注意）に向けて蹴り込むのが成功する確率は一番高い。ただ、ゴールキーパーは、キッカーが右利きであることを知っているので、キーパーから見て右に蹴る可能性が高いことを想定している。ペナルティーキックが蹴られたら、すぐに右にジャンプするという行動をとるかもしれない。ゴールキーパーに右へジャンプされると、キッカーが左端にうまく蹴ってもゴールに入らない可能性がある。

そこで、ゴールキーパーはたぶん右に飛ぶだろう、だから、その裏をかいて、キッカーは右利きではあるが、右端（キーパーからは左側）に蹴るほうが確率は高いということも考えられる。だが、ゴールキーパーも考える。自分が右へ飛ぶと思って相手が裏をかいて右端に蹴ってくるかもしれないので左へ飛んだほうがいいかもしれない。左へ飛べば、右端に蹴られてもゴールは割られない。そこで、キッカーはまた、その裏をかいて左端に蹴る……。こうした仮想的な駆け引きが繰り返される過程では、ゴールキーパーはどういう確率で右へ飛んで、どういう確率で左へ飛ぶかを想定しながら考える必要がある。

話を単純にするために、ゴールのど真ん中に蹴り込むというオプションは排除して、右か左かということだけで考える。**表5-8**の数値例を見てほしい。

キッカーが右に蹴るときに、ゴールキーパーが60%の確率で右へ飛び、40%の確率で左へ飛ぶとキッカーが想定したとすると、左端へ蹴ったほうがいいか右端へ蹴ったほうがいいかはすぐに計算できる。そのとき必要になるのは4つの数字だ。こっちにキッカーがいて、向こうにゴールキーパーがいる。キーパーが右に飛ぶか、左に飛ぶか、

表5-8 » ペナルティーキックのゲーム論

	キッカー（キーパーの）**左**	キッカー（キーパーの）**右**
キーパー **左**	40%	80%
キーパー **右**	50%	20%

キッカーが左端へ蹴るか、右端へ蹴るか、以上4つのパターンで表せる。

キーパーが右に動いてキッカーが左端（キーパーから見て右）に蹴る、キーパーが左に動いてキッカーが右端（キーパーから見て左）に蹴るというケースは、蹴る側から見ると、相手が自分の蹴るほうに動いて、あまりうまくいかない。ただ、右足で蹴るほうがキッカーは得意だから、キッカーは右端へ蹴ってキーパーが左に飛んだときの成功確率が40%、キーパーが右へ動いて、キッカーが左端へ蹴るときの成功確率は20%となる。一方で、キーパーが右へ動いたときに、キッカーが反対側の右端に蹴れば成功する。逆に、キーパーが左へ動いて、キッカーが右端へ蹴ると成功する。キッカーが一番得意なのはキッカーから見て左端へ蹴るケースであり、キーパーが左へ動きキッカーが左端をねらって蹴る場合が一番利得が大きい。この成功確率が80%だとする。逆にキッカーが自分の苦手なサイドに蹴るが、キーパーが反対に動いたときには成功確率が50%だとする。

以上の数字を使うと、キッカーはどっちに蹴るのがいいかを計算できる。キッカーはその確率を見て、キーパーがこういう確率で動くのであれば、こっちに蹴ったほうが得だという判断をする。キーパーのほうは当然それを見て、実際の行動を変える。

そのため、本当に優秀な選手の場合、結局、キーパーは、キッカーが右へ蹴っても左へ蹴っても同じだけの確率で動く。その確率を求めることができる。キーパーのほうも、どっちに飛ぶかを確率で決めるわけだ。キッカーのほうも、それを見ながら右へ蹴るなり、左へ蹴るなりする。じつはキーパーがこのように動けば、右へ蹴っても左へ蹴っても同じ点数しか得られないのでキッカーは右へ蹴っても左に蹴ってもいいわけだが、確率で決めるのだ。

ただ、サッカーのPKのような駆け引きの世界では、どちらかに確実になるというのは決していい話ではない。極端にいえば、手元に乱数表をもち、それを見て蹴るのが一番合理的になる。キーパーのほうも、手元に違う乱数表をもち、それを見て、左へ動くか右へ動くかということを決めるのが合理的だ。ただし、どっちに動くかという確率は合理的な計算で決まるということだ。

こうしてキーパーがある確率で右へ動き、ある確率で左へ動く。キッカーも、ある確率で右へ蹴り、ある確率で左へ蹴る。結果がどうなるかは神のみぞ知るわけだが、互いに相手の出方を読み合い、合理的に行動することで、互いにそれ以上自分の立場を良くできない状態、すなわち、ある種の均衡状態に至る。ゲーム理論ではこの均衡を「**ナッシュ均衡**」という。

これはスポーツの世界ではよくある話だ。野球でのバッターとピッチャーとの駆け引きも同様だ。バッターが、ピッチャーは外角に投げてくるか内角に投げてくるか、相手の力量を見ながら判断する。ピッチャーのほうは、相手が外角に強いバッターでも内角ばかり狙うと、相手が内角を狙ってくれば打たれる可能性は高い。そこで、相手の逆を突く可能性もある。実際にどこまで実践されているかわからないが、ピッチャー、キャッチャーは乱数表を見ながらコースを決めているというのはよく聞く話だ。プロスポーツの世界同様、ビジネスの世界でも同じようなことはよくあることだ。

乱数表とか確率、コンピューターを利用して自分の行動を決めるというのは合理的なことではないように見えるが、相手がいる世界では、あえてランダマイズ、自分の行動を1つに決めないで、サイコロで決めるということが合理的である場合も存在することを逆に示している。

Point

覚えておこう！

✓ それぞれが相手に協力することのないゲームにおいて、プレーヤーが互いに合理的に行動することで、それぞれの利得を自分だけの行動では改善することができない均衡状態を「ナッシュ均衡」という。

Chapter

6

インセンティブとは何か

逆選択とモラルハザード

ビジネスの世界で見られる経済関係は、単純な取引で終わらない場合が普通だ。金融や雇用を例に考えてみれば、取引に多くの困難な問題が伴うことが理解しやすいだろう。

金融機関が企業に資金を貸し出すときには、借り手企業の競争力、資産状況、経営者の意図など、さまざまな要素を考慮に入れなくてはいけない。企業が従業員を雇う場合でも、従業員の能力や経歴といったことを重視するだろう。また、その従業員のやる気や能力を最大限に引き出すためにはどのような給与体系がいいか真剣に考えるだろう。こうした現象は、金融や雇用だけでなく、あらゆる取引や経済関係に及ぶものである。

経済学では、こうした関係を「エージェンシー関係（代理人関係）」と捉えて分析する。代理人（エージェント）の行動を、契約だけでなく取引関係などでどのように縛るのか、あるいは相手のインセンティブ（誘因）をどう引き出すのかといったことが問題となる。

1 インセンティブとリスク

タクシー運転手の報酬体系

タクシーの運転手との会話から知ったことだが、日本のタクシーの報酬体系はおおよそ3つのタイプに分類されるようだ。

図6-1は、横軸にとられたタクシーの「水揚げ」つまりタクシーの売り上げと、縦軸にとられたタクシー運転手の所得との関係を示している。東京のタクシーは大手も中小も固定給部分があり、それに売り上げの一定割合が加算される。大手と中小の違いは、大手会社のほうが相対的に固定給部分(この中にはボーナスも入っている)が大きいという点だ。

この図にはもう1つの賃金体系としてリース契約が描かれている。この賃金体系をとっている代表的な会社は、京都に本拠があり東京にも進出しているMKタクシーだ。個人タクシーは誰かに雇われているわけではないが、収入賃金体系として考えればこれに近い。リース契約のもとでは、水揚げは基本的に全部タクシーの運転手に入るが、自動車・制服・無線などのサポートを会社が行うので、その費用としてある一定額を会社に毎月払う。MKタクシーの運転手は、タクシー会社から実際にタクシーを借りているというわけではないが、その賃金体系は結果的にリースに近い形になっている。個人タクシーの場合にはリースに近い関係と理解すればよい。

そもそも、なぜこのような異なったタイプの賃金体系が存在するのだろうか。賃金体系の違いは、タクシー会社の狙いの違いを反映しているのだろうか。運転手の行動にどのような影響を及ぼすと考えられるだろうか。

まず、中小タクシーと大手タクシーの違いを私なりに解釈してみよう。

大手のタクシー会社にとっては、チケットで利用する大口顧客の存在が重要である。1人の運転手の行為でも顧客に不快な思いをさせれば、その結果、大口顧客を失うことになりかねない。水揚げに応じて運転手の収入が変動する変動収入部分をあまり大きくすると、水揚げを増やそうと無謀な運転をすることになりかねない。そこで、固定給を多めにして変動給の部分を少なくしている。

運転手にとってもある程度の固定給が確保されてい

図6-1 » タクシー運転手の水揚げと所得

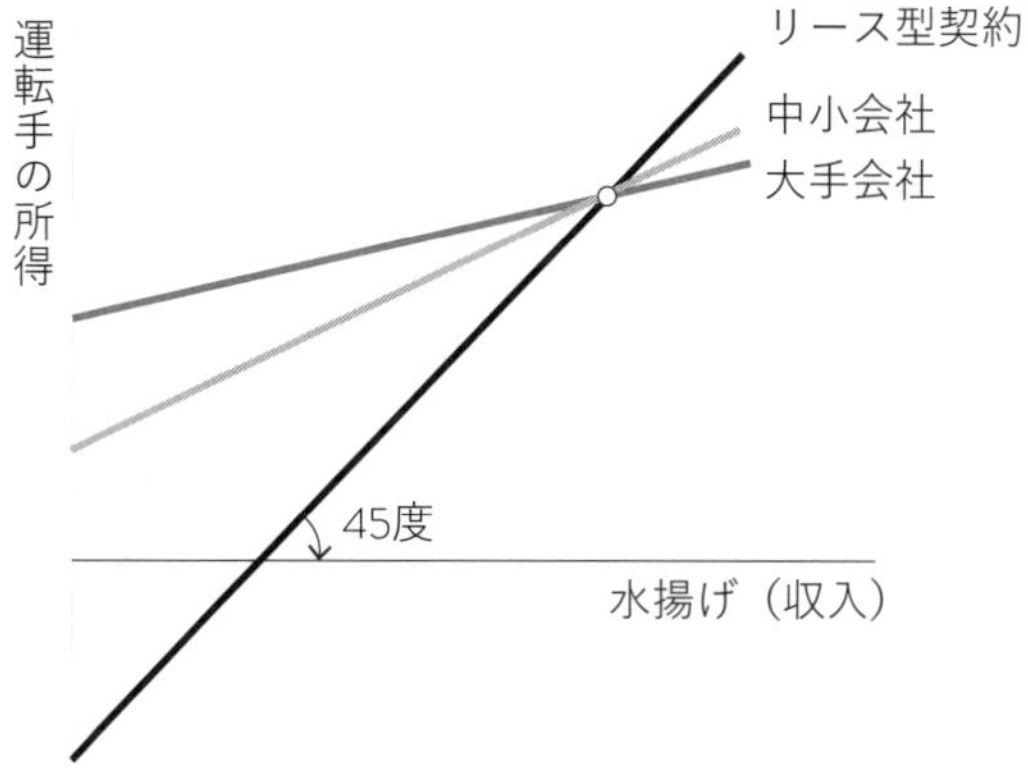

ることは、収入の変動が少なくなるという意味では好ましいことだ。比較的売り上げが安定しており、チケット客など優良顧客を多く抱えている大手タクシー会社には、運転手の応募も多いようだ。会社のほうとしても、丁寧な運転をしそうな人を選べばよい。

これに対して中小のタクシー会社にとっては、1人ひとりの運転手の水揚げがすべてだ。運転手が頑張って水揚げを増やしてくれれば、それだけ会社の収益も上がる。そこで運転手が水揚げを増やす「**誘因（インセンティブ）**」を高めるため、変動給部分を上げていると考えられる。また固定給部分を下げることで、会社としては水揚げの変動の「**リスク**」を運転手に転嫁することが可能になる。

運転手の誘因を高めて、タクシー会社のリスクを下げるという意味では、MKタクシーが採用しているリース型の賃金体系は、その効果が最も大きい。リース型の「**契約**」では、運転手から固定額を徴収することができるという意味ではタクシー会社の収入は確保されている。運転手のほうは水揚げ増加分がすべて自分の収入となるので、それだけ水揚げを増やそうとするインセンティブが強くなるだろう。これについては、次に取り上げるフィリピンのジプニーのケースも参考にしてほしい。

Point

覚えておこう！

✓ **契約形態や賃金形態は、リスクとインセンティブの観点から見る必要がある。**

column

効率賃金仮説——給与を高めに設定することで仕事の効率を高める

経済学には「**効率賃金**」という考え方がある。賃金体系や報酬体系というのは、働いている人のやる気や効率性に大きな影響を及ぼすという考え方だ。

1990年代前半、ソ連崩壊後のロシアに行く機会があり、モスクワのホテルに泊まった。一流ホテルのはずだが、サービスが悪く居心地が悪かった。それがサンクトペテルブルク(旧レニングラード)のホテルに移ると、まったく別の国のように素晴らしいサービスなのだ。従業員の対応もまったく違う。これが同じロシアかと思われるくらいだった。

このサービスの違いには、じつは次のような仕掛けの違いが隠れていたことがわかった。私が泊まったサンクトペテルブルクのホテルは、北欧系資本の外資系ホテルであった。従業員の給料はサンクトペテルブルクの他のホテルの従業員の約3倍程度で、しかも外貨で支払われるという好条件だった。当時のロシアではまだ外貨が乏しく、ドルがないと外国製品は買えない状況であった。

私の泊まったホテルの従業員は、他の職場に比べれば格段に恵まれていたのだ。ホテルの従業員にとっては、もし解雇されたら生活水準が一気に下がってしまうことになる。だから、いかなるミスも犯さないよう大変な気の遣いようだ。破格の給与を出しているホテルの狙いもここにある。当時のロシアで若干高い給与を払うことは、北欧の企業にとってはそれほど大きな費用負担ではない。それより海外からの顧客が利用してくれることのほうが重要なのだ。顧客を失望させて評判を下げてはいけない。

高めの給与を払うことによって従業員の志気を高める機能をもたせることを「効率賃金」という。前に挙げた大手タクシー会社の賃金体系と中小タクシー会社の賃金体系の差は、サンクトペテルブルクの高級ホテルと周りのホテルの賃金の差に比べれば幅は狭いかもしれないが、同様の効率賃金のメカニズムが隠れているのだ。

Point

覚えておこう！

✔高い賃金を支払うことは従業員のやる気を引き出し、仕事の効率化につながる（効率賃金仮説）。

フィリピン「ジプニー」の契約形態

賃金体系については経済学でも多くの研究事例がある。ここでは神戸大学特命教授の大塚啓二郎氏などによるフィリピンの「ジプニー」についての研究を紹介しよう。[1]

かつては、マニラなどの町の風景の中で、ジープ風の乗り物に客がいっぱい乗っている光景がよく見られた。これがジプニーで、フィリピンではよく利用された交通手段のようだ。主要経路を通っていて、手を挙げれば停まって乗せてくれる。おそらく単一料金なのだろう。降りたいところで言えば降ろしてくれる。ルートが決まっている乗り合いタクシーのようなものだ。

発展途上国ではよくある話だが、こうしたジプニーは地元の小金持ちの投資対象となっていたようだ。学校長や地主など資金に余裕がある人がジプニーを購入して、それを運転手に貸し与えるのだ。運転手は売り上げの中からジプニーのオーナーへの車の賃料を払う。これはある意味で発展途上国の農業における小作人と地主の間の土地貸借関係にも似ている。地主が小作人に土地を貸し与えるというものだ。小作人は収穫の一部を地代として地主に支払う。

図6-2 » ジプニーの契約形態

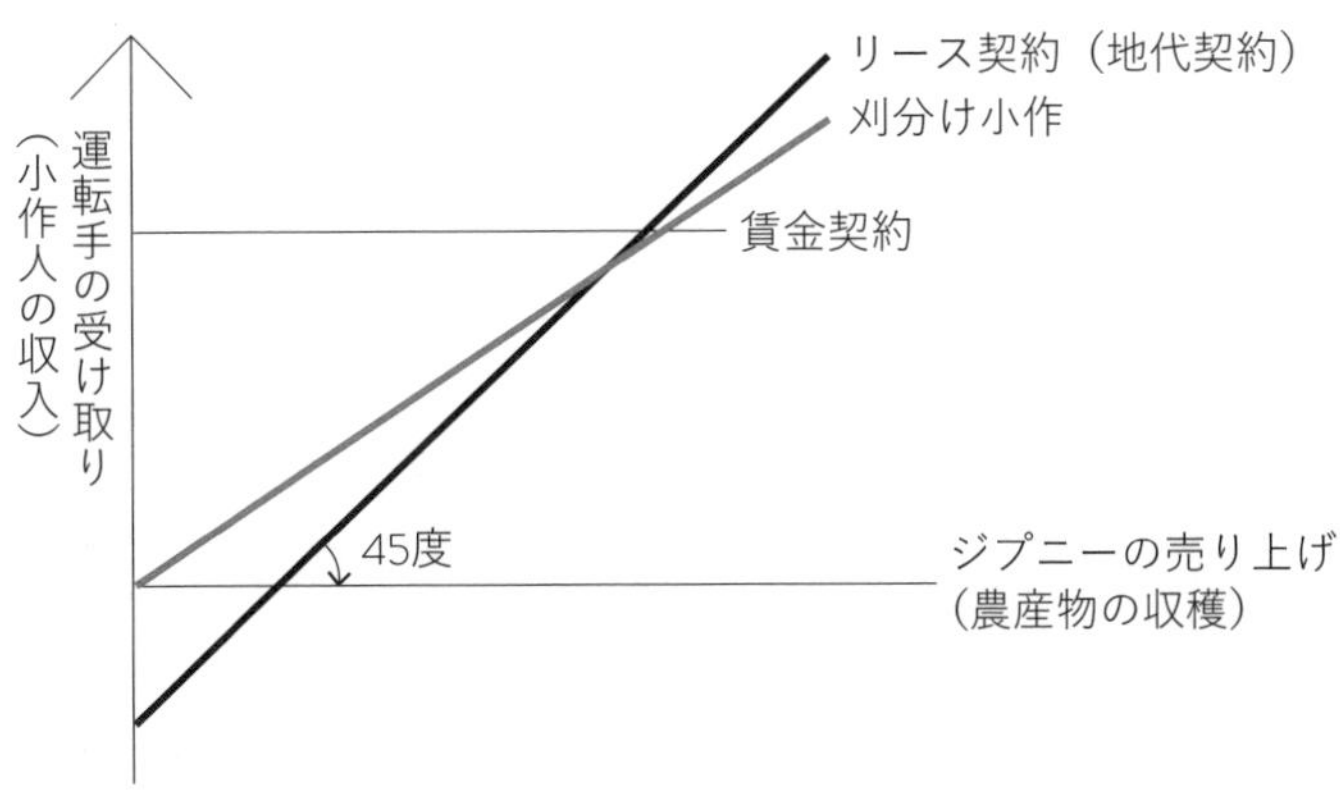

日本のタクシーの場合と同じように、地主や小作、あるいはジプニーの出資者とドライバーの関係について、3つの賃金形態が考えられる。図6-2はこの3つの契約形態を示したものである。

1つめは「**賃金契約**」と呼ばれるものである。農業労働者やジプニーの運転手は固定された賃金をもらって働く。収穫から賃金を引いた残りはすべて地主に入る（ジプニーの場合も同様）。プランテーション型の農業ではこうした契約形態が見られるだろう。大資本が入った大型のプランテーション農場では、多くの農業労働者が働いている。

第2の契約形態は「**リース契約**（地代契約）」である、これは先ほど取り上げた日本のタクシーの事例でいえば、MKタクシーの契約形態である。この場合には、小作人は一定の地代を支払って、地主から土地を借りる（ジプニーの場合でいえば、運転手は一定の借り賃を払って車を借りる）。地主の収入は固定地代で確定しているが、小作人の収入は収穫とともに変動する。収穫が増えればその分はすべて小作人のものとなるが、収穫が減ればそれだけ小作人の収入が減る。

第3の契約形態は、「**刈分け小作**（シェア・クロッピング：share cropping）」と呼ばれるものである（「**シェア契約**」ともいう）。収穫物の4割を小作が、6割を地主が取るというように、収穫を一定比率で小

図6-3 » **リスクとインセンティブの組み合わせ**

	リース契約（地代契約）	刈分け小作	賃金契約
小作にとってのリスク	大	中	小
インセンティブ	大	中	小

作と地主に分ける契約形態である。両者の分配比率は交渉力や地域の特性によって決まる。発展途上国や戦前の東北地方では、この刈分け小作の契約がよく見られたという。

以上の3つの契約形態を、「**リスク**」と「**インセンティブ**」という観点から整理したものが図6-3である。リスクという視点から見れば、小作人にとって一番リスクの大きいのがリース（地代）契約、次が刈分け小作、そして賃金契約のリスクが一番小さい。地主から見れば、順番がちょうど逆になる。一方のインセンティブという視点で見ると、小作人が収穫をより高めようというインセンティブはリース形態が一番強く、次が刈分け小作、そして賃金形態の誘因が最も弱くなる。

地域社会がつくる監視制度——都市部と郊外

さて、ジプニーや土地貸借の契約形態を見ると、マニラ周辺の大都市部と、郊外では違いが見られるようだ。大塚氏などによるとマニラ近郊ではリース制が多いが、郊外では刈分け小作が主流であるという。ジプニーでも農業でも同じような傾向があるという。

リース契約は、労働者に最も強いインセンティブが働く仕組みになっている。要するに、「頑張っている人が報われる」仕組みなのである。ただ、リース契約の大きな問題点はリスクだ。農業のよう

1　Keijiro Otsuka, Masao Kikuchi and Yujiro Hayami, "Community and Market in Contract Choice: The Jeepney in the Philippines," *Economic Development and Cultural Change*, 1986.

に天候や病害虫で収穫の変動が大きな産業の場合、リース制度のもとではそのリスク負担が貧しい農業労働者の肩にすべてかかってしまう。そこで地域社会では刈分け小作的な形態がとられることが多いと考えられる。

地域社会の農業労働者は貧しい。もし気候条件などで収穫が落ちれば、農業労働者は飢えてしまうかもしれない。そこで、地主などがそうした農業労働者の生活を支える必要が出てくる。刈分け小作であれば、収穫の変動リスクの一部を地主側が負担することになる。

郊外で刈分け小作の契約形態がよく見られるのには、もう1つ理由があると考えられる。村社会では、小作人やジプニーの運転手の仕事に対する地域による「**監視**」が容易なのだ。ジプニーの運転手が、村で尊敬されている学校長が出資したジプニーを運転しているとする。もしこの運転手が昼間から酒を飲んで休んでいたら、地域中にすぐに知れ渡ってしまうだろう。

日本にはかつて村八分という習慣があったが、地域の社会的規範に合わない人を村八分にするのは、多くの国で見られる現象のようである。

大都市近郊ではこのような地域的な監視が成立しにくい。多くの住民は地方から流れ込んできた人で村八分も機能しない。うるさく管理すると逃げてしまうかもしれない。そこでマニラ近郊では土地契約でもジプニーの契約でも、経済的インセンティブを強調するリースが選ばれることになる。

Point

覚えておこう！

✓賃金形態には、「賃金契約」「リース契約」「シェア契約」など、さまざまな形態がある。それぞれ、インセンティブとリスクの度合いが異なる。

✓リース契約は労働のインセンティブを高めるが、リスクも相手に負担させることになる。

column

ノードストロームの店員は、なぜ熱心なのか

ノードストロームは、シアトルに本社がある百貨店だ。アメリカの百貨店の中では成功しているほうであり、ノードストロームに関するビジネス書もいくつか出されている。この会社の成功の秘訣は、従業員の給与体系にあるといわれる。出来高制を採用していて、固定給はほとんどない。何個売ったかによって給料が決まるのだ。これは日本の百貨店とは違う。

１９９０年代中頃、アメリカ各地の百貨店を調査したことがある。ノードストロームにも行った。たまたま何人かの友人とその店を訪れることになったのだが、アメリカは靴が安いというので調査もかねてこの店で購入しようということになった。１人の店員に声をかけて商品の説明をしてもらった。大変に熱心で丁寧に説明してくれるが、何せこちらは５人いるので、その店員が私の友人に熱心に説明する間、私のほうはおろそかになる。

そこで別の店員に声をかけて私の購入する商品について聞いてみようとした。すると、われわれが最初に話しかけた店員が真剣な顔をして「待て、この人はオレの客だ」と言って、私を引き戻したのである。結局、私たち5人は全員、最初に対応してくれた店員から靴を買うことになった。5人で10万円ぐらいの買い物になってしまった。この店員にいくら入るのか知らないが、おそらくわれわれ5人に対応するだけで、この店員は1日分の収入程度は十分に確保したのではないだろうか。これがノードストロームの仕組みである。

コンビニのフランチャイズ契約

セブン-イレブンのようなコンビニエンスストアの店舗の大半は「**フランチャイズ契約**」で運営されている。街の酒販店のようなところに営業担当者が勧誘に来たとする。しかし、セブン-イレブンとフランチャイズ契約を結んで店を始めても、一体どれだけ売り上げが上がるのか予測するのは困難だ。同じ街道沿いにあっても、上り方向沿いと下り方向沿いで売り上げが大きく違うという。四つ角のどこにあるか、近くにセブン-イレブンがもう1軒あるか、他のコンビニが近くに出店してくるかどうかといった、さまざまな要素で売り上げが変わってしまう。

セブン-イレブンの本部は、フランチャイジー（フランチャイズ店舗の経営者）にいろいろなノウハウを提供し、その見返りとして売り上げの中からフィーを受け取る。このフランチャイズ・フィーは固定ではなく、店の売り上げに応じた額になっている。先ほど議論したシェア契約（刈分け小作）と同様の形態だ。

店の側から見れば、売り上げが少なければフィーも少なくなり、売り上げが増えればそれに応じてフィーが上がるという形になっている。こうした取引を通じて、店舗売り上げのリスクを店（フランチャイジー）側と本部（フランチャイザー）側で分担しているのだ。このような契約によって、新たに店を始めようとする人のリスクを軽減しているわけだ。

Point

覚えておこう！

✔コンビニのフランチャイズ契約の中には本部と店舗（契約者）のリスク分担の仕組みが隠されている。

ショッピングセンターの歩合家賃契約

全国にはさまざまな商業施設がある。駅ビル、ショッピングセンター、ホテル内の店舗など、多くの小売店や飲食店がこうした施設にテナントとして入っている。こうした施設のテナント料はどのような形態になっているのだろうか。調べてみると、売り上げ歩合で家賃が払われるケースが意外に多いことがわかる。つまり、店の売り上げの一定割合が家賃として支払われるのだ（もちろん固定家賃の商業施設もある）。なぜ、売り上げ歩合の家賃となるのだろうか。

売り上げ歩合家賃のケースが多い理由はいくつか考えられる。1つは先ほどのセブン-イレブンのケースと同じ理由だ。家主とテナントの間で「**リスク・シェアリング**」をするということだ。売り上げリスクをすべてテナントが負担するのではなく、売り上げに応じた家賃とすることでリスクの一部を家主側が負担するのだ。

そしてもう1つ考えられるのは、家主であるディベロッパーの側のインセンティブの問題だ。もし固定家賃にすれば、ディベロッパーの収入は確定してしまうので、個別の店舗の売り上げ増加に積極的に協力しようとするインセンティブが弱まってしまう。しかし、ショッピングセンターなどの商業施設は、1つひとつの店が頑張るだけではなく、全体としての調整や協力関係が重要で、ディベロッパーの果たす役割は大きい。もし家賃契約が売り上げ歩合であれば、ディベロッパーの側も店の売り上げが上がるように協力するインセンティブを強くもつことになる。このようなディベロッパーとテナントの協力関係の形成は、商業集積全体のパフォーマンスを高める上で重要である。

全国に名が知られたような優良な店を展開する企業は、どのような商業集積に出店するだろうか。立地条件や他のテナントなどさまざまな条件が考慮に入れられるだろうが、その中でディベロッパーとの契約関係も重要になるだろう。ディベロッパーが積極的に売り上げ向上に協力してくれるようなインセンティブが制度的に確立しているところ、つまりそのような契約形態となっている商業集積には積極的に出店するのではないだろうか。

モニタリングとインセンティブ

これまでのケースに共通しているのは、タクシー運転手でも小作人でも、現場で働いている労働者にどのように働く「**インセンティブ**」を与えるのかという点である。こうした議論の背景には、労働者の働き具合を常時、「**監視（モニタリング）**」することが難しいという大前提がある。しかし、もし監視が容易にできるのであれば、インセンティブを高めるような契約にしなくてもよいことになる。

アメリカの工場内を描いた映画によく出てくるシーンであるが、工場の管理者がストップウォッチを片手に労働者が一定時間にどれだけの仕事をこなすか計測していることがある。工場のように閉鎖された空間の中で常時同じような仕事をしている場合には、このような形で管理者が労働者の働きぶりを直接監視することが可能である。

現実の契約形態でどこまでインセンティブを高める契約をするかは、このような直接的な監視がどこまで可能であるのかということによる。契約を取るために外回りをする保険の外交や商品のセールスのような仕事では、仕事ぶりを監視することが難しい。そこで、獲得した契約や売り上げに応じた給与を支払うというインセンティブ型の契約に依存せざるをえないのだ。

企業は可能な限りは、監視（モニタリング）をしようとする。そのために監視の費用を下げるような工夫があちこちで見られるのだ。「**相互監視**」の仕組みもそうした監視費用を下げる工夫の一例だろう。労働者の流動性が高い企業では、短期的な成果を見ながら給料を決めていく。ただし、共同作業が多い職場では成果を評価することが難しい。労働者が自己の成果を犠牲にしてまで同僚の仕事を助けたのか、それともサボったのかは、なかなかわかりにくい。

しかし、終身雇用制のもとでその会社で長期間働くようになれば、そうした監視は容易になる。多くの人が同僚として何年も一緒に働いていれば、その人が真面目なのか不真面目なのか、能力があるのかないのかはわかるはずだ。だから、そうした長期的な関係の中で成果を上げた人から役職を上げ、その役職に高い給与がついているという給与体系の中で相互監視の仕組みを活用できる。

日本の給与や雇用の待遇は、「**ランクオーダー・トーナメント**（順位を競う競争）」という性格を強くもつ。従業員の給与は入社した当時は同期で横一線であるが、少し時間が経つとその中でも出世に差が出てくる。出世すれば、高い役職に応じたより高い給与や待遇がついてくる。従業員の待遇は仕事による貢献の絶対水準で評価されるのではなく、同期との相対的な比較で評価されるのだ。絶対評価より相対評価のほうが、評価が容易であるのは説明するまでもないだろう。

Point

覚えておこう！

- 雇用する企業・経営側と労働する側との間の契約におけるインセンティブの度合いは、雇う側の労働者に対するモニタリング（監視）の度合いによって決まってくる。
- モニタリングが難しい場合は、成果に応じたインセンティブ型の契約にならざるをえない。

✔モニタリングを容易にして、モニタリング費用を削減するためにとられる手法が「相互監視」の仕組みだ。

2 逆選択とモラルハザード

保険業界から生まれた2つのコンセプト

第1節で取り上げた契約形態をはじめとして、以下で取り扱うさまざまな現象は、「**エージェンシー（代理人）関係**」の問題として分析することができる。エージェンシー関係というのは、単なるモノやサービスの売買関係を超えて、取引相手の行動や特性が大きな影響を及ぼす状況を表している。前にも挙げた例だが、弁護士と依頼人の関係を考えると、弁護士がどのくらい努力し、時間をかけて仕事をしてくれるのか、そしてどの程度能力があるのかということが、依頼人の利害に大きな影響を及ぼす。

図6-4にエージェンシー関係にあると思われるものの代表例を列挙した。じつに多様なものがエー

ジェンシー関係の問題として分析できる。政治家は有権者から見れば代理人である。政治家の行動は有権者に大きな影響を及ぼす。納税者は政府から見れば代理人である。納税者がどのように行動するのかは、徴税額に大きな影響が及ぶ。「経営者と株主」「労働者と経営者」「借り入れ企業と銀行」などはすべてエージェンシー関係にある。これらの関係を分析することは、コーポレートガバナンス、労働管理、金融契約の形態などの解明につながることになる。

エージェンシー関係のカギになる概念が2つある。「**逆選択**（adverse selection）」と「**モラルハザード**（moral hazard）」だ。この2つの概念は、いずれも保険業界から出てきた言葉だが、エージェンシー関係全般に広く利用できる概念である。これらの概念について理解してもらうことがこの章の最大の目的である。それには、以下で取り上げるさまざまな事例を読んでもらう必要があるが、とりあえずこの2つの概念について簡単にまとめれば次のようになる。

図6-4 » 代表的なエージェンシー関係の例

- **エージェンシー関係**
  - ■弁護士と依頼人
  - ■経営者と株主
  - ■労働者と管理者
  - ■借り入れ企業と銀行
  - ■小作人と地主
  - ■納税者と政府
  - ■政治家と有権者

Point

覚えておこう！

✔**逆選択……相手の提供する財・サービスや相手の能力・特性などがわからないため、結果的に**

品質の悪いものをつかまされたり、あるいはそうしたことを恐れるあまり効率的な取引ができない状況。俗に、「隠れた情報（hidden information）」の問題と呼ばれる。

✔モラルハザード……相手の仕事に対する熱心さや誠実さによって影響を受ける状況。相手の行動を監視できないので、必ずしも好ましい関係が形成できない。「隠れた行為（hidden action）」の問題と呼ばれる。

黄色いスポーツカーは事故が多い？——逆選択の事例

これはある保険の専門家から聞いた話であるが、年齢と乗っているクルマの色でその人が事故を起こす可能性が結構わかるそうだ。要注意なのが、黄色いクルマに乗っている若い女性と、黒いスポーツカーに乗っている男性だという。これは酒の席で聞いた話でデータを確認したわけではないが、なんとなくありえそうな話だ。

保険会社にとっては、性別、年齢、クルマの色、車種など、詳細な条件を入れて保険料を設定できればありがたいはずだ。しかし、そういう保険契約が簡単にできるわけではない。結局、保険料金は顧客の平均的な属性に基づいた設定にならざるをえない。

しかし、こうした料金体系に少しずつ変化が起きようとしているようだ。我が家の自動車保険は日本の大手保険会社のものだったが、先日、新興の保険会社の商品と比べたら、我が家のものよりも大分料金が安くなっていることに気付いた。インターネットなどを活用するのでコストが安いということもあるだろうが、どうもそれだけではなさそうだ。

我が家は自動車を通勤で使うわけではない。免許証はゴールドである。我が家は保険会社から見ると事故を起こしにくい安全な顧客に分類されるようで、それがすべて保険料金に反映されているようだ。

聞くところによると、事故が起きた後の保険会社にとっての処理コストは、地域によってずいぶん差があるようだ。事故の後もめることが多い地域ではこの費用が他の地域よりも高くなるそうだ。こうした点を考慮に入れれば、保険料は地域によってずいぶん違ってくる。そういえば、かつてニューヨーク市は自動車の盗難が非常に多いので、自動車保険が他の地域よりも飛び抜けて高いという話を聞いたことがある。

結局、新興の保険会社はできるだけ多くの（事故を起こしにくい）優良顧客を確保するため、優良顧客には良い条件を提示し、事故が多くなるようなタイプの顧客には劣った条件となる料金体系を設定しているようだ。良い顧客だけを囲い込んでいこうとする行為を「**クリームスキミング**」という。生乳のクリームという一番良い部分だけを取っていくというような意味だ。

しかし、大手の保険会社の契約者の中から優良顧客が引き抜かれていけば、大手の会社の顧客の中に占める事故の多い客の割合が増えていく可能性がある。それは全体の事故処理費用を引き上げ、大手保険会社を不利にする。「われわれはすべての顧客を相手にしなくてはいけないので、クリームスキミングを行う新興企業が出てくると困るのです」とある大手保険会社の担当者はこぼしていた。事故の多い人が保険契約の中で増えてしまい、全体としての保険ビジネスに悪影響が及ぶことは、「逆選択」の典型的な例である。

なぜ家庭の冷蔵庫に抗生物質が――モラルハザードの事例

大分以前の話になるが、ある人が「我が家の冷蔵庫には抗生物質の在庫がある」と話しているのを聞いたことがある。その方は仕事柄、発展途上国などへの海外出張が多く、現地で病気になることを気にしていた。そこで風邪などで医者にかかるとき、なるべく抗生物質を処方してもらうように交渉したようだ。そしてその抗生物質をあまり使わないで冷蔵庫に保管しておき、海外出張のときなどに携帯して行った。

処方された薬は保険の対象となるから、費用負担はそれほど大きくない。しかし、そのようにして購入された抗生物質の代金はすべて保険の費用になるので、最終的には保険加入者に保険料としてかかってくる。ただ、個々人の立場からいえば、自分が多くの薬を処方してもらったとしても、それですぐに自分の保険料が上がるというわけではない。保険全体の費用が上がり、保険加入者全体の保険料に転嫁されるだけなのだ。このような現象を「**モラルハザード**」という。個々人が利己的なインセンティブで行動することが、全体の仕組みを通じてすべての人に悪影響を及ぼすのだ。

これも10年ほど前の話であるが、本当に久しぶりに風邪をこじらせて近所の医院に行った。あまり病気をしないものだから、初めての医院だ。待合室にご高齢の方がたくさん待っている。どうも高齢者の方のたまり場のようになっているようだ。その方たちの会話を聞いていたら、「今日、△△さん来ないね」「病気かしら」と言うではないか。医療費は保険などでカバーしてもらえるので、軽い症状でもリハビリなどをかねて毎日多くの高齢者の方が来るようだ。これもモラルハザードの一種であり、日本の医療保険の費用を増やす要因となっている。

Point

覚えておこう！

- 個人が利己的に行動することで全体（の仕組み、人）に悪い影響を及ぼすことを「モラルハザード」という。
- インセンティブが歪められることがモラルハザードを引き起こす。

column

モラルハザードは「道徳」の問題ではなく、「人の行為」が起こす問題

バブル崩壊後に銀行問題が深刻化し、さまざまな報道がなされるなかで、モラルハザードという用語をテレビや新聞で見かけた人は多いだろう。金融問題におけるモラルハザードについては第3節で詳しく取り上げる。日本ではモラルハザードを「道徳的危険」と訳すことが多いようだ。こうした翻訳もあって、モラルハザードとは「道徳的あるいは倫理的に問題

のある行為」というイメージをもっている人が多いのだろう。

ただ、モラルハザード現象の例の中には、道徳的な要素の少ないものもある。モラルハザードの邦訳について私の職場の談話室で同僚何人かの間で話題になったことがあるが、ひょっとしたら、モラルハザードはナチュラルハザード（natural hazard）との対で考えたらよいのではないだろうかとの意見があった。

ナチュラルハザードは自然事故、あるいは、自然条件から生じる危険と訳せばよいだろうか。それとの対で訳せば、モラルハザードのモラルの部分は「人間が起こす」という意味ではないだろうかという意見だ。この解釈が正しいかどうかは別として、たしかにモラルハザードとして取り上げられる事例では「道徳的」という意味は重要ではない。重要なことは「人の行為」が起こす問題という面なのである。

レモンの経済学——逆選択の典型例

さて、逆選択について、別の例を使って説明してみよう。

私が生まれて初めてネコを買ったのはアメリカであった。周りの人に聞いてみたら、ネコはペットショップで買うのではなく、新聞で買うのが普通だという。ペットショップでネコを買うのが普通であると、日本の常識で考えていた私には意外な発見であった。日曜版の地元紙を買うと、ネコの欄が大きくとられている。高級なネコは、100ドル、200ドルの値段がつく。ただで分けてくれるようなネコもある。新聞に掲載されている番号に電話をして、直接交渉して買ってくるのだ。中にはセミプロでブリーダーをやっている人もいるが、個人で広告を出す人も多い。なぜ日本ではネコをペットショップで買って、アメリカでは新聞で買うのだろうか。

同じことを、中古自動車の購入でも経験した。いまではネットオークションもあるが、少し前までは日本では中古自動車はディーラーで買うというのが普通だった。アメリカでもディーラーで中古車は買える。しかし、おカネのない留学生の多くは新聞の広告で中古自動車を探すのだ。

たとえばニッサンの中古車がほしい場合、「ニッサン」の個所を探せばよい。たくさんの売り物が出ている。「5年使用、色は赤、ダットサン○○型、○○マイル走行し、よく走る」とか「帰国するので売らねばならない」など、いろいろなことが記されている。良さそうなところに電話して、クルマに乗せてもらい、気に入れば買うことになる。心配であれば、メカに詳しい知り合いを連れて行き、一緒に見てもらう。近くの修理工場に持って行って見てもらうこともできる。

不動産にも似たようなところがある。日本で土地や家、特に中古の家を買うときは、不動産屋へ行く。アメリカでも不動産会社を利用することは多いが、直接探すこともあるようだ。自分の住みたいエリアを選ぶ。そのあたりをクルマで走っていると、「for sale by the owner（売り出し中）」という看板を見かけることがある。そこに電話番号が書いてあるので、電話をして見せてもらいに行く。心配であれば専門家と一緒に行けばいい。

中古車の話に戻るが、アメリカのシステムはある意味では非常に情報効率的である。1ドル程度の新聞を1部買えば、その町で売られている中古車の情報がすべて手に入る。無料のコミュニティー紙でもそうした情報が手に入る。あとは電話をかけて交渉すればいい。

ただし、問題がある。その情報が正しいかどうかはわからない。クルマの品質がわからないのだ。そのクルマが過去に事故を起こしたかどうかは、売り手は自分が乗っていたのだから知っている。しかし、買い手にはわからない。このように買い手に情報が見えにくい現象を「**情報の非対称性**（information asymmetry）」という。

中古自動車は、売り手と買い手の間に情報の違いが生じがちな「レモン」型商品の典型といえる。
（写真提供：SVEN　SIMON／DPA／共同通信イメージズ）

経済学の世界では、売り手と買い手の情報に違いが生じる商品を「**レモン**」という。外側はよく見えるが中身が悪いものを英語でレモンと言う。特に質の悪い自動車を指してそうした表現を使うようだ。このような財やサービスの取引は買い手がその品質がわからないために問題が多いのだ。

中古自動車の話に戻るが、日本ではディーラーで買うことが多い。クルマを買うためには、ディーラーを何軒も回らなければいけない。ただ、ディーラーはプロだ。中古自動車を見れば、事故歴があるかどうかすぐわかる。

中古自動車を売りに来た人とディーラーの間には、情報の非対称性はほとんどない。

では、ディーラーは情報の少ない買い手をだますのだろうか。ここがポイントだが、少なくとも地方都市ではだまさない。

ある街に親の代から自動車の修理工場を経営しており、いまは中古車ディーラーも営業している店があるとしよう。その街に何十年も住んでいて、そこで商売をしていると、お客はみんな顔見知りだ。ひどい中古車を高い値段で売りつけることはできない。買い手とディーラーの間に情報の非対称性があってもだますような売り方はしない。そこに継続的な関係が形成されているからだ。しかもディーラーはプロだから、中古自動車を持ち込んでくる人にもだまされない。

では、アメリカではなぜもっと中古車ディーラーを利用しないのだろうか。アメリカ人は日本人に比べてはるかに頻繁に引っ越しをするらしい。中古車ディーラーのビジネスも簡単に始めたり、やめたりできる。そういう意味では、顧客との間の継続的な関係が形成しにくいのだ。日本のディーラーのように正直なビジネスをしようとしても、まずお客が信用しないのだ。

Point

覚えておこう！

- 売り手と買い手の間に情報格差があることを「情報の非対称性」という。「情報の非対称性」は多くの問題を引き起こす。「逆選択」はその代表だ。
- 情報格差がある財やサービスを経済学では「レモン」と呼び、レモンの市場についてさまざまな分析が行われている。

✔取引に継続的な関係がある場合には逆選択の問題は起こりにくい。

column

情報の非対称性が生んだ悲劇

アメリカ留学中に私は、中古自動車についていろいろな話を聞くことがあった。ある留学生仲間は昔から「ムスタング」に乗るのが夢だった。当時の貧しい日本ではフォード社のムスタングに乗ることは、普通の人にとっては夢のまた夢だった。アメリカに留学に来て新聞で調べると、ムスタングの中古で安くて良いものがある。その仲間は目をキラキラ輝かせて見に行き、結局1500ドルで喜んで買ってきたという。ところが、3週間後に道路の真ん中で火を噴き、動かなくなってしまった。修理に出そうとしたら、1000ドルかかると言われ、結局手放すことになった。外見はきれいなスポーツカーであったが、中身はポンコツの「レモン」をつかまされてしまったのだ。

3　金融機関に見る、モラルハザードの展開

なぜ銀行は危険な投資に走るのか

モラルハザードの例として最もよく取り上げられるのが、「**預金保険**」と「**銀行行動**」に関するものである。少し前の話だが、ある人が自分は一番危険といわれる銀行の1つに預金していると豪語していた。理由を尋ねると、その銀行の預金金利が一番高いからだそうだ。仮にその銀行が破綻しても、自分の預金は預金保険に守られているから問題ないという。こうした行為を「**モラルハザード**」という。

預金保険で保護されているから、預金者は銀行の経営状況をあまり考えずに預金先を決める。どうしても金利に目がいくので、金利の高いところに資金が集まりやすい。経営状況の悪いところは、無理をしてでも預金を集めようとするので、どうしても金利を高めに設定する。

信用金庫というと、よく町のおじさん、おばさんがお金を預ける、地域に密着した金融機関というイメージがある。そういう金融機関もたくさんあるだろう。しかし、中小金融機関の実態を見ると、

1000万円どころか、1億円、2億円、場合によっては10億円という多額の預金を預けている人が結構いたのだ。預かっている預金の相当部分が大口預金という中小金融機関もあった。

かつてはこうした預金がすべて預金保険によって守られてきた。だから、預金保険によって預金を保護する上限を設ける「**ペイオフ**」が必要なのである。日本では貯蓄性の預金は1000万円までしか預金保険で保護しない。ペイオフのもとでは預金者も銀行の健全性をチェックしようとするだろうから、経営に問題がある銀行に過度な預金が集まりにくくなるだろう。

Point

覚えておこう!

✔金融機関のモラルハザードとは、預金者が預金保険で保護されているため、金融機関の選別を行わないことから起こる。預金者にある程度の自己責任を要求すれば、劣悪な金融機関に預金が集まることはないだろう。

良い銀行は淘汰される?

預金保険のもとで起きるモラルハザードの有名なケースとして、アメリカのS&Lの破綻問題がある。S&L、すなわちSaving and Loan Association(貯蓄貸付組合)というのは、アメリカの中小金融機関で、預金を集めて貸し出しに回している。

1980年代後半、S&Lが次々と倒産し、アメリカ経済にとって非常に大きな問題になってしまったことがある。規制緩和のもと、預金金利の引き上げ競争があるなかで、S&Lの中にはずいぶんと危険な資金運用をしていたところもあったようだ。

ガソリンスタンドのオーナーが銀行を始めるケースもあったそうだ。銀行のオーナーになってみると、高い金利で預金を集めることで大きな資金を手にすることができる。それを安全なプロジェクトに投資すれば長くビジネスは続けられるが、少ししか利益が出ない。危険なプロジェクトに投資すれば、うまくいけば非常に儲かるが、失敗しても自分の出したわずかな資本が損をするだけで済む。あとは全部預金保険でカバーしてもらえる（それは最終的に国民の負担となる）。要するに、リスキーなプロジェクトがうまくいけば銀行オーナーの儲け、失敗したら納税者の損ということである。当然、どうしても危険な投資に向かってしまうのだ（図6-5にモラルハザードの背景をまとめた）。

図6-5 » **モラルハザードの背景：銀行が危険な行為に走るわけ**

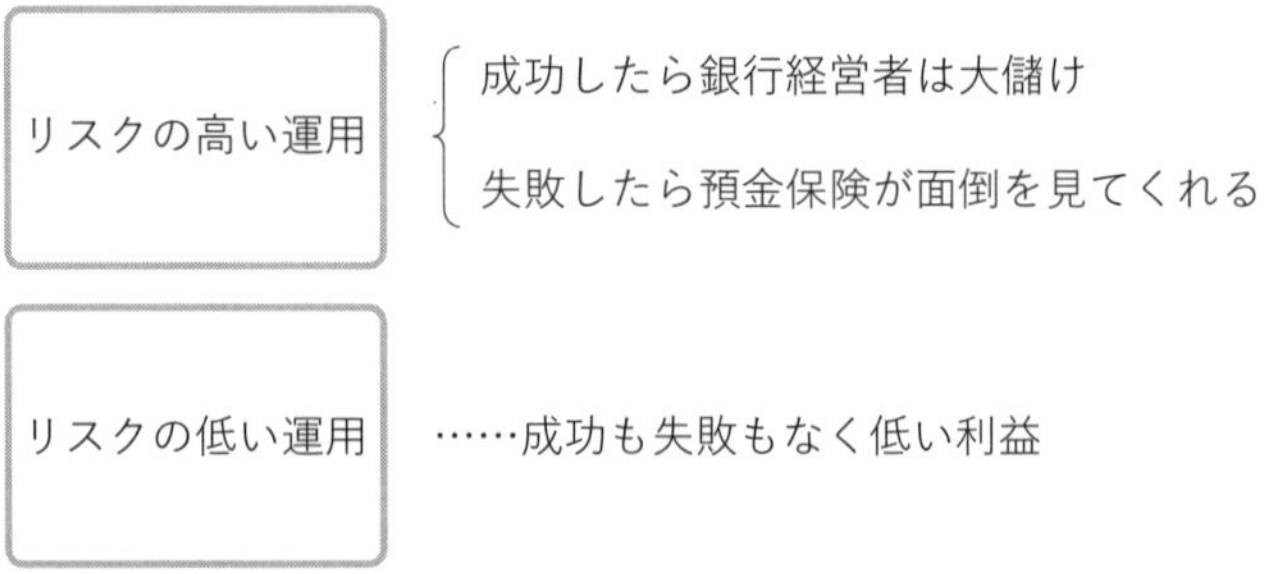
リスクの高い運用
成功したら銀行経営者は大儲け
失敗したら預金保険が面倒を見てくれる
リスクの低い運用
……成功も失敗もなく低い利益

S&Lの経験からわかったさらに厄介な問題は、健全な経営を行っている銀行もこうした危ない競争に巻き込まれてしまうということだ。資産の安全性に配慮した正しい銀行と、大儲けをたくらむ危ない銀行が共存していたとしよう。正しい銀行員のことを英語でサウンド・バンカー（健全な銀行家）という。真面目で、堅実で、お客さんから預かったお金を危ないところに貸すなどということはせず、保守的な資産運用をする。

問題は、銀行はサウンド・バンカーだけではないということだ。危険な資産運用に走る銀行と競争しているときに、サウンド・バンカーが生き残れるのかということだ。預金保険があると、預金者は一番金利の高いところに預金する。どの銀行に預けても、預金は保護されているからだ。それでは、低い預金金利しか提供できないサウンド・バンカーはどんどん淘汰されてしまう。サウンド・バンカーはリスクの高いところへ投資するわけではないから、収益もそれほど大きくない。だから、高い預金金利を設定することができない。危険な運用をする銀行は、どうせ儲かるか損するかだからということで、多少高い預金金利を提示してもお金をどんどん集めようとする。結局、預金者は高い金利のほうに流れていってしまう。サウンド・バンカーは淘汰されてしまうのだ。

危ない銀行を排除するペイオフ

一般の預金などに対する預金保険制度による保護の上限額が1000万円では高すぎる、500万円ぐらいにすればいいという議論もあるようだ。1000万円しか保護しないのであれば、3000

万円もっている人は、1000万円ずつ3つの銀行に分けて預け入れればいい。2つ以上の銀行が同時に倒産する確率は非常に小さいだろう。

そういう話を紹介したら、ある人が「でも、私は預金が1億円あるんです。どうしたらいいでしょうか」と尋ねるので、「そういう人は自己責任で決めてほしい」とお答えしておいた。そのような人は社会的責任があるのだから、危ない銀行に預けてはいけない。よく調べて、安全と思われる運用をすればよいのだ。

現実的に1億円以上の預金をもっているのは、企業や、たとえばマンションの管理組合や地方公共団体などだろう。これらはみんなプロなのだから、危ないところに預けてはいけない。そうした大口預金者の厳しい銀行選別があるからこそ、銀行の危険な資産運用にもチェックがかかるのだ。

ペイオフの制度で、1000万円以上では保護できないようにすることは、考えようによっては私たちの預金をより安全なものにすることにつながる。ペイオフを凍結して、預金を全額保護すると結局、危ない銀行がいつまでも残ってしまう。そうした銀行が破綻するときには、中身はもうボロボロなのだ。

銀行全体のシステムを守るためには、危なそうな銀行は早く破綻してくれたほうがよいという面もある。早めに破綻すれば、まだ資産がそれほど毀損していないのでそれを処分することで預金者に戻せる分も大きいだろう。ペイオフシステムというのは預金を保護しない制度ではなく、預金を保護できないような経営をしている銀行を早く破綻させて、傷口を浅くする制度と解釈することもできるのだ。

Point

覚えておこう！

- 預金保険制度があることをいいことに、高金利で預金を集め、危険な資産運用を行う金融機関はモラルハザードの典型例だ。
- このような銀行と競争する健全な銀行は、預金獲得競争で負けてしまい、淘汰される可能性があり、金融システム全体を非効率なものにする。
- 預金保険によって保護される預金などの額に限度を設けるペイオフ制度は、このようなモラルハザードを防ぎ、健全な競争を促す効果がある。

4 シグナルの理論

採用現場では、学歴というシグナルを使う

ここで、逆選択に対応する手法として「**シグナル**」という現象について説明しよう。労働市場の逆選択を例に使って考えることにする。

企業が新卒の学生を雇うとき、その人の性格や能力を評価するのは容易ではない。もちろん面接や書類選考などの方法でチェックしようとするだろう。しかし大企業が応募者全員に対して試験や面接をしようとしたら、大変な費用がかかってしまう。そこで、最初は別の方法である程度のふるい落としをして、残った人に対して面接などをして選ぶのが普通である。

ここで多くの企業は、学歴をシグナルとして使うことになる。大卒しか選考の対象にならないとか、あるいは特定の大学だけを対象として面接を行うといった方法である。これは、そうした学歴をもった人は、一般的な能力が優れていると企業が考えるからだろう。この場合には、学歴がシグナルになっている。会社の求めている性格や能力を、少ないコストで判別できるようなシグナルがあれば、それを使ってモニタリングしようということだ。シグナルの利用によって逆選択の問題を排除しようというのだ。

この場合のシグナルとは、企業の求める資質をもっている人のほうが容易に提示できる情報である。学歴が本当にその人の能力と相関をもっているかどうかは議論の余地があるところだろうが、仮に企業の求める資質をもっている人ほど苦労なく大学の入学試験に合格することができるのであれば、学歴はその人の資質を示すシグナルとなりうる。図6-6は以上のことを図解したものだ。

レモンの例で説明したように、取引される商品やサービスの品質がわからないときには、逆選択の問題が起こる。品質について買い手の側に不信感があるので、取引に歪みが生じるのだ。こうした逆選択の問題が起きるのは、中古自動車のような商品だけでなく、ここで取り上げたような労働サービスから金融取引まで多様なのである。

「悪貨は良貨を駆逐する」という表現がある。悪い品質のものが混じっていると、良い品質のものまで影響を受けるのだ。企業に応募する人の中にはさまざまな能力や資質の人がおり、その中で適切な資質や能力をもっている人を判別する能力が企業側にないときには、「悪貨が良貨を駆逐する」現象が起こりうる。これが労働市場における逆選択なのである。シグナルは、そうした逆選択を解消する1つの手法である。

Point

覚えておこう！

- **シグナルとは、情報の非対称性がある場合に、情報をもたない相手側に、情報をもっている側が提示できる情報のこと。**
- **シグナルを提示する行為を「シグナリング」という。**
- **シグナルは「逆選択」を解消する1つの手法だ。**

図6-6 ›› **シグナルとしての学歴**

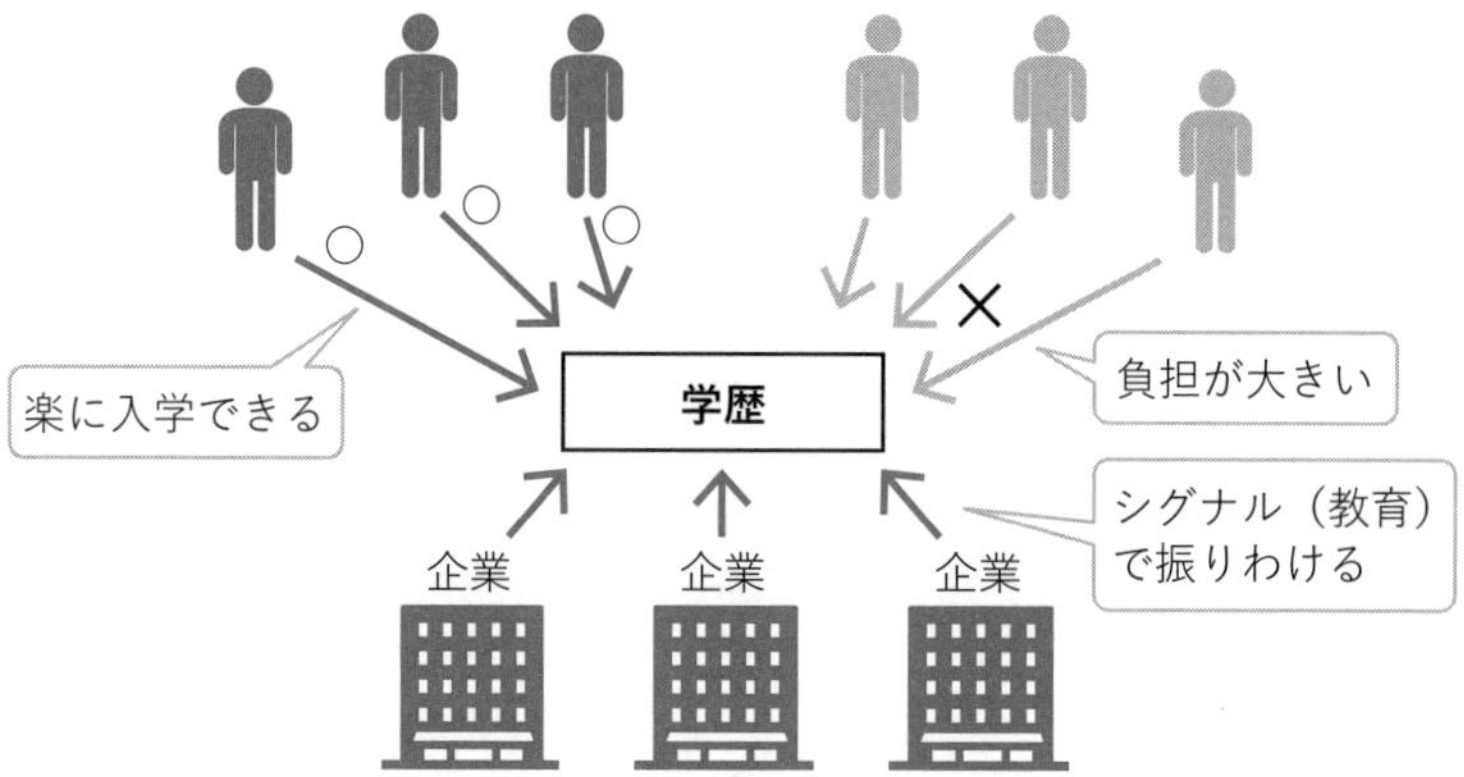

シグナルの理論で読む、広告の意義

広告にはどのような社会的な意味があるのだろうか。以前どこかで見た記憶があるが、コカ・コーラかペプシ・コーラのどちらかのテレビコマーシャルで、ペプシ・コーラとコカ・コーラの自動販売機が並んでいる光景が出てきた。夜になって人通りがなくなると、ペプシ・コーラとコカ・コーラの自動販売機から腕が出てきて、ロボットに変身する。変身したペプシ・コーラとコカ・コーラのロボットが戦いを始める。ペプシ・コーラが勝ったのか、コカ・コーラが勝ったのかは忘れたが。

こうしたコマーシャルは見るには面白いが、情報価値としては社会的にほとんど意味がない。キリンビールが1時間コマーシャルを出せば、アサヒビールも1時間コマーシャルを出す。それで両者合わせてのパイが増えるとも思われない。一定のパイの取り合いのためのコマーシャルだ。儲かるのは広告代理店とテレビ局であろう。こうした広告には、どのような社会的価値があるのだろうか。

じつは広告にはその商品のシグナル機能があると考えれば、そこには社会的な価値が認めうるのだ。英会話の勉強をしようと思って教材を買うなら、新聞などで大きく広告を出している会社のものがよいといわれる。英会話の教材をつくるのは簡単で、街を歩いている外国人に1時間しゃべってもらえば、それでテープができてしまう。しかし、そんなものを買わされては大変だ。そういう粗悪な教材はすぐに淘汰されてなくなる。しかし、新聞・雑誌に大きな宣伝を出している教材は、「使ってもらえば良さがわかるはずだ」という自信があるからこそ、あえて大きな金額の広告費を投じるのだろう。

粗悪な品質の商品を売るために巨額の広告費を投じる企業はないだろう。この場合、大新聞に大きなスペースで広告が出ているということが、手間をかけてしっかり制作した良い教材であるということのシグナルとなっているのだ。

海外旅行へ行って、知らない街でお土産に宝石を買わなければいけないとき、どの店で買ったらよいだろうか。町で一番豪華な店構えをしている店に行って買うのが一番確実だ。それだけのお金をかけた店構えだということは、ヒット・エンド・ラン、つまりお客をだまして儲けて逃げよう、などということは考えていないからだ。この場合には店構えがシグナルになる。

高い広告費や店構えにかかる費用の分だけ、英語教材や宝石の値段は高くなる。しかし、それはシグナルのための情報コストであるのだ。

point

覚えておこう！

✔広告にたくさんのお金を投じているということ自体が品質の保証となる場合がある。

column

ラーメン屋の行列もシグナル

うまいラーメン屋にはいつも行列ができている。なぜこのラーメン屋は、店を大きくして、お客が並ばなくても済むようにしないのか。そのほうが売り上げを増やすことができるはずなのに。じつは行列をつくらせることが、ラーメン屋の味が良いことのシグナルになっているのだ。まずいラーメン屋には行列ができない。行列ができるというのは、うまいラーメン屋だけが客に送れるシグナルなのだ。

ファイナンスの世界でも、シグナルは重要になる。起業家の中には、いい加減な人ときちんとした人がいる。きちんと事業計画を立ててお金を集めようとする人と、そうでない人がいるのだ。そのため投資家は、起業家に資本の一部を自分で負担するように求める。自分で資本の一部を出している起業家に投資をしたほうが安心だ。自分で投資をするということは、その起業家が少なくとも自分のプロジェクトに自信があるというシグナルであるからだ。

5 契約を守るのはなぜ難しいのか

将来起こりうるすべてのことを想定した契約書は書けない

モラルハザードや逆選択の話をするとき、当然次のような疑問が出てくる。なぜ「**契約書**」を書かないのだろうか。しっかりとした契約をすれば、相手にだまされることはないはずではないか。しかし、契約書を書くのはそんなに簡単なことではない。

たとえば、ある商社に就職する学生を考えてみよう。これはりっぱな労働契約である。しかし、将来起こりうるあらゆることを想定した完璧な雇用契約を書くことはできない。この商社の業績が悪くなったら賃金はどうなるのか。どういう場合に解雇になるのか。どうすればグループ長になれるのか。海外勤務はどのような頻度であるのか。将来、どんな部下をつけてくれるのか。食品部門に回してくれるのか、それともエネルギー部門なのか。こうしたことは、これから商社に入ろうとする若者がぜひ知りたいことだろうが、そんなことがわかるはずはない。結局、中身のほとんどない簡単な契約書を作成して、就職することになる。

契約は実行させるのが難しい

実際に契約書が作成され、それに基づいて契約したとしても、契約に基づいて相手に実行させることはさらに難しい。経済学では、こうした事柄を「**観察可能性**（observability）」と「**立証可能性**（verifiability）」の問題として取り扱う。

相手が契約どおりに行動しているのか調べることが難しいことは少なくない。観察可能性の問題だ。また、「こういうふうに契約書に書いたでしょう。なんでやらないの？」と主張しても、相手は「やっているではないか」と主張するかもしれない。間違っていると思ってもそれを立証できるとは限らない（立証可能性）。契約書に書いてあっても、そのとおり実行しているかどうかは当事者にしかわからない。当事者どうしの衝突があった場合、裁判所に持ち込まなくてはならない。しかし、裁判所が正しい判断をできるかどうかわからない。

このように、完璧な契約を結ぶのは困難であるし、それを実行するのはもっと困難だ。そこで、契約は不完全なものにしかならないということを前提に、ビジネスを行うことを考えなくてはいけない。

不完全な契約に正しいインセンティブを持ち込む方法

実際には、不完全な形であっても契約を結んで、走り出すしかない。商社から内定をもらったら、相手を信じて就職するしかないのだ。そこで、契約書が不完全でもお互いの不利にならないように、当事者双方が好ましい行動をとるインセンティブをもつような仕掛けが必要になる。そうした仕掛けについて例を挙げながら議論するが、たとえば次のような仕掛けが考えられる。商社に就職する学生と会社の関係を例にしながらこれらの仕掛けを列挙してみよう。

① **コミットメント**：その関係が壊れたら困るような関係を構築していく。たとえば、学生はこの商社に就職を決めることで他の会社への選択権を捨てている。会社はこの学生に入社後研修や訓練などを行うことで教育投資を行うだろう。このように学生も会社側も仕事の関係の中でさまざまな選択や投資を行っていくことで、相手を裏切るような行為をすることが自らの利益にならないような構造になっていく。コミットメントについては、前章でも詳しく取り上げた。

② **評判のメカニズム**：商社が採用した社員をどのように扱うのかは、全社員が、そしてこれから会社への就職を考える若い人たちも見ている。従業員の扱いがひどい会社は評判が悪くなり、将来優秀な人材を採りにくくなるだろう。そうした評判のメカニズムは契約がなくても当事者の行動を律する上で重要な役割を演じる。

③ **継続的な関係**：前章で継続的関係の意義について説明したように、企業と従業員の間には継続的な関係が成り立っていることが多いので、将来のことを考えたらお互いあまり相手に対してひどい行為はできないだろう。

このように、契約書には書けないが契約関係にある当事者が両者の関係を続けていく上で好ましい行動をとる正しいインセンティブを与えるような仕組みが、現実の経済の中には多く潜んでいる。経済学ではこうしたメカニズムを「**暗黙的な契約**」、つまり契約書には書けないような関係として取り扱う。第5章で取り上げたゲーム理論の考え方は、こうした現象を分析する上で効果がある。

Point
覚えておこう!

- 契約では、契約書を作成することも、それを実行することも不完全なものにしかならない。
- フォーマルな契約を補完するものとして、暗黙的な契約関係、つまり契約書には書けないような取引関係を構築する必要がある。
- そうした取引関係を構築する上で、コミットメント、評判のメカニズム、継続的な関係などが重要になる。

裏切られると、投資はムダになる――ホールドアップ問題

ビジネスの世界での取引関係は多くの場合、長期に及ぶ。雇用関係、下請取引、代理店契約など、長期間にわたって取引関係を継続することが前提となる。すでに説明したように、こうした長期な取

引関係においては契約書を交わすことが欠かせない。しかし、契約書に書けないことはたくさんあるし、契約書どおりに取引が続けられるという保証もない。暗黙的な契約関係によって両者の関係を好ましい状態に維持しようとする努力は続けられるだろうが、それでも長期的な関係を維持することは容易ではない。取引相手の利己的な行動によって取引関係が壊れる場合も少なくない。

第2章でスーツの流通について紹介したが、スーツの布を織っている生地メーカーでよく聞く話に、汚い言い方だが、「小便をかける」という表現がある。たとえば、冬物のスーツの企画を始めるシーズンが来たとする。アパレルメーカーは新しいシーズンの企画を立てて、それに基づいて生地メーカーに布を発注していく。布というのは糸を織って、表面を加工するなど手間がかかるため、完成までかなり時間がかかる。このため契約を交わす。たとえば、濃紺のストライプのスーツの布地を何月までに1万着分納入してほしいというような発注になる。

ところが、スーツのマーケットは変動が非常に激しく、販売の予想を立てるのは容易ではない。濃紺のスーツが予想どおりになかなか売れないこともある。この場合にアパレルメーカーが契約した布を全部買い取って製品にしてしまうと、アパレルメーカーがすべてのリスクをかぶることになる。そこで担当者ベースなどで、注文した布を引き取らなかったり返品したりしてしまうことがあるようだ。要するに契約違反をするわけだが、これを業界で「小便をかける」というのだ。

「申し訳ないけれども、今回は1万着分の布を頼んだんだけど、5000着で勘弁してよ」と頼む。生地メーカーのほうは「それは契約違反ですよ」と断ることはできる。しかし、断ってしまうと翌年から注文がこなくなる恐れがある。生地メーカーは年商50億~100億円だが、アパレルメーカーはそれよりはるかに規模の大きな企業が多い。結局、生地メーカーが泣き寝入りせざるをえなくなるのだ。

もっと悪質なのは、納めた布が返ってきてしまうケースだ。返品された上で「ちょっとこれ、キズがついているよ」と言われるのだ。布には完全な商品などありえない。よく見ればキズもあるだろう。いくらでも言いがかりをつけることができる。

もし生地メーカーが注文を信じて1万着分の布を織っていたら、その多くが無駄になってしまう。「2階に上って梯子を外される」状態になるのだが、このような問題を「**ホールドアップ問題**」という。相手を信じて行った投資などが、相手の裏切りによって無駄になってしまうのだ。

もちろん、生地メーカーもそんなことは予想しているので、1万着分の注文が来たからといって、すべてを生産するとは限らない。5000着分だけ生産しておいて様子を見るかもしれない。実際にスーツの売れ行きが好調なようであれば、急いで追加生産するだろう。しかし、間に合わないこともある。1万着分注文したのに、なんで全部揃わないのかという話になってしまう。仮に濃紺のスーツがよく売れれば、アパレルメーカーにとって一番売れ筋の商品が品切れになってしまうことにもなりかねない。

このように、アパレルメーカーの裏切りを恐れて生地メーカーが約束どおりの生産をしないことは、結果的に生地メーカーとアパレルメーカーの両方の利益を損ねることにもなりかねない。ビジネスの現場では、お互いに疑心暗鬼の状態が常に起こっており、これによって不幸な結果になることも少なくないのだ。お互いを信じることができれば、「**関係特殊的**（relation specific）」な投資をきちんとするだろうし、それが両者にとっては好ましい。しかし、契約書が書けないなかで、そうした投資がきちんと行われる保証はない。

取引先を買収したGM

不完全な契約しか書けないまま、企業はさまざまな取引関係を結んでいる。しかし、そうした取引を続けていくことがどうしても難しくなる場合もある。そうした際には、最終的には取引相手を買収するというような行為にまで及ぶこともある。有名な事例として、アメリカの大手自動車メーカーのGMによるフィッシャー・ボディーの買収のケースがある。

1920年代、GMはフォードとの厳しい競争の中で、名経営者といわれるアルフレッド・P・スローンのもとで高い成長を実現していた。この時期、GM車のボディーの製造の多くは、フィッシャー・ボディーという会社が受け持っていた。

急成長を遂げるGMにとって、フィッシャー・ボディーの協力は欠かせない。自動車の増産に対応してもらうためにフィッシャー・ボディーにも設備投資を求めるとか、あるいはGMの工場での組み立てとの連動性を良くするため、GMの工場のすぐ近くにフィッシャー・ボディーの工場を設置することを依頼するといったことだろう。

ただ、フィッシャー・ボディーはこうした依頼に安易に応じてこなかったようだ。おそらく、GMの言うままにやって、もしどこかで取引条件や内容を変えられたら、そうした投資が無駄になってしまうという不安感があったのかもしれない。
このようなフィッシャー・ボディーの慎重な態度に対して、ＧＭがとった方策はフィッシャー・ボディーを買収することだった。子会社にしてしまえば、ＧＭの思うようにフィッシャー・ボディーを動かすことができると考えたのだろう。異なる2つの企業が不完全な契約のもとで納得のいく取引関係が維持できないときには、このように合併するという手段に出ることは少なくない。

Point

覚えておこう！

- 相手を信じて行った投資が、相手の裏切りによって無駄になってしまうことがある。
- 取引相手との好ましい取引関係が維持できないときには、相手を買収して自分に従わせるという手段もある。

Chapter

7

行動経済学とビジネス

伝統的な経済学では人々が合理的な行動をとると想定して分析が行われてきた。この考え方は人々の行動の背後に隠れているさまざまな動きを理解することを可能にした。前の章で取り上げたインセンティブの構造やPart1で説明した需要の行動のパターンなどがその代表的な事例だ。この分析は現在でも有効である。

ただ、私たちの日常の行動が必ずしも合理的ではないことは私たち自身が一番よく知っている。消費者は買い物をするたびに費用と便益を詳しく調べるわけではない。日常の多くの行動は、ほぼ条件反射的に行われている。ただ、そうした非合理な行動であっても、ある種の傾向、クセは存在する。このような「予想可能な範囲の非合理性」を分析することが行動経済学の特徴である。人々のクセを知ることはビジネスでも重要なテーマとなる。

この章では行動経済学の視点からビジネスのさまざまな事例を取り上げる。それによって行動経済学についても学ぶ良い機会となるだろう。

人々の行動のクセを捉える

ゲーム理論の世界では、人々が合理的に行動するということを前提にして、ビジネスの戦略など、いろいろな現象を説明した。合理性を突き詰めていくことによって最適な解がわかるというのは、ビジネスにとどまらず、あらゆる分野で重要なことだ。前の章で詳しく取り上げたインセンティブという概念はその典型である。費用や利害を見ながら自分にとって一番都合の良いことを選択する。このメカニズムがインセンティブの意味するところだが、それは人々が合理的に行動するということが前提となっている。

しかし、人間の行動はすべて合理性で説明されるわけではない。それどころか、合理性では説明できないような行動が、現実のビジネスを理解する上で重要な意味をもつことが少なくない。そうしたことを、この章ではいろいろな例を挙げて説明したいと考えている。

最近の経済学では、人間はそれほど合理的に行動しているわけではなく、ある種の非合理性が何をもたらすかということについても多くの研究が進んでいる。ダン・アリエリー教授のベストセラーに『予想どおりに不合理』[1]というタイトルの本があるが、この書名が示しているように、人間は必ずしも合理的に行動するわけではないが、ある種の一貫性、パターンをもって行動するということが重要な意味をもつ。これが「**行動経済学**」の基本にある考え方だ。

重要なことは、この人々の行動のクセを理解することだ。そのクセを理解すれば、ビジネスの世界でも行動経済学の考え方はさまざまな示唆を与えてくれる。行動経済学では、心理学の研究方法が大きな影響を及ぼしている。行動経済学の研究でノーベル経済学賞を受賞したダニエル・カーネマン教授の著作『ファスト&スロー』[2]は一般読者向けに書かれた優れた著作で世界的なベストセラーとなったが、そこでは脳の動きが人間の経済行動にどのような影響を及ぼすのか、興味深い形で考察が行われている。

合理性で説明できないような人間の行動のクセにはいくつかのパターンがある。この章では、こうしたクセの代表的な例として以下の4つを取り上げたいと考えている。

1つは、「**限定合理性**」と呼ばれるものである。人々の行動の多くは詳細な計算に基づくものではない。多くの行動は過去の経験や習慣に基づくものであるし、それが結果的にある種の偏ったクセになって現れることになる。このような行動がビジネスに関わってくることを取り上げる。

2つめは、人間の行動が長期的な合理性から乖離する事例を考察する。多くの人は目先の衝動や欲望に動かされがちである。目先の欲望に負けるからこそ、多くの人がダイエットに失敗する。こうした問題はビジネスの世界でも少なくないはずだ。こうした人間の弱さにつけ込むようなビジネスモデ

---

1 ダン・アリエリー『予想どおりに不合理：行動経済学が明かす「あなたがそれを選ぶわけ」』熊谷淳子訳、早川書房、2008年。（原著）Dan Ariely, *Predictably Irrational,: The Hidden Forces That Shape Our Decisions*, Revised, Expanded Edition,Harper,2009.

2 ダニエル・カーネマン『ファスト&スロー：あなたの意思はどのように決まるか？（上・下）』村井章子訳、ハヤカワノンフィクション文庫、2014年。（原著）Daniel Kahneman, *Thinking Fast and Slow*, Farrar Straus & Giroux, 2011.

ルもあるだろう。逆に、こうした問題を克服して社員の能力をさらに引き出すような経営手法もあるだろう。

ダニエル・カーネマンは、エイモス・トヴェルスキーとともに心理学の知見を経済現象に適用して行動経済学という新たな経済学のフロンティアを切り拓いた。
（写真提供：ロイター＝共同）

3つめは、人々の多くが現状を変えることに非常に臆病であるという点に触れたい。人々の考え方や行動は現状に縛られやすい。人間は臆病なもので、大きな変化を本能的に嫌う傾向があるようだ。臆病ということだけでなく、人々は一旦慣れた価格や慣習に縛られる傾向があるようだ。企業が商品の価格を上げにくいのも、人々のこうした習性によるところが大きい。

リスクの評価について、この点で重要な指摘をしたのが、カーネマン教授とトヴェルスキー教授による「**プロスペクト理論**」だ。これについては後で説明するが、この成果に対してノーベル経済学賞が授与されている。プロスペクト理論だけでなく、人々の行動はいろいろな面で現状に縛られるものである。こうした点についてビジネスの事例を取り上げながら考察を深めたいと考えている。

人々の行動のクセとして取り上げたい4つめの特徴は、人々が群れとして行動する性向があるということだ。周りの人と違う行動はとりにくい、同じような行動をとっていると安心だ、と考える人は多い。こうした性向がさまざまな経済現象を生み出す。株式や不動産で起きるバブルなどはその典型である。株価が下がると考える人が増えれば、より多くの人が株を売却する行動に出るものだ。市場の流れに逆らって逆張りの投資をするのは難しい。その結果、株価は時として急騰や暴落を経験することになる。

人々が群れを好む傾向があることを利用したビジネスモデルはさまざまにある。たとえばスターバックス現象とでも呼ばれるものは、「**群れの原理**」なくして理解することは難しい。より一般的に、小売りなどのビジネスでは、群れの原理が重要な意味をもつ、ファッションなどでも、群れの原理が働いている。

以下では、いくつかの代表的なケースを利用しながら、行動経済学的な視点からビジネスについて考察する。ビジネスの事例は行動経済学についての理解を深める上でも有益であるはずだ。

Point

覚えておこう！

- **人間の行動には必ずしも合理的ではないある種のパターン、クセがあり、それが重要な意味をもつ。これが「行動経済学」の基本的な考え方だ。**
- **「限定合理性」「目先の衝動に駆られる」「変化を嫌う」「群れの原理」はその代表的な例だ。**

1 限定合理性と錯覚

レストランのメニューの面白さ

レストランのオーナーがメニューを考えるとする。費用やゲストの評価など、いろいろなことを考えて価格を決定していく。ただ、合理性だけでは説明できない現象も多くある。

たとえばメニューにボトル2000円のワインと1000円のワインの2種類があるとする。1000円のワインも2000円のワインも、ほぼ同程度の売れ行きであった。ある月から、メニューにさらに1種類、ボトル3000円のワインを追加してみる。それ以外は何も変えていない。すると、何が起こるのだろうか。1000円のワインの売れ行きが前よりはちょっと落ちてきて、2000円のワインの売れ行きが増えていくという現象が見られることがある。

なぜ、このようなことが起こるのか。これには非常に明快な理由がある。よほどのプロやワイン通であれば別だろうが、一般の客がレストランでワインを注文するときに、このワインは1000円の価値がある、2000円の価値があるというように、ワインの価値そのものを正確に判断することは難しい。普通の人は、1000円と2000円のワインがメニューにあると、1000円は確かに安いが、値段相応にはおいしくないかもしれない。2000円のワインは高いが、値段相応においしいという判断をするかもしれない。結局、どっちを注文するかは、その人の財布の事情などで決まることになり、ほぼ同程度の注文になる。

それが1000円、2000円、3000円のワインが並ぶと、値段がそれぞれ安い、中間、高いということになり、結局は、おいしさに確からしさのない1000円のワインを買うことへの抵抗感がより強くなり、また3000円のワインは値段とおいしさが釣り合うかどうかわからないということから、2000円のワインを注文する人が増えることになる。

要するに、消費者が商品を価格や品質などをもとに判断するときに、絶対評価はできないが、相対評価はできる可能性があることを示している。つまり、2000円のワインは1000円より高いし、3000円のワインは2000円より高いのは事実だからわかる。おそらく品質も値段相応だろうと推測し、結果的には真ん中の2000円のワインに少しシフトしていくことになる。これは決して合理的な行動とはいえない。しかし、人々はよくこのような判断をする。それだけ重要なクセなのだ。

人々の行動パターンを理解する上でキーワードとなるのが、「**ヒューリスティック**」という考え方だ。ヒューリスティックとは、決定するための時間や費用をどこまでかけるかということに関わるものだ。ヒューリスティックは、ある程度正解に近い解を見つけ出すための経験則や発見方法のことを指す。

住宅のような大きな買い物をするときには、徹底して時間や手間をかける人も多いだろう。しかし、レストランで注文するワインについて徹底的に情報を集める人は多くない。もっとも、高級フランス料理店でメニューを30分以上じっくりと読みながら何を注文するのか考えるのを楽しんでいる人と食事をしたことはある。ただ、普通の人は、メニューの値段を見ながら品質を想像して、自分の懐具合に合いそうなワインを選ぶことになる。そこで、右に述べたような相対評価のバイアスも生まれることになる。

企業が「**相対評価のバイアス**」を利用して顧客を望むような方向に誘導するということは、企業の価格や料金の設定でも重要なことであるはずだ。第1章で取り上げた吉野家の料金引き上げの事例はその典型だ。

吉野家はデフレの時代に280円の牛丼で大量にお客さんを集めて成功したが、物価が上がってくるときに牛丼の価格を上げるのは難しいことだった。「価格を下げるのは簡単だが、一旦下げた価格を上げるのは難しい」のだ。消費者の反発が大きい。ただ、先ほどのメニューのワインの話のように、メニューの種類を増やすことで、価格の引き上げを図っていくことは可能になる。

現在の吉野家の牛丼は387円（並盛、税込み、以下同じ）が基本だが、メニューに牛丼しかないとお客さんはその中で判断する。そこに、たとえば血糖値が上がりにくいライザップ辛牛サラダ（660円）、鰻重セット三枚盛1897円というように（2021年7月15日現在のメニューより）、より単価の高い商品がメニューの中に同時に入ることによって、全体の中での価格観を変えていくといったやり方は、企業が単価を上げるときにとっている1つの方法だ。もちろんそれが行き過ぎるのも悪影響が出るので、どこまで、どう実行するのか、その判断には微妙なものがある。

このように消費者の判断は相対的なポジションの中で行われる、ということがポイントだ。だから、人間のクセ、あるいは人間の判断は限定合理的であることをしっかり理解してビジネスモデルを組むことが重要になる。

鈴木敏文氏の名言「心理学が必要」

引退されたセブン&アイ・ホールディングスの鈴木敏文会長がよく辛口のコメントで、経済学ではダメだ、心理学が必要だということをいわれていた。確かに心理学的な人間のクセを知る、それをうまく反映させるということがビジネスの現場の世界で重要だ。

右のワインの話は、いろいろなところでその応用例を見ることができる。たとえば航空券だ。エコノミークラスとビジネスクラス、ファーストクラスがある。エコノミークラスは安いがスペースは狭く、窮屈。ファーストクラスは高いが、ゆったりしている。ビジネスクラスやファーストクラスを選ぶ人はこう考える。確かに高いが、窮屈なところに座らずに済み、座り心地の良い座席でちょっとおいしいものを食べられる。少し高いチケットでも買うことができるビジネスユースの方から見れば、その差は非常に意味がある。

一方で、エコノミークラスの方々はこう考える。もちろん狭いところで遠くまで飛んでいくので確かに快適ではなく、食事もそれほど期待できない。だが、これで行けば10万円で行ける。100万円も払わなくて済んだと思うと、ラッキーだとまでいかないだろうが、割に合うかもしれない、と。

つまり、安いチケットを買う人から見ても、高いチケットを買う人から見ても、相対的に見て、自分のポジションはいいと納得できる。コストだけでは説明できないような形で航空チケットの料金帯が組まれているのは、まさに人間の心理をついたものだと思われる。このように、行動経済学に関わる知見は、ビジネスでは非常に重要だ。鈴木敏文さんの言葉を借りれば、心理学的な視点を入れるということだろう。そして心理学だけでなく、より一般的な視点から消費者の行動原理を解き明かすことが重要だろう。

エコノミスト誌の価格設定

人々が相対的な評価に頼ることが多いことを、企業側も逆手にとって、価格設定をする。行動経済学のベストセラーを何冊も書いているアリエリーはその著書『予想どおりに不合理』の中で次のような事例を提示している。[3] イギリスのエコノミスト誌の価格設定だ。この雑誌は、紙の媒体で購入することもできるし、ネットで購読することもできる。その価格体系は、次のような奇妙なものになっていたという。

- ネットだけの購読　59ドル
- 紙媒体だけの購読　125ドル
- 紙とネットの購読　125ドル

この価格体系は明らかに奇妙だ。紙とネットの両方で購読できるのが、紙だけで購読するのと同じ値段であるからだ。この料金表を見て、多くの人は紙とネットの両方を選ぶオプションを選択するようだ。教室でのアンケート調査でもそのような結果が出たという。

これに対して、紙媒体だけの選択がなくて、ネットだけの媒体が59ドル、紙とネットの両方が125ドルという2つの選択しかなかったら、ネットだけを選ぶ人がもっと多くなるという結果も観察されたという。アリエリーの言葉を借りると、紙だけの媒体の料金は、デコイ（見せかけの模型）としての役割を果たしている。誰も紙媒体だけに125ドル払って購入することはしない。ただ、この料金の存在は、紙とネットの両方の料金を安く見せるのだ。結果的にネットだけの購入をする消費者は減って、より多くの人が紙とネットの両方のサービスを選択するということになる。

ところで、仮にオプションが、ネットだけ59ドル、紙とネットの両方で125ドルという選択しかなかったら、消費者は選択に迷うことになるだろう。ネットだけで安く済ませるのか、それとも追加料金を払って紙媒体も利用するのか。どちらが良いのか判断するのに、それなりのストレスを感じる人も少なくないと思われる。

そこで、紙だけでも125ドルであるという情報が入ると、消費者はがぜん選択しやすくなるようだ。紙だけより両方にしたほうが得だ。だからそれを選ぶことになる。ネットだけにしたら安く済むという考えで悩む人が減るというのは、そうした人々の錯覚なのかもしれないが、選択をしやすくなるという意味では効果がある。

3　ダン・アリエリー前掲書。

ところで、こうした料金体系はほかのメディアでも採用されているのだろうか。ちなみに、日本経済新聞の料金を見ると、電子版（ネット）だけで月4277円、紙（新聞購読料）だけで4900円、電子版と紙の両方で5900円という料金となっている。この料金体系は紙とネットの両方のほうが紙だけの料金よりも高くなっているが、こちらのほうが、右に紹介したエコノミスト誌の料金よりも合理的なようにも見える。ただ、この料金は新聞からの利益を最大化する上で最適なものであるのかはわからない。右のエコノミスト誌の料金体系を参考にすれば、紙だけの料金を4900円から5900円に上げることで売り上げはさらに上がらないのかという疑問となる。そのように料金を修正することで、紙だけを購入していた人の中で、電子版に移る人と、紙と電子版の両方のサービスに移る人のどちらが多くなるのか、という問題となる。

もっとも、新聞の場合には他の新聞との競争という面や、紙に長年なじんできた既存の購読者が多数いることもあるので、アリエリーのエコノミスト誌の価格の例のように、話は単純ではない。ただ、ここでの例は、人々が相対比較の中で判断するということが、企業の価格設定にも重要な影響を及ぼすということを示した興味深い例である。

消費者は価格を相対評価する傾向が強い

アリエリーの本の中で紹介されているもう1つの例は、上で取り上げた見せかけのための高級品の話に似ている。あるメーカーが家庭用のパン焼き器を発売した。ただ、まだ家庭用のパン焼き器が出回っていない時代であったので、売れ行きは芳しくなかった。そこでコンサルティング会社に相談して、もう少し大きく値段も高い家庭用パン焼き器も販売するようにアドバイスを受けたという。これまでの製品に加えてそうした高価格のパン焼き器も発売したところ、元から販売していた低価格のほうのパン焼き器の売れ行きが伸び始めたという。

　これは高い価格のパン焼き器がデコイの役割を果たしていると解釈することができる。従来のようにパン焼き器が1種類だけ店にあっても、消費者はそれを買うことが良いかどうか判断ができない。だから売れ行きもあまり芳しくなかった。ところが、安い価格と高い価格の商品が並んでいることで、消費者は両者を比較して、安いほうなら購入しても良いのではないかと考えたのだろう。

　人々が財やサービスの価値を評価するとき、絶対評価は難しいので、相対評価に頼りがちである。これが、ここまでの事例のメッセージである。そして比較する対象の存在によって評価が歪むことも少なくない。

　こうした比較の歪みは心理学の教科書などに出てくる例が明らかにしてくれる。**図7-1**はここで取り上げたアリエリーの本の中で紹

図7-1 ›› 錯覚：比較の歪み

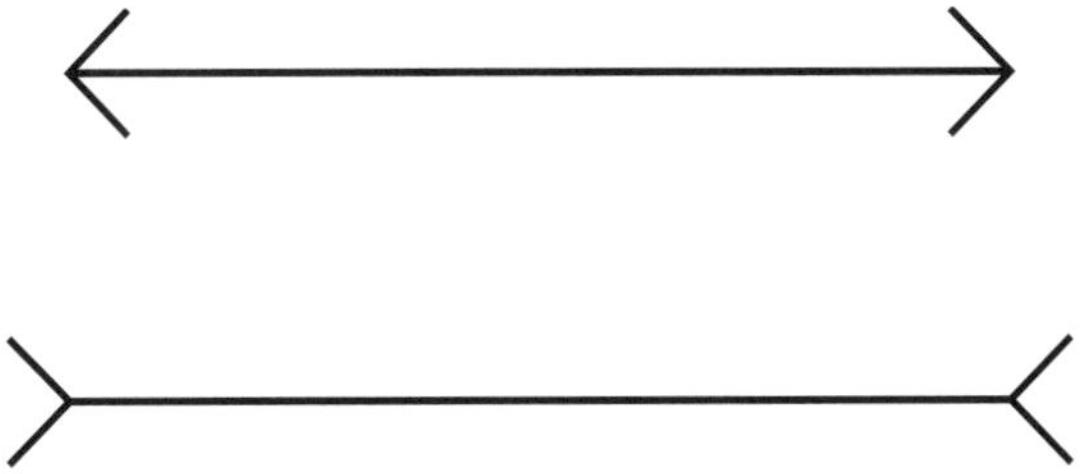

介されたものだが、2つの図の直線は同じ大きさであるはずが、なぜか上のほうが短く見える。それは上の図のほうが、矢印の尖端が閉じるように内に向かっているので結果的に中の直線が短く見えるからだ。比較対象の存在が評価に影響を及ぼす「**錯覚**」だ。

Point

覚えておこう!

- **人は多くの場合、合理的な判断に基づいて行動するわけではない。このような「限定合理性」の1つが、「ヒューリスティック」といわれる過去の経験則などに左右されることだ。**
- **人が製品やサービスの価格について相対評価するクセも「限定合理性」の1つだ。**
- **人の行動を理解するには、このように心理学的な要素を考慮に入れる必要がある。**

「ナッジ」で人の行動を促す

ノーベル経済学賞を受賞したリチャード・セイラーとキャス・サンスティーンの書いた *Nudge*(ナッジ)という大変面白い本がある。[4] セイラーは私のロチェスター大学の何年か先輩で、若い頃よく彼が廊下を歩いていたのを覚えている。この本の原著のジャケットデザインには親の象が子象をこっちに向かせるように鼻で押している絵が使われている。ちょっと押してやることによって行動を変えてやることが、社会を変える上で非常に重要な役割を果たすということを示している。これを「**ナッジ**」という。

本の冒頭に出てくる例がとても印象的だった。アムステルダムのスキポール空港という、世界でも有数の大きな空港の公衆トイレの話だ。その紳士用の小便トイレの掃除をする担当者の悩みは、便器の外にしぶきが飛んで汚れるので、何とかこの汚れを減らしたいということだった。そこで、紳士用の便器の真ん中に大きな虫のマークを入れることを試みた。すると、利用者はそのマークに向かって小便をする。外に飛び散るのが75%減少したそうだ。

面白いのは、虫のマークに向かって小便をするというのは、決して合理的な行動でも何でもないのだが、人間の行動原理をうまく観察し、それをちょっとした工夫で促し、人の行動を大きく変えられるという点だ。このようなことがビジネスでも数多くあるに違いない。

同じ本の中で扱われている例に高速道路の表示の工夫がある。高速道路を車が走っていてカーブに来たときに、ドライバーにスピードを落とすよう促すサイン

行動経済学者のリチャード・セイラーが唱える「ナッジ」という人々の行動を誘う概念は、多くの政策現場で活用されるようになっている。
（写真提供：ロイター＝共同）

4 Richard H. Thaler, Cass R. Sunstein, *Nudge: Improving Decisions About Health, Wealth, and Happiness*, Penguin Books, Updated Edition, 2009.（邦訳）リチャード・セイラー、キャス・サンスティーン『実践 行動経済学』遠藤真美訳、日経ＢＰ、２００９年。

だ。もちろんカーブのスピード制限を下げるような規制もありうるだろうが、もっと単純なのは、壁に模様をつけることだ。矢印模様の表示がつけてあり、カーブに入ると矢印の模様の間隔が狭くなるように工夫されている。そうすると、ドライバーは同じスピードで運転していても目に入る矢印の間隔が短くなるのでスピードを上げているような錯覚に陥るので、自然にブレーキを踏んで、スピードを落とすようになる。これは人間の視覚を利用して望ましい行動を誘導する工夫だといえる。

このように人間の行動パターン、クセを利用した例はほかにもいろいろある。行動経済学者ではないが、店舗の現場で起きていることを詳しく観察することで店での消費者の行動パターンを見事に分析したものに、パコ・アンダーヒルによる『なぜこの店で買ってしまうのか』がある。[5] ぜひ読むことをお薦めしたい本だが、店での人々の行動の癖について多くの興味深い指摘がされている。

たとえばコンビニエンスストアやスーパーマーケットでは、店に入って商品を取ってレジに行くまでの動線は左回り、反時計回りになるように設計されているところが多い。おそらく、右利きの人が多いのでそうなっているのではないだろうか。右利きの人は、左手にカゴを持って、右手で商品を取るからだ。人間のクセをいろいろ見ていくと、店舗のレイアウトは反時計回りにすることにある種の合理性があることを小売業のお店のオペレーションをやっている方は経験的に知っているのだろう。

Point

覚えておこう！

✔ **人の行動原理、クセを利用して、人の行動をある方向に誘導することで問題解決につなげるこ**

とを「ナッジ」という。社会のさまざまな場面や政策でナッジが応用されるようになってきている。

2 長期的な合理性と目先の衝動

なぜダイエットができないのか――今日の私と明日の私の戦い

私たちの日常生活を振り返ってみれば、私たちの行動が合理性からはかけ離れていることがよくわかる。ダイエットをしないと大変だと思いながらも、目の前のケーキに思わず手が出てしまう。1週間後のレポートの準備をしなくてはいけないのに、どうしてもテレビのドラマ番組を見てしまう。頭ではわかっていても体がついていかないということはよくある。まるで明日の私と今日の私が違

5 パコ・アンダーヒル『なぜこの店で買ってしまうのか』鈴木主税・福井昌子訳、ハヤカワノンフィクション文庫、2014年。(原著) Paco Underhill, *Why We Buy: The Science of Shopping*, Updated and Revised Edition, Simon & Schuster, 2008.

ったことを命令しているようだ。明日の私は、ケーキなど食べると体重が増えてしまうので良くない、と言っている。でも今の私は、このケーキはおいしそうなので食べたい、と言っているのだ。

往々にして、明日の私は合理性をもった理性的な人なのに、今の私は衝動に流されやすい非合理的な人であるのだ。こうした衝動を抑えながら合理的な判断をすることが重要であることが少なくないのに、目先の衝動に流されて後で後悔する人が少なくない。

どうも人間の行動の中には、動物的な部分と人間的な部分があるようだ。「動物的」「人間的」というのは、私が勝手につけた表現だが、先に紹介したカーネマン教授の『ファスト&スロー』で、システム1とシステム2と呼ばれるものに対応する。少し乱暴な説明になるが、以下では「動物的」と「人間的」という表現を使うことにする。

先ほどのダイエットの例を使えば、目の前においしそうな食べ物があればそれを食べたいと思うのは我々の動物的な部分である。これを食べたらカロリー摂取過多となり、ダイエットや血糖値によくないと考えるのは人間的な部分である。

私たちの日々の行動の多くの部分は動物的な部分が多い。自動車を運転しているとき、その大半は無意識に行動しているはずだ。ブレーキを踏むとき、その構造を考えて踏んでいるわけではない。ハンドルの操作もその大半は無意識で行うはずだ。

ただ、自動車の運転でも、時に人間的な判断が前面に出てくることもある。たとえば、知らない街で運転するときには、いろいろ考えて運転するだろう。これまで運転したことのないタイプの自動車を運転するときも、最初はいろいろ考えながら運転するはずだ。

人間的な判断をするときには、それだけ集中することが求められるので、疲れる。1日中、人間的な難しい判断をすると疲労困憊することになる。だからなのか、私たちの生活の大半は、動物的というか、過去からの行動の習慣に依存している。食事をすることも、外を歩くときも、家でくつろぐときも、スポーツをするときも、基本的な行動はすべて動物的な行動である。

ただ、その中に人間的な行動が入り込むことも少なくない。食事をするときに健康に気遣い、外を歩きながら仕事の段取りを考える。スポーツをしているときも、相手の動きを見ながら戦略を組むことになる。この人間的な判断と動物的な行動の間には、複雑な関係があるようだ。

仕事のストレスが溜まっていたり忙しいとき、つい甘いものを食べてしまうのは、仕事などで人間的な行動のキャパシティーがいっぱいになり、自分の健康を気遣う食事行動をするという人間的な行動が制約されるからだろう。運転をしながら、隣から難しい話をされるのは、運転の妨げになることがある。難しい話に加わるという人間的な行動が、運転という動物的な動作の妨げになるのかもしれない。

衝動買いを促すマーケティング

自社の商品やサービスの売り上げを伸ばしたい企業としては、人々の動物的な部分にできるだけ訴えかけるような仕掛けを講じることになる。

飲料メーカーの広告で、ギラギラ照りつける太陽の中でいかにも喉が渇いていそうな人が清涼飲料を気持ち良さそうに飲んでいる映像がある。そのような広告を何度も見ている消費者は、実際に自分の喉が渇いているとき、近くにその飲料の自販機を見つけると、その飲料を無性に飲みたくなるものだ。飲料が飲みたくなって購入するという行動は動物的なものであり、そこに合理性の入り込む余地は小さい。

時間を限定して商品を売り込む商売なども、人間の動物的な行動に働きかけるものである。あと1時間以内に電話をしないとこの価格では二度と買えないと番組で煽られているとき、どこまでその消費者に合理的な思考が働いているだろうか。店頭で本日限りのバーゲンと銘打って安売りをするのも同じだ。瞬時に判断を求められるとき、人間は合理的な行動をとれないものだ。

この点について、昔、私の先生に貴重なアドバイスをもらったことがある。「大学にいると、執筆や講演や審議会など、さまざまな依頼がある。そうした依頼があったとき、まず数日考えさせてください、と答えるのがよい。その場で判断すると引き受けてしまうことも、数日経ってみると後悔することも少なくないからだ」というものだ。

このアドバイスは、私にとって貴重なものだった。依頼があったとき、その場で瞬時に判断して答えることは難しい。結果的にいろいろな仕事を抱え込みすぎて後悔することになる。

消費の現場でも、その場での判断を求められることが非常に多い。本日までのバーゲンだとか、季節限定の特別商品とかいって、いま買わないと二度とチャンスはないようなことが言われる。レストランのメニューでも、1日5食限定などというものもある。

私たちの日々の消費行動は、そうした瞬時の判断で購入するか否かを決めることを求められる。その結果として、家にはいらない物が山のようにある、ということになりかねない。いらないものが山のようにあるということは、企業がそれだけ人々の動物的な部分に働きかけて購入させることに成功した結果ともいえる。

先の私の先生のアドバイスを応用したら、次のようなことになるだろう。店で買いたいものを見つけても、その場で買わなくても困らないものなら、まずは購入するのをやめておく。本当に必要であるなら、あとで購入すればよい。いま買わないと損になる、などという売り方には反応しないのが賢明というものだ。こうした行動をとれれば、無駄なものを買うことを防げるのだが。

ちなみに、先生のアドバイスにもかかわらず、私には依頼をすぐに引き受けるという傾向が強いようだ。その結果、いろいろな仕事を抱え込みすぎると、家族には批判されている。

習慣のもつ力に注目

アメリカでベストセラーとなったチャールズ・デュヒッグの『習慣の力』という本には、人間の習慣についての興味深い分析が多く書かれている。[6] この「**習慣**」という考え方も行動経済学の考え方とある意味でよく合致する。人間というのは、いろいろな行動をいつも合理的に考えながらとっている

6 チャールズ・デュヒッグ『習慣の力』渡会圭子訳、早川書房、2013年。（原著）Charles Duhigg, *The Power of Habit: Why We Do What We Do in Life and Business*, Random House, 2012.

わけではなく、習慣で動く面が強い。そこで、習慣を植えつけてやることで、ある種、望ましい方向での成果が得られることが多い。ここで習慣による行動は、ある意味で私が上で動物的な行動と呼んだものに近い。

私が『習慣の力』の中で一番感心した事例は、アメリカのスターバックスの成功事例の話だ。この本に登場する若者はすさまじい家庭環境で育った。親は麻薬取引で捕まってしまって、本人も十分な教育も受けられず、ひとつ間違ったら犯罪に関わるような環境の中にいた。しかし、いろいろなきっかけがあって、スターバックスに入って働くことになった。

この本の中に紹介されているのは、スターバックスが提供する教育の仕組みだ。悪い言い方をすればマインドコントロール（洗脳）ということになるかもしれないが、好意的な言い方をすれば、良い習慣に染まるためのトレーニングを繰り返し行うことだ。朝遅刻せずに職場に来る、整理整頓をする、同僚に挨拶するなど、繰り返して訓練し、習慣づける。こうしたトレーニングを繰り返し行った結果、この青年が店員として有能な人材に育っていき、真っ当な道から外れることなく成功するプロセスを描いている。

この事例の面白いのは、この本に書いてあるようなことが実際に起こっているとすると、じつはスターバックスの成功の秘訣というのは、社会からはみ出そうな人たちを習慣づけを通じて戦力化することによって、他の企業より低コストで有効な店のオペレーションを実現できるようにしているところにある。

人間の行動というのは環境によって変わっていくし、一旦出来上がった習慣は、今度は逆に維持されやすい。要するに、変わることに抵抗があるのが人間の習わしであるとすると、それを変えるには工夫が必要になる。先ほどのナッジもそれにつながるものだ。

ダイエットを実行する工夫

ダイエットは本当に難しい。血糖値などが気になるので、一生懸命カロリーをコントロールしようとするのだが、つい食べすぎてしまう。目の前においしい食べ物が並んでいると、「今日の私」はそれを食べないで済ますことができない。そして「明日の私」はそれを後悔することになる。世の中にはダイエットの成果を上げるための本がたくさんあるが、そのポイントはいかに「今日の私」の欲望を抑えるのかということだ。別の言い方をすれば、私たちの動物的な衝動を抑えて、人間的な行動をとるということだ。

心理学者が書いた本の中で読んだ、次の指摘は説得的だった。目の前にあるお酒をもう1杯飲むのか、あるいはケーキを食べるのか決めるとき、明日のことを考えるとよい、という。今日ぐらい食べたり飲んだりしても、明日からダイエットすればよい。もしそう考えているなら、明日も同じように考えるだろう。それでは一生ダイエットはできない。ダイエットが重要なら、「今から始める」と考えることが重要なのだ。

この指摘のポイントは、現在の行動に人間的な合理性を持ち込む努力をするということだ。動物的な衝動で飲み食いするのではなく、今ここで飲み食いすることの結果について合理的に考えるというのだ。

もちろん、合理的な行動をさらに強化するためには、他人の助けを借りることもある。タバコをやめたい人は、友人と賭けをして、もしやめられないなら10万円払うという約束をするという方法がある。10万円の価値にもよるだろうが、それが縛りになってタバコがやめられればよい。

そういえば、結果にコミットするという謳い文句でダイエットなどを指導しているライザップのビジネスが成長しているようだが、人々の動物的な欲望を抑えて人間的な合理性を強化することがいかに難しいことなのか、それに大きな経済価値があることを示している。

Point

覚えておこう！

- 人間には直観的にすばやく判断する思考と、時間をかけて論理的に判断する思考の2つのタイプがある。前者を「動物的」、後者を「人間的」ともいえる。
- 衝動買いを誘うようなマーケティングは、合理性の入り込む余地のない動物的な行動に働きかけるものだ。
- 訓練によって習慣を身につけるのは、よりよい行動に誘導する点でナッジと同様の役割を果たす。

3 人間は現状維持を望むようだ

価格の刷り込み効果

第1章で取り上げた牛丼の価格の事例では、一度250円まで下げた価格を引き上げるのは大変である、ということだった。消費者の頭に「牛丼の相場は250円」という意識が刷り込まれてしまい、それを変えることが難しいからだ。

行動経済学の研究で行われる実験には、時々驚くような結果が提示されることがあるが、この価格の刷り込み効果でも面白い実験がある。教室に集まった学生に社会保障番号の下2桁を紙に書いてもらう。アメリカではすべての国民が社会保障番号をもっており、その下2桁は00から99までランダムに分散している。日本でいえば、携帯電話の番号の下2桁を紙に書いてもらうようなものだ。

教室に集まった学生に数字を書いてもらった上で、次にワインのボトルを出す。そのワインにどれくらいの値段をつける気があるかオークションをするのだ。話を簡単にするため、提示する価格は1ドルから100ドルまでとする。常識的に考えれば、学生たちがワインにつける価格はランダムな数字となるはずだ。ところが、驚くべきことに、社会保障番号の下2桁の数字と、学生がつける価格との間に強い相関が見られたのだ。下2桁の数字が小さな学生はワインに低い価格をつけ、下2桁の数字が大きな学生が高い価格をつける傾向が出てきたのだ。

社会保障番号の下2桁の数字の大きさと、その学生のワインの嗜好の間に関係があるはずはない。それにもかかわらず自分が書いた番号がワインの価格設定に影響を及ぼしたということは、人間は自分が目にした数字に縛られる存在であるということだ。アリエリー教授はこれを「**刷り込み効果**」と呼ぶ。鳥は卵からかえったあと最初に見たものを自分の親と思うようだ。同じように、人間も一旦慣れた数字が刷り込まれる存在なのかもしれない。

社会保障番号のように経済活動と関係ない数字でさえ、人々の価格行動に影響を及ぼすとすれば、現在経験している価格が人々の行動に影響を及ぼさないはずはない。牛丼に250円払っていた人たちには、250円という価格が強く刷り込まれている。その刷り込みを消すのは簡単なことではない。企業が価格や料金の引き上げに苦労するのは当然だ。

価格の刷り込み効果を避けるための手法についても、アリエリー教授は面白い指摘をしている。スターバックスのコーヒーの価格の話だ。アメリカでは、ダンキンドーナツやマクドナルドで、1ドルのコーヒーが飲むことができた。店で飲むコーヒーの価格はおおよそ1ドルということが、多くの消費者に刷り込まれていたのだ。

そうした中で、スターバックスは、1杯3ドルも4ドルもするようなコーヒーを売ることに成功した。ダンキンドーナツで1ドルで飲めるコーヒーに、なぜスターバックスでは客は3ドルものお金を払うのか。それは、スターバックスでコーヒーを飲むことが、マクドナルドやダンキンドーナツでコーヒーを飲むこととまったく違うことであるということを、消費者に認識してもらうことがカギとなった。

　スターバックスでコーヒーを飲むことと、マクドナルドでコーヒーを飲むことの違いはどこにあるのか。コーヒーの味が違うこともある。ただ、それだけではないだろう。スターバックスでは、さまざまなコーヒーの中から選択できるということもある。いち早く禁煙を進めた、居心地の良い空間が提供されていたということもあるだろう。コーヒーそのものではなく、コーヒーを飲む空間で違いを出したということだ。スターバックスは、自宅、職場の次のサードプレイス（第三の居場所）と呼ばれている。

　いずれにしろ、1ドルが常識の世界で3ドルのコーヒーを飲んでもらうためには、スターバックスは徹底した差別化をする必要があったのだ。差別化については第1章でも触れたが、人々の刷り込みから逃れるためには、差別化によって全く新しい商品・サービスと認知してもらう必要がある。そこに新たな価格をつける余地がある。

　ちなみに、最近はスターバックスブランドの飲料をコンビニなどで購入できる。ただ、これはなかなか厳しいビジネスのような気がする。店の雰囲気など総合力で差別化をしているスターバックスだが、味だけで他のコーヒーとの違いを出すことは難しいからだ。

テレビショッピングとアンカリング

　刷り込み効果を逆手にとって販売拡大に成功したビジネスモデルが、ジャパネットたかたのようなテレビショッピングのビジネスモデルかもしれない。視聴者はテレビショッピングで紹介される商品の値段についておおよその情報をもっている。詳しく知らなくても、「近くの店で買えば＊＊円程度」という情報が与えられるのかもしれない。

そしてそこから割引が始まる。「本日は特別に大幅に割引して＊＊円にします」と、値が下げられる。この値段の下げ幅が大きいほど効果が大きいだろう。そして消費者がこの商品を購入しようかと思い始めた頃、駄目押しのように、「本日はさらに特別に部品を余分につけます」とくる。これで消費者は完全に購入モードに入る。

高めの値段をあらかじめ示しておいて、そこから値段を下げたり、余分なおまけをつけることでお得感を出す。こうしたやり方を「**アンカリング効果**」と呼ぶ。アンカーとは錨という意味だが、最初にある価格が消費者の頭に刷り込まれている。つまりアンカー（錨）となっている。

テレビショッピングの場合には、世の中に出回っている価格を参考にしているわけなので問題はない。ただ、一般の店で、「この商品の定価は＊＊円だが、本日は特別に2割引」というような表示をするのは、問題のある行為だ。そもそも定価として出した価格の根拠が問われることになる。高めの価格を定価として表示して、そこから割り引いた価格がいかにも安く見えるようにするのは、詐欺に近いようにも思えるのだ。

ちなみに、第1章で述べた、書籍の文庫本化の価格設定でも、アンカリング効果が働いている。最初、新刊本で出される書籍は値段が高い。それでも、その本を早く読みたい人は購入するだろう。少し遅れて、低価格で文庫本が出る。その価格は単行本よりはだいぶ安くなっているが、ここでも単行本よりも大幅に安いということが、アンカリング効果として働いているはずだ。

デファクトの重要性——プロスペクト理論

人々の心には、慣れ親しんでいる価格や数字が刷り込まれている。それを変えることは簡単ではない。この点をもう少し広げて解釈すれば、「人々は現在の自分の状況を中心にして世の中を見ており、そこから大きく外れることには警戒感をもつ」のかもしれない。

これは、ある意味では、これまで取り上げてきた、ヒューリスティックという考え方、あるいは人々の日々の行動が綿密な計算を伴ったものではなく、習慣や動物的な反応に基づいているものである、という点と深く関わっている。多くの人は、買い物や消費などの日々の行動の大半を、習慣的な行動の中でこなしている。いつもと同じ店で同じような商品を同じような価格で購入しているのだ。

だから、そうした現状から乖離することには、ある種の本能的な警戒感を示すのかもしれない。行動経済学が世の中に広がる重要なきっかけとなったのは、ノーベル経済学賞を受賞したダニエル・カーネマンとエイモス・トヴェルスキーの2人の共同研究による「**プロスペクト理論**」である。この理論は、将来の見込みがはっきりしない不確実な状況における人々の意思決定の偏りを明らかにしたものだが、その詳細はさておき、そこで有名になった実験を紹介しておこう。

2人は、人々に次の2つの中から一方を選択してもらうという実験をした。

① 無条件で100万円もらえるのか、それとも、
② コインを投げて表が出れば200万円もらえ、裏が出れば何ももらえない、

という2つから選んでもらうのだ。

この実験では、多くの人が確実に100万円もらえる①を選択した。おそらく読者の皆さんの多くも①を選ぶだろう。

次に、別の質問が投げかけられる。次の③と④のどちらを選ぶのかというものだ。あなたは200万円の負債を抱えているとする。次のどちらを選ぶだろうか。

③ 無条件で負債を半分の100万円に減らしてもらえる。
④ コインを投げて表が出れば負債はすべて帳消しに、裏が出れば負債の200万円はそのまま残る。

実験で、③と④のどちらが学生などへの質問で選ばれるか調べたら、④を選ぶ人が多かったという。読者も③よりも④を選ぶ人が多いのではないだろうか。

この実験は、経済学の伝統的な考え方には、強烈な挑戦であった。リスク回避という考え方に基づけば、確実に100万円もらえることを求める人は、確実に借金を100万円減らせる方を選ぶことが合理的であるからだ。この旧来の経済学の考え方は、人々の行動が最終的な所得の状況によって決

まる、という考え方に基づいている。これが問題である。

合理的な人間であれば、自分の最終的な所得水準をベースに行動を決定するだろう。しかし、現実の人間は「現在の状況」に強い影響を受ける。負債を抱えている人は、リスクがあってもそれを清算できるチャンスがあれば、それに賭けようとするようだ。

比喩的な言い方をすれば、私たちの日々の行動は暗闇の中で懐中電灯で前に進んでいるような状況だ。光が照らす範囲はよく見えるが、その向こうの暗闇はよくわからない。だから、可能であれば、現状にできるだけ固執しようとするのだ。

ビジネスでは、このような人間の行動パターンを逆手にとっていろいろなことができるだろう。ビジネスには「**デファクト**」のようなものがあり、何となく消費者はデファクトを当たり前としてそこから動こうとしないわけだ。

たとえばスマートフォン（スマホ）を購入する際に、いろいろな設定がすでにデファクトとして組み込まれている。テクノロジー好き、新しい機械をいじるのが好きな人は、そこからいろいろな設定を変更し自分に合った設定にしようとするだろうが、多くの人はデファクトのままで使うケースが多い。これはやはり、現状を変えることに対するある種のマイナス感を多くの人がもっていることを利用したものだ。

そこで、企業にとっては、一旦培った習慣、あるいはそれに類似するものをうまく活用することが重要になる。したがって、新しいサービスとか新しい商品を開発した企業はできるだけ早くそれをデファクトにすることが重要になる。たとえばコピーという機械が出たときに、人々はそれをゼロックスと呼んだ。ゼロックスというのは企業の名前だが、ある時期までは、それが、コピーの代名詞であり業界標準だった。その後、どんどん品質の良い他社の製品も開発され競争も激しくなり、ゼロックスでなくてもよくなるわけだが、何となくいままで使ったゼロックスを使いたいという傾向は強いまま維持される、ということがある。

そのため、多くの産業について共通した現象だが、やはり業界でトップシェアをとった企業、製品がナンバーツーの企業や製品に取って代わられるのはなかなか難しい。企業が先を争って新しい商品を開発したがるのは、消費者の製品選択に際してのある種の保守性が潜んでいるためだと考えられる。

無料雑誌を読み続け、入会費ゼロのジムに通う習慣

海外の大学に行くとよく見かける光景だが、掲示板などに雑誌が無料で試し読みできるという申込み用のハガキが貼ってある。それで申し込めば、最初の半年はタダで読めるというような月刊誌もある。

ただ、こうしたタダの広告につられて雑誌を読み始めると、結局、その雑誌を購読し続けることになる人が結構多い。無料の試し読みを申し込むことで、デファクトが無料から有料に変わってしまうからだ。無料の試し読み期間が終了した時、雑誌の継続購読を断れば料金はかからない。ただ、結構多くの人が雑誌の購読を続けることになるようだ。面白い雑誌だからお金を出しても継続して読みたいという積極的な人もいるだろうが、結構多くの人が、何となく継続を断るのが面倒くさくて購読を

続けている、という状況のようだ。

ITを利用したコンテンツサービスでも、同じような手法が利用される。パソコンのセキュリティーのサービスにはいろいろな会社のものがある。ただ、一度ある会社のソフトウェアを入れると、1年ごとの更新はパソコンのクリックだけで済むので、なかなか他社のソフトに替えることはしない。音楽や映像の定額サービスでも、一旦それに加入すれば、あとは何もしなければ、毎月、確実に一定の金額を支払うことになる。だから、最初の4週間お試しなどという勧誘手法が行われている。

そういえば、私がいま利用しているジムも、会員になったとき、最初の1カ月は会費ゼロの特典があった。それでいまのジムに入ったわけでもないが、一度1つのジムに通い始めると、なかなか他のジムに移るのも億劫なものだ。

いろいろな消費生活のシーンにおいて、人々は自分の生活のパターンを変えようとしない。だから、まず自分の店に来てもらう、あるいは自分の商品を購入してもらうために、さまざまなプロモーションが行われる。第1章で触れたように、吉野家が定期的に大幅な割引の牛丼を提供してきたのは、店に来てもらうクセを顧客につけてもらうためだ。

なぜ、業界1位の企業をひっくり返すのが難しいのか——再び「習慣の力」

人々が現状を変えるのに臆病である理由としてはいろいろなことが考えられる。すでに説明したような価格刷り込み効果もあるだろう。あるいは現状にある程度の満足をしている人にとって、そこから別のものや状況に変わることへの抵抗がある、ということもあるだろう。

ただ、こうした点も含めて、人々が現状にこだわることは、結局のところ、人々の日々の行動が習慣に強く縛られているということと関わる。日々の行動において、人々は習慣に縛られている。どの店に買いに行くのか、店の中をどう動くのか、どのような商品を購入するのか、どのブランドにするのか。

こうした選択の多くは習慣によるものであり、人々がその行動パターンを変えることがないわけではないが、それは何か大きな理由があるときだけだ。前回購入した商品に不満があったとき、いつも使う店で理不尽な対応を受けたとき、テレビのコマーシャルで新しいブランドの広告が面白かったとき、などである。こうした変化のきっかけはいくつもあるものの、それ以外では買い物は習慣的に行われるのだ。

商品を提供している企業にとっては、こうした消費者の習慣性は大きな武器にも障害にもなりうる。一旦消費者にそのブランドを選んでもらえれば、習慣の力によって買い続けてもらえる可能性が高いからだ。逆に、後発の企業が新しいブランドを持ち込んでも、それに乗り換えてもらうためには相当の努力が必要になる。

だから、どんな製品でも最初に商品化したブランドが有利となる。インスタントラーメンでもツナ缶でも、業界でシェア1位の製品とは、それだけ多くの人がその商品を購入する習慣をもっているものでもある。だからこそ、多くの企業はできるだけ他社に先駆けて新しい商品を出そうとするし、他の企業が参入してくる前に、できるだけ多くの人にその商品を購入する習慣をもってもらうような取り組みをすることになる。

Point

覚えておこう！

✔人は、とかく現状を変えたがらず、維持しがちだ。このような行動の背景にあるのが「刷り込み効果」だ。

✔人々には慣れ親しんだ価格や数字が刷り込まれている。「デファクト」といわれるものや、仕組み、設定なども同様だ。製品やサービスの競争でこうした人々の刷り込みを変えるためには差別化がカギとなる。

✔刷り込みや習慣によって人々の行動や判断が左右されることを「アンカリング」という。

✔将来の見通しが不確かな場合に、人は目の前の選択では損失を避けようとする行動をとりやすい。このような人々の行動の偏りを明らかにしたのが「プロスペクト理論」だ。

4　人間は「群れ」の動物である

「みんながやるから自分もやる」——人の動機を支配するもの

スティーヴン・レヴィットとスティーヴン・ダブナーの *Freakonomics*（邦訳『ヤバい経済学』）ほか一連の著作[7]は、世界的なベストセラーを続けている。若手の著名な学者であるレヴィットにジャーナリストのダブナーがインタビューして執筆された異色の本である。学生などにはぜひ読むように薦めているが、その中の1冊の『0《ゼロ》ベース思考』[8]の中に興味深い指摘がある。人間は何によって気持ちが動かされるのかがわかる面白い事例だ。

　あなたはなぜ省エネをするかという設問があり、4つ理由の候補が考えられている。1つは、省エネをすれば電気代が安くなるから節約になる。いわゆる金銭的な動機。2つめは、省エネをみんながすれば、それだけCO_2の排出が減るから地球温暖化を改善するためにも貢献できるという社会的動機だ。3つめは、節約することは正しいことだ、そのように自分も昔から教え込まれてきた、だから省エネは正しいという、要するにモラルに基づく動機だ。4つめが、ほかの人がやるから自分もやるという、いわゆる大衆的動機というか、集団的な動機だ。

　こういう4つの動機の中でどれが一番有力な動機か。レヴィットたちの本で明らかにされている結論は、いろいろな調査によれば、やはり最後のものだ。お金が儲かるからでも、社会にとって好ましいことでも、道徳的に正しいということでもなくて、みんながやっているから自分もやるという人が多いということだ。

人間は群れの動物なので、群れの動きをつくる。集団的な動機がやはり重要なポイントであり、しかもあるところまで行くと、それが重要な行動の原動力になる。ファッションや社会のトレンドもそれを反映したものになり、ビジネスの世界ではいろいろな形で利用されている。

合理性があるかどうかは別として、株式市場にもある種のファッションがあると指摘する研究者もいる。あるときには特定の株価が上がり、あるときには別の株が上がる。いろいろな研究を分析してみてもその動きは理論ではなかなか説明しにくいが、これはファッションであると考えればわかりやすい。たまたまいまはＩＴブームだからＩＴ関連株が高くなる。環境がまたファッションになれば環境関連株が上がってくる。このような形で、ある種の合理性が見られるのだ。みんながその種類の株に注目するのであれば、自分もそれを買ったほうが利益があるし、それがまた結果的にその株を上げていくことになる。

衣装のファッションの場合も同様だ。今年は去年よりもたとえば袖が長い服がはやっているとする

7 Steven D. Levitt, Stephen J. Dubner, *Freakonomics: A Rogue Economist Explores the Hidden Side of Everything*, Allen Lane, 2005.（邦訳）スティーヴン・D・レヴィット、スティーヴン・J・ダブナー『ヤバい経済学』望月衛訳、増補改訂版、東洋経済新報社、２００７年。

8 スティーブン・レヴィット、スティーブン・ダウナー『０ベース思考』櫻井祐子訳、ダイヤモンド社、２０１５年。（原著）Steven D. Levitt, Stephen J. Dubner, *Think Like a Freak: The Authors of Freakonomics Offer to Retrain Your Brain*, William Morrow, 2014.

と、合理性は別にして、みんなが袖の長い服を買いに行くと、それに乗っかって袖の長い服がさらに売れる。あるいは今年はグリーンがよく売れるというと、何となくみんなグリーンを着て、またグリーンが広がる。また自分もグリーンになるということがよく見られる。

もちろん、自分は流行に染まるのは嫌なので違う選択をするという人もいるだろうが、人間は他人の行動に合わせて行動しやすい。日本人は特にそうだと言う人もいるかもしれないが、ファッション、つまり、みんなが群れて行動する傾向がよく見られる。

群れの原理の合理性

もちろん、人々が「**群れの原理**」で動くことには合理性の側面が全くないわけではない。ジェームズ・スロウィッキーの『「みんなの意見」は案外正しい』[9]は、人々が群れの行動原理をとることの利点と問題点について、いろいろな角度から興味深い解説が提供されている。

この本の中で紹介されている社会心理学者の実験は、私たちの周りを見ても何となく納得のいく話だ。1人の人を街角に立たせ、何もない空を1分間眺めてもらった。ところが、彼が何を眺めているか、好奇心から足を止めた人はわずかであった。次に5人の人を街角に立たせ、同じように空を1分間眺めてもらった。今後は前の4倍ほどの通行人が空を見上げた。15人の人に空を眺めてもらったら、通行人の45パーセントが足を止めたそうだ。そして空を眺める人の数がさらに増えて、やがて、通行人の85%以上が空を見上げるようになったそうだ。

街を歩いていて、空を眺めている人を見かけても、それで足を止める人は少ないだろう。ただ、何人もの人が空を眺めていれば、空に何かあるのか気になって、足を止めて空を見上げてしまう。いかにもありそうなことだ。

私たちは、周りの人の行動から何か情報を得ようとしている。何人もの人が同じような行動をとっているとすれば、そこには普段ないような何かがあるはずなのだ。群衆を動かすことは、その周りにいる人々の心を動かす絶好の手段となる。

ところで、この空を見上げる人の実験ですぐに思いつくのは、「さくら」の存在だ。店に頼まれて店の前に並ぶ人のことをさくらという。「行列ができる店」という表現があるが、店の前に多くの人が並んでいると何となくその店が気になるはずだ。これだけの人が店の前に並んでいるということは、さぞやこの店は良いに違いないと判断する。

逆にガラガラに空いているレストランには、何となく入りにくいものだ。これだけ客が少ないということは、さぞ評判が悪い店に違いないと想像するからだ。

---

9 ジェームズ・スロウィッキー『「みんなの意見」は案外正しい』小高尚子訳、角川文庫、2009年。(原著) James Surowiecki, *The Wisdom of Crowds: Why the Many Are Smarter Than the Few and How Collective Wisdom Shapes Business, Economies, Societies, and Nations*, Doubleday, 2004.

スターバックス現象

スターバックスは、どこに行っても混んでいる。パソコンやスマホを見つめる人、本を読む人、友人と話に興じる人など、さまざまだ。なぜあんなにスターバックスに人が集まるのだろうか。

ニューヨークのスターバックス店舗。「サードプレイス」（第三の居場所）といわれるほど、それぞれの過ごし方を求めて人が集まるスターバックス。そこには「群れの原理」が働いているようだ。
（写真提供：John Marshall Mantel／ZUMA Wire／共同通信イメージズ）

スターバックスの本拠地であるアメリカ・シアトルの大学の先生が不思議がっていた。自分の家に立派な部屋があるのに、高校生の子供たちはスターバックスにまでわざわざ出かけて、そこで宿題などをするという。別にそこで友人と会うためではなく、一人で出かけていくことも多い。自分の部屋の静かな環境のほうが読書や勉強には良いようにも思えるのだが、適度な雑音と周囲に人がいる環境のほうが心地良いのかもしれない。

もし誰もいない家の中に何日もこもっていなければならないとすると、おそらく気分が滅入ってくる人も多いはずだ。1日の中で何処かで人の群れの中に自分の身を置くということを人間は求めるのかもしれない。これがスターバックス現象というものだ。

スターバックスは、サードプレイスとも呼ばれている。自宅、オフィスに続く、第三の居場所ということだ。群れから外れる自宅でもなければ、行動が縛られるオフィスでもない。群れの中に身を置きながら、自分の好きなことをやる。それがサードプレイスなのだろう。

小売業などのビジネスでも、こうした群れの原理が重要なカギになりそうだ。小売業の将来の姿を考える上でもこの点は重要なポイントとなる。スマホやパソコンなどで買い物が便利になり、ネット小売業が伸びている。確かに、スマホで簡便に注文をして、家まで届けてもらうのは便利だ。こうしたビジネスはまだ拡大していくだろう。

ただ、すべての買い物を電車の中のスマホや家でのパソコンで済ますとなると、それはそれでまたわびしいものである。買い物の目的が、必要なものをできるだけ簡便にかつ安く済ますということであれば、それでもよいだろう。ただ、ショッピングの楽しみのようなものはそれだけではないはずだ。

多くの人は外へ出て、人の群れの中に身を置くことを求めているとすれば、小売業もそうしたニーズに応えるものでなくてはならない。群れとしての集団の中にいる人にどのような楽しい空間を提供するのか。それが今後の小売業の店舗戦略や立地選定の重要なカギとなる。

Point

覚えておこう！

✔人間は群れの動物であることから、消費や投資をはじめ、人の判断、行動は「群れの原理」に左右される面が多い。

- 株価やファッションなど、群れの原理に基づく行動が生み出す市場の価格や選好にはある種の合理性が見られる。
- 人々の群れとしての行動は、小売業などのビジネス戦略にとって重要なカギとなる。

column

大衆の知恵か、それとも群衆の狂気か

この章では、もっぱら消費者の行動を中心に行動経済学について説明してきた。ただ、人々の行動が合理性によってどこまで説明されるのか、それともどこから合理性を外れるのかという論争は、金融市場の議論でも重要な意味をもっている。株式市場などを分析するファイナンス理論では、「**効率市場仮説**」と呼ばれる考え方の影響力が大きい。この仮説では人々は合理的に資産運用についての判断を行い、そうした人たち（投資家）が多く集まる資産市場での価格は人々のもっている情報や知識をすべて織り込んだ価格になっている、と考える。

「市場を出し抜くことは不可能だ」というのが効率市場仮説の典型的なキャッチフレーズである。多くの有能な人が全身全霊で取り組む資産取引では、自分のもっている知識や能力だけで高い収益を上げ続けることは難しい、という意味だ。株式運用などでたまたま大きな儲

けを上げられたとすれば、それは運が良かっただけである。市場が効率的であるのは、大衆の知恵（wisdom of crowds）が市場を支配しているからである。

効率市場仮説に基づくファイナンス理論はビジネススクールのファイナンスの授業の中心的な存在であり、そこの卒業生である、金融市場で活躍する人々もその信奉者である。この立場に立てば、多数の分散された資産に投資される投資信託やインデックスに投資することが良いことになる。つまり「パッシブな投資」が良いということになる。

リーマンショックはこうした見方に大きな打撃を与えた。市場が合理的であれば、バブルの生成もクラッシュ（崩壊）も起きるはずはない。市場を支配するのは大衆の知恵ではなく、群衆の狂気（madness of mobs）であるという見方が出てきた。そこで基本となる考え方は人々が合理的に行動するわけではないという行動経済学である。バブルやクラッシュが起きる資産市場で人々のどのような行動のクセがカギになるのか模索が続いている。

結局のところ、この相反する2つの考え方のどちらが正しいのだろうか。答えはどちらか一方ではないということだろう。平時においては、市場は驚くほど効率的である。ただ、時にそうした合理性から外れるのも市場の特性である。そこでは、行動経済学が指摘するような非合理的な行動が前面に出てくるのだ。

Part 3

産業組織論からの考察

Chapter

8

戦略をより深く理解する

第5章では、ゲーム理論の考え方を説明しその応用例について取り上げた。ゲーム理論はいろいろな問題に利用することができるが、ビジネス・エコノミクスについていえば、特に企業間の競争とそれに対する企業の競争戦略について考える上で有効である。競争戦略はビジネススクールなどでも重要な科目として教えられており、日本でも多くの本が出ている。この章では競争戦略の問題を取り上げることにした。

もとより、競争戦略の問題を本格的に取り上げることは本書の狙いとするところではない。ただ、競争戦略についてのいくつかの重要な論点を提示しておくことは意味があるだろう。競争戦略の分野では古典的著作となっているハーバード・ビジネススクールのマイケル・ポーター教授の一連の著作は、経済学における産業組織論の考え方を出発点としている。経済学、とりわけ産業組織論の考え方は、競争戦略論と深い関係があるのだ。この章でも、産業組織論でよく出てくる分析手法を利用しながら、競争の戦略的な側面について考えていきたい。

1 マイケル・ポーターの競争戦略論

ポーターの提唱する競争のフレームワーク

ハーバード大学のマイケル・ポーター教授は、経済学の手法をビジネスの競争戦略に巧みに応用している。ここではまず、ポーターが1998年に執筆した『競争戦略論』[1]のフレームワークを出発点として、「**競争戦略**」について論じてみたい。

ポーターのフレームワークでは、基本的に企業の競争条件を規定するものとして5つの要因がある。図8-1はこの競争の5つの要因を図式化したものだ。これらの要因は、①新規参入の可能性、②サプライヤー（部品や原材料の供給業者）の交渉力、③顧客（買い手）の交渉力、④他産業の中にいる代替的な財・サービス、⑤同業者との競争――の5つである。

第1の要因である新規参入の可能性であるが、多くの企業は常に新たな新規参入者の脅威にさらされている。たとえば日本の家電メーカーは、中国から安い価格で入ってくる競合商品との競争にさらされてきた。自動車だって近い将来はそうした脅威にさらされるかもしれない。これまで競争相手と認識していなかったところから、思わぬ新規参入があるということは、技術革新や国際化の進展のもとではよくある話である。

第2、第3の要因は、取引相手との交渉力の問題である。企業が原材料や部品を購入している企業との間の交渉力は、企業業績に大きな影響を及ぼす。たとえば、パソコンメーカーにとっては、インテルのCPUをいくらで買えるのか、あるいはそれに代わるCPUがあるのかということは、利益に大きな影響を及ぼす。同じように、製品を販売する相手（顧客、消費者）との間のバーゲニング・パワーも重要である。たとえば鉄鋼メーカーにとって、自動車メーカーにどのような価格で鉄板を購入してもらえるのかということは大きな関心事である。

第4の要因は、自社の製品やサービスとは直接競合しないが、代替的な存在となる製品・サービスの圧力である。たとえば、百貨店の集客力に東京ディズニーランドの存在は大きな影響力を及ぼす。東京

図8-1 » 5つの競争要因：ポーターの競争戦略

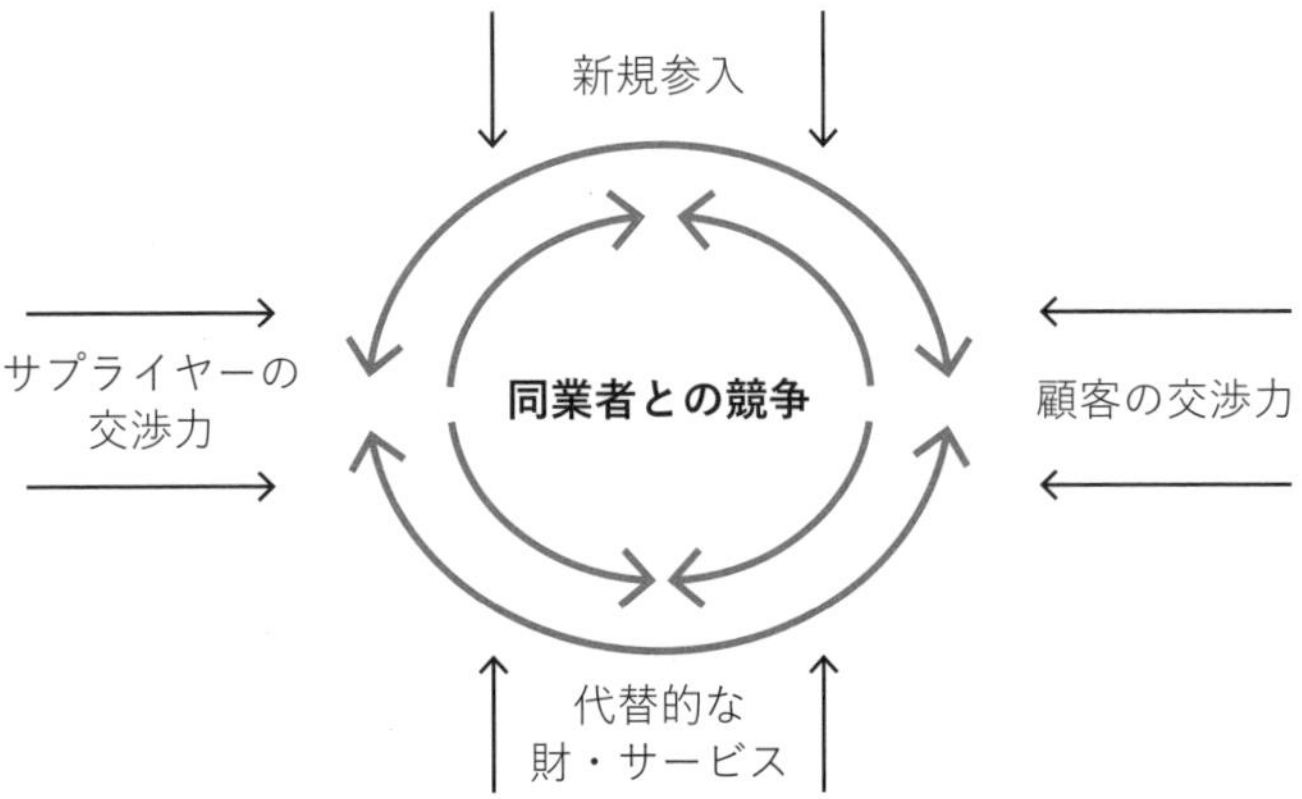

出所：Michael Porter, *On Competition*, Harvard Business School Press, 1998.

ディズニーランドへ行って1日過ごすのも、百貨店へ行って1日過ごすのも消費者にとっては同じ1日である。あるいは日本の温泉地の旅館は、ハワイ旅行のツアーと間接的に競争をしている。どの財やサービスも、直接、間接にじつに多くのものと競合関係にあるのだ。

第5の条件については詳しく述べるまでもないだろう。その企業が同業者とどのような競争を演じているのかということは、企業の競争条件にとって常に重要な要素である。第5章ではこのレベルの競争について考察を行った。

マイケル・ポーター教授は経済学の産業組織論の知見をビジネスに巧みに応用し、独自の競争戦略論を打ち立てた。
（写真提供：WireImage／ゲッティ／共同通信イメージズ）

以下、この5つの要素についてもう少し詳しく述べてみたい。

Point

覚えておこう！

✔マイケル・ポーター教授による競争の5つの要因

①新規参入の可能性
②資材や原料の調達先との交渉力
③販売先への交渉力
④目に見えない潜在的な競争者（代替品）

⑤　業界内での競争

5つの競争要因をパナソニックの事例で読む

上で挙げたポーターの競争の5つの要因について、たとえばパナソニック（かつての松下電器）を例にしてもう少し掘り下げてみよう。松下電器はバブル最盛期の1990年頃、史上最大の利益を達成した。しかし、バブル崩壊後、さまざまな厳しい競争要因にさらされ業績は低迷した。その要因をポーターの5つの要素に分類すると次のようになる。

- 新規参入：韓国のサムスンやLGエレクトロニクスなどは、各国市場で日本のメーカーを追い上げていた。携帯電話では韓国勢や中国勢が日本のメーカーを席巻してしまった。近年は中国のメーカーの成長が著しく、パナソニックが買収した三洋電機の家電分野は、中国のハイアールに買収された。

1　マイケル・ポーター『競争戦略論（Ⅰ・Ⅱ）新版』竹内弘高、ハーバード・ビジネス・レビュー編集部訳、ダイヤモンド社、2018年。（原著）Michael E. Porter, *On Competition*, Harvard Business School Press, 1998 (Updated, Expanded Edition, Harvard Business Review Press, 2008).

●サプライヤー：パソコンでは、インテルのCPUやマイクロソフトに支払うコストが非常に高いため、組み立てメーカーの利益を圧迫している。電気製品のモジュラー化が進んでいくと、重要部品を外から購入することになるので、購入先のバーゲニング・パワーが問題になる。薄型テレビのための液晶パネルなども、サムスンやシャープなどから調達しており、そういったところとの価格交渉が大きな意味をもつ。

●顧客：パナソニックにとってのこの面における大きな変化は、流通構造の変化だ。第2章でも述べたとおり、戦後の松下電器は全国にナショナルショップのネットワークを張っており、それが強力な販売力を支えていた。しかしいままでは、ヨドバシカメラやヤマダ電機という大きなバイヤーを相手にしなければならない。流通構造は大きく変わっている。

●代替的な財・サービスの圧力：消費者の支出パターンがモノからサービスへとシフトしつつあるという。モノが売れないなかで、東京ディズニーランドや携帯電話の通信サービスといったビジネスが伸びている。ライバルであったソニーは映像や音楽ソフトの会社を買収してハードとソフトの融合を目指し、ネットワークビジネスへの参入を果たそうとしている。

●産業内での（同業との）競争：産業そのものが成熟化しており、プロダクト・サイクルでいうと標準化の段階にきている商品が増えている。どの企業がつくっても同じようなモノしかできない状態になってくると、産業内の価格競争が激しくなる。家電製品は新製品が出てから価格が下がっていくスピードが速い。DVDや薄型テレビも、最初は利益に大きく貢献したが、価格が猛スピードで低下してしまった。

ポーターの競争条件の重要なメッセージは、企業の競争条件を産業内の同業他社との競争のみで考えてはいけないということだ。たしかにパナソニックはソニーや日立など同業他社と競争してきた。しかし、サプライヤー、顧客、まだ見えていない潜在的な参入者、そして間接的に競合する他の産業など、広範囲の競合相手に思いを馳せなければいけないのだ。

2 参入障壁を高める戦略

参入障壁の6つのパターン

ポーターの第1の競争要因である新規参入を防ぐことは、企業にとって競争条件を有利にするために重要である。新規参入の障害となるような要因を「**参入障壁**」という。この節では具体的な事例をいろいろ挙げながら、参入障壁とはどのようなものであるかを考えてみたい。

参入障壁には以下のようなものがある。

①規模の経済性

生産や供給の規模が大きいほど費用が低くなる傾向がある。たとえば、鉄鋼の生産には巨大な設備が伴うことが多い。これは規模を拡大することで費用を大幅に下げることが可能であるからだ。鉄鋼以外に、大型コンピューター、航空機産業、通信業界などの産業では、規模の経済性が強く働くといわれる。規模の経済性が働く産業では、小さな規模から始める新規参入は容易ではない。

規模の経済性には、通常考えられるようなもの以外に、時間を通じてのものもある。ビジネスの現場ではよく「**経験曲線効果**（learning curve effect）」について語られることが多い。経験曲線効果とは、生産や販売経験を積むほど、費用が下がっていく現象である。この効果が見られる代表的な製品に半導体がある。半導体は生産を続けていく過程で製品の歩留まりが上がっていき、単価が急速に下がっていくのだ。これも規模の経済性の例であるが、経験曲線効果については後でケースを使って取り上げたい。

ただ、規模の経済性は技術によって消滅する可能性があることにも注意しなくてはいけない。たとえば鉄鋼の場合、高炉という大型の鉄鋼設備が必要であれば確かに新規参入は難しいが、電炉技術が発達してくると、小さな電炉で生産することが可能になる製品もあるだろう。大型コンピューターは、コンピューターのダウンサイジングの中でワークステーションやパソコンなどに、その領域を浸食された。

通信では、巨大な通信インフラをもっている通信業者が、その回線の利用権を新規業者に開放することを政府の競争政策によって求められる。ＮＴＴの回線を利用して他の業者がサービスを行えるようになった。こうなれば、どこまで規模の経済性が参入障壁として意味をもつのかわからない。

②製品の差別化

マーケットが成熟し、製品に対するブランドイメージが定着してくると、新規参入は難しくなる。たとえばソフトドリンクは規模の経済性が働く業界ではないのだが、コカ・コーラなどブランドイメージが定着している分野への新規参入は容易ではない。企業にとってブランド戦略が重要である理由の１つは、参入障壁を確立するためである。

③資金条件

ある種の規模の経済性と言ってよいかもしれないが、巨額の資金がビジネスに必要であるという条件をつくることだ。ビジネスによっては、設備投資以外で大きな資金が必要なものがある。たとえば、広告がそうだ。日本のビール産業の場合、積極的にテレビＣＭを打たないと消費者に認知されにくい。既存企業と同じ規模でビールのビジネスを展開しようとすると、それに匹敵する広告支出をする覚悟がなければいけない。

④資源利用の独占権を確保

既存企業は特定の資源や技術の権利を確保できれば、費用の面で有利になれる。たとえば特定の鉱山や油田を利用する権利を確保できれば、他の企業よりも有利なコストで供給できる。特定の技術をパテントで押さえてしまえば、コスト競争に勝てるだろう。あるいは、小売業が有利な立地に店をつくってしまえば、新規参入企業よりも競争上有利になる。

⑤流通チャネルへのアクセス

第2章でも説明したが、流通チャネルを押さえることも、参入障壁を構築することにつながる。ビールでは後発であるサントリーが問屋確保に苦労したことは有名な話だ。シャネルやグッチなどの高級ブランドは、大手百貨店の1階という最高の立地に大きな店舗を構えている。これはブランドメーカーの交渉力によって確保したものだが、他のブランドの参入を妨げる結果になっている。

⑥公的規制

公的規制が参入障壁となり、既存企業の利益に貢献した分野は多くあった。酒の販売免許は大型店の酒販売への参入障壁となり、既存業者を守った。銀行の免許の規制は、ある時期まで新規の銀行業への参入を制限してきた。規制緩和が進んでいくなかで、こうした規制による参入障壁はずいぶんと低くなっている。

ただ、公的な関与が参入障壁となって既存企業の利益を守っているケースはまだたくさんある。たとえば、地域の公共事業への参加は地元企業を優先するという暗黙の了解があれば、外部からの新規参入は難しい。テレビ電波の管理は、新規のテレビ局の参入を難しくしてきた。

Point

覚えておこう！

✔参入障壁を設けることができれば新規参入を制限して、競争を有利に導くことが可能である。

✔参入障壁の類型としては、①規模の経済性、②製品の差別化、ブランド化、③広告などへの巨額な資金投入、④技術や資源の独占的な利用権、⑤流通チャネル、⑥公的規制による保護、などがある。

花王は「棚のコントロール」をめざす

花王は自社の物流システムにこだわってきた。多くのメーカーが問屋の中間流通機能を利用するのに対し、花王は自前の中間流通システムをもっており、スーパーやドラッグストアなどへ直接届けるのだ。

メーカーによる自社物流は、本来はなかなか難しい仕組みだ。現在起きている流通の大きな流れは、メーカー起点の仕組みから、小売りを起点としたものに変わりつつある。大手スーパーにとっては、トラック1台にまとめて自社の配送センターから商品が運ばれてくるほうが都合がいい。花王の商品だけが花王専用トラックで運ばれてくるのは、作業の効率上も不便である。それでも花王は、自社の物流システムに強いこだわりをもっているようだ。それは同業他社への大きな競争力の源泉となるからではないだろうか。

スーパーやドラッグストアなどの売り場の棚の一部を丸ごと、小売業側が花王に任せて、花王がアソートメントから商品の提案まで全部を請け負うケースがあるという。花王の製品だけを置くというのではないだろうが、店の売り場の一部をコントロールできるとしたら、それは花王にとって大きな競争力の源泉となる。

経験曲線の考え方

参入障壁と規模の経済性を議論するとき、必ず出てくるのが「**経験曲線**」の考え方である。コンサルタントの世界でも、この経験曲線を利用した分析が示されることが少なくないという。

図8-2は経験曲線のイメージを図示したものである。横軸には累積の生産量をとってある。累積生産量とは、過去から現在までに累計でどれだけの生産が行われたのかを表したものである。縦軸には単位コストがとられている。この図に表されているように、生産経験を積むほど費用が下がっていくというのが経験曲線の考え方だ。多くの産業でこうした関係が見られるが、半導体などはこうした効

果が特に強く見られるといわれる。

半導体は、つくり始めは歩留まりが悪い。ちょっとした生産の手違いで、不良品が大量に出てくる。しかし、生産経験を重ねていくほど、そういう問題が技術的にクリアされ、歩留まりが良くなってコストが下がってくる。液晶やプラズマディスプレーなどの電子関連のデバイスも同じような性格をもっている。

経験曲線効果が強く働く産業では、経験曲線をできるだけ早く駆け降りることが重要となる。他社よりも早く大量に生産を行い、費用を下げていけば、他社を圧倒できるだけでなく、参入障壁を高くすることができるのだ。第1章で触れたフォワード・プライシングの考え方、つまり将来のコスト削減を見越して最初から非常に安い価格を設定するというのも、こうした意図に基づく行為である。

図8-2 » 経験曲線

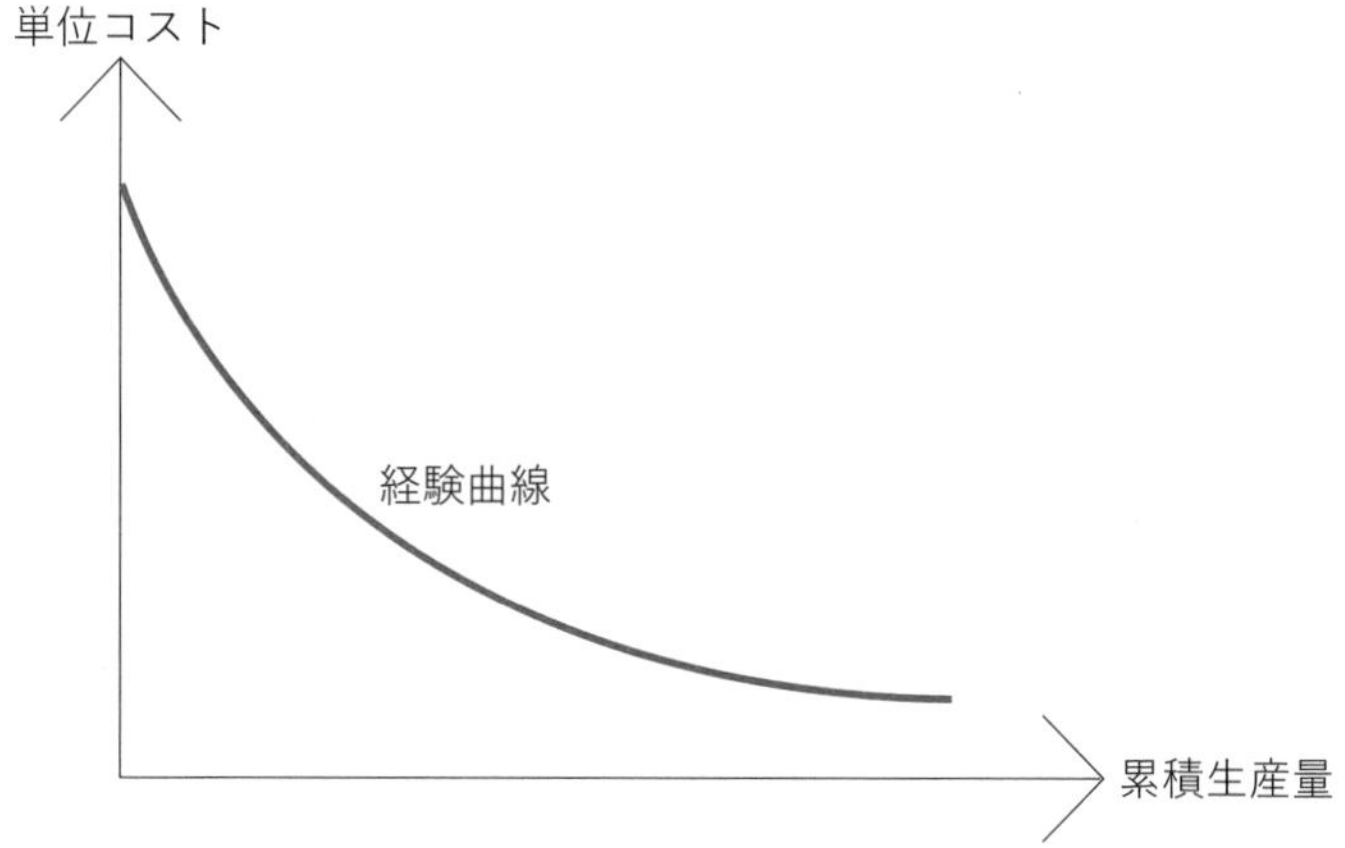

なぜ日本のメーカーはDRAMで韓国に負けたのか

ある雑誌でNECの当時の社長であった西垣浩司氏と対談した際のことだ。少し意地悪な質問だったかもしれないが、「なぜ日本のメーカーはDRAMで韓国のサムスンに勝てなかったのか」と尋ねたことがある。

かつては世界のDRAM市場を席巻していた日本のメーカーであるが、いまや壊滅状態に近い。西垣氏からは「金融のビジネスモデルの違いで負けた」という答えが返ってきた。DRAMに「シリコンサイクル」と呼ばれる見方がある。需要が伸びてくると価格が一気に上がるが、供給過多になると価格が大幅に下落する。また、経験曲線効果が大きく、たとえば64メガから256メガへの世代交替が起こると、最初はコストが高いが、経験効果を重ねることでコストは急激に安くなっていく。その結果、DRAMの価格は大きなサイクルを描くのだ。

巨額の投資と急速な経験曲線効果が働くDRAMのような分野では、日本のメーカーのような「**銀行融資ファイナンスモデル**」よりは、韓国の財閥企業のような「**株式市場ファイナンスモデル**」のほうが有利であるというのだ。日本の企業は銀行からの融資への依存度が高く、借りた資金に対して毎年確実に元利を返していくように求められる。韓国の財閥は株式発行などで調達した資金であるので、一か八かの大きなリスクをとった商売ができる。

こうした反省もあったのだろう。NECと日立はDRAMの事業を切り離し、エルピーダメモリと

DRAM（ダイナミック・ランダム・アクセス・メモリ）。日本企業が半導体市場でサムスンを代表とする韓国企業に後れをとった原因は金融モデルの違いにあった。　（写真提供：ロイター＝共同）

いう会社を設立した。エルピーダメモリは親会社のNECや日立をはじめインテルなど関連会社から株主資本として資金を集め、大規模なDRAM生産を始めようとしていた。まさに株式ファイナンスモデルで日本のDRAM生産の再生を図ろうとする試みである。残念ながら、エルピーダメモリも2013年に経営破綻し、アメリカのマイクロンテクノロジーの傘下に入り、現在はマイクロンメモリジャパンとしてDRAMを専業で生産している。

半導体のDRAM事業での日韓の逆転の教訓は、半導体のように規模の経済が大きく、収益にかなりのリスクがあるビジネスでは、リスクを負担できるような株式市場ファイナンスモデルのほうが優れているということだ。

Point

覚えておこう！

✔生産量を増やすほど費用が下がる「経験曲線効果」が強く働く業界では、いち早く大量生産することが競争上、有利になる。規模の経済性が参入障壁となるからだ。

✔半導体業界はその代表だ。韓国メーカーは資本市場からの資金調達力を活かし、経験曲線効果を発揮、日本企業を逆転した。

column

インスタントラーメンにブランドが多い理由2

アメリカ人の多くが朝食べるシリアル。スーパーマーケットに行くとじつに多くの種類があるが、じつはそのメーカーはごく少数に限られている。ということは、1つのメーカーが多くのブランドを出していることになる。

これは明らかに参入障壁となっている。少しずつ傾向の違った商品がたくさん店に並ぶことで、新規参入者が市場に参入する余地が小さくなっているのだ。ごく少数の既存の企業が、市場をあらゆるブランドで埋め尽くすことで、新たな参入を阻止する結果になっている。こうした傾向は日本でもインスタントラーメンの市場で見られる。カップラーメンでも、じつに多様な種類があるが、それを生産している企業の数は案外少ない。

3 取引相手との交渉力を強化する

競合他社より長期的な影響力をもつ

企業の業績は、目先の競争相手よりも、自社がモノを売っている相手や、モノを買っている相手の行動によって大きな影響を受けることが少なくない。ある意味では、こうした取引相手も競争相手と見ることができるのだ。

トヨタ自動車の競争力は、トヨタシステムを支えるといわれる部品メーカーのネットワークに大きく依存している。部品メーカーはトヨタ自動車にとって非常に重要なパートナーである。しかし、同時に部品メーカーとのバーゲニング・ポジションも、トヨタ自動車の競争力を左右する重要な要因となる。

トヨタ自動車は、同一の部品について常に2つ以上の調達ルートを確保しているといわれる。複数の調達ルートを確保することには、いろいろな理由があるだろう。たとえば、1つのルートに事故が

2 この議論は Schmalensee, R., "Entry Deterrence in the Ready-to-Eat Breakfast Cereal Industry." *Bell Journal of Economics* 9, 2 (Autumn 1978) に基づいている。

あったときのための保険ということも考えられる。しかしそれ以上に重要な理由は、部品供給メーカーに対して「**バーゲニング・パワー**」をもつためであると考えられる。特定の部品を1つの企業だけに依存することは、価格交渉、数量調整、新規モデル投入時の交渉など、あらゆる面で問題を起こしやすい。もし1つの企業に部品を依存していれば、その費用計算や価格設定については相手の言うなりになるしかないが、複数の企業から同一部品を調達していれば両者のコスト計算などを比べることで、価格交渉をより有利に進めることができる。

自動車業界に限らず、商品や部品の調達を複数のチャネルに分散することは、取引先に対する交渉力を確保する上で重要な手法である。単独の相手に重要な部品や原料・製品の供給を依存することは、第5章で取り上げたホールドアップ問題を生じさせることになる。

トヨタ自動車の例に戻れば、トヨタのほうも部品メーカーにとって重要な納入先である。つまり、トヨタ自動車と部品メーカーは相互に相手に依存する関係である。互いに相手の弱みを握っているという意味で、一方的に交渉で押し切られるわけではない。相互依存によって協力的な関係を構築しているのだ。

ただ、こうした協力というのは、第4章で説明したハーシュマンの「**告発のメカニズム**」によって左右される。告発のメカニズムは単独ではうまくいかないことも少なくない。一般的には、こうした告発のメカニズムが有効に働くためには、いざとなったら退出できるという選択肢が残されていることが重要だ。どうしてもうまくいかなければ他の業者から仕入れるという縛りがあって、初めて協力関係もうまくいくのだ。

Point

覚えておこう！

✓部品や製品の調達ルートは常に2つ以上のチャネルを確保することが重要になる。バーゲニング・パワーをもつことができるからだ。

column

デンソーの力

自動車業界の方から、あるアナリストの次のような発言について聞いたことがある。「デンソーとトヨタは、マイクロソフトとＩＢＭの関係になる」という発言である。

ＩＢＭはもともとメインフレームの大手企業だったが、パソコンに参入するにあたって、マイクロソフトにＯＳ（オペレーティング・システム）を任せた。ＯＳはマイクロソフトに任せてもいいだろうという判断があったのだろう。しかし結局は、「庇《ひさし》を貸して母屋を取られる」ことになってしまった。パソコンの世界でマイクロソフトのＯＳの力が強くなってしまったのだ。ＩＢＭも一時は対抗するＯＳを広めようとしたが、最終的にはそれを断念した。

このアナリストは自動車でも同じようなことが起こりうると発言したのだ。

デンソーはトヨタ自動車へ部品を供給する会社として、トヨタ自動車とともに育ってきた。ただ、デンソーの部品は性能がいいので、デンソーの部品さえ載せれば、どのメーカーの自動車も故障しにくくなるという評価が高まっている。もし自動車の性能を決める要因として主要部品の重要性が増してくるようだと、ちょうどパソコンでOSの市場支配力が強まったように、自動車産業でもデンソーのような部品メーカーの力が強くなる可能性がある。IBMとマイクロソフトのように、トヨタはデンソーに「母屋を取られる」状況になるのではないかと、このアナリストは発言したようだ。

もちろん、自動車はパソコンなどと違い個々のモデルのつくり込みが重要な商品であるので、そういった単純な比較はできないという見方もある。安易にパソコンと自動車を比較しないほうがいいだろうが、それにしてもいろいろな意味で示唆に富んだ発言ではある。

このように考えると、トヨタ自動車にとって最も手強い競争相手は、日産でもホンダでもなく、デンソーなのかもしれない。実際、デンソーの業績を見ると、日産やホンダなどの自動車メーカーと十分に対抗できる位置にあるのだ。「日本最大の自動車メーカーはトヨタ自動車であるが、第2位は日産でもホンダでもなくデンソーである」と言う人もいるくらいだ。

先のアナリストの議論をデンソーの方にぶつけてみたことがある。すると、「デンソーにとっての最大の競争相手はトヨタ自動車かもしれない」という答えが返ってきた。次世代の自動車部品について、デンソーはいろいろな技術開発や製品開発を行っているが、トヨタ自動車も同じ分野で積極的に研究開発をしているというのだ。トヨタ自動車はデンソーから部品を買っているが、必要があればトヨタが自社で生産できるようにもしているのだろうか。トヨタとデンソーは兄弟会社でありながらも競争関係にある。

ただ、以上で紹介した話は、自動車の分野で自動運転や電気自動車の話が本格的に出てくる前のことである。自動車の電気化がより顕著になったとき、デンソーとトヨタの関係はどうなるのか。これも興味あるテーマではある。

「人質」のメカニズム

自動車部品と自動車会社に限らず、多くのビジネス取引は、最終的に特定の企業どうしが長期的な取引を行わざるをえなくなるケースが多い。取引相手を決めるまでは多数の企業の中から選択できるとしても、一旦取引が始まれば、途中で取引相手を乗り換えるのは難しい。

そこで、特定の企業と長期的な取引を行う場合、相手が理不尽な交渉をしてくる、あるいはお互いの衝突で両者の取引関係が崩れるといったことのないような仕掛けが必要になる。第6章で説明したように、契約書をきちんと作成し、契約書通りに行動してもらうというだけではうまくいかない。取引相手との間に協力的な関係を維持できるような仕組みを組み込んでおく必要がある。第6章で取り上げたGMとフィッシャー・ボディーの例のように、こうした仕掛けをつくれなくて最終的に一方が他方を買収してしまうケースもあるが、日本では取引関係の中に協調的なメカニズムを組み込もうとする傾向が強い。

トヨタ自動車本社。トヨタ自動車の強さの背景にはデンソーなど有力な部品メーカーとの緊密な相互依存の関係がある。
（写真提供：共同通信社）

自動車産業の例で考えてみよう。デンソーのような自動車部品メーカーとトヨタ自動車のような自動車メーカーは相互依存関係にあり、一方があまり強力な交渉力を発揮してきても困る。そこで、経済学で「**人質**」と呼ばれるメカニズムが活用される。

たとえば、トヨタ自動車や豊田家の人たちはデンソーの株を保有している。その場合には、両者は単なる部品を売買する関係だけではなくなる。株式の一部をトヨタ自動車が保有しているということは、デンソーから見れば人質を提供していることにほかならない。

もちろん、株式だけが人質ではない。相互に役員を出すこと、技術の相互依存、情報の共有など、両社はじつにさまざまな依存関係を形成しているだろう。このような相互依存関係を深めていくこと、すなわち相互に人質を出し合うことで、過度な交渉力の行使や裏切り行為を排除するようなメカニズムを構築していくのだ。

第6章で取り上げた「**評判のメカニズム**」もここで重要な役割を演じる。トヨタ自動車のデンソーに対する行動は、トヨタ自動車に部品を供給しているすべての企業が見ている。そうした相互監視の仕組みが、協調関係を維持する上で重要な役割を果たしていることは言うまでもない。トヨタ自動車に部品を納めている会社は協豊会という組織をつくっている。

Point

覚えておこう！

✔相互に人質を出し合うことは協調関係を維持するための仕組みだ。
✔人質としては、株の持ち合い、人材（経営人も含む）の交流、技術提携など、いろいろな形態がある。

スイッチング・コストで顧客を取り込む

顧客との交渉力を高める上で重要な概念が「**スイッチング・コスト**」である。第1章でも述べたようにスイッチング・コストとは、顧客が他の商品に替えるための有形無形の費用のことだ。これが高ければ顧客に対して強い交渉力をもつことができる。

たとえば一度ある銀行に口座をもつと、振り込みからクレジットカードの決済まですべてその口座を利用するため、別の銀行に替えようと思ってもその手続きに手間がかかってしまう。銀行は顧客の取り込みを図るため、さまざまなサービスを1つの口座にぶら下げようとする。

大型コンピューターメーカーは、大口顧客の懐深くに入り込む。たとえば、ＩＢＭのような企業は、銀行や新聞社などにコンピューターを売り込むだけではなく、ソフトウェアの構築から日々の保守サービスまで一手に引き受けている。ＩＢＭと日本経済新聞社が共同で新聞のコンピューター編集システムを構築した話は有名だ。[3]こうしたシステムの構築のために、ＩＢＭは文字通り多くの人材を日経新聞のプロジェクトに投入し、システム完成後もその保守と更新を続けている。

日経新聞の側から見れば、ＩＢＭの仕組みなしには新聞の編集は難しいことになる。他のコンピューターメーカーへ切り替えることは容易ではない。また、編集システムについては新聞社の人間よりもＩＢＭの担当者のほうがよくわかっている面もあるかもしれない。

銀行についても同じだ。銀行のコンピューターシステムは非常に高度であり、コンピューター会社と緊密な連携をとりながら仕組みを構築していく。銀行のシステムには顧客や取引に関する膨大なデータが保管されているが、そうしたデータのコードもシステムを開発運営するコンピューター企業のシステムと密接に連携している。

こうした中で銀行がコンピューターのシステムを別の会社に替えることは非常に難しい。実際、そうしたシステムの変更でトラブルが発生することさえある。ある大手銀行では合併前にそれぞれの銀行が別のコンピューター会社のシステムを利用していたため、合併後にそのシステムを統合する必要が生じた。ただ、この移行のプロセスの中でトラブルが生じて、銀行のシステムが一時的に機能しないという事態になった。３６５日、24時間、システムが機能していることが前提になっている銀行ビジネスにとっては大きな失態である。

こうしたこともあるので、この銀行ではシステムの更新に当たっては、何回かの週末にＡＴＭなどのサービスを停止するという措置をとることになった。一旦設定したシステムから他に替えることがいかに難しいかということがよくわかる。

この銀行の事例は、特定の顧客との関係についてのものだった。スイッチング・コストを高めて顧客との交渉力を高めるという手法は、不特定多数の顧客――たとえば消費者――を相手にする場合でも有効だ。

パソコンのOSとスイッチング・コスト

パソコンでは、1つのシステムに慣れると、別のシステムに切り替えるのが容易ではない。少し前の話だが、アメリカでアップルのパソコンのマックを学生向けに非常に低価格で販売していた。アカデミックディスカウントというものだ。いまでも、アカデミックディスカウントは広範に行われているかもしれない。

マイクロソフトのウィンドウズでも同じような価格設定がある。マックでパソコンを始めた人は、簡単にはウィンドウズに切り替えられない。マックのシステムへの慣れということもあるだろうし、iOSでいろいろな周辺機器やソフトウェアを買いそろえれば、それをすべてウィンドウズ用に切り替えるのにもコストがかかる。学生向けにパソコンを安い価格で提供するのは、こうしたスイッチン

3 杉山隆男『メディアの興亡』文春文庫、1998年。

グ・コストを利用して、顧客を囲い込もうという狙いがあるのだろう。

パソコンやスマホのスイッチング・コストは、近年ますます高くなっているようにも思える。アップルの例でいえば、iPhoneやiPadとマックを併用していれば、iCloudなどを通じて、さまざまな情報やソフトウェアを同時利用している人が多いだろう。スケジュール管理から住所録まで、原稿から写真まで、すべてそのシステムに載っている。ソフトウェアにも慣れている。こうした中で、別のシステムに変更するのには、心理的にも大きな抵抗がある。

企業としては、さまざまな機器やシステムの間の連動性によって便利さを高めることができれば、結果としてスイッチング・コストを高めることもできる。その上で、初期ユーザーを自分のシステムに引き込むような割引やインセンティブを強化すればよいのだ。

Point

覚えておこう！

- 顧客との交渉力を高める上で重要な概念がスイッチング・コストだ。
- 顧客を取り込むためには、スイッチング・コストを高くするのも有効だ。

column

ＶＨＳ対ベータ、そしてコンパクトフラッシュ対メモリースティック

スイッチング・コストの存在は、「**業界標準**」を決める競争を激化させることになる。標準として生き残れるのかどうかが、その製品の存続につながることもある。歴史的に有名な事例を2つほど挙げてみよう。

ビデオデッキが出始めたころ、ソニーの展開したベータと、松下電器（現・パナソニック）・ビクター連合が展開したＶＨＳでは、ベータの画質のほうが良いという評判もあった。しかし、結果的にはＶＨＳ連合のほうがより多くの企業を取り込むことに成功し、ＶＨＳを業界標準にすることに成功した。

ここでカギとなったのが、「**ネットワークの外部性**」という現象だった。より積極的に仲間の企業を増やしていったＶＨＳ連合は、ＶＨＳを利用する顧客を増やすことに成功していった。ＶＨＳのほうが初期段階での普及が早かったので、レンタルビデオショップなどでもＶＨＳのソフトのほうを多く取り扱った。消費者から見れば広く普及したＶＨＳのほうが便利である。これがＶＨＳの普及に拍車をかけることになる。より多くの人が利用すれば、それだけその製品が便利になるという現象がネットワークの外部性である。この効果が強く働く製品については、できるだけ早くユーザーを増やした企業がその様式を標準とすることができる。ビデオデッキにおいてソニーは松下電器やビクターに「**標準化競争**」で負けたのだ。

ネットワークの外部性は、スイッチング・コストと密接な関係にある。１つの方式に慣れ、

そこで周辺機器を購入してしまえば、別の方式に替えることは難しい。ＶＨＳのビデオデッキを購入してＶＨＳでソフトを集めている人は、新しい機械を購入する際ベータに切り替えるのは難しいだろう。

日本を代表するパナソニックとソニーは、一度ならず標準化競争で激突している。記憶媒体で、パナソニックなどが進めるコンパクトフラッシュと、ソニーが進めるメモリースティックが標準化をめぐって競争した。この記憶媒体はパソコンからデジタルカメラまで、携帯電話からプリンターまで、あらゆる機器につなぐことが可能になる。当初はいろいろなところで見かけたソニーのメモリースティックであるが、いま、それを見かけることはなくなった。標準化競争に敗れたのだ。

流通業に対するバーゲニング・ポジション——外資系小売業と日本のメーカー

メーカーにとっては、卸売業や小売業は重要な顧客でもある。これらの流通業に対する交渉力を確保することは、メーカーにとっても戦略上重要な問題となる。

アメリカのコストコやフランスのカルフールなど、外資系の大手小売業が日本で積極的に店舗展開しようとしている。しかし、日本の有力メーカーの商品を低価格で売ることができないので、当初予想されていた以上に苦戦した。カルフールは結局、日本市場から撤退した。日本のメーカーが外資系の大手小売業の交渉力を警戒しているためだ。

大手ホールセール・クラブのコストコのアメリカでのビジネス戦略は非常にわかりやすい。消費者が評価するブランドの中から、2つぐらいの商品だけを置いておく。たとえばカラーテレビでいうと、ソニー、パナソニック、サムスンなど、いずれでも構わない。テレビだけでも20種類以上のブランドがあるだろうが、その中の1種類か2種類しか店に置かない。しかし、少なくとも消費者が認知する評価の高いブランドである。

これらのメーカーの販売担当者と交渉をして、ブランドの価値とメーカーが提示した価格から、どのブランドの商品を扱うかを決める。商品を絞り込むので、単品の売り上げ数量は大きい。その代わり、メーカーには大きな値引きを求め、消費者にも低価格で還元する。

メーカーにとっては、こうしたコストコの販売戦略は、商品を大量に売ってもらうという意味では都合が良いが、価格交渉の主導権を小売業に握られることになる。

かなり以前の話になるが、日本のあるメーカーのアジアの工場で、担当者から次のような話を聞いたことがある。そのメーカーの99ドル99セントのラジカセがアメリカでよく売れていたのだが、競合の日本企業が同様の商品を79ドル99セントで出したら、アメリカの大手小売業がいっせいに競合メーカーのほうにシフトしてしまったという。アメリカの小売市場では、メーカーは価格交渉力をもちにくいのだ。

コストコは、日本でも同じような戦略をとろうとしたようだ。しかし、これまでのところ日本ではそうしたやり方は難しいようだ。メーカーとしても、コストコに安い価格で大量に売られてしまうと、他の流通チャネルに商品を流すことが難しくなる。また、小売業に価格交渉力を奪われても困る。これまでのところ、コストコの店頭に、一流ブランドの商品が驚異的な低価格で並ぶということはないようだ。

同じような問題が、世界最大規模の小売業であるウォルマートについてもいえる。２００２年、鳴り物入りで日本に参入してきたウォルマートは、西友を買収してアメリカで成功したビジネスモデルを日本でも投入しようとした。ＥＤＬＰ（everyday low price）と呼ばれるもので、特別の値引きではなく、日々安い価格で商品を提供しようというものである。そのためには、メーカーから大量に直接商品を仕入れることで調達コストを下げなくてはいけない。アメリカでは、メーカーとの直接の取引を通じてそうした価格設定を可能にしてきた。

残念ながら、日本の多くのメーカーはこうした取引に慎重なようで、ウォルマートのＥＤＬＰの戦略はうまくいかなかったようだ。ウォルマートは米投資ファンドＫＫＲへ持ち株を売却し、西友への出資比率を大幅に引き下げた。

Point

覚えておこう！

- 参入障壁として重要なスイッチング・コストを高める要素が「標準化」だ。
- 標準化競争で主導権を握る上では、「ネットワークの外部性」の強さが物を言う。外部性が強いほど、スイッチング・コストは高くなる。

✔メーカーと小売業との間では、どちらがバーゲニング・ポジションを得るかが競争戦略上、重要になる。

4 代替財の存在と産業内の競争

商品ではなく機能で考える

次に、ポーターの競争戦略における4番目の要素である代替的な財・サービスの存在について見ていこう。自社の商品やサービスと代替するものがあると、価格を引き上げることが難しくなる。価格を引き上げれば代替するものに顧客を取られてしまうからだ。

競合する財やサービスの存在は、普段は見えにくいことがある。しかし市場が大きく変わったときに、そうした競合相手の存在が見えてくるのだ。たとえば、需要のブームが起きたとき、これで自社が利益を上げられると思っていても、意外に簡単に「**代替財**」へシフトしていくことがある。そういう意味で、競合の代替財の存在を常に明確にしておかなければいけない。

競争戦略を考えるときは、商品・サービスではなく、機能（ファンクション）で考えなければいけない。その企業が売っているものが、どういう商品・サービスなのかではなく、どういう機能を売っているのかというレベルで考えないと、代替財を見失う可能性がある。逆に、このレベルで考えることによって初めて、自分の企業のポジショニングが生かせるのだ。

自社のビジネスを商品ではなく、機能で捉えることの重要性を理解する上で格好の例は任天堂である。同社はかつてトランプ、花札などのゲーム類を販売していた。もし同社がそうした商品にこだわっていたら、ビジネスの将来性も競争相手も見えなかっただろう。そもそも、花札やトランプは衰退産業である。

しかし、任天堂はトランプや花札を売る企業ではなく、余暇の時間に人々が手軽に楽しむ道具を提供する企業だというように自社の機能を規定していた。余暇を楽しむ道具と捉えれば、ビジネスには大きな成長性がある。余暇時間は増えるであろうし、そのための道具に利用できる技術も高度化していくであろうからだ。かつては紙を使った道具しかなかったので、トランプや花札といった紙のゲームをつくるしかなかった。しかし、コンピューターや電子機器が発展してくれば、それを使ってファミコンをつくればいい。将来新しい技術や機器が出てくれば、そこからさらにビジネスが広がるのだ。

では、任天堂にとってどのような潜在的な代替財があるだろうか。余暇の時間を提供するという意味では、あらゆる方向から競争相手が出てくる。マイクロソフトのようなソフトメーカーやソニーのような電子機器メーカーがゲームの分野に参入してくるのは当然だ。インターネットの普及によって、任天堂もそれを利用できるという意味では大きな力になりうるが、同時にさまざまなタイプの競合相手が出てくる可能性がある。任天堂にとって、「余暇の時間を過ごす道具を提供する」という視点から、ビジネスの発展の可能性と潜在的な競合の存在を見抜く必要があるのだ。

モノからサービスへの変化

商品を製造したり販売したりする多くの企業にとって、「**モノからサービスへ**」という消費の大きな動きに注目する必要がある。日本のように成熟化した経済では、モノとしての商品の需要は飽和状態に近くなっている。何らかの意味でサービス的な要素が入らない商品は売れない。

新型コロナウイルス感染拡大前のことだが、百貨店の売り上げが伸び悩むなかで、六本木ヒルズや丸ビルには人があふれ、高級レストランは予約が取りにくい状況だった。若者向けの雑誌や書籍の売り上げは落ちているが、携帯電話の利用は拡大を続けている。ネットでの音楽配信の拡大でＣＤなどの売れ行きは落ちたが、ライブコンサートの売り上げは伸びているという。

多くの企業にとっては、こうしたモノからサービスへの動きを、潜在的な代替サービスの拡大として捉える必要があるだろう。そこで重要となるのは、自社の商品の中にどのような形でサービス的な要素を付加し、サービス化の流れに対応するのかということだ。

日産自動車のミニバンのコマーシャルに「モノより思い出」というものがあった。これには、ミニバンを自動車という商品ではなく、家族で遠出するための手段として捉えようとする意図が見える。

そうした見方を顧客にも示し、サービス的な面を強調しているのだ。

モノとしての衣料品の売れ行きは頭打ちであるが、ブランド品となれば話は別だ。「**ブランド**」とはモノに付加されたサービスであると考えればよい。デザインからライフスタイルの提案まで、衣料品というモノにどれだけサービス的な価値を付加できるかが重要となる。

お菓子でも、通常の店で売るモノについては売り上げが頭打ちであるが、東京ディズニーランドなどでキャラクターといっしょに売ることができれば販売も拡大する。ここでもサービス的な価値が付加されているのだ。

Point

覚えておこう！

- 代替財の存在を考える上では、扱う商品ではなく提供する機能で考えたほうが真の競争相手が見えてくる。
- 「モノからサービス」への動きは、代替的なサービスの拡大として捉える必要がある。

どのようにして業界内の過度な競争を避けるのか

競争の5つ目の要因である、産業内の競争がどの程度激しいかを見ることも重要だ。同一の産業内の競争はどのように行われるのかという問題は、産業組織論の分野でさまざまな視点から詳しく議論されている問題であり、その詳細を紹介することはスペースの制約からもできない。ここでは、例示的な意味でいくつかの代表的な論点を紹介しよう。

同一産業で競合する企業がどの程度の数あるかということは、当然、産業内の競争に大きな影響を及ぼす。企業数が多いほど競争は激しくなる傾向がある。ただ同じ企業数でも、同じような大きさの競争相手がひしめき合っている市場と、大きな規模のリーダー的な企業がいる市場では、競争の構造はかなり異なる。一般的にリーダーがいる業界ほど価格協調は成立しやすく、競争が弱くなる傾向がある。

「**市場シェア**」の小さな企業は、価格を下げることによって他企業から需要を奪うことができるため、価格を下げる誘因が強い。一方、市場シェアが大きな企業は、価格を下げることによって自社が受ける被害も大きくなる（市場全体の価格が下がれば、大きな売り上げの企業ほどその影響が大きくなる）。このため、産業の中に大きなシェアをもつリーダー的な企業がある場合には、過度な価格競争が避けられる傾向がある。

その産業が成長している状況にあるのか、それとも市場が縮小している状況にあるのかによっても、企業の価格競争行動は異なるだろう。衰退している産業では、生き残りをかけた消耗戦で利益を度外視した厳しい価格競争に陥ることがある。こうした過度な価格競争から逃れることは、企業にとって重要な経営戦略上の課題であり、競合企業と一緒になるM&Aなどが有効になる（これについては後で触れる）。

スイッチング・コストが大きい財やサービスは、競争が起こりにくくなる。顧客にとってスイッチング・コストが大きいということは、価格が多少高くなっても競合商品に移りにくいということだ。第1章の概念を使えば、需要の価格弾力性が低くなっている。

企業としては、スイッチング・コストを大きくするような仕掛けを組み入れることで、過度な競争を避けることができる。航空業界では、フリークエント・フライヤーやマイレージサービスという形で、より多く利用すれば無料チケットや景品がもらえるサービスを積極的に展開している。このサービスのもとでは、航空機利用者にとっては、別の航空会社へのスイッチング・コストが高くなる。たとえば、日本航空でマイレージを貯めていれば、全日本空輸など他の航空会社はできるだけ利用しないようにするだろう。このようなスイッチング・コストは、航空会社間の過度の価格競争を和らげるだろうと考えられる。

また固定費用が大きな産業では、価格競争が激しくなりやすい。すでに大きな固定費用を支払っているので、価格を下げてでも多く売ったほうがいいからである。

ハーフィンダール・ハーシュマン指数

産業の寡占度を測る指標として「**ハーフィンダール・ハーシュマン指数（ＨＨＩ）**」というものが使われることが多い。公正取引員会が企業の合併によってどの程度の寡占度となるのかを調べるときにも、この指数を参考にする。産業組織論の分野では重要な指標だ。

ハーフィンダール・ハーシュマン指数は、その産業の個々の企業のシェアを2乗して足したものとなる。たとえば、その市場が独占されていれば、独占企業のシェアは1なので、ハーフィンダール・ハーシュマン指数は1となる。2社が同じシェアをもっている市場であれば、シェア0・5の2乗の0・25を2つ足して、ハーフィンダール・ハーシュマン指数0・5となる。同じ2社しかない市場でも、一方の企業のシェアが0・8で他方が0・2という歪んだものとなっていれば、ハーフィンダール・ハーシュマン指数は0・64と0・04を足した0・68となる。つまり、同じ2社寡占でも、一方の企業が大きなシェアをもつ場合には、それだけ寡占度は高い数字で出てくる。

右に説明したように、企業の数が小さいほど寡占の弊害は大きくなるだけでなく、その中で特定の企業のシェアが大きいと、さらに価格が高めに設定される弊害が強くなる。ハーフィンダール・ハーシュマン指数はこの両方の要素を取り込んだ指標となっている。だから、「**独占禁止法**」での政策的介入のための指標として利用されているのだ。

最低価格保証——価格競争を排除するためのテクニック

企業は、業界内での過度な価格競争を排除するためさまざまなテクニックを駆使する。「**最低価格保証**」と呼ばれる慣行もその1つだ。よく家電の安売り店で、「うちよりも安い価格で売っている店があったら、チラシをもってきてください。うちの価格もそこまで下げます」と宣伝している店がある。アメリカのディスカウントストアなどでもよく使われる手法だ。消費者から見れば、地域で最も安い価格の店であるように見える。しかし、実態はそれほど単純なものではない。

仮にある店がそうした広告を大々的に出していたとき、競合店はどのような価格設定をするだろうか。大胆な価格引き下げをして顧客を引っ張ってこようとしても、ライバル店は最低価格保証で自動的に同じ水準まで価格を下げることになる。それでは何のために価格を下げたのかわからない。地域に最低価格保証をする店があると、競合店はなかなか価格を下げにくいものだ。その結果、最低価格保証をしている店もそれほど価格を下げなくても販売できるのだ。

最低価格保証を打ち出すということは、競争相手に「あまり安い価格を出してきても無駄だ、自分も価格を下げるから」と脅しているようなものだ。暗にそうした脅しをかけることで、業界全体として価格競争を防止しているのだ。

Point

覚えておこう！

- 産業内の寡占の度合いによって価格競争の様相は変わってくる。
- 産業の寡占度を測る有力な指標が「ハーフィンダール・ハーシュマン指数」だ。
- 最低価格を消費者に約束することは、結果的に業界内の過度な価格競争を抑える効果がある。

5 戦略的ポジショニングを考える

競争に生き残るための3つの方法

私はかねてより、企業が激しい競争の中で生き残るためにできることは3つしかないと考えている。1番めは競争相手を〝抹殺〟するということ。もう少し上品な言い方をすれば、競争相手が消滅するように画策するということである。2番めは、もっと頑張る（being better）ことである。そして、3番めは他の企業と違ったことをやる（being different）ことだ。この3つ以外に、厳しい環境の中で企業が生き残る方法はないと考える。

それぞれについてもう少し説明を加えよう。競争相手を抹殺するということは、競争相手の工場に火をつけるというような、非合法の行為をするという意味ではない。合法的に競争相手を消滅させる方法がある。「**M&A**（合併・買収）」である。日本の企業も最近、合併や買収を積極的に行うようになったが、M&Aは企業が競争相手を消滅させるために戦略的に行える非常に重要な手法である。

競争相手が消滅するように画策するという手法には、もう1つ方法がある。市場全体が縮小している業界では、多くの企業が廃業あるいは倒産している。廃業や倒産は当事者にとっては厳しい問題であるが、競争相手の企業にとってはライバルが1社減ることになる。バブル崩壊後の構造調整の中で、どの産業においても過剰といわれる企業数の調整が起きている。こうした中で競合する企業が消滅することは、残った企業に「**残存者利益**」をもたらしている。要するに構造調整期には、企業にとって生き残ることが、結果的に競争相手を消滅させることにつながるのだ。

次に第2のもっと頑張るということだが、これについてはあまり詳しく説明するまでもないだろう。競争相手と「**同質競争**」を行うという前提の上で、競争相手より価格が安いのか、サービスの質がより高い、より熱心に営業を行う、あるいはより効率的に生産を行うということで競争を勝ち抜こうというものである。こうした形での生き残りについて、ここでこれ以上詳しく論じる必要はないだろう。企業が互いに同質競争を繰り広げれば、互いの足を引っ張り合うだけである。より努力することで競争に生き残ろうとするのは、戦略がないということにほかならない。

このように考えると、競争戦略という本章のテーマから考えれば、第3の方法、すなわち競争相手との違いを強調するという点について掘り下げるしかないことになる。実際、ポーターは「競争戦略とは他の企業との違いを出すこと（差別化）である」と言い切っている。[4] 以下では「**差別化**」の手法についてもう少し詳しく説明しよう。

Point

覚えておこう！

✓ **競争に生き残るための方法は3つしかない。**

- **「競争相手を消滅させる」＝M&Aなど。**

●「もっと頑張る」＝運営の効率性を高め、同質競争を続けること。
●「違ったことをやる」＝ポジショニングによって差別化する。

ポジショニングとは違いを出すこと

競争相手との違いを出すということは、「**ポジショニング**」につながる。マイケル・ポーターはポジショニングのタイプとして3つの類型を挙げている。1つは、その産業の中で特定の商品やサービスの一部に集中することである。食品の中でもお酢に特化しているミツカンや、自動車の中で4WD車にウエートを置いているSUBARUなどは、こうしたポジショニングを狙っていると考えられる。

2つめのポジショニングは、特定のグループの顧客に焦点を絞り、その顧客のあらゆるニーズに応えようというものだ。裕福な個人に焦点を絞り、徹底的に高いサービスのプライベートバンキングを行っているスイスの金融機関UBSや、これまた裕福な顧客のみをお帳場という仕組みで徹底的に取り込もうとする三越伊勢丹などのビジネスはこれに対応する。

3つめのポジショニングは、顧客へのアプローチによって、顧客をセグメントしようとする方法である。目に見える形で特定の顧客に焦点を絞るというよりは、価格、立地、商品構成、広告など企業

4 前掲 Michael E. Porter, *On Competition.*

の行う活動を戦略的に組み合わせることによって特定の顧客層を取り込むのだ。たとえば、衣料品販売のしまむらは、徹底的なローコストで地方を中心に店舗展開をし、しまむらの狙った顧客に合った品ぞろえと価格設定をすることで、低価格で便利に衣料品を購入したい地方の消費者に食い込んできた。

この3つのタイプのポジショニングは、まったく別のものとは限らない。2つのものが組み合わさったポジショニングがあってもよい。それぞれの類型の具体的なイメージ、特に3つめのものは、いくつか例を挙げないとわかりにくいだろう。以下でいくつか例を挙げながらさらに考えていきたい。

ポーターは前掲の著書で、一橋大学（当時、現在はハーバード大学）の竹内弘高氏やUCLA（カリフォルニア大学ロサンゼルス校）の榊原磨理子氏との共同研究に触れて、「日本企業には戦略がない」と厳しい指摘をしている。[5] 彼によると、1970年代以降見られた日本企業の競争力は、TQCによる品質改善や生産改善による運営の効率性による部分が大きく、日本企業が特徴のある戦略的なポジションを追求してきたことはまれであったと指摘している。ポーターの指摘に日本の企業の経営者の方々が同意するかどうかは別として、運営の効率性は私が先に挙げた企業生き残りの第2の方法である「もっと頑張る」に対応するものである。

Point

覚えておこう！

✓ポジショニングの3つの類型

①特定の商品やサービスに特化する。ユニークな製品やサービスを出す。
②深掘りする顧客に焦点を定めて、徹底的にサービスする。
③顧客へのアプローチを戦略的に組み立てて特定の顧客、あるいは顧客の特定のニーズを取り込む。

ドトールコーヒーとスターバックス

ポーターのポジショニングの第3の類型はわかりにくいので、まず1つの例を挙げよう。これはハーバード大学の竹内弘高氏がある学会の講演で取り上げた例であるが非常に有益なケースだ（価格などは講演当時のもの）。コーヒー店として成功している企業に、ドトールコーヒーとスターバックスコーヒーがある。どちらも多くの店舗を展開している。しかし、この2つの店は同じコーヒー店でもその性格がまったく異なる。

ドトールコーヒーは早い。注文するとあっという間に出てくるだろう。ビジネスパーソン向けなので、220円と安く、店内は騒々しく、タバコも吸えた。カップや陶器のカチャカチャという音もす

5 詳しくは以下の共同研究の成果を参照のこと。マイケル・ポーター、竹内弘高著、榊原磨理子協力『日本の競争戦略』ダイヤモンド社、2000年。（原著）Michael E. Porter, Hirotaka Takeuchi, Mariko Sakakibara, *Can Japan Compete?* Basic Books, 2000.

る。

一方、スターバックスはどうかというと、商品が出てくるまでに時間がかかる。コーヒーが最低でも280円と高く、店内は禁煙である。紙製のコップを使っているのはカチャカチャと音がしなくて静かな環境がつくれるからだそうだ。座席も比較的ゆったりしている。

このように比べると、スターバックスとドトールはポジショニングがまったく違うことがわかる。どちらかが優れているということではない。価格、サービス、店構えなどが違うことで、両者はまったく違ったタイプの顧客に焦点を合わせているのだ。タバコが嫌いな人はドトールに入らない。静かな雰囲気が好きな人はスターバックスに行くだろう。しかし、早いのがいい、安いほうがいいという人はドトールに行くはずだ。

「競争の激化」に対する勘違い——なぜポジショニングか

ポジショニングが重要なのは、企業間の競争が激しくなっているからである。ただ、意外に多くの人が、競争が激しくなるということについて大きな勘違いをしているようである。

競争が激しくなるというのはどういうことだろうか。競争が激しくなるということのイメージを絵に描いてみるようにと言うと、図8-3のAのような絵を描く人が多い。たとえばある地域でそば屋が3軒競争していたが、新たにそば屋がもう3軒できて6軒になり、競争が激しくなった。Aはこうしたイメージを描いたものである。しかし、現実のビジネスの世界ではこうした形での競争の激化は意外に少ない。
競争が激しくなるということをイメージ図で描くとすれば、Bのような絵になるだろう。これはたとえば、aは銀行の市場、bは証券の市場、cは生命保険の市場、dは損害保険の市場であったとする。これらの市場の間には、かつては規制などの理由で垣根があった。つまりこの4つの市場の間での本格的な競争はなかった。しかし、規制緩和や技術革新などによってこの垣根が低くなれば、銀行と証券、証券と生保、生保と損保が衝突し、より大きなフィールドでより多くの企業が競争することになる。つまり競争が激しくなるのだ。

図8-3 » **2つの競争のイメージ**

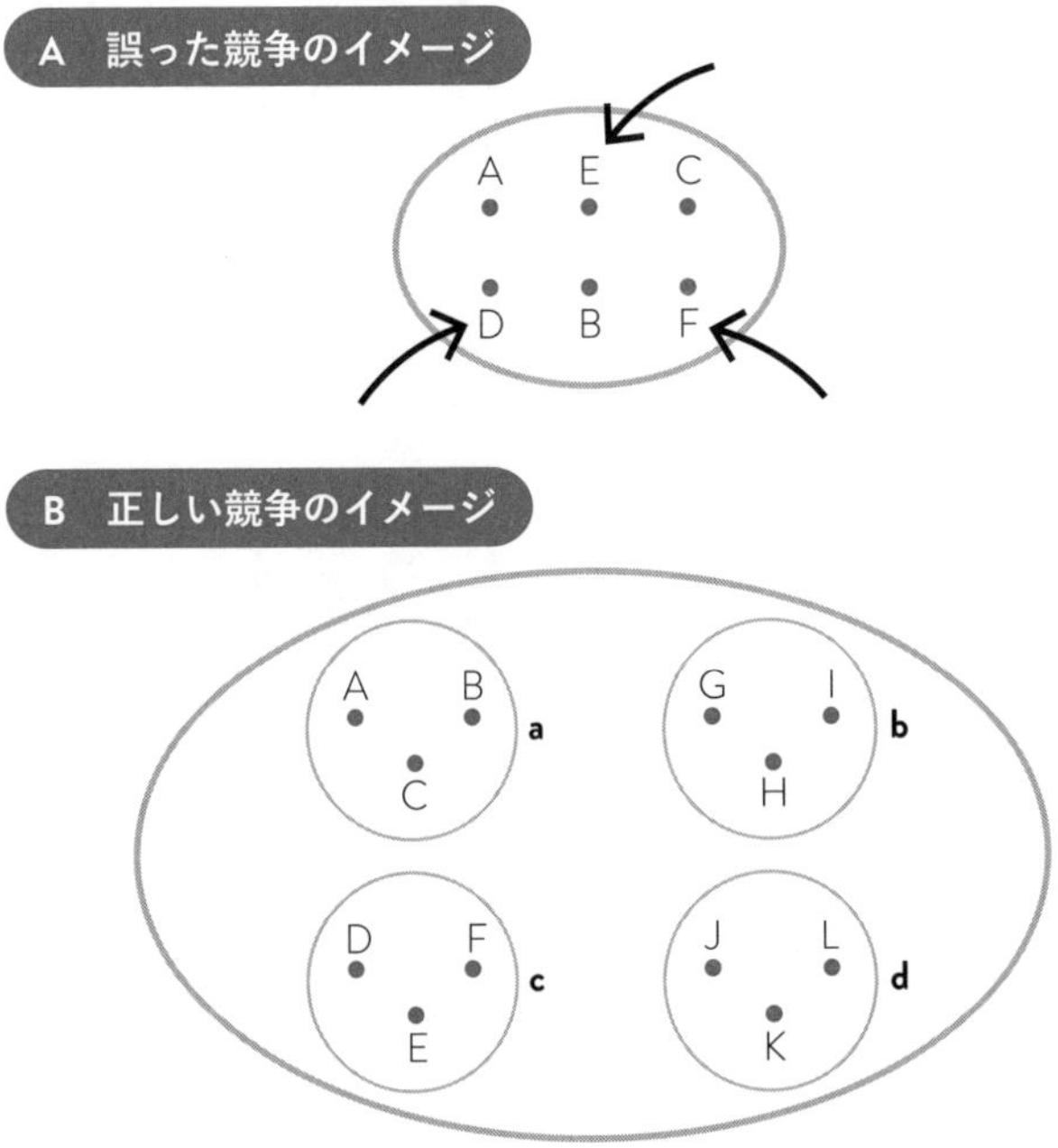

小売業の世界の競争でいえば、かつてはそれぞれの街に商店街があった。これはBの1つひとつのセグメントだ。しかし自動車の普及が進み交通のアクセスが良くなると、郊外のショッピングセンターも含めて、より広域でより多くの小売業が競争を行うことになる。

なぜ、競争激化の正しいイメージは図8-3のAではなくてBなのだろうか。たとえば日本の経済を見てみると、この10年間にマーケットの規模は拡大している。2012年の日本のGDPは約490兆円であるが、2019年には550兆円を超えている。低成長のため急増しているとはいえないが、この5年間で結果的に市場規模は拡大している。また、この7年間の廃業数・倒産数と起業数から考えて、企業の数は決して増えていない。それにもかかわらず、多くの企業がこの10年間で競争が厳しくなっていると感じているとしたら、それはAのような状況が起こっていると考えるよりは、Bのような状況になっていると考えるほうが自然だろう。

要するに、市場規模が拡大するからこそ、競争相手も多くなるのだ。こうした中で企業はどのような対応をすればよいだろうか。これまでの議論からも明らかなように、市場全体をまんべんなくカバーしようとしてはいけない。大きな市場をすべて押さえることはできないのだ。それよりは、市場のどこかの部分に焦点を絞って深掘りすることが重要なのである。それがポジショニングということである。

Point

覚えておこう！

✔ 競争が激しくなるということは、競争相手が増えるということと同時に、潜在的な市場も大きくなるということだ。だから焦点を絞り深掘りするポジショニングが重要なのだ。

逆バリを狙ったサウスウエスト航空の戦略

マイケル・ポーターの戦略論には、アメリカで大きな成功を収めているサウスウエスト航空の事例がしばしば出てくる。[6] サウスウエスト航空は、差別化とは何かということをポジショニングという視点から理解する上で大変優れたケースである。先のポーターのポジショニングの分類で言うと、これは第3の類型である。

アメリカの航空業界は、少数の大企業に集約される寡占市場であった。ユナイテッド航空、アメリカン航空、デルタ航空などが主要な企業である。規制緩和を受けて競争が激化し、ハブ空港を経由する便で争っている。ニューヨークやシカゴ、ダラス・フォートワースという大きな空港に、各ローカル空港から飛行機をどんどん飛ばすことによって、アメリカのどこへでも、ハブ空港を経由すれば行

6　以下で紹介するサウスウエスト航空の事例も前掲の Michael E. Porter, *On Competition* による。

けるようになっているのだ。だからハブ空港を押さえるということが、これらの航空会社にとって非常に重要な戦略となっている。

これらの航空会社はまた、コンピューター投資で熾烈な競争を行ってきた。予約システム、マイレージなどのインセンティブなど、大手航空会社のコンピューターシステムへの投資は巨額なものとなっている。こうしたコンピューターシステムへの投資を行っていかない限り、他社との競争に生き残っていけない状況であった。

こうした中で、サウスウエスト航空は他の大手航空会社とはまったく異なったポジショニングをとったのだ。サウスウエスト航空のとった手法を簡単なリストにすると、**図8-4**のようになる。

図8-4を見ると、サウスウエスト航空の全体の仕掛けが相互に整合的になっていることがわかるだろう。食事を出さず、座席指定をせず、他の航空会社への乗り継ぎや荷物のトランスファーを考えないから、航空機は最短15分で前の客を降ろし、次の客を乗せて出発できる。機体が小さなボーイング737であることもそうした効率性に貢献している。航空業の場合には、いかに多くの時間、乗客を乗せて空を飛んでいるかが勝負である。地上での乗客の入れ替えや資材の搬出入はすべてコストなのである。サウスウエスト航空はそうしたコストを徹底的に削減している。

サービスを最小限にして、座席指定などをしないこと、そしてチケットの自動販売機などを入れることで、地上職員の数を最小限にすることができる。数が限られた地上職員はさまざまな機能を果たすことを求められるので、職能が限定されるような通常の組合との契約では都合が悪い。そこで、より柔軟な契約が可能になるよう地上職員の待遇を良くし、株をもってもらう。

サウスウエスト航空の戦略の最大の特徴は、他の大手航空会社が戦略の核としたことをあえてやらないという点だ。1つは、コンピューター予約システムへの過大投資をしないことだ。そしてもう1つの重要なポイントは、大型のハブ空港を使わないで、短中距離の直行便を中心に編成するということだ。

ハブ空港を活用するということは、アメリカのどの飛行場にもアクセスできるという意味では便利だが、ハブ空港で乗り換えなくてはいけないという意味では乗客に不便を強いるものである。汎用性を狙った仕組みの問題点である。たとえば、ニューヨーク州ロチェスターからペンシルベニア州ピッツバーグに行くなら、ニューヨーク経由などで行くよりは、直行便のほうが便利に決まっている。ただ、

図8-4 » サウスウエスト航空のとった手法

- 非常に簡素な乗客へのサービス
- 頻度の多い信頼性の高いスケジュール
- 少人数の地上スタッフ
- 航空機の高い利用効率
- 非常に安い航空料金
- 中堅都市や大都市の第二空港への短距離・中距離の直行便

▸ 食事を出さない
▸ 他の航空会社への乗り継ぎはなし
▸ 荷物の乗り継ぎもなし
▸ 旅行代理店などの限定的な利用
▸ 座席指定なし
▸ チケットの自動販売機
▸ 柔軟な地上職員の仕事のシフト
▸ 柔軟な組合との契約
▸ 高い賃金と従業員持ち株の利用
▸ 標準化された小さな飛行機（ボーイング737）の利用

出所：Michael E. Porter, *On Competition.*

そうした中堅都市の間を移動する人の数が少ないので、大型空港をハブとして利用せざるをえないのだ。

サウスウエスト航空は図8-4に列挙したようなさまざまな手法で徹底的にコストを下げることによって、中堅都市間の直行便を可能にしたのだ。飛行機が小さいので便数も多い。多くの乗客にとっては、直行便のほうがありがたいのでサウスウエスト航空を利用することになる。料金が安いので、通常であればバスを利用したり、自分で自動車を運転して移動する人たちも、サウスウエスト航空を利用し始めた。安い料金→利用客の増大→便の増加→乗客の便宜向上→安い料金、という好循環が起こったのだ。ニューヨークのラガーディア空港のようなハブ空港は参入競争も厳しいし、利用コストも高い。しかし、ニューヨークのような大都市であれば、近隣にニューアーク空港のような第二空港や第三空港がある。そうした空港を利用することで大都市の乗客にも利用してもらえる。

こうして、サウスウエスト航空は他の大手航空会社とはまったく違うポジショニングで大きな成功を収める。その利益率は寡占状態の同質競争に苦しむ他の大手航空会社よりもはるかに高い。

興味深いことに、サウスウエスト航空の成功を見て、コンチネンタル航空がサウスウエスト航空と同じやり方を志向した新たなサービスであるコンチネンタル・ライトを始めた。サービスを徹底的に削った低価格の航空サービスを提供しようとしたのだ。しかし、コンチネンタル・ライトは成功していないようだ。一方でフルサービスの航空サービスを続けながら、他方でまったく違ったコンチネンタル・ライトを展開しようとしても、中途半端になるだけなのだ。ポジショニングの選択を考える上で重要な点は、どこか特定のポジショニングをとるということは、他のポジショニングを捨てるということでもあるのだ。コンチネンタル航空のように両方を残そうとしてもうまくいくものではない。

6 「0・1%商法」と「深掘り戦略」

広くつかまえるか、それとも深掘りするか

前節ではマイケル・ポーターの戦略論で出てくる例を利用しながら、ポジショニングについて考えてみた。この節では、より身近な日本企業の例を使いながら、ポジショニングの手法についてさらに掘り下げていきたい。

ポーターはポジショニングの類型を、①特定の商品やサービスに特化する、②特定の顧客を選んでそこにフルサービスを提供する、③顧客へのアプローチを戦略的に組み立てて特定の顧客を取り込む——というように3つに分けた。前節では、そうした中で特に第3の類型を中心に議論した。この節では、第1と第2の類型の例を取り上げる。また、ポーターの分類とは多少違った分類で考えることにしたい。

具体的には、顧客を広くつかまえてその中でごく一部の顧客を集めることに力点を置くやり方（以下では「０・１％商法」と呼ぶ）と、特定の顧客に集中してその顧客を徹底的に深掘りする手法（以下では「深掘り戦略」と呼ぶ）に分類して考えることにしたい。

「０・１％商法」で儲ける郊外のベーカリー

「**０・１％商法**」というのは、薄く広く、ニッチのマーケットを取っていくことである。『挑戦する流通[7]』の中で紹介した例だが、私は昔、つくば市に住んでおり、この街での小売業の動きを関心をもって見ていた。つくば市は国が巨額の資金を投じて人工的につくった街である。道路が整備されていて、広い道路が東西南北に何本も走っている。駐車場もあちこちにある。

常識的に考えれば、こうした街では駐車場を備えた大規模小売店ばかりになるはずだ。確かにそうした店が多数ある。しかし、結構不便な場所にある中小の小売店が繁盛しているのだ。どうもクルマ社会だからこそ、中小小売店に有利な影響がありそうなのだ。

私が関心をもったのは、公園の近くに孤立して立地しているベーカリーとケーキ店だ。街の中心からクルマで10分ぐらい離れた不便なところに立地しているのに繁盛している。確かにパンもケーキもおいしい。だから固定客がついているのだ。

しかし、おそらくつくば市に住んでいる人の１０００人のうち９９８人は買いに行かないのではないだろうか。私もこのベーカリーのパンは好きだったが、当時の我が家から買いに行こうと思うとクルマで片道15分かかる。往復30分かけてパンだけを買いに行くことになってしまう。周りにはついでに買い物をする店が何もないからだ。

ところが、おいしいパンをつくっていると、何があってもそのベーカリーだという人はいるものだ。1000人のうちの2人ぐらいはそうした熱烈なファンができる。もしつくば市が1000人程度の小さな商圏であれば、顧客は2人しか来ないことになるので採算は合わない。しかし、つくば市は10万人以上の商圏で、しかもクルマ社会である。10万人商圏の中の1000分の2であれば、200人の顧客が来ることになる。個人の商店であれば、毎日200人のお客が来れば十分だろう。

これがイオンやイトーヨーカドーのような大きな店舗であれば、5000人程度は来ないと商売にならないだろう。10万人商圏で5000人の心をつかむのはそれほど容易なことではない。

もう一度、図8-3に描いた競争のイメージ図を見てほしい。競争が激しいということは、競争相手が多いということであるが、同時にそれは潜在的な顧客の数も多いということでもある。つくば市のようなクルマ社会では、潜在的に店に来ることができる顧客の数は多い。そうした巨大な数の潜在顧客の0・1%を確保すればよいのだ。中小企業や中小小売店の特権は、そうした0・1%商法ができるということなのだ。

グローバル化が進み、市場規模が大きくなれば、規模の大きな企業であってもこうしたニッチ商法で十分にやっていけることになる。市場規模が拡大し競争相手が増えることが競争の激化であるとす

7 伊藤元重『挑戦する流通』講談社、1994年。

れば、大企業であってもポジショニング戦略を積極的に進めていくことが必要であるだけでなく、そうした手法で十分な規模の売り上げを上げることもできるのだ。規模の小さな店やメーカーは品ぞろえを徹底的に絞り、狭く深い品ぞろえを心がけるべきである。

顧客の深掘りがカギとなるサプリメント市場

次に、もう1つのポジショニングの類型である、「**深掘り戦略**」の事例を挙げてみよう。サプリメントの市場である。この分野では、第3章で取り上げたサントリーのセサミンが有名である。ゴマの成分を利用したというなんでもない商品のようであるが、大きな売り上げと利益を出している。この商品の興味深いところは、通信販売に特化していることだろう。

サントリーといえば、ビールでも清涼飲料でも、問屋などを利用した通常の流通ルートを最大限活用する企業である。それでもサプリメントについては、あえてインターネットなどを利用した「**ダイレクトマーケティング**」という手法をとった。サプリメントについて提供すべき情報は、店頭での口頭での説明よりは、インターネット上に詳細に記された情報のほうが優れているという判断もあったのだろう。

サプリメントの特徴は、その継続性にある。仮に1日3錠飲んだとしても、1年で1000錠、10年続けてもらえば1万錠ということになる。大変な規模となる。

こうした継続的な商品は少ない。普通の食品であれば、毎日同じものを食べることは少ない。お気に入りの牛乳や米などでは1つの商品を毎日消費するということはあるが、それでも競合の商品が多くある。サプリメントの場合には、その商品が気に入れば、とにかくそれをひたすら消費し続けるのだ。きわめて特殊な商品であることがわかる。

企業側から見れば、1人の顧客の心をつかめば、そこから大きな安定的利益を確保できることにつながる。だからこそ、顧客の継続的な購入を促す取り組みが重要ともなる。マスで不特定多数の消費者に商品を売るのではなく、ターゲットを絞って特定の顧客に徹底的に絞り込むのである。

ところで、こうした深掘り戦略は、顧客の拡大にも効果があるかもしれない。特定のサプリメントを飲み続けている人は、その商品が良いと思っているから続けているのだ。自分が良いと思う商品については、周囲の人に勧めようとするだろう。そうした人の推薦は説得力がある。優良な顧客は強力な販売促進効果でも貢献している。

Point

覚えておこう！

- **大きな市場になるほど、ニッチの存在が重要になる。市場が大きく競争相手が多いほど、中小規模の企業は有利になる。**
- **1人の顧客でも10年続けば大変な売り上げになる。「深掘り」によるポジショニング戦略だ。**
- **長く付き合ってくれる顧客は最高の広告塔でもある。**

column

なぜ吉野家には多くの顧客が来るのか

吉野家には、毎日、多くの客が来店する。次に紹介する吉野家の安部社長との会話で、これだけの顧客が来る秘密がわかったような気がした。

吉野家では、顧客をどうやって呼び込むかということより、食べ終わった顧客が店を出るときまた来てもよいと思ってもらうためにはどうしたらよいのかを重要視しているという。新規顧客を呼び込むことよりも、既存の顧客のリピートを増やすことに力点を置いているというのだ。安部社長はよく、「吉野家の牛丼と高級料理店のすき焼きの味の違いがわかるか」と聞く。

高級料理店のすき焼きは本当においしい。だから食べた後、「あーおいしい。これで1年くらい来なくてもいいか」という精神的満足感に浸る。それに、あの濃厚な味のすき焼きを食べれば、しばらくは食べたくないという気分になるだろう。吉野家の牛丼の味で工夫しているのは、顧客が食べ終わった後、また何日かして来てもよいと思ってもらうためには、どのような味付けにしなくてはいけないか、ということだという。

すき焼きには日本酒が使われ、これが旨味を出す。しかし、これがこってり感の原因ともなる。吉野家の牛丼には大量の白ワインが使われ、日本酒は使われていないそうだ。白ワインによってあっさり感を出すことが吉野家の牛丼の味のポイントだという。吉野家のようなファストフードの店は、リピーターをいかに増やすか、そしてリピーターにいかに高頻度で利用してもらうか、ということが大切だ。味にもそうした狙いが込められているのだ。

Chapter

9

イノベーションが すべてを変える

企業の活動はダイナミックなものである。その変化の最大の原動力はイノベーションである。技術革新の流れに乗り、技術をテコにビジネスモデルを変えていくことが求められる。いま世の中で話題になることの多いＤＸ（デジタル・トランスフォーメイション）は、デジタル技術をテコに企業や社会を変革していくことである。残念ながらＤＸの展開で日本は後れをとっている。

多くの企業にとってこれまで成果を上げてきたやり方を破壊するような技術に安易にシフトできないという事情がある。また、イノベーションの担い手として重要な存在であるベンチャービジネスが日本では低調ということもある。

イノベーションは、個々の企業の取り組みを超えて、産業構造のあり方、金融システムの構造など、経済全体の枠組みに大きな影響を受ける。ＤＸによって日本の成長力を高めていくためにはどのような視点が重要なのか、そうした中で企業に求められる変化は何か。こうした点について本章では考察をしたい。

1 いつの時代もイノベーションによって変わる

サットン教授の卓見

世界で一番多くタクシーのサービスを行っている企業は、1台もタクシーを所有していない。世界で一番書籍を売っている書店は、店舗をほとんどもっていない。世界で一番宿泊用の部屋を提供している企業は、自社のホテルを1つも保有していない。

周知のように、ウーバーは急速に成長し、タクシー業界が提供していたサービスを置き換え、世界最大のタクシーサービスを提供している。アマゾンはインターネットeコマースを通じて、書籍の売り上げでは他店を圧倒する大きさになっている。店舗を1つも持っていないわけではないが、ほとんどは店舗なしに展開している。エアビーアンドビーはいわゆる民泊と呼ばれる部屋のシェアリングサービスを行い、世界最大級のホテルをはるかに超える規模の宿泊キャパシティーを提供している。

これらの事例が明らかにしているように、「**イノベーション**」が起きると、これまでのビジネスの環境が大きく変わって、これまではまったく意識されていなかったような新興のビジネスが出てくる。

ＡＩやＩｏＴ、ビッグデータなど、話題になっている現在進行中の技術革新は第３次産業革命、インダストリー４・０、あるいはソサエティー５・０などいろいろな言い方をされるが、何十年、あるいは１００年に一度あるかないかというような大きなイノベーションにつながる可能性がある。

イノベーションで大事なことは、企業にとってはチャンスにもピンチにもなる、ということだ。企業だけではなくて、社会にとっても同じだ。イノベーションの動きを無視して、イノベーションの流れに乗れない企業は新しく出てきたビジネスモデルに敗退し衰退していくだろう。逆に、イノベーションは新たなチャンスをいろいろな形で企業に提供する。そのためにも、イノベーションの流れをタイムリーに読むことが非常に重要になる。世の中にイノベーションに関わる技術に関する本があふれているのはそういう関心を映しているといえる。

ビジネスにとって最も重要なことはイノベーションにどう対応するか、という点にある。ただ皮肉なことだが、これまで成功している企業であればあるほど、イノベーションへの対応が難しくなるという面があることも理解する必要がある。

その点を非常に明確に示したのが、スタンフォード大学ビジネススクールのロバート・サットン教授だ。[1]これまでのビジネスで確実に利益を上げていくことと、新しいことにチャレンジすることの間

1　詳しくは以下の本を参照。本章で紹介している事例も以下の本によっている。ロバート・サットン『なぜ、この人は次々と「いいアイデア」が出せるのか：〝儲け〟を生み出す12の〝アイデア工場〟！』米倉誠一郎訳、三笠書房、２００２年。（原著）Robert Sutton, *Weird Ideas That Work: 11 1/2 Practices for Promoting, Managing, and Sustaining Innovation*, Free Press, 2002.

に存在する非常に深刻な矛盾が明快に指摘されている。これがまさに、企業がイノベーションにどう対応するかが大事であると同時に、そう簡単ではないということに関わっている。

成功している企業は、これまでの長い経験の積み重ねの上に成り立っている。現場で毎日同じようなことを忠実に続けることで、初めて利益が生まれるのだ。サットン教授の事例を借りると、たとえばディズニーランドのようなテーマパークがそうだろう。そこには非常に多くの過去の経験とノウハウと組織運営の仕方が含まれている。

たとえば、どういう配置でミッキーマウスを置くのか、掃除をする人たちがどういう格好で掃除をするか、どう笑顔を振りまくのか、あるいは1年のスケジュールをどう組み立て、どういうイベントを考えるのか、食事はどんなものを提供するのか等々、数多くのことを判断する必要がある。おそらく仮にマニュアルをつくろうとすると膨大なマニュアルができるような知見あるいは経験が含まれている。

重要なことは、これを文字通り日々間違いなく正確に実行することだ。これがなかなか難しい。ただ、間違いなく正確にやることによって結果的に利益が得られる。だから、過去からの蓄積をできるだけ忠実に実行することによって利益を上げることがディズニーランドのビジネスモデルである。しかし、それでイノベーションが生まれるのだろうか。

イノベーションの難しさ

日本企業のいろいろな現場を見ると、こうしたことが本当に重要だと痛感することがある。たとえばトヨタ自動車の製造現場に行くと、素人ではなかなか気がつかないような細かいところまで非常にこだわっていることがわかる。しかも、過去のちょっとした失敗、ちょっとした経験で発見したことをみんなに広げていくのが現場の仕組みで、大事なことは、それをできるだけ正確に運営することだ。それが欠陥品を出さず、コストを大幅に下げ、高い品質の製品をつくることになる。

JR各社のような鉄道会社、あるいは航空業界でも同じで、定時に飛行機や列車を走らせ、事故を起こさないような対応をし、そして日々膨大な人を運ぶというオペレーションを行うだけではなく、メンテナンスも行うために膨大な数に上る工程を丁寧に管理することが重要だ。こうした現場に少しでも触れる機会があると、そのすごさに圧倒されることがある。

ただ問題は、イノベーションというものは、このような日常的なオペレーションの中からは生まれないということだ。イノベーションというのは結局、これまでと違うことをやる、これまでの常識を破壊する、新しい実験を行う、あるいはこれまでの組織の論理から見たらちょっと異常だということをやることによって、社会にとって有意義な新たな価値を生み出すことだ。

たとえば先ほどのディズニーランドの話で見ると、ミッキーマウスというのは可愛い性格で、非常に愛想がよくて、子供たちに愛されているわけだが、ミッキーマウスにヒールの役、ちょっと悪役の面もあるところを見せることも面白いかもしれない。それをベースに、これまでとは違う改良、改革を考えてみるとしよう。これをいまのディズニーランドの施設の中でやることは非常に難しいだろう。きわめて微妙、複雑で、全体でうまく統一のとれた仕組みに1つでも異分子を入れるということは、全体を壊してしまいかねないためだ。

サットン教授の挙げたディズニーランドのケースでは、もしイノベーションをやろうと思ったら、たとえばこれまでと違ったところに、違ったブランド名で、違ったスタイルの新しい実験的なテーマパークをつくる。それを一般に開放するのか、あくまでも実験用として閉鎖的にやるかは別にして、そういうことをやって新しいチャレンジをするしかないだろう。つまり、既存のものを守りながら、新しいものをどうやってつくるか考えなければならない。ここがイノベーションに取り組む企業にとっては最も難しいところだろう。

サットン教授は、人材という視点からも、イノベーションの難しさを指摘している。優良な企業がビジネスで成功を続けられるためには、「真面目で」「協調性があり」「過去からの経緯を大切にし」「慎重な」人材が求められる。それに対して、イノベーションを起こすためには、「変わり者」で、「自分勝手で」「過去からの経緯に縛られず」「リスクを冒す」ような人材が求められる。サットン教授の言葉を借りれば、weird（奇妙な変わり者）な人材がイノベーションには必要だが、それではこれまで積み上げてきた企業のビジネスモデルが機能しないことになる。

Point

覚えておこう！

- ビジネス環境を大きく変え、従来には考えられなかったような新興ビジネスを生み出す原動力がイノベーションだ。
- イノベーションは、企業にとってピンチにもチャンスにもなる。だが、成功してきた企業ほど、イノベーションへの対応は難しくなる。
- イノベーションは日常的なオペレーションからは生まれない。イノベーションを生み出すには、ある種の「変わり者（weird）」の人材が必要とされる。

改良型イノベーションと破壊型イノベーション

経済学者は少し異なる切り口からこの問題にこれまで取り組んできた。イノベーションには2つの異なったものがある。1つが「**改良型イノベーション**（incremental innovation）」で、もう1つは「**破壊型イノベーション**（disruptive innovation）」だ。ヨーゼフ・シュンペーターは、「イノベーションというのは破壊だ」、あるいは「**創造的破壊**」を促すことが経済にとって重要な役割を果たしているということを唱えた。[2] シュンペーターは、破壊型イノベーションの重要性を強調しているが、現実の企業の現場を見ると、特に日本の企業が取り組んでいるイノベーションはほとんどが改良型のイノ

ソニーのウォークマンが切り拓いた市場を奪ってさらに広げたアップルのiPodは、破壊型イノベーションの代表的な製品といえる。
（写真提供：共同通信社）

ベーションだ。改良型イノベーションと破壊型イノベーションは、どちらも大事だが、性格はかなり異なる。日本の場合には一般に、破壊型イノベーションに着手するのは難しいと考えられている。

具体的に、改良型イノベーションと破壊型イノベーションの例を考察しよう。

たとえば、ソニーのウォークマンという商品がある。これは登場してきたときには破壊型イノベーションだったかもしれない。ただ、小型の音楽を聴く機器としてのウォークマンを確立してソニーがやったことは、ウォークマンの性能をできるだけ高めていく、改良していくということだった。小型化にも成功し、音をさらに高品質の音にすることも可能になった。あるいは、たとえばウォークマンを使って、ほかの機能もそれに加えるという道もあったかもしれない。ソニーという非常に技術の高い企業が虎の子のウォークマンをどんどん改良を進め、他社の追随をなかなか許さない状態だったわけだ。

しかし、そこにアップルがｉＰｏｄというまったく別のコンセプトで殴り込んできた。これはいわゆる破壊型イノベーションの代表的な例だろう。アップルのｉＰｏｄはまさにインターネット時代の申し子で、パソコンでインターネットを使って簡単に音楽がダウンロードできる。音楽がデジタル化されているので、ネットワークの上で気軽に、簡便に買うことができる。それをさらにiPhoneに広げていった。いまや、ウォークマンの世界は、iPhoneによって完全に破壊された。

アップルのすごいところは、iPodでつくったまったく新しい破壊型の機器をiPhoneという、電話機能をもったまったく違うタイプの破壊型の機器に変え、スマートフォンという形で旧来のガラケー、旧来の国内向け携帯電話に対しても破壊的な威力を見せた点だ。ソニーのウォークマンとアップルのiPod、iPhoneは、まさに改良型イノベーションと破壊型イノベーションの違いを表している。成功した企業であればあるほど自社がすでに確立したビジネスモデルや確立した技術にこだわる。そのために破壊的なイノベーションが難しく、改良型イノベーションを繰り返していくことになる。

破壊型イノベーションが重要であることはいまここで改めて説明するまでもないだろう。アメリカを見ると20年前、30年前はほとんど存在しなかった、あるいはあったとしても非常に小さな企業であったグーグル、アップル、フェイスブック、アマゾン、あるいはウーバー、ネットフリックスが破壊型のイノベーションを生み出している。

たとえばアップルは、ウォークマンのような携帯音楽再生機器マーケットを破壊しただけではなく

2 ヨーゼフ・シュンペーター『資本主義・社会主義・民主主義（Ⅰ・Ⅱ）』大野一訳、BPクラシックス、日経BP、2016年。（原著）Joseph Schumpeter, *Capitalism, Socialism, and Democracy*, 1942

携帯電話のマーケットも破壊した。ウーバーは旧来のタクシービジネスを破壊してきた。フェイスブックは既存の広告ビジネスなどを破壊し、ビジネスを伸ばしてきた。アマゾンが一番わかりやすいが、出版流通をはじめ、旧来の流通業界をeコマースという形に置き換えてきた。破壊型のイノベーションによって新しいビジネスを実現してきたわけだ。逆に見れば、それができない企業や経済というのは非常に厳しい状況に直面することになるだろう。

日本企業、特に日本の大企業は、この点を真剣に考えるべき時期に来ている。それは何か。皮肉にも、かつてバブルが崩壊する頃までは、「**破壊型の技術**」はそれほど日本にとって重要ではなかったのかもしれない。一般論として、すでに成功を収めている大企業は破壊型の技術には非常に慎重にならざるをえない。破壊型の技術に取り組めば取り組むほどいまの自分の利益の源泉になっているテクノロジービジネスを壊すことになるためだ。

先ほどのサットン教授の説明がわかりやすいかもしれないが、破壊型テクノロジーが進展するほどいまの自分の存在を否定することになる。結果的に日本の大企業は改良型のイノベーションには長けていて、破壊型のビジネスに参入する企業はきわめて少なかった。テレビなどの電気製品、自動車、小売業、その他の分野でも、日本企業は基本的には改良型イノベーションによって競争力を維持してきた。

バブル崩壊頃まではそれで問題はなかった。日本の経済はその頃まで、つまり右肩上がりの成長が終わる頃までは、「**キャッチアップ**」の状況にあったためだ。最先端、フロンティアにあるような商品が、アメリカを中心として、あるいは一部ヨーロッパからも出てきたものを、いかに効率的に、よりいいものにしてグローバルマーケットに出していくか。これが、日本の成功をもたらしたビジネスモデルだった。

半導体でもテレビでも、自動車でも多くの化学製品、鉄鋼でも、画期的な技術を最初に開発したのはすべて欧米であったわけで、日本の企業にとって重要なのは、それをいかに効率的に、早く日本型に置き換えてつくるかということであった。破壊型イノベーションに邁進するよりは改良型イノベーションを追求することが日本の企業にとっての成功の道であった、日本経済全体にとってもそれが結果的に良かった。

しかし、そういう姿勢だけではもはや成り立たないというのがいまの状況だ。日本の社会、経済や産業も世界の中でフロンティアをめざさざるをえない。キャッチアップの時代はとうに終わっているからだ。中国やインドであれば、これからもまだキャッチアップでやれる部分がそれなりにあるが、日本はそうではない。

Point

覚えておこう!

- **イノベーションには、改良型イノベーションと、破壊型イノベーションがある。**
- **日本企業がこれまで得意としてきたのは改良型のイノベーションで、破壊型イノベーションではない。**
- **IT・デジタル時代をリードしているのは破壊型イノベーションを牽引するアメリカの巨大**

IT企業だ。

さまざまな形のオープン・イノベーション

では、イノベーションでどう取り組むか、となる。じつは、これはなかなか難しい。大企業の組織は、そもそもそういう破壊型のイノベーションを実現できるような構造になっていない。では、どうすべきか。ここから先は私の専門ではないが、重要ないくつかの流れを説明しよう。

第1に、「**オープン・イノベーション**」を進めることだ。企業がすべて自社でやるわけではなくて、外部のベンチャー、大学など、いろいろなイノベーションの活動に目を向けて、必要があればそこに資金を出し、あるいはM&Aを通じて自社に組み入れ、自社の技術と組み合わせるということが今後ますます重要になってくるだろう。その点で社内ベンチャーや、自社内でイノベーションを進められるような組織をつくっていくことが必要になる。

オープン・イノベーションには、いろいろなパターンがある。医薬品の世界のように、最初の開発から治験を経て最終的な製品になるまでに10年前後もかかる世界では、医薬品メーカーは最初の開発から最終的な製品化まですべて自分で行う必要はない。それよりも、まだ製品化には少し距離があるような新しい研究成果を上げている「**ベンチャー企業**」を積極的に買収するという手法が有効である。医薬品の市場では、ベンチャーと大企業との連携が非常に有効である。

大企業は自分のビジネスの場（フィールド）をベンチャー企業に開放することで、イノベーションの成果を取り込むこともできる。JR東日本は駅という場でのさまざまなビジネスを展開するベンチャー企業との連携を進めようとしている。駅をこうした企業に開放することでビジネスの実証実験をすることで新しいビジネスを育てるだけでなく、駅でのビジネスを広げ、そして必要があればそこに投資を行うことができる。

駅でのビジネスにはいろいろな例が考えられる。改札での自動化の研究でもよいし、駅の売店での無人化の実証実験でもよいし、情報化を利用した駅での荷物預かりの新規ビジネスでもよい。ベンチャー企業にとっては、駅という場が新規ビジネスの貴重なフィールド（場）になるし、JR東日本のような従来型の企業にとっても外のリソースを利用したイノベーションを進めることができるのだ。

新しいビジネスや技術にチャレンジするベンチャー企業にとっても、大企業によるオープン・イノベーションへの取り組みは大きなチャンスを提供することになる。ベンチャー企業にとっては、「**エクジット（出口）**」の問題だ。ベンチャー企業はベンチャーファンドなどから資金を調達して新しいビジネスを始める。そのビジネスを大きくして、最終的には株式市場に上場をして資本市場から大きな資金を調達する。これが典型的なベンチャービジネスの成功モデルだ。ただ、すべての企業がそうした形で上場を果たせるわけではない。

シリコンバレーで聞いた話では、ベンチャーで上場にまでいける企業は1割程度であるという。残りの多くは、企業まるごと、あるいは技術や製品を大企業に購入してもらうことによって出口を見つけるのだ。

新しい着想でビジネスを始めることと、それを大きくしていくことには、違った能力が求められることも多く、1人の経営者に最初から最後まですべて達成することを求めることは難しい面もある。そこでベンチャー企業によってはある程度ビジネスを軌道に乗せたら、それを丸ごと大企業に買ってもらうという出口の形もありうるだろう。こうした出口のほうが、上場のケースよりも多いと言ってもよいだろう。大企業にとっても、こうした形でベンチャーを取り込んでいくことで、イノベーション力を高めることが可能となるはずだ。

残念ながら日本ではまだ、ベンチャー企業を大企業がM&Aの対象とするケースが非常に少ないように思える。ベンチャーの最終的な出口が上場しかないようでは、成功する企業も限定される。大企業がいかに積極的にベンチャー企業やその製品を購入するようになるのかということが、日本でのベンチャービジネスを拡大させる重要なカギとなる。上場だけでなく、大企業に購入してもらえるというチャンスが増えれば、より多くのベンチャーが出てきて、破壊型のイノベーションが数多く生まれるはずだ。

Point

覚えておこう!

- **イノベーティブなビジネスを生み出すために、有力な技術、資源を擁する外部のベンチャー企業、大学などとの連携、M&Aによるオープン・イノベーションがますます重要になっている。**

日本の産業構造とイノベーション

日本は大企業中心でイノベーションを進めてきたということを述べたが、これは日本の産業構造に関わる大きな問題でもある。これは大企業のイノベーション戦略とも関わる問題となるかもしれない。アメリカのケースに戻ると、いまやGAFAとしてITビジネスをリードするグーグル、アップル、フェイスブック、アマゾン、あるいはマイクロソフトも、みな初めはごく小規模のベンチャーとしてスタートした。結果的に見ると、旧来型のビジネスを確立した旧来型の組織、旧来型の技術のもとで活動している大企業というのは、なかなか破壊系のビジネスを立ち上げることができない。だから、破壊型イノベーションを生み出すようなベンチャーや中小企業の存在が重要になる。ところが困ったことに、日本ではこれに向いた社会的構造ができていないという点がきわめて大きな問題だ。

あるセミナーで興味深い数字を聞いた。残念ながら、この数字をデータとして確認することはできなかったが、アメリカは新しい企業が生まれてからそれが消滅するまでに平均で6年ぐらいだといわれている。もちろん、なかには100年以上存続する企業もあれば、2、3年で消えてしまう企業もあるが、平均で6年程度が企業の寿命だといわれている。日本の場合は、これがおおよそ12年だといわれている。数字の正確さは別として、そのメッセージは明確である。

その背景には、アメリカの場合は新しいビジネスを立ち上げる、つまりベンチャービジネスやスモールビジネスを立ち上げることが比較的簡単にできるという事情がある。ただし、ベンチャーは特にそうだが、一旦ビジネスを立ち上げたら高い成果を早くから求められる。その成果を上げられない企業は早く退出を求められる。だから、世の中で話題になっているような成功したベンチャーの裏側には、その何倍、何十倍という数の、数年で消えていった企業が数多くある。企業の新陳代謝が旺盛なのだ。

また、ベンチャーを起こした経営者が仮に失敗したからといって、失敗の烙印を押されることはなく、2回め、3回めの挑戦が認められる社会だ。極論をいえば、2回か3回失敗したぐらいの経営者のほうが経験を積んでいて、次は成功するかもしれないというように、失敗に対してポジティブな評価がある。これが、結果としては大量の創業を生み出し、そこから大量の廃業や倒産が発生し、しかもその中から突然変異的に大成功するごく少数のベンチャー企業が出てくるという社会全体のダイナミズムに結びついている。

日本はどうなのか。単純化してはいけないが、日本では企業を起こすのはそう簡単ではない。資金調達チャネルもそれほど潤沢ではないし、起業すると直面するさまざまなリスクもある。そして、ようやく会社が設立されると、今度はなかなか潰してもらえない。たとえば中小企業が銀行からお金を借りてビジネスをやったときに、融資に対して個人保証を求められる。銀行にしてみたら利子をしっかり払い続けてもらうことが重要だし、倒産されると当然それが不良債権化するので、できればそれは回避したいと考える。そこで逆に、成果がそれほど高くなくても、存続できるのであればできるだけ存続させるというのが日本の中小企業金融の特徴かもしれない。

一部には、「ゾンビ企業」という名称を付ける人がいるかもしれないが、結果的に起業がしにくく、廃業や倒産は少ないのが日本の特徴だ。したがって、日本の中小企業は破壊型イノベーションの場として機能してこなかったという面があるかもしれない。

だから、このような根本的なところを変えていかないと、大企業が慣行を変えるというだけでは破壊的なイノベーションが生まれてくることにはならないだろう。個別企業の対応というよりは社会全体として、破壊型イノベーションが出てくるような仕組みをどうやってつくっていくかが問われる。

ただ、企業としても、いつまでもそれを待っているわけにはいかない。オープン・イノベーションのところでも触れたように、大企業としてもすぐれた技術をもつベンチャー企業を支援し、そのイノベーションの力を十分に活用していくことが重要になる。

たとえばトヨタ自動車は、約1000億円といわれる資金を投じて、カリフォルニアに自動車の自動運転などを中心とした新しいベンチャー会社を立ち上げた。しかも、そのトップにはギル・プラットというアメリカのロボット研究では権威の人物を据え、自由に経営させる形にした。

トヨタ自動車は、サットン教授の言うところの伝統的なビジネスをしっかり守っていくことの権化のような企業であり、現場にまで浸透したノウハウと経験をできるだけ忠実に実行する形で利益を上げてきた会社だ。そのトヨタが、イノベーティブなロボットや自動運転の研究を社内だけで進めるのはなかなか難しい。そこで、自動運転やロボット研究に取り組むためにアメリカに拠点を設け、その経営トップにはこの世界で成功しているアメリカの専門家を据え、利益モデルもトヨタ自動車と違う形で、まったく別会社の出資でやることを決めたのだ。これが成功するかどうかは別の問題として、今後はトヨタを見習うようなオープン・イノベーションがさまざま分野で進んでいくだろう。

銀行型ビジネスモデルからの脱却

そもそも、こういうケースは、じつはイノベーションに限らず、より一般的に日本の企業がこれから直面するビジネス問題でもある。

銀行ファイナンス型のビジネスモデルであった日本の半導体産業は、株式市場ファイナンス型のビジネスモデルを追求した韓国のサムスンに敗退することになった。大きなリスクを伴う投資をするには、借入金に一定の率の金利を返していくというビジネスモデルは向いていなかったのだ。

この点は、アマゾンの成長の軌跡にも通じるところがある。売り上げはものすごい勢いで増えてきている。利益はもちろん拡大してはいるが、ゆっくりとしか増えていない。これは、アマゾンは売り上げとして入ってきたものの相当部分を投資に回しているためだ。つまり足元の利益を上げることよりも、今後さらに伸びそうなところに投資をすることを重視しているのだ。それが結果としては、アマゾンの物流の革新や電子書籍市場の開拓、クラウドビジネスでの成功などをもたらしている。ほかにもさまざまな事業を展開しているが、じつはエクイティー市場もそれを支持している。

つまり株式市場は、アマゾンに現段階で利益をたくさん上げることを期待しているのではない。さらに大きくなるために先行投資をし、売り上げを全部将来のビジネスに重点的に回していくことを期待している。そのため、アマゾンの株価収益率（PER）はきわめて高い。要するに利益に比べて株価が圧倒的に高くなっている。それがイノベーション投資を先行させるアマゾンを支えている。

日本企業が国内でイノベーティブな動きをするときに、アマゾンやサムスンのような巨額の「**エクイティーモデル**」がすぐに実現するかどうかは別としても、少なくとも、小ぶりでもいいから、エクイティーモデルで利益の得られそうなところに資金を投じて事業を展開することを広めていく必要がある。ベンチャー企業への投資を行う「**ベンチャーキャピタル**」をしっかり育てることも大事ではあるが、実業をもっている製造業や金融業が、ベンチャー企業を支えていく担い手としての機能を果たすためにオープン・イノベーションを進めることが重要だ。

イノベーションは社会の問題を解決するうえで非常に重要だ。そのためには、イノベーションを引き起こすような企業の組織のあり方、企業の経営が重要であることをしっかり認識すべきだろう。

Point

覚えておこう!

- **破壊型イノベーションを生み出せるベンチャー、中小企業の育成が日本では不可欠だ。**
- **大企業のベンチャー企業支援など、オープン・イノベーションの実行が必要だ。**
- **金融面では、株式市場からの資金調達を行うエクイティーモデルの広がりが求められる。**

2 イノベーションは経済をどう変えてきたか

イノベーションの停滞と経済の長期停滞

先に第3次産業革命、インダストリー4・0、ソサエティー5・0といわれるように、新しいイノベーションが世界を変えていくという話をしたが、これは現在の世界が直面している歴史的な問題とも深く関わっている。

非常に大ざっぱに言うと、1920年代から1970年ぐらいの黄金の50年といわれた時期に、世界経済、特にアメリカなどは、イノベーションに引っ張られて急速に経済成長してきた。それが最近40年ほどは成長が停滞しているという見方がある。この説はアメリカのマクロ経済学者のロバート・ゴードンが *The Rise and Fall of American Growth* という本で唱えているものだ。[3] その見方によれば、1970年代あたりを境にして、経済を牽引するような非常にパワフルなイノベーションがなかなか出てきていないこと（テクノ不況）が背景にあるという。

ゴードン教授の示したデータでもう少し詳しく見てみよう。図9-1はアメリカの全要素生産性の年率での伸び率の長期の動きを示したものだ。「**全要素生産性**（TFP：total factor productivity）」のテクニカルな内容についてはここでは踏み込まないが、要するに経済全体の生産性の伸びを見るための指標と考えればよい。技術革新が経済成長を促しているときには、TFPの伸びも高くなる。

　この図にもあるように、1920年から1970年までの50年間では、TFPは1・89%という高い数値で成長していることがわかる。しかし、それ以降はTFPの伸びは大きく落ち込み、特に2004年以降は0・4%という非常に低い伸びとなっている。1994年から2004年の時期、TFPの伸びは1・02%と改善している。パソコンやインターネットの普及などデジタル技術の恩恵があると思われる。ただ、残念ながらこの動きは10年ほどしか続かず、それ以降は低い伸びに戻ってしまった。

　産業構造の変化やビジネスモデルの変更などで

図9-1 » アメリカの全要素生産性の伸び率

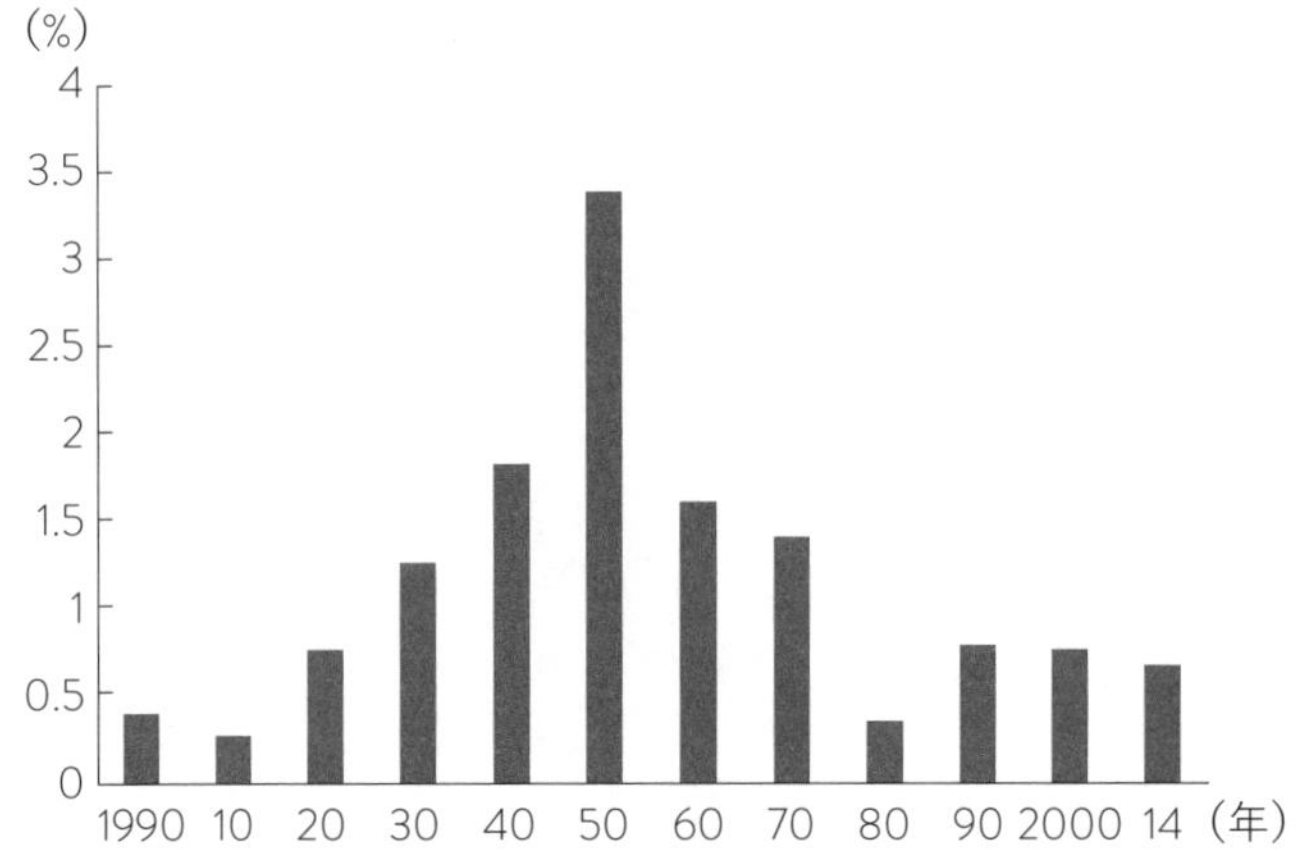

出所：Robert Gordon, *The Rise and Fall of American Growth*, Princeton University Press, 2016.

産業の効率性が上がれば、ＴＦＰも高い伸びとなる。それ以上に重要なことは、イノベーションによって新しい技術が登場し、その技術によって製造や流通、インフラや都市の構造、人々の生活が変わることによって、社会全体として生産性が上がることだ。労働人口（より正確には生産年齢人口）が増えるとか、資本設備が増えて、生産キャパシティー（能力）が高まり、経済成長が一時的に拡大するということはあるが、持続的に経済が成長していくためには、新しい技術が出現し、新しい生産方法や新しい消費パターンが新しい技術に関わって生み出され、社会の生産性が高まっていくことが必要になる。

ゴードン教授は、黄金の50年の間に、たとえば、電力が利用可能になって、それが産業や都市の姿を変える、あるいは、自動車の普及によってモータリゼーションが進み、物の流れが変わる、あるいは、大型の航空機や船舶の登場で輸送システムが変わる、電話や電報という通信手段が広がるなど、こうした技術革新が産業や経済の成長に非常に大きな影響を及ぼしたということを明快に分析している。この本はアメリカの産業史を見る上でも参考になるので一読をお勧めしたい。

ところが、残念ながら１９７０年頃を境にＴＦＰが低くなってきているとゴードン教授は指摘する。先に触れたテクノ不況とも関わるわけだが、技術革新が経済を引っ張る力が低迷したという。すでに述べたように、１９９０年代から２０００年頃にかけて、一時的にＴＦＰが伸びた時期はあるが、これはインターネット、パソコンの拡大によるものだった。これが２０００年のＩＴバブルの崩壊などで、また力が落ちた。

したがって、インターネットやパソコンの普及は経済成長を引き上げる力はあったが、力不足であり、現在に至るまでイノベーションが経済を牽引している状態にはない、ということをゴードン教授は述べている。現在話題になっている人工知能（ＡＩ）やＩｏＴ、ロボット、ビッグデータなども、かつてＩＴバブルを起こしたようなインターネットやパソコンの普及と同じで、本格的な経済成長を牽引する力にはなりにくいのではないかというテクノ不況論、悲観的な見方を説いている。

他方で、現在登場してきているテクノロジーが産業や社会を大きく変える原動力となり、かつての黄金の１００年のように、テクノロジーが経済成長を導くというテクノ楽観論を唱える人も数多くいる。どちらが正しいかはもちろんわからない。少なくともビジネスにとっては、悲観論も過剰な楽観も抑制することが大事だが、新しいチャンスがどこにあるかを常に伝えることが重要だろう。

電力でビジネスはどう変わったか

電力や自動車、あるいは通信手段など、新しい革新的な技術が社会をどう変えていったか、きちんと理解することも重要だ。テクノロジーの登場に関して本当に重要なのは、ビジネスがテクノロジーを利用して商売としてどのように広げていくかという点にある。あるいは社会や人々の生活がどう変わるのかという点だ。イノベーション（技術革新）は、その技術的な部分も重要であるが、より注目

3 Robert Gordon, *The Rise and Fall of American Growth: The U.S. Standard of Living since the Civil War*, Princeton University Press, 2016.（邦訳）ロバート・ゴードン『アメリカ経済　成長の終焉（上・下）』高遠裕子・山岡由美訳、日経ＢＰ、２０１８年。

すべきは新しい技術によって社会がどう変わるのか、ということなのだ。ゴードン教授の本はこの点を明快に解説している。後で触れるDX（デジタル・トランスフォーメイション）の考え方でもこの点が重要となる。

電力を例にとろう。電力が本格的に利用されるきっかけをつくったのは、19世紀末から20世紀初めにかけて、「**電力供給ネットワーク**」が整備されていったことによる。電力がオフィスや工場で利用されるようになり、あらゆるものが変わっていったことだ。

1つ例を挙げよう。アメリカでは20世紀初め、高層ビルがどんどん建設されるようになった。エレベーターが使えなかったら5階建てのビルが限界だろう。電力が利用可能になることでエレベーターが利用できるようになり、それによってビルの高層化が進んだ。ニューヨークの超高層ビル、エンパイア・ステート・ビルが竣工したのも1931年、20世紀前半のことだった。

電力が産業やビジネスに与えた影響については語り尽くせないほど、さまざまなことがある。街の姿が変わり、大都市中心の社会をつくる上で大きな役割を果たしてきたし、交通機関、道路、不動産ビジネスはもとより、オフィスでの仕事、通勤スタイルも変わった。そういう意味でイノベーションは、深く、広い、大きな影響を社会のあらゆる領域に及ぼしていったことが理解できるだろう。

モータリゼーションのインパクト

もう1つの有名な例が「**モータリゼーション**」だ。自動車そのものは19世紀にいろいろな人が開発したのだが、一躍有名になったのは、ヘンリー・フォードが１９０8年に発売したフォードのT型モデル（Ford Model T）という自動車だ。性能が良いにもかかわらず、値段が安くて、庶民に広がったためだ。T型フォードは１９２7年の生産終了までに約１６００万台が生産され、登場から約20年後の１９２９年、ウォール街の株価大暴落が起こる頃までには、アメリカのモータリゼーションはほぼ完了していた。要するに、ほぼすべての家に自動車が普及するということが起こった。

ヘンリー・フォードが開発したT型モデルは、20世紀のモータリゼーション時代の幕開けをリードした。
（写真提供：World History Archive／ニューズコム／共同通信イメージズ）

19世紀の中頃のボストンやニューヨークでは馬車が最も重要な移動手段で、大都市では人間５人か10人に１台の馬車があり、ボストンは1週間に５人ほどが馬車に轢かれて死亡事故が起こるといわれた。しかし１９１０年代から20年代にモータリゼーションが進み、社会は大きく変わることになった。第3章で紹介したシアーズ・ローバックが大型の車で買い物に来るGMSという店舗を開発することによって大成功したことも、背後にはモータリゼーションがあったのだ。

このようにイノベーションが社会や経済の姿を変えるという点では、飛行機や船の導入、あるいはインターネットやパソコンについても当てはまる。イノベーションの登場によって社会が変わっていく。現在のAIや

IoTについても大事なことは、これから社会をどう変えていくのか、いままでのビジネスモデルのどこがチャレンジを受けるのか、それによってどういうニーズが広がってくるのか、ビジネスの新たな機会はどこにあるのかを考えることだ。

Point

覚えておこう!

- 1920〜1970年代までは、イノベーションが急速な経済成長をもたらした「黄金の50年代」だといわれる。
- 19世紀末から20世紀前半における電力やモータリゼーションに代表されるイノベーションは、工場生産、交通、建設、住宅、生活、消費から都市の景観まで、社会のあらゆる領域に巨大な影響を及ぼしていった。
- 1970年代以降、現在に至るまで、情報通信技術の発達にもかかわらず生産性が伸びていないというテクノ不況論、現在登場してきている技術は経済成長をもたらすというテクノ楽観論が交錯している。
- イノベーションで重要なのは、新しい技術によって社会の姿やビジネスモデルがどう変わるか、ということだ。

3　これからの経済を変えるイノベーション

ＡＩやＩｏＴなど、現在大きな話題になっている「**技術革新**」によって、40年ぐらい続いたイノベーションの低迷期がいよいよ終わり、次の新しいイノベーションが経済を牽引する時代に突入するのではないか。そうした期待と予感を多くの人がもっている。

イノベーションのスピードとマグニチュード

いくつか指摘したい点があるが、第1に指摘したいことは、イノベーションのスピードとマグニチュードについて認識する必要があるということだ。たとえば、いま話題になっている「**ＡＩ（人工知能）**」について見よう。人工知能の専門家によれば、自動運転や人工知能を使った診断など医療への応用、あるいはインターネットを使った自動翻訳などは、マシンラーニングやディープラーニングと呼ばれる技術によって可能になったものだが、それはこの数年という本当にわずかな期間で起こったことだ。東京大学の松尾豊教授らがよく言及することだが、人工知能を備えた機械が目をもつことによってさらに飛躍的な変化が起きる。それは、かつて生命が目をもつことで生物が爆発的な進化を遂げたカンブリア紀に類似したものになるかもしれないという。

ものすごいスピードでAIが変化していることは、皆さんのスマートフォンでグーグル翻訳やDeepL翻訳を試しにやってみればすぐ理解できるだろう。このような自動翻訳も、専門家の指摘によると2016年秋以降に著しい進化が起こってきている。ある人に見せていただいた資料によると、プロの専門家が翻訳する日本語と英語の翻訳のレベルを100とすると、もう85とか90に近いところまできているという。スマホに向かって、あるいは機械に向かってしゃべれば、ほかのスピーカーから流暢な英語や韓国語で翻訳が出てくるということも、以前は10年先といわれていたが、もっと早く実現されるかもしれない。

この自動翻訳については、有名な話がある。グーグルは当初、多くの言語学者を投入して翻訳ソフトを完成させようとした。残念ながらなかなかうまくいかなかった。そこで途中から方針を変えた。言語学者の知恵を借りるのではなく、ひたすら多くの文章（2つの言語の対応する文章）を読ませて、それをAIの機械学習に乗せたのだ。単純にいえば、AIは言語理論に基づいて翻訳をするのではなく、膨大な学習の中から生まれる統計的な判断によって翻訳をするのだ。「この英語を翻訳した日本語としては＊＊が最も統計的に精度が高い」というような判断をAIにさせるのだ。

この翻訳ソフトの方針転換に、AIのもつ機械学習の重要な本質がある。理論的に詰めてプログラミングをするのではなく、AIに膨大なデータ（ビッグデータ）を提供して、自らそこにパターンを読ませるのだ。それを可能にしたのが、カンブリア爆発ともいわれる「目という認識能力」をもつAIなのだ。

ディープラーニングといわれるビッグデータを利用した機械学習の手法はいろいろな分野で利用可能だ。車の自動運転も同様だ。以前は、自動運転の実現にはもっと時間がかかると見込まれていたが、グーグルが発表した自動運転車のレベルがあまりにも飛躍的に進んでいたため、多くの専門家はそのギャップにショックを受けたといわれている。グーグルの自動運転の仕組みを支えているのは、まさにＡＩの機械学習だ。自動車を街で走らせて画像撮影を通じて運転に必要なさまざまな情報が蓄積される。たとえば、前の信号が赤になったときに前の車はどれぐらいの時間で停止するとか、この混雑状況では渋滞は発生するかどうかなど、何十万、何百万、何千万、あるいは何億という情報を蓄積し、機械が学ぶことで、相当にレベルの高い自動運転が可能になる。

ここで重要になるのは、数多くの場数を踏めるように実際に自動車を運転させることにある。あるＩＴの研究者が冗談で言っていたことだが、サンフランシスコの町の中で走るグーグルの実験用の自動車の数は、サンフランシスコの町の中を走るプリウスより多いのではないかというほどだ。

２０１０年代の中頃、経済産業省の新産業構造部会では2年間にわたり、イノベーションについてこの種の議論をしてきた。その前の年に行われた審議会で、アメリカの大手１００社ほどの経営者に、ＡＩやＩoＴ、ビッグデータやロボットがこれから社会、経済を変えていくことを認識しているか、対応しているか、深刻に受け止めているかという質問をしたところ、90%ほどの経営者が深刻に受け止め対応していると回答した。日本でも同様に大手１００社ほどに同じ質問をすると、認識していると答えた人はいたかもしれないが、十分に対応できていると思うと答えた人は1～2割しかいなかった。ショッキングなことだが、日本は数年前までＡＩやＩoＴ、ロボットへの対応が著しく遅れていた。

ただ、現在では急速に認識ギャップは埋まりつつある。日本の多くの企業経営者も、フィンテック（金融へのITの応用）や自動運転技術、スマホを使ったさまざまなサービス、あるいはアマゾンのeコマースの破壊的な影響力などに見られるように、AIやIoT、ロボットの普及に対して自分たちが真剣に対応しないと大変なことになるということは十分認識している。実際に対応しているかどうかは別だが、姿勢がまったく変わったことは事実だ。ただ、現実のイノベーションは、このようなビジネスのトップの方々の認識を超えるスピードとマグニチュードで進んでいくということをぜひ考えてほしい。

IoTのインパクト

AI以外に「IoT」の広がりにもすごいところがある。いま、世界でコンピューターのサーバーを回すために使われている電力量は、日本国内の総電力利用量よりも多くなっているといわれている。これは少し前にヒューレット・パッカードのアメリカ人技術者のトップの講演で聞いた話だが、その後、サーバーの数はもっと増えているだろう。つまりそれほど、世界では情報が集められ、分析され、発信されているわけだ。これはIoTなしには考えられない。つまり、センサーを通じて、スマホ、自動車、監視カメラ、あるいはさまざまな工場の機械設備に付属しているセンサーを通じて集められた膨大な量の情報が蓄積され、ビッグデータとして超高速のクラウドコンピューティングで分析処理され、さらに発信されるというサイクルで動いているのだ。しかも、この動きも本当に最近数年の動きなのだ。

ＩｏＴの広がりは、すべてのものにセンサーがつくと何が起こるか認識すればいいだろう。いくつか有名な例を紹介しよう。

たとえばスマホは、いろいろな情報を集めることができる。特にわかりやすいのは、スマホを所有している人の移動情報だ。たとえばグーグルマップをオンにして新幹線に乗れば一番わかりやすい。すごい勢いで移動していることがわかる。新幹線に乗っているスマホの移動スピードは、何らかの形でクラウドに向けられて集められている。グーグルマップは世界中の人のスマホの移動情報と、その移動スピードを認識しているわけだ。だから、たとえば、多くの人が感じているように、自動車メーカーの純正カーナビの渋滞情報よりも、スマホのグーグルマップの渋滞情報のほうが精度が高くなるわけだ。

これがいわゆるＩｏＴの例だ。仕組みさえ作れば、情報が集められデータとして蓄積され、分析処理された上で再びデータとして発信されるのだ。渋滞情報のためにだけ移動情報を集めているわけではないが、このようにＩｏＴの利用はすでに広がっている。

ＤＸは実現できるのか

ここで、「**ＤＸ（デジタル・トランスフォーメイション）**」について一言コメントしておこう。ＤＸ

とは、デジタル技術の展開のスピードを利用して、ビジネスや社会の構造を変換（トランスフォーム）しようというものだ。*Thank You for Being Late* という著作[4]の中でジャーナリストのトーマス・フリードマンが取り上げているグラフがDXの本質をよく表している。図9-2にそれを再現してみた。

この図の横軸は時間軸であるが、ここに2つのグラフが描かれている。1つは技術革新のスピードを示したグラフで、これは加速度的に上昇を続けている。技術の変化が加速度的であることは、すでに述べたとおりである。この図に描かれている直線のほうは、社会や企業の変化を示している。社会や企業も変化を続けている。ただ、技術のように加速度的とはいかないので、直線で表現してある。

このように技術革新と社会や企業の変化は時間とともにそのギャップが大きくなってくる。

図9-2 » 技術革新とeビジネスや社会の変化

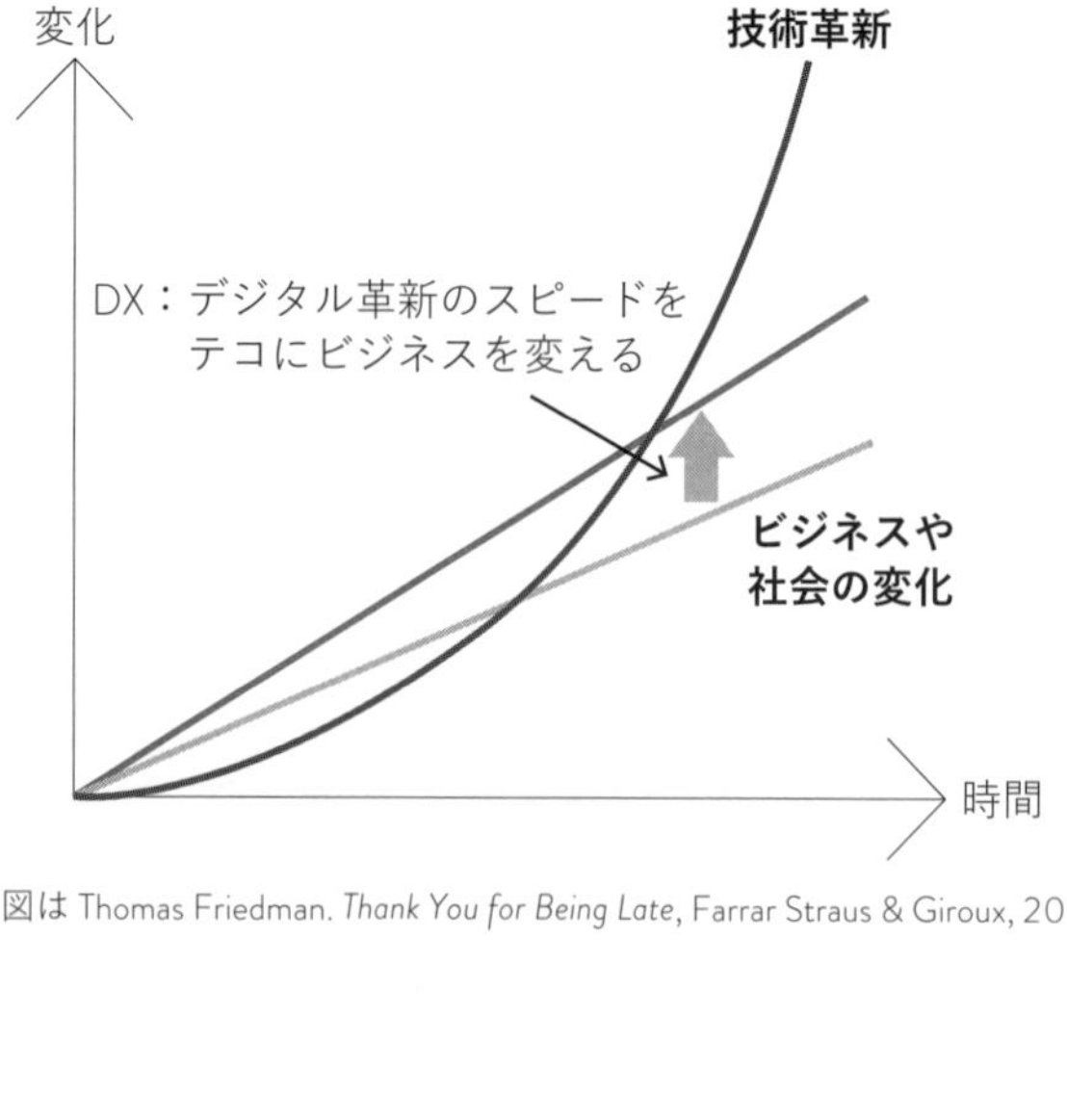

出所：元の図は Thomas Friedman. *Thank You for Being Late*, Farrar Straus & Giroux, 2016. による。

ここに重要な変化が期待できる。それは図にも描いたように、技術革新のスピードが刺激になって、社会や企業の変化のスピードが図の角度を変えるようにシフトアップするのだ。つまり、技術の変化のパワーが企業や社会を変える原動力となる。これまでも強調してきたように、技術だけでは成長を促すことはできない。技術が企業の行動や産業の構造を変えることが重要であるのだ。

この章の前半の図9-1のところでも見たように、残念ながらデジタル技術の変化が経済の成長を本格的に高めていくということにはまだなっていない。技術の変化が企業行動や産業構造を変えるDXの本格的な展開はこれからということなのだろう。右の図はアメリカの状況を示したものであるが、日本ではこのDXがさらに遅れていた。日本企業の多くはデジタル技術に対応してこなかったのだ。DXという用語は少し前から産業界で広がっていたが、現実の経営の変化は遅かった。図9-2のグラフでいえば、直線の傾きがゆるやかであった。

政府は、成長戦略ということでデジタル技術を利用した成長のテコ入れを図ってきた。ただ、残念ながら企業が自ら動かない限り、DXは実現しないのだ。政府には企業という「ロバ」を水場に連れていくことはできるかもしれないが、「ロバ」が水を飲む気がない限り水を飲ませることはできないからだ。

こうした環境を大きく変えるかもしれないのが、新型コロナウイルス感染の拡大かもしれない。コ

4 Thomas L. Friedman, *Thank You for Being Late: An Optimist's Guide to Thriving in the Age of Accelerations*, Farrar Straus & Giroux, 2016.（邦訳）トーマス・フリードマン『遅刻してくれてありがとう（上・下）』伏見威蕃訳、日経ビジネス人文庫、2021年。

ロナ禍に対応するため、在宅勤務、オンライン会議、eラーニングを活用せざるをえなくなっている。こうした動きが企業の働き方改革を促し、より積極的にデジタル技術に対応する経営へのシフトを加速化する。実際にDXがどこまで進むのかは今後の展開を見るしかないが、コロナ危機が大きな転機になることを期待したい。

4 イノベーションがもたらす破壊の意義

最後に、イノベーションのもたらす破壊作用について触れよう。

イノベーティブな技術は、しばしば旧来のビジネスモデルや企業の組織とは矛盾した性質を備えていることが多い。破壊的な技術によるイノベーションが出てくれば出てくるほど、旧来のビジネスが厳しく追い込まれるということはすでに述べたとおりだ。

たとえばアマゾンが出てくると、既存の書店の経営が苦しくなる、iPod、iPhoneが出てくることによってウォークマンがかつてほど注目される商品でなくなる。あるいは、ウーバーが伸びていくことで各国のタクシー業界の売り上げが下がる、といったことだ。

こういうような形でイノベーションが旧来のビジネスを壊していくことに対して、どう対応したらいいのか。なぜ、旧来のビジネスがイノベーションによって破壊されるのか。そこには2つのメカニズムが働いていると考えられる。これは、以前私が書いた『デジタルな経済』[5]という本の中でも触れた点だ。

フィンテック＝金融のアンバンドリング

1つは、「**アンバンドリング**」と呼ばれている現象だ。これは、フィンテック、金融におけるイノベーションを例にとるとわかりやすい。フィンテックの世界において破壊されうる既存のビジネスは、まさにいまの大手金融業界のビジネスモデルだ。フィンテックを予感してか、たとえばマイクロソフトのビル・ゲイツ氏はかつて、銀行の機能はなくならないが銀行はなくなるかもしれないといういまでも引用される有名な発言をした。アメリカの銀行家の代表的存在であるJPモルガン・チェース銀行のジェームズ・ダイモン前CEOも、自分たちにとっておそらく将来の最大のライバルはグーグルやアップルになるかもしれないと述べている。

イノベーションの洗礼を受ける側の大銀行や既存の大手金融機関は、じつに多様な機能を大きな組

5 伊藤元重『デジタルな経済――世の中大変化 小変化』日本経済新聞社、2001年。

織の中で支えている。大量の専門家を抱え、大きな店舗をたくさんもち、巨大なコンピューターシステムを維持し、そういう中でさまざまなサービスを展開している。日本の大手金融機関であれば、預金を預かれば貸し出しもするし、キャッシングのサービスもすれば、振込、決済の取引の扱いもするし、融資に関わる情報提供、資産運用、金融商品の販売など、その他さまざまなサービスを行っている。

そういう意味では、金融機関というのはさまざまな機能の束、「**バンドル**」であると考えていい。預金機能、決済機能、貸出機能、あるいは情報提供機能などさまざまな機能を束ねて、バンドルしてもつ点にこそ大手金融機関の強さは存在する。それを支えるために巨大なネットワークと巨大な店舗網、優秀な人材をたくさん抱えているわけだ。

それに対して「**破壊型の技術**」の特色は何か。じつは、特定の機能だけを奪い取るような特徴をもっている。たとえば、ブロックチェーンの技術がどんどん進化し、送金や決済がより簡単になると、旧来の金融機関が、依然としてその分野で最も効率的なサービスを提供できる可能性も十分あるとはいえ、グーグルやアップルのような、あるいはそれと類似の企業がブロックチェーンの技術を使った送金や決済サービスの主役を担うようなことがあるかもしれない。

証券ビジネスでは、かつては大手の証券会社では株の売買、いわゆるブローカー業務が重要なビジネスで、それが証券会社の重要な利益源であり、重要な機能でもあったが、ことブローカレッジ業務だけに関しては、ネット証券会社が提供するインターネットを利用した売買のほうがはるかに低コストでできるようになった。

投資のための情報、アナリスト情報についても、これまでは証券会社や金融機関は多くの専門のアナリストを抱え、産業情報や企業情報を分析し投資に役立つ情報として提供してきた。それが最近は、一部の金融機関ですでに実験が始まっているが、アナリストレポートやアナリスト情報もＡＩで代替することが十分に可能になっている。もちろん、ＡＩが提供するアナリストレポートを金融機関の中で抱え込んでいくことも可能だが、ＡＩにできるようなアナリストレポートであれば、それはグーグルでもアップルでもやれないことはない。

このように、既存の金融機関が巨大な組織の中で束＝バンドルとして抱えてきた機能の有力な一部がイノベーションによって外部の新しい企業に奪われていくと、大金融機関には多くの機能が残ったとしても、残った機能で現在の大きな組織を支えるようなビジネスプランを確実に実行できるのかどうかが問われることになる。結果的に金融機関は解体＝デコンストラクションを起こす重要なフェーズに直面することになるかもしれない。

アンバンドリング、賢くなる消費者への対応

このようなフィンテックと同様のことが次々に起こるのではないかと、多くの分野の多くの企業がいま危機感をもち、どう対応したらいいのかしきりに考えている。この点については、いくつか重要なポイントがある。

１つはもちろん、既存の企業自体がこうしたイノベーションの担い手になることだ。その可能性は

十分ありうる。金融機関であればブロックチェーンの技術であろうが、あるいはアナリストの分析をAIに任せるというようなイノベーティブな活動を他の企業にやられる前に、いかに自社で対応能力を備えるかが重要になる。したがって破壊的なイノベーションであったとしても、そこに取り組んでいかないとかえって既存の技術を奪われ、破壊される側になる可能性がある。

もう1つ、この破壊的なイノベーションについて議論をするときに見落としてはならないのは、消費者が非常にスマートに、賢くなっているということだ。企業はえてしてライバルの存在を考えて競争しがちだ。たとえば書店や専門店はアマゾンとの競争を考えることになる。ただ、もっと重要なことは、消費者が変化していることが競争に及ぼす影響だろう。情報化と技術革新の過程で消費者がどんどんスマートに、賢くなっているということこそ無視できない事実だ。

そもそもウォークマンからiPhoneに代わっていったということの背景には、iPhoneがウォークマンよりもいろいろな点で革新的な機能を備えているということもあるが、消費者がスマホを有効に活用できるようなニーズとノウハウをもっていることのほうが重要な意味をもつ。インターネットが拡大することでアマゾンがより大きくなるということは、消費者がよりスマートになり、インターネット上でさまざまな情報を活用し、商品の情報も入手でき、いろいろな情報のやりとりをできるようになったという変化が存在する。そうした変化に対して旧来のビジネスが早く適応できるのかどうかが大きく問われている。

前に説明したシアーズ・ローバックを例にとったクリステンセンの「イノベーターのジレンマ」の議論の重要なメッセージは、イノベーションによって消費者自身が進化していく。それを基本に置いたビジネスの展開が企業にとっては重要だということだ。このことはイノベーション全体についていえることだ。

イノベーションは格差を拡大するのか

AIやIoTなどの「**技術革新**」によって私たちの生活は大きく変わろうとしている。特に、仕事の世界ではAIが多くの人の仕事を奪うと警鐘を鳴らす専門家もいる。確かに、AIが人間以上の仕事を成し遂げるケースも少なからずありそうだ。

検査結果などから患者の病気を診断することにおいては、AIが人間の医師の能力を超えるのは時間の問題だという専門家もいる。AIに資産運用を任せる試みが金融機関で始まっている。先日は、中国のテレビ局が人間そっくりのロボットにニュースを読ませていたが、人間のキャスターが読んでいるようだった。

AIが進化してくると、多くの人の仕事はAIに奪われ、ごく一部の高度技能者や資本家に所得が集中し、国民の多くは貧しくなっていく。こうした悲観的なシナリオを描く専門家もいる。

こうした予想が正しいかどうかを見極めるのは難しい。ただ、過去の歴史の中に参考になる経験がある。18世紀にイギリスで起きた技術革新、「**産業革命**」は、人々の所得にどのような影響を及ぼしたのだろうか。

蒸気機関や自動織機などの発明によって、機械は人間の仕事を奪っていった。自分たちの仕事を奪

う と怒った労働者の一部は機械の打ち壊し運動まで起こした。それでも産業革命の流れが止まることはなかった。

産業革命によってイギリスの生産は拡大し、国全体の富も大きく増加した。しかし、それでも労働者の賃金が大きく上昇したわけではない。技術革新による所得拡大の多くは、資本家に独占されることになったのだ。機械が労働者を代替していくことで、労働者の交渉力も弱くなっていった。経済史の研究によると、[6]イギリスにおけるブルーカラーの実質賃金は1755年から1802年までに半分に下がった。賃金が1755年の水準に戻るのは65年後の1820年になってからであった。

社会全体としての所得分配が、労働者に非常に不利な形で進展していった。当然、労働者による暴動が頻発した。後に資本家による労働者の搾取を厳しく批判したカール・マルクスの思想が多くの人に受け入れられたのも当然の結果だろう。

もっともこうした労働者に不利な状況が永遠に続いたわけではない。19世紀後半になると経済成長の時代が始まり、労働者の所得は大幅に増加していくことになる。産業革命は長期間に渡って労働者に不利に働いたが、最終的には多くの労働者が産業革命を起点とした産業発展によって豊かになっていくのだ。

18世紀に始まった産業革命と、現在進行中の「**情報革命**」を、同等に語ることはできない。ただ、歴史から得られる教訓も多いはずだ。大きな技術革新が起きるときには、所得分配が大きく歪むことになりかねない。情報革命で新しい技術が利用可能になっても、それで一部の人だけが得をするような社会になってはいけない。

政策的なレベルでいえば、貧困や過度な「**所得格差**」を生まないような「**所得分配政策**」がますます重要になるということだ。それ以上に重要なことは、子供たちや若者が技術革新に仕事を奪われるのではなく、技術革新を利用する立場になれるよう、教育の内容を見直していくことだろう。そのためには、まずはＡＩを実際に使ってみることが重要だ。ＡＩを知らずしてＡＩを使いこなすことはできないだろう。

Point

覚えておこう！

- 破壊型のイノベーションは、銀行に代表されるような大組織が抱えてきた、さまざまな機能の束（バンドル）を解体し、特定の機能だけを奪い取るような特徴をもつ。この現象を「アンバンドリング」という。
- イノベーションへの対応で本当に重要なのは、新興のライバルへの対応よりも、破壊型イノベーションの成果を利用してますます賢くなり、パワーを高める消費者への対応だ。
- 産業革命の歴史からわかるように、技術革新は一時的に労働者の賃金水準を引き下げるが、長期的には労働者にも豊かさをもたらす可能性が高い。ただ、破壊型イノベーションの時代には、過度な所得格差を生まないための所得分配政策が重要になる。

6 N. F. R. Crafts and Terence Mills, "Trends in Real wages in Britain. 1750-1913," *Explorations in Economic History* 31, 1994.

column

無人のコンビニは価値を生むのか

デジタル革命はビジネスを大きく変える原動力となる。そうした動きは、私たちの周りでいろいろ実感することができる。無人コンビニエンスストアなどもその一例だろう。少し前に無人コンビニに入る機会があった。天井から多くのカメラが撮影していて、その映像を解析することで無人のレジを通過することができる。人手不足で苦しむ小売業界にとっては大きな動きだろう。

ただ、その先を考えてしまった。無人のコンビニに消費者は価値を見いだすのだろうか。巨大な自販機のようなものである。店から見れば労働力を節約できる有効な手法かもしれないが、消費者にとっては何も価値を見いだせない存在である。レジの省力化を進め、その結果として無人店舗ができるのはよいが、その延長線上でどのような付加価値を提供するのかが問われる。

少し古い話だが、この点を正面から議論した事例がある。ジェームズ・ベッセンというボストン大学ロースクールの経済学者が書いた*Learning by Doing*の中で紹介されている事例だ。銀行のATM（現金自動預け払い機）の影響についての話である。1970年頃からアメリカの銀行にはATMが導入され始めた。送金やキャッシングなど、それまでカウンターで人がやっていた作業を機械がやってくれる。その結果、それから30年ほどの間に全米に100万台近くのATMが導入されたそうだ。店頭での銀行員の数は減り、1店舗当たり20人ほどの銀行員が14人ほどに減少したという。

ところが面白いことに、全米の銀行で働く人の数はこの間にむしろ増えたという。店の数が大幅に増えたからだ。1つひとつの店の銀行員の数は減ったが、店の数が増えたので、全体として銀行員の数が増えたわけだ。ではなぜ、店が増えたのか。かつての銀行は振込やキャッシングなど単純な作業が中心であった。しかしそうした作業をATMがやってくれることで、銀行の職員はより行動的、積極的な金融サービスにシフトすることができた。融資の相談、資産運用のアドバイスなど、顧客にはいろいろなニーズがあるはずだ。そして、そうした付加価値の高いサービスを提供するため、銀行はより多くの支店を顧客の近くに設置していったのだ。

要するに、ATMによって単純な作業から解放された銀行員がより高い質のサービスを提供できるようになったことで、アメリカの銀行ビジネスは成長を続けることができた。もっともこれは20世紀の後半の話である。21世紀の現在、コンビニが無人化した後に、新たな付加価値を生み出せるかはわからない。もし生み出せるとしたらそのカギを握るのは人材をどう活用するのかということだろう。

7 James Bessen, *Learning by Doing: The Real Connection between Innovation, Wages, and Wealth*, Yale University Press, 2015.

本書に登場する人物

索引　本書に登場する企業・人物

本書に登場する企業

ま

や・ら・わ

た

さ

索引　知っておきたいキーワード

伊藤元重 Motoshige Itoh

東京大学名誉教授
1951年静岡県生まれ。東京大学経済学部卒業。米ロチェスター大学大学院経済学研究科博士課程修了。同大学Ph.D.。専門は国際経済学。東京大学経済学部助教授、同大学大学院経済学研究科教授を経て、2016年4月～2022年3月まで学習院大学教授。2016年6月より現職。著書に『入門経済学』『ゼミナール国際経済入門』『ゼミナール現代経済入門』『経済を見る3つの目』『吉野家で経済入門』(共著)など多数。

マネジメント・テキスト
ビジネス・エコノミクス 第2版

2004年 2 月20日 1版1刷
2021年 9 月15日 2版1刷
2023年 6 月 1 日 4刷

著 者 伊藤元重

発 行 者 國分正哉
発 行 株式会社日経BP
日本経済新聞出版
発 売 株式会社日経BPマーケティング
〒105-8308 東京都港区虎ノ門4-3-12
装 幀 新井大輔 中島里夏（装幀新井）
イラスト 福士陽香
DTP マーリンクレイン
印刷・製本 シナノ印刷株式会社

ISBN978-4-532-32380-6